KB124822

성 찰 적
지 식 인
청 년 학 생 을
위 한

한국사 인물산책 2

성찰적
지식인
청년 학생을
위한

한국사 / 인물 산책 **2**

이은직 지음 :: 정홍준 옮김

100
HISTORICAL
PERSONS
INFLUENCED
KOREAN
HISTORY

韓國史人物散策

일빛

한국사 인물산책 2

초판1쇄 인쇄일 2014년 11월 3일
초판1쇄 발행일 2014년 11월 10일

펴낸곳 도서출판 일빛
펴낸이 이성우
지은이 이은직
옮긴이 정홍준

등록일 1990년 4월 6일(제10-1424호)
주소 (121-898) 서울시 마포구 동교로27길 12 동교씨티빌 201호(동교동 198-9)
전화 02) 3142-1703~1704 / 팩스 02) 3142-1706

값 22,000원
ISBN 978-89-5645-173-2 04910

1권 차례

1. 고고한 길을 걸어간 실학의 대부 유형원

천재 교육을 받은 소년, 우여곡절을 겪다

17세기에 일어난 실학 운동의 선구자로 평가되는 유형원(柳馨遠 : 1622~1673년)은 1622년 한성 외가에서 태어났습니다. 그의 가문은 대대로 문관을 배출한 집안으로 할머니나 어머니도 모두 유복한 집안 출신이었습니다. 이렇게 풍족한 환경에서 태어난 유형원은 두 살 때, 당시 조정의 관리였던 아버지가 스물여덟이라는 젊은 나이에 죽는 불행을 겪게 됩니다.*

그러나 주위 친척 중에 학자가 많아 다섯 살 때부터 한문을 배우기 시작합니다. 스승 가운데 한 사람은 나중에 관찰사가 된 외숙부 이원진(李元鎭 : 1594~1665년)이며, 또 한 사람은 나중에 재상에 오른 고모부 김세렴(金世濂 : 1593~1646년)이었습니다. 이처럼 훌륭한 교육 조건 아래서, 그는 아홉 살 때 이미 유학의 모든 고전에 정통할 수 있었습니다.

유형원은 엄격한 할아버지와 학식 높은 스승 밑에서 자란 만큼 매우 예의바른 소년이었던 것 같습니다. 형제가 없는 외로운 환경에서 유학의 난해한 관념론을 배운 조숙한 소년은 오로지 과거 시험만을 목표로 공부하는 평범한 양반집 자제들과는 다른 생각을 갖고 있었습니다.

그가 열다섯 살이 된 1636년에 병자호란이 일어났습니다. 12월의 엄동설한에 할아버지, 할머니, 어머니, 고모와 함께 난을 피하여 강원도 산속을 걷고 있었는데 갑자기 도적들이 나타나 칼을 들이밀었습니다. 가족들은 모두 두려워 떨고 있는데 열다섯 살의 소년 유형원이 태연하게 도적 앞에 나서서 위엄 있게 말했습니다.

"이 세상에 부모 없는 자는 없을 것이오. 자기 부모가 중한 줄 알면 다른 이의 부모도 중히 여겨야 하지 않겠소. 그러니 우리 어른들을 위협하지 마시

---

* 북인 당원이던 아버지 유흠(柳歆, 1596~1623년)이 인조반정으로 장살(杖殺 : 매를 맞고 죽음) 후, 이로 인해 유형원은 과거에 여러 번 응시하였으나 낙방하게 된다.

오. 물건이 탐난다면 모두 가지고 가도 좋소."

이 소년의 의연한 태도에 기가 꺾여서인지 아니면 그래도 인간 된 양심이 남아서인지, 도적들은 모두 고개를 떨구고 이내 물러났다고 합니다.

이 일화는 그의 훌륭한 자질을 잘 보여주고 있습니다. 그 뒤 유형원의 할아버지는 피난처인 원주原州에서 전라도 부안扶安으로 주거를 옮겼는데, 그는 할아버지를 문안하기 위하여 먼 길을 여러 번 오르내렸다고 합니다. 이처럼 그는 웃어른에 대한 효성이 매우 지극하였습니다.

1639년 열여덟 살이 된 그는 지방관으로 있는 심씨의 딸과 결혼하였는데, 이것도 할아버지의 말에 따른 것으로 보입니다. 유형원은 3년 후인 스물한 살에 장남을 얻었으며 그 밑으로 여섯 아이는 모두 딸이었습니다. 그 무렵 그의 집안은 안정되지 못하였는지 종종 이사를 다녔습니다. 스물한 살 때는 경기도 지평砥平 화곡리花谷里로 이사하고, 다음해에는 여주驪州 백양동白羊洞으로 이사하였습니다. 원래 그의 집안은 상당한 토지를 가진 양반 지주였지만, 국난을 겪은 후 권력을 가진 양반들이 무도한 방법으로 타인의 토지를 빼앗던 무렵이므로 권좌에 오른 사람이 없던 그의 집안은 권력자들의 위세에 눌려 차차 토지를 빼앗겼는지도 모릅니다.

할아버지는 과거 시험에 전념하도록 타일렀던 듯하지만, 이미 과거의 방식 자체에 의혹을 품고 있던 유형원은 여러 가지 구실을 대며 집을 나가 여행에 나섰습니다. 백양동에 살던 직후에도 어릴 적 스승인 김세렴이 지방관으로 있는 함흥을 찾아가 몸을 의탁하고, 국경 지대인 함경도와 평안도 일대를 돌아다녔다고 합니다. 여행이 좋아서라기보다 자기 눈으로 국토의 구석구석을 살펴보고 실정을 확인하고 싶었던 듯합니다.

그런데 그가 이 긴 여행에서 돌아오자마자 할머니가 세상을 떠나고 맙니다. 그는 할머니의 죽음에 충격을 받았는지 당분간 집에 머물렀지만 할아버지가 권한 과거 공부는 하지 않고 오로지 자신이 좋아하는 학문에만 몰두하였습니다. 하지만 또다시 여행병이 도졌는지 아니면 학문을 위하여 실지 탐방에 대한 의욕이 일어났는지, 유형원은 1647년에는 황해도를 둘러보고 1648년 이른 봄에는 경상도 일대를 다녀옵니다. 그가 긴 여행에서 돌아오기가 무섭게 이번에는 어머니가 세상을 떠납니다. 스물일곱 살인 그는 부모에 대한 불효가 새삼 죄스러웠는지 유교의 가르침대로 상중에는 어머니의 무덤 곁을 떠나지 않았다고 합니다.

어머니의 상이 끝난 스물아홉 살 때, 그는 할아버지의 소망대로 처음으로 감시(監試 : 생원·진사시)를 치렀지만, 보기 좋게 낙방하고 맙니다. 자신만만하게 훌륭한 답안을 작성하였지만 아마 시험관이 기대한 답안과 너무 동떨어진 탓에 탈락의 고배를 마셨는지도 모릅니다. 자존심이 상한 그는 다음해에도 이 시험을 치렀는데 역시 떨어지고 맙니다.

그는 시험에 실패할 때마다 여행을 다녔는데, 스물아홉 살 때는 충청도 일대를 돌아다녔고 다음해에는 금강산을 찾아갔습니다. 하지만 돌아와 보니 할아버지는 중병에 걸려 있었습니다. 그는 할아버지가 살아 계실 때 다시 한 번 정시(庭試 : 비정기 시험)를 치렀지만, 합격과 불합격이라는 기록이 모두 남아 있어 결과는 확실하지 않습니다(정시는 소과小科인 생원시, 진사시에 합격한 자만이 치를 수 있음). 어쨌든 그의 할아버지는 재능이 뛰어난 손자가 과거에 붙는 것도 보지 못한 채 끝내 절명하고 맙니다. 이렇게 육친들이 모두 세상을 뜨자 그는 평생 자신의 불효를 자책하며 살아갑니다.

할아버지의 상이 끝난 1653년 서른두 살 때, 그는 가족을 데리고 전라도 부안현 우반동愚磻洞으로 이사하여 이곳에서 일생을 보내게 됩니다. 그는 돌아가신 할아버지의 소원이었던 과거에 어떻게든 합격하기 위하여, 1654년 진사시를 치른 그는 간신히 2등으로 합격합니다. 그와 같은 대학자가 이런 우여곡절을 겪은 것은 당시 양반 가문에서 태어난 사람이 운명적으로 겪어야 하였던 한 단면이라고도 할 수 있습니다.

고고한 길을 걷다

기록에 따르면, 유형원은 이미 열두세 살 때부터 과거 시험 자체에 의문을 품고 전혀 시험을 치르지 않으려 하였던 듯합니다. 오히려 그는 실제 인간 생활과 깊이 관련된 학문에 열중하기 시작하였습니다. 원기 왕성할 무렵에는 거의 매년 전국 각지를 걸어서 돌아다녔는데, 이런 여행은 그의 전문적인 학문의 연장선상에 있었습니다.

어떻게 살 것인가?

그는 스무 살 이전부터 철학, 역사, 지리 등의 연구를 거듭하여 일찍부터 연구 성과를 기록해 두었고, 스물한 살 때 이미 '어떻게 살 것인가?'라는 철학적 질문을 던지기도 합니다. 그리고 스물다섯 살 때는 친구의 죽음을 애도하며 친구의 전기를 썼는데, 그 글이 명문으로 평판이 나 그의 기행문은 세인의 눈길을 끌게 됩니다.

이런 유형원의 다재다능함은 스무 살 전후 때부터 한성의 학자들에게 알려져 있었던 듯합니다. 그에게는 다음과 같은 일화가 남아 있습니다.

그가 스물한 살 때 당시 부마(駙馬 : 국왕의 사위)였던 유정량(柳廷亮 : 1591~1663년)이 그의 평판을 듣고 "우리 집에 중국 문헌이 많으니 한번 보러 오지 않겠는가?"라는 권유의 편지를 들려 하인을 보냈다고 합니다. 그러나 그는 정중히 사양하고 한 번도 그를 방문하지 않았습니다. 이처럼 그는 젊어서부터 명문 귀족의 집이나 권세 있는 집에는 아예 발길을 옮긴 적이 없습니다.

유형원은 또한 위풍당당한 풍모를 지녔다고 합니다. 키가 크고 이마가 넓으며, 수염이 수려하고 사람을 위압하는 날카로운 눈매를 가졌지만 사람을 끌어당기는 매력이 있었습니다. 과거 시험장에서 만난 초면의 청년이 그에게 매료되어 수험표도 잊은 채 그를 따라다녔다는 이야기도 있습니다.

부안에 있는 그의 집은 경치 좋은 해변에 있었는데, 그의 서재에는 서적이 산더미처럼 쌓여 있었습니다. 그의 집은 사립문과 울타리로 둘러싸인 뜰에 때때로 야생 사슴이 들어올 만큼 조용하였다고 합니다. 그런 집에서 독서와 집필에 몰두한 유형원이지만, 달이 뜨는 밤이면 가야금을 뜯고 시를 읊는 풍류도 있었습니다.

『반계수록磻溪隨錄』을 집필하다.

그는 자기가 사는 마을 이름을 따서 반계磻溪라는 호를 지었으며, 부안에 머물기 훨씬 전부터 전문적인 학술서를 저술하고 있었습니다. 그의 대표적인 저작인 『반계수록磻溪隨錄』도 그 전년도부터 집필하기 시작한 것입니다.

기록에 의하면 그의 최초의 학문적 저서는 1652년 집필한 『정음지남正音指南』이라는 음운학 책이며, 저작 가운데 주요한 책은 다음과 같습니다.

철학 :『이기총론理氣總論』,『논학물리論學物理』,『경설문답經說問答』,『주자
  찬요朱子纂要』

역사 :『동국사강목조례東國史綱目條例』,『역사동국가고歷史東國可攷』,『속강
  목의보續綱目疑補』

지리 :『여지지輿地志』,『중흥위략中興偉略』,『지리군서地理群書』

병법 :『무경사서초武經四書抄』,『기효신서절요紀效新書節要』

음운 :『정음지남』

선술仙術 :『참동계초參同契抄』

문학 :『동국문초東國文抄』,『도정절집陶靖節集』

기타 :『기행목록紀行目錄』,『서설서법書說書法』

그 밖에도 여러 가지가 있었다고 하는데 기록만 남아 있고, 실물은 모두 유실되었습니다. 따라서 구체적인 내용을 파악할 수는 없지만, 백과전서적이라 해도 좋을 만큼 우리나라의 전반적인 문제에 관한 연구를 진행하였습니다. 이와 같이 다방면에 걸친 학문을 혼자 연구하였다는 것은 역사상 유례가 없는 일로, 그가 매우 박학하며 우리나라의 모든 문제에 정통하고 있었음을 알 수 있습니다.

그가 박학하다는 평판이 나자 이따금 조정의 권좌에 있던 친척인 민씨들이 그를 조정의 관직에 임용하도록 추천할 일이 있었습니다. 그때 그는 "그분들이 나를 잘 알지 못하는군요" 하며 완고하게 거절하였다고 합니다.

그러나 세월이 흐르면서 그의 저서는 조정의 화제가 되었고, 1665년에는 판서들의 모임에서 그를 정식으로 조정의 관원으로 임명하기로 결정합니다. 그러나 그는 똑같은 말을 하며 임관하려 하지 않았습니다.

"나는 지금의 판서들을 전혀 알지 못하는데, 판서들은 나라는 사람을 알고 있단 말인가?"

그는 끝까지 고고한 길을 걸으며, 여행을 나설 때 외에는 언제나 부안의 집에서 조용히 학구 생활을 보내고 있었습니다.

『반계수록』이 호소하는 것

오늘날까지 추앙받고 있는 유형원의 대표작 『반계수록』은 1652년부터 집필을 시작하여 1670년에 완성됩니다. 이 책은 총 26권으로 되어 있는데, 그는 집필의 동기를 이렇게 말하고 있습니다.

"읽고 배운 고금의 서적을 써두기도 하였지만, 대부분은 사색하면서 느낀 바를 기록하였다."

또한 다음과 같이 말하기도 하였습니다.

"이 책은 세상에 내놓아 공개하려는 것이 아니라 어디까지나 개인적인 감상을 기록한 것으로, 스스로의 학문 연구를 위한 것이다."

그러나 내용은 매우 격렬한 정책론으로, 단순한 비망록이 아니었습니다. 그것은 전제(田制 : 토지 문제), 전제후록(田制後錄 : 재정과 상공업 관계), 교선지제(敎選之制 : 교육 문제), 임관지제(任官之制 : 관리 복무 규정), 직관지제(職官之制 : 관료 기구), 녹제(祿制 : 관리의 보수), 병제(兵制 : 국방 기구), 병제후록(兵制後錄 : 병기·축성·교통·통신), 속편(續篇 : 의례·언어·기타)으로 되어 있고, 보유補遺로 군현제(郡縣制 : 지방 기구)가 있습니다.

이처럼 그의 저서는 국가 통치 정책의 전 부문을 망라하고 있으며, 우리나라나 중국의 대표적인 문헌을 소개한 뒤 그 요점을 해설하고 당시 우리나라의 현상을 구체적으로 지적한 뒤 개혁안을 서술해 놓았습니다. 따라서 이 책은 당시의 사회상을 매우 사실적으로 묘사하고 있어 역사적인 자료로도 귀중한 가치를 갖고 있습니다.

이 책의 중심을 이루는 것은 전제 개혁론인데, 그는 토지를 '천하의 대본大本'으로 보았습니다. 당시는 농업이 사회 생산의 중심이었으므로 인구의 대부분은 농민이었고 농민의 생활 안정 없이는 국가의 안정도 없다는 생각이었습니다. 그는 다음과 같이 서술합니다.

토지 제도

> 만일 토지 제도를 바로잡지 않으면 백성의 생활은 영원히 안정될 수 없으며, 국가의 모든 제도가 혼란에 빠지고 정치나 교육도 소홀해진다. 토지는 국가의 대본으로 이 대본이 무너지면 모든 제도가 혼란해지는 것이다.

그리고 그는 당시 토지 제도의 실상에 대해 분노를 품고서 다음과 같이 말하고 있습니다.

부자들의 한없이 넓은 토지들이 서로 맞대어 있어 가난한 사람은 송곳 하나 꽂을 땅이 없는 지경이 되었다. 부유한 자는 더욱 부유해지고 가난한 자는 더욱 가난해지게 되었다. 악랄한 모략을 품은 자들이 토지를 독차지하는 반면, 양민은 가족을 이끌고 유랑하다가 끝내 머슴이 될 수밖에 없다.

유형원은 토지 제도를 모두 국유로 하여 경작하는 농민들에게 공평하게 분배하고, 모든 착취 제도를 근절하며 농민의 생활에 지장이 없도록 세금을 줄여야 한다고 주장하였습니다. 그리고 양반 귀족이 점유한 토지를 빼앗고, 관직에 임용되는 관리들에게는 생활이 불편하지 않을 만큼만 토지를 주어서 경작케 해야 한다고 서술하였습니다. 또 대지주의 노예가 되어버린 노비들을 해방시켜 농민으로 만들어야 한다고 주장하였습니다.

그는 이를 위한 구체적인 대책을 자세히 서술하고, 또한 농업과 수공업 생산을 발전시키기 위한 방법도 상세하게 서술하였습니다. 그는 수리 관개 시설의 정비 확충, 경작 방법의 개선, 산과 하천의 합리적 이용, 농기구 개량, 파종법, 비료 주는 법, 제초법, 목축, 과수원 등 모든 부문에 관하여 오늘날에도 훌륭하게 적용할 수 있을 만큼 매우 과학적이고 합리적인 연구 성과를 기술하고 있습니다.

국방 문제 그는 또한 국방 문제에 대해서도 다음과 같이 당시의 실정을 서술하고 있습니다.

지금 중앙과 지방의 군대는 방군수포(放軍收布 : 병역을 면제해주는 대신에 세금을 걷음) 방식이다. 그래서 천 명의 군사가 있어야 할 진鎭에 실제로는 병사가 한 사람도 없는 형편으로, 진에서 돌려보낸 군사들은 세금에 쫓겨 다니고 있을 뿐이다. 따라서 무예가 무엇인지도 모르는 병사밖에 없으며, 진의 지휘관들은 치부하는 일과 권력을 가진 상부에 뇌물을 줄 생각만 하고 있다.

병사의 병역을 면제해주는 대가로 받는 세금은 본래 군포 두 필로 정해져 있음에도 불구하고, 관리들은 여러 가지의 명목을 붙여 3, 40필이나 걷고 있다.

이와 같이 그는 허술한 국방과 국민이 군포로 고통 받는 제도를 근본적으로 개선하여 모든 국민이 공평하게 병역을 져야 한다는, 즉 국민 개병제國民皆兵制라고 볼 수 있는 대안을 제시합니다. 또 임진·병자의 양대 전란으로 고통 받았던 교훈을 떠올리며 강력한 상비군을 갖출 것을 주장하고 모든 국민이 국방을 위하여 일치단결할 것을 호소합니다.

유형원은 또한 경제 활동을 활성화하기 위하여 화폐 제도를 합리적으로 개혁할 것과 국가 재정의 건전화, 세제 개혁, 교통 수단의 발전책 등 우리나라를 부강한 나라로 만들기 위하여 시행해야 할 정책을 상세히 기술하고 있습니다. 예를 들면 국가 재정을 바로잡기 위하여 조정의 번거로운 행정 기구를 대폭 간소화하여 업무가 능률적으로 처리될 수 있도록 명령 계통을 확립할 것을 주장하였는데, 이것은 오늘날 세계의 선진국이라고 알려진 나라들에서 이루어지고 있는 행정 개혁의 이론보다 더 합리적이고 진전된 것이었습니다. 게다가 그는 법제와 교육 제도, 관리 임용 제도에 관해서도 매우 발전된 대책을 제시하였습니다.

화폐 제도 외

이와 같이 『반계수록』은 우리나라에 둘도 없는 귀중한 정책론이었지만, 그 스스로 조정에 반영시키려 하지 않았기 때문에 그가 살아 있을 때에는 받아들여진 것이 없습니다. 그러나 그가 죽은 뒤 그 저서는 제자들을 통하여 광범위하게 읽혀지게 되어, 한 세기나 지난 후에야 경상 감영監營의 지방 관청에서 인쇄되어 조정을 비롯한 전국 관청에 배포됩니다. 그러나 그 정책은 끝내 실천되지 못하였습니다.

유형원의 소박하고 단정한 생활 태도

상당한 재력을 소유한 유형원은 평온한 전원생활을 하기는 하였지만 산더미 같은 저서에 파묻혀 매우 검소한 생활을 계속하였습니다. 그는 생활 태도가 소박하여 지주나 양반들이 상용하는 비단옷을 입지 않았고 하인들과도 격의 없이 지냈고, 집안은 언제나 잘 정돈되어 있었으며 국가에 대한 세금도 솔선하여 납부하였습니다.

일설에 따르면 유형원이 도성을 떠나 멀리 전라도 부안에서 산 것은 극단적인 배청론자排淸論者의 한 사람이어서, 청나라와 친교를 맺고 있는 조정의 태도에 반감을 품고 가능한 한 한성에서 멀리 떨어진 곳에 정착하고 싶어 하였기 때문이라고도 합니다.

그의 적극적인 국방론도 그러한 사상의 표현이었고, 그는 일부에서 제기되었던 청나라 원정론에 동조하여 자택에 여러 필의 군마를 기르고 마을 사람이나 하인들에게 총포 사격술을 가르쳤으며, 언제라도 3백 명의 군사를 이끌고 참전할 수 있도록 바다에 커다란 배를 건조하여 대기시켰다고 합니다.

유형원은 자신의 학문적 신념을 생활신조로 삼았던 만큼 미신을 극도로 배척하여 무녀나 점쟁이들이 집에 출입하는 것을 엄금하고, 집안 사람들뿐만 아니라 마을 사람들에게도 미신의 폐해를 설명하였습니다. 그의 집 가까이에 있는 커다란 고목 아래 사당이 있었는데, 마을 사람들이 자주 찾아가 소원을 빌자 유형원은 그들을 훈계하고 사당을 부수고 고목을 베어 마을 사람들과 아이들의 놀이터로 만들어 버렸다고도 합니다.

그는 또 여행을 매우 좋아하여 전국 각지를 몇 차례나 걸어서 돌아다녔는데, 집에 있을 때도 공부에 지치면 집안이나 마을의 아이들을 데리고 등산을 하거나 바닷가를 산책하는 일을 낙으로 삼았습니다.

유형원이 과학적이고 진보적인 사고방식을 갖게 된 것은 당시 우리나라에 유입되기 시작한 서학(西學 : 유럽 문화)의 영향 때문이라고 말하는 사람도 있습니다. 하지만 유형원은 한 번도 해외 여행을 한 적이 없고, 중국을 다녀온 문인들과 교제 관계도 없었으므로 직접적인 영향을 받은 것은 아닙니다. 그는 우리나라의 모든 고전을 탐독하고 선학들의 논설을 연구하고 있었던 만큼, 항상 조선의 현실에 눈을 돌려 민중의 생활 속에서 진실을 찾아내고 민중의 행복과 안정을 기본으로 생각하는 사고방식으로 일관하였습니다.

그는 우리나라의 뛰어난 학자들의 논설을 존경하는 마음으로 종종 인용하였는데, 특히 경애하여 마지않았던 인물은 바로 율곡 이이였습니다. 학문적으로 조예가 깊고 청렴하기 짝이 없는 정치가이며 고결한 인격자였던 이율곡의 글에는 깊은 애국심이 깃들여 있었는데, 유형원은 그 논설들을 읽으면서 이율곡을 마음의 스승으로 숭배하고 있었습니다. 그의 저서 가운데 가장 많이 인용되고 있는 것 역시 이율곡의 논설입니다.

그의 아득한 후배인 이익(李瀷 : 1681~1763년)은 두 사람의 관계를 다음과 같이 서술하였습니다.

유반계가 기술하는 것은 이율곡과 부합하는 점이 많다. 한두 가지 예를 들어보자면, 불필요한 관청을 폐지하라는 것, 관리 임기를 장기간 보장할 것, 인사 등용에서 무엇보다 인격을 중시할 것, 작은 군현은 통합할 것, 노비를 세습적으로 묶어두지 말 것 등은 모두 율곡이 먼저 말했던 것이다.

또한 이익은 다음과 같이 말합니다.

조선 건국 이래 수백 년 동안 현실적인 정책을 적확하게 파악하고 있었던 것은 이율곡과 유반계뿐이었다. 이율곡의 제안은 대부분 실천 가능한 것이었으며, 반계의 제안은 율곡의 생각을 더욱 발전시켜 근본적인 개선을 주장하고 있어 매우 이상이 드높은 것이었다.

이와 같이 유형원의 사상은 근원적으로 애국적인 학자이고 정치가인 이율곡을 계승하였다고 말할 수 있습니다. 그리고 나라를 사랑하며 나라의 발전에 가장 어울리는 구체적인 정책을 제안함으로써 나라의 번영과 백성의 안정에 구체적으로 도움이 되는 학문의 길을 개척한 것입니다. 그의 애국적이고 진보적인 사상은 이후에 육성된 많은 인재들이 실학의 선구자적 역할을 하는 데 커다란 도움이 됩니다.

그러나 그는 양반 지주의 집에서 태어나 물질적으로 곤궁한 생활을 한적이 없고, 유학 사상과 유교적인 생활 신조에서 벗어나지 못한 한계가 있습니다. 그의 혁신적인 토지 개혁론을 보더라도 양반의 우월한 신분적 지위를 그대로 긍정하였으며, 양반과 농민의 신분 차이를 그대로 인정하였습니다. 그 점에서 고위 고관이었으면서도 곤궁하게 살았던 이율곡이 훨씬 진보한 사고를 갖고 있었다고 생각됩니다. 그는 죽을 때까지 양반 지주로 노비들에게 깍듯한 대접을 받았지만, 이율곡은 가난한 생활 속에서 양반도 양민도 노비도 다를 게 없음을 피부로 깨닫고 있었기 때문입니다.

이렇게 명문 태생으로 자라고 평생 관직에 나아간 적이 없는 유형원은 대표작인 『반계수록』을 완성한 뒤, 그토록 좋아하는 여행도 하지 못하고 시골에 묻혀 살다가 1673년 3월에 쉰두 살의 나이로 세상을 뜹니다.

20년 후 전라도 사림士林에서 그를 기려 그의 거주지인 부안에 서원을 세웠고, 1746년에는 조정에서 그의 전기를 편찬하였습니다. 그리고 1770년에는 정3품의 관직에 추증되었는데, 지하의 그는 오히려 실소하며 사양하였으리라 생각됩니다.

유형원은 진보적인 뛰어난 학자이고 사상가였습니다. 그리고 자신의 신념을 일관되게 지킨 개성적인 삶을 산 사람이었습니다.

2. 어머니를 위한 문학과 김만중

운명의 별을 타고나다

김만중(金萬重 : 1637~1692년)은 조선 중기의 대표적인 문학가로, 뛰어난 소설을 쓴 사람입니다.

그의 집안은 대대로 내려온 명문가로 증조부 김장생(金長生 : 1548~1631년)은 저 유명한 율곡 이이의 제자이고 유학의 대가였으며, 장생의 차남 김집(金集 : 1574~1656년)은 학자로 외교관으로 명성을 떨친 사람이었습니다. 그의 아버지 김익겸(金益兼 : 1614~1636년)도 일찍이 관직에 나가 때마침 청나라 군의 침략을 받아 강화도를 방위하는 무관으로 종군하였습니다.

1636년 12월, 청나라의 20만 대군에 맞서 싸우던 조선의 주력군은 한성을 버리고 일부는 남한산성으로 일부는 강화도로 들어갔는데, 강화도는 곧 청나라 군의 공격을 받아 점령되고 맙니다. 이때 섬의 방위군 지휘부가 항전파와 강화파로 갈려 대립하자 문관 책임자인 김상용(金尙容 : 1561~1637년)은 격분한 나머지 화약고에 불을 질러 자살하였고, 스물세 살의 익겸은 끝까지 김상용과 행동을 같이 하며 장렬하게 최후를 마칩니다.

익겸의 처는 강화도가 함락되기 직전에 다섯 살 난 아들을 데리고 섬을 탈출하는데, 그때 임신 중이었던 그녀는 전란이 수습된 뒤 친정에서 아들을 낳습니다. 이 아이가 바로 김만중으로 운명적으로 태어난 아이는 아버지 얼굴도 보지 못하고 홀어머니 밑에서 자라게 됩니다.

만중의 어머니 윤씨도 대대로 재상과 판서를 배출한 명문 출신으로 그녀의 외할머니는 공주였습니다. 그녀는 시집올 때 할머니로부터 부덕婦德의 길을 다하라는 특별한 가르침을 받았습니다. 윤씨의 친정은 남편이 전사한 강화도가 보이는 곳에 있었는데, 그녀는 만기(萬基 : 1633~1687년), 만중 두 아들에게 언제나 강화도를 가리키면서 아버지의 뒤를 이어 훌륭한 애국자가 되라고 가르쳤습니다.

어머니 윤씨는 부지런히 일하여 집안을 꾸려나가면서 어린 자식들에게 학문의 기초를 가르칩니다. 『소학小學』, 『사략史略』, 『당시唐詩』 등 고전의 기초는 거의 어머니가 가르칠 정도였습니다. 그녀는 항상 엄하게 자식들을 키웠다고 합니다.

"너희들은 남들보다 월등하지 못하면 세상 사람들과 어깨를 나란히 할 수 없을 것이다. 세상 사람들은 버릇없는 사람을 가리켜 아비 없이 자란 놈이라고 한다. 너희는 이 말을 뼈에 새겨두어야 할 것이다."

그녀는 자식들이 나쁜 짓을 하면 엄하게 벌을 주고 회초리를 들었습니다.

"너희 아버지는 내게 너희 둘을 남기고 돌아가셨다. 그런데 너희가 이런 짓을 한다면 내 무슨 면목으로 저 세상에서 아버지를 뵐 수 있겠느냐? 공부하지 않고 살아갈 바에야 차라리 죽는 게 낫다."

이렇게 눈물로 타이르는 어머니의 말에 자식들은 열심히 공부할 것을 맹세합니다.

명문 집안이라 해도 가장이 없으니 생활이 매우 곤궁하여 어머니 윤씨는 베를 짜거나 자수를 놓아 생계를 꾸려가야만 하였습니다. 하지만 임진왜란과 병자호란의 양대 전란을 거친 뒤여서 책은 비싸고 귀중한 물건이었음에도 불구하고, 그녀는 어려운 생활 속에서도 자식들 공부에 필요한 책은 무리를 해서라도 사주었습니다. 그래도 구하기 어려운 귀중한 책은 관청의 서고에 찾아가 일일이 베껴서 자식들에게 건네주었습니다. 그녀는 뛰어난 달필로 한 자도 틀리지 않고 책을 옮겨 적었다고 합니다.

이러한 어머니의 노력이 결실을 맺어 형 만기는 1653년에, 아우 만중은 1665년에 과거 시험에 합격하여 관직에 나가게 됩니다. 특히 형 만기는 거우 스물한 살의 젊은 나이에 합격하였고, 업무 성적도 뛰어나 1667년 서른다섯 살에 이미 2품직에 올라 그의 어머니는 정부인貞夫人이라는 높은 지위에 이르게 됩니다. 봉건 사회에서는 가장 모범적인 효도였습니다.

윤씨는 손자들 교육에도 힘을 쏟아 단정하게 자란 만기의 큰딸이 열한 살에 왕세자비로 궁전에 들어갔는데, 1674년 열네 살의 왕세자가 숙종(肅宗 : 1661~1720년, 조선 제19대 왕)으로 즉위하자 그녀는 인경왕후仁敬王后라는 존칭을 받습니다. 이에 따라 윤씨는 정경부인(貞敬夫人 : 정1품 대우)이라는 여성으로서는 최고로 영예로운 지위에 오르게 됩니다.

이와 같이 훌륭한 어머니와 형의 보살핌 아래 김만중은 매우 풍요로운 삶을 살 수 있었습니다.

당쟁의 소용돌이에 휘말리다

1665년 스물아홉 살에 문과에 합격한 김만중은 이듬해 사간원 정언(正言 : 정6품)에 임명되고, 다음해에 홍문관 수찬(修撰 : 편집 임무)을 거쳐 경서 교정관이라는 중요한 직책을 맡았으며, 1668년에는 홍문관 교리(校理 : 문서 담당관)라는 정5품의 지위로 출세합니다. 그는 또 1671년에는 암행어사를 지내고 이듬해에는 사간원 헌납(獻納 : 정5품)에 제수됩니다. 다음해에는 궁전의 강사가 되고 1674년에는 지도 제작의 책임자를 맡았는데, 이 같은 공적으로 임관한 지 9년째인 1675년에 그는 동부승지라는 정3품 당상관에 오릅니다. 그러나 그는 예상치 못한 당쟁에 휘말려 일거에 나락으로 떨어지고 맙니다.

그의 주변에 나타난 불행의 씨앗은 1674년 1월 왕대비의 죽음으로 싹트게 됩니다. 왕대비가 죽자 왕의 복상服喪 기간이 문제가 된 것입니다. 그때 조정에서 권력을 쥐고 있던 서인은 대공(大功 : 9개월)을 주장하였고, 반대파인 남인은 기년(朞年 : 1년)을 주장하였습니다.

사실 똑같은 사건은 15년 전인 1659년에도 있었습니다. 그 무렵 권력을 장악하였던 남인과 서인 사이에 대논쟁이 일어나 결국 기년설로 결정되었는데, 남인의 일부가 이 결정에 반발하자 당시 왕의 분노를 사서 많은 남인들이 추방되고 말았습니다.

권력을 탈취하기 위하여 줄곧 기회를 엿보고 있던 남인은 왕대비의 죽음을 맞아 논쟁을 일으켜 모든 술책을 동원하여 서인을 공격합니다. 복상 문제는 마침내 기년으로 결정되었지만, 당파 싸움은 점차 심각해지고 있었습니다.

왕대비가 죽은 뒤 현종이 죽자 그의 아들인 어린 숙종이 왕위에 오릅니다. 김만중의 조카가 왕후가 된 것입니다. 따라서 아무리 서인이 패하였다 해도 김만중이 모나지 않게 처신만 한다면 재난을 당하지 않았을 것입니다. 그러나 자신의 신념을 굽히지 않았던 김만중은 반대파인 남인으로 서인에게 불리한 정책을 추진하던 중신 윤휴(尹鑴 : 1617~1680년, 남인의 거두)를 왕의 면전에서 매섭게 공격합니다. 이로 인해 그는 모든 관직을 박탈당하고 추방됩니다.

그러나 그는 추악한 권력 투쟁 속에서 고통 받기보다는 일개 야인으로 하고 싶은 일을 마음대로 하면서 살아가는 데 더 즐거움을 느꼈던 것 같습니다. 그는 향리에서 농민들과 친하게 지내며 자주 마을 사람들을 모아놓고 옛날이야기를 들려주거나 그들과 함께 악기를 연주하면서 노래를 부르기도 하였습니다. 그리고 그 속에서 무숭巫嵩, 연연곡燕燕曲, 월녀행越女行, 채상행採桑行, 비파행琵琶行, 왕소군王昭君, 두견성杜鵑聲, 오앵곡烏櫻曲 등의 악보를 창작합니다. 풍류를 즐기는 이런 생활이 조정에 알려지자, 그의 정적들은 "근신하지 않고 있다" 면서 그를 계속 비난합니다.

경신환국(庚申換局)

그러던 1680년, 경신환국庚申換局*이 일어나 윤휴는 추방된 뒤 사형에 처해졌고, 남인들도 거의 추방되거나 사형에 처해지고 맙니다. 서인은 다시 권좌에 복귀하였고, 만중 역시 일약 참의(參議 : 정3품 당상관으로 일종의 차관보)에 임명됩니다. 그 후 그는 순조롭게 승진을 거듭하여 1683년에는 공조판서에 오르고, 얼마 되지 않아 대사헌大司憲이 됩니다. 하지만 직무상 고관들의 비행을 비난하였다가 또다시 관직을 그만두어야 하였습니다.

정의감 때문에 왕을 모욕한 죄로 유배지를 떠돌다

김만중은 이번에는 곧바로 복직되어 대제학大提學이라는 학문에 관한 최고 책임자가 되었지만, 그의 주변에는 다시 불행의 그림자가 드리우기 시작하였습니다.

그 조짐은 김만중의 조카인 왕후가 1680년 스무 살의 젊은 나이로 요절하면서 비롯됩니다. 일가의 기둥이었던 형 김만기가 1687년 쉰다섯 살로 죽은 것도 그에게 커다란 아픔이었습니다.

---

* 숙종 6년, 서인들에 의해 남인들이 정권에서 물러나 축출된 사건을 말한다.

숙종은 1681년 민씨(인현왕후仁顯王后)를 다음 왕비로 맞아들였는데, 민씨에게 자식이 없자 1686년 명문 출신이 아닌 장씨(장희빈張禧嬪)를 숙원淑媛이라는 지위를 주어 첩으로 삼습니다. 이 일은 귀족주의적인 양반들 사이에 논쟁의 씨앗이 됩니다.

1687년 당시 재상의 아들 김창협(金昌協 : 1651~1708년)이 장씨를 비난하는 상소문을 제출하자, 왕은 그의 논리가 매우 경박하고 불손하다며 김창협을 처벌하였을 뿐만 아니라 그의 아버지인 김수항(金壽恒 : 1629~1689년)을 영의정의 지위에서 끌어내립니다. 김만중은 궁전에서 강의할 때 왕의 이러한 감정적인 태도에 대해 직언합니다.

"아들의 언동이 마음에 들지 않았다 하여 공신을 파면하는 것은 왕자王者로서 취할 바가 아닙니다."

이 말에 크게 화가 난 왕은 중신들의 만류에도 불구하고 그를 평안도 북쪽의 선천宣川으로 귀양을 보내 버립니다. 늙은 어머니는 유배지로 떠나는 자식을 위로하면서 이렇게 당부하였다고 합니다.

"옛날부터 청렴한 사람일수록 자주 귀양가는 것이다. 부디 건강을 조심하고 이 어미 걱정일랑 하지 말아라."

멀리 유배지에서 그는 어머니를 그리워하는 시를 짓습니다.

매년 어머니 생신날이면
형제가 좋은 옷 입고 모였는데
이제 혼자 남은 아우는 왕명으로 어머니 곁을 떠나
어떻게 어머니 마음을 편안히 해드릴지

每歲慈親初度日 매세자친초도일
弟兄相對舞衣斑 제형상대무의반
弟今奉使違親膝 제금봉사위친슬
多恐親心未盡歡 다공친심미진환

그가 유배된 지 1년 뒤인 1688년 장씨는 왕자를 낳습니다. 이에 크게 기뻐한 숙종은 바로 김수항을 용서하고 영의정에 복직시키고, 영의정의 권유에 따라 김만중도 유배지에서 복귀시킵니다. 그러나 김만중에 대한 왕의 미움은 대단해서 그를 매도한 다음과 같은 기록이 있을 정도였습니다.

"김만중은 부정하고 오만한 자다. 선왕 때에도 재상을 중상하고도 처벌받지 않았으면 마땅히 감사하여야 할 텐데, 조정에 들어와서는 의기양양하여 조금도 반성하지 않을 뿐만 아니라 사소한 일까지 요란하게 떠벌려 선량한 사람들을 중상하려고 한다. 이러한 자는 마땅히 관직을 빼앗고 추방하여야 할 뿐만 아니라 성씨도 없애버리고 이름만 부르도록 하여야 할 것이다."

즉 양반 지위를 빼앗고 노비로 취급하여야 한다는 말이었습니다. 따라서 대신들도 왕의 심기를 살펴 귀양에서 돌아온 김만중에게 바로 관직을 주지 못하였습니다.

그런데 1689년에 왕자를 둘러싸고 대정변이 일어납니다. 그해 정월, 왕은 전년도에 태어난 왕자를 세자로 책봉하겠다는 어명을 내린 것입니다. 요직에 있던 서인들은 아직 나이가 젊은 왕후에게서 왕자가 태어날지도 모르니 서둘러 세자를 정하는 것은 시기상조라는 반대 의견을 폈고, 이 기회에 다시 정권을 뒤엎으려는 남인들은 왕의 편에 서서 당장 왕세자로 책봉하는 데 찬성합니다.

기사환국(己巳換局) 왕은 서인의 영수인 송시열과 김수항을 사형에 처하고, 중신들을 남김없이 추방해버립니다. 이때 김만중도 왕을 모욕하였다는 죄로 또다시 남해의 외딴 섬으로 유배됩니다. 서인을 일소한 왕은 왕비 민씨를 쫓아냈으며, 다음해인 1690년에 왕자를 정식으로 세자로 책봉하고, 그의 어머니 장씨를 정식 왕후로 삼습니다. 이 대정변을 '기사환국己巳換局'이라고 부릅니다. 이 정변으로 인하여 김만중뿐만 아니라 형의 자식들까지도 서인이라 하여 모두 섬으로 유배되고 맙니다.

현부인賢夫人으로 칭송이 높았던 어머니 윤씨는 나이 들어 자식과 세 손자를 한꺼번에 유배지에 보내야 하는 비운을 겪고 상심한 나머지 병상에 누워 끝내 일어나지 못하였습니다. 임종할 때 그녀는 이런 말을 남겼다고 합니다.

"사람이 세상에 태어나 온갖 복을 받고 부귀영화를 누렸다 하여도, 죽음에 이르러 세상의 비방을 받는다면 사람으로서 부끄러운 일이 아니냐?"

절해의 외딴 섬에 유배된 그는 어머니의 죽음도 모른 채, 다시 어머니를 그리워하는 시를 씁니다.

용문산 위에 있는 같은 뿌리의 나무
가지는 부러져 메마르기만 할 뿐
살아남은 가지 위에 바람과 서리 내리고
죽은 가지는 날마다 도끼가 찍어 댄다
돌이켜보면 우리 형제가 평화로웠던 나날들
색동옷 입고 피리 불며 노는 것을 즐거워하시던 어머니였네
그 어머니는 여든이 되어 시중들 사람도 없으니
이승과 저승에 맺힌 한이 언제나 그칠까.

龍門山上同根樹　枝柯摧頹半死生　용문산상동근수　지가최퇴반사생
生者風霜不相貸　死猶斧斤日丁丁　생자풍상부상대　사유부근일정정
憶我弟兄無故日　綵服塡篌慈顔悅　억아제형무고일　채복훈지자안열
母年八十無人將　幽明飮恨何時歇　모년팔십무인장　유명음한하시헐

서포 김만중의 문학관

김만중의 수필집 『서포만필西浦漫筆』에서는 그의 문학관이 다음과 같이 서술되고 있습니다.

『서포만필(西浦漫筆)』

인간의 심정을 입을 통하여 표현한 것이 말이다. 그 말에 일정한 선율이 따를 때 시, 노래, 문, 부賦가 된다. 여러 나라의 말이 각기 다르듯이, 인간이 각자 자기 말로 자신의 사상과 감정을 선율로 표현하면 천지신명을 움직일 수도 있다. 따라서 우리의 사상과 감정을 표현하는 데 한문으로 한정할 필요는 없다.

오늘날 우리나라의 시문을 쓰는 사람은 대부분 자기 나라의 말을 두고 남의 나라 말을 쓰는 데 급급하니, 이는 곧 의미는 비슷하다 하여도 앵무새가 사람의 말을 흉내 내는 것과 같다.

시골에서 땔나무를 하는 초동樵童이나 물을 긷는 여자들이 소박한 언어로 기쁨과 슬픔을 나누는 노래가 설사 통속적이라 하여도, 과연 어느 쪽이 진실하며 어느 쪽이 허위인지를 논한다면 저들의 노래는 사대부의 시부와 동일한 차원에서 논할 수 없는 진실성을 가지고 있다.

그는 이러한 관점에서 우리 문학의 전형을 한문 문학에서 찾지 않고 정철의 작품과 같은 국문 시가에서 찾으려 하였습니다. 그는 정철의 「관동별곡」, 「사미인곡」, 「속미인곡」 등의 국문 시가를 대단히 높이 평가하고, 그러한 뛰어난 문학 작품을 비방하는 유학자들의 무능을 힘주어 공격하였습니다.

그의 친척이자 후배인 김춘택(金春澤 : 1670~1717년)은 수필 속에서 이런 글을 썼습니다.

"서포는 일찍부터 우리말로 문장을 쓰는 것이 당연하다고 주장하고, 우리가 한문만으로 문장을 쓰는 것은 마치 앵무새가 인간의 언어를 흉내 내는 것과 같다고 하면서 개탄하였다."

또 김만중은 소설의 가치를 논하면서 다음과 같이 말하기도 하였습니다.

"중국 고전인 통사通史나 『삼국지三國志』는 독자를 울릴 수 없지만, 소설 『삼국지연의三國志演義』는 독자를 감동시킨다."

김만중은 이러한 문학관을 가지고 있었기 때문에 우리나라의 문학사에 빛나는 『구운몽九雲夢』, 『사씨남정기謝氏南征記』라는 걸작 한글 소설을 쓸 수 있었던 것입니다.

심미적이며 예술적 향기 높은 소설 『구운몽』, 어머니를 그리며 쓰다

『구운몽(九雲夢)』

그는 남해의 외딴 섬에 유배된 직후 멀리 고향에 있는 늙은 어머니를 생각하면서, 어머니를 위로할 작정으로 소설을 쓰기 시작합니다.

어머니 윤씨는 어려서부터 소설 읽기를 좋아하여 자식과 손자들에게도 우스운 옛날이야기를 자주 들려주었는데, 윤씨의 소질은 김만중에게 그대로 물려졌습니다. 김만중은 입수할 수 있는 모든 나라의 이야기들을 모아 항상 어머니에게 들려주었습니다. 그는 유배지에서도 어머니를 즐겁게 할 이야기를 쓰고 있었습니다. 그러나 어머니는 그가 집필을 착수한 직후에 사망하고 말았으며, 김만중은 그 사실도 모른 채 밤낮으로 글을 썼다고 합니다. 이렇게 쓰여진 『구운몽』은 매우 심미적이며 예술적인 향기가 높은 소설입니다.

이야기는 중국의 자연을 배경으로 전개됩니다. 그러나 이는 중국을 숭배하는 사대사상에서 나온 것이라기보다, 광대한 중국 대륙을 마음껏 뛰어다니는 장쾌함을 묘사하는 한편 자칫 생길지도 모르는 시비의 소지를 피하기 위한 것이었습니다.

이야기는 불교의 정토 세계에서 시작됩니다. 육관대사六觀大師의 제자 성진性眞이 스승의 충고를 듣지 않고 팔선녀와 희롱하다가 인간 세계로 추방되는 것이 발단으로 되어 있습니다. 철저한 배불 정책 아래 승려와 사원을 멸시해온 조선의 양반들이었지만, 궁전이나 귀족들의 여류 사회에서는 불교를 믿는 기풍이 여전히 남아 있었습니다. 어머니 윤씨도 불교를 신봉하고 있었음에 틀림없습니다. 따라서 효심이 깊은 김만중도 불교에 깊은 이해를 보이고 있었다고 생각됩니다.

성진은 인간 세계에서 가난한 양처사楊處士의 자식 양소유楊小遊로 환생합니다. 소유는 성인이 되어 과거 시험을 치르게 되고, 절세의 미녀로 환생한 팔선녀의 화신과 잇달아 해후하게 됩니다.

첫 번째는 과거를 치르기 위하여 도성으로 가다가 우연히 첫눈에 반한 진어사秦御史의 딸 채봉彩鳳이와의 만남이었습니다. 둘은 마음이 맞아 버드나무를 기리는 시를 교환하고 장래를 약속하는데 갑자기 일어난 전쟁으로 헤어지게 됩니다. 소유는 전란으로 과거 시험이 연기되자 일단 향리로 돌아갑니다. 이윽고 평화가 찾아오자 다시 한성으로 향하던 도중에 낙양에서 서생들의 잔치에 초대되어 갔는데, 그곳에서 계섬월桂蟾月이라는 아름다운 기생을 만나 달콤한 인연을 맺게 됩니다.

드디어 한성에 도착하여 과거 시험일을 기다리던 소유는 빼어난 거문고 연주로 귀족 정사도鄭司徒의 딸 경패瓊貝와 서로 알게 됩니다. 과거에서 소유는 뛰어난 성적으로 합격하여 한림翰林이라는 지위에 올랐고, 정사도는 소유에게 반하여 자기 딸과 혼약을 맺게 합니다. 정사도의 딸에게는 가춘운賈春雲이라는 시녀가 있었습니다. 자매처럼 지내온 두 여인은 함께 소유에게 시집가기로 약속하는데, 시녀가 먼저 소유와 정을 맺어 그가 정사도의 집에 기숙하는 동안 그녀는 소유의 시중을 들게 됩니다.

소유는 이윽고 천자의 명을 받고 연나라에 사신으로 파견되어 갑니다. 그는 임무를 수행하고 귀국하다가 다시 명기 섬월과 만나는데, 거기에서 그녀의 친구인 적경홍狄驚鴻이라는 미녀와도 사랑을 나눕니다.

큰 공을 세운 소유는 예부상서禮部尙書에 올랐고, 횡적(橫笛 : 피리)이 맺어준 인연으로 천자의 누이인 난양공주蘭陽公主를 만나게 됩니다. 천자와 황태후는 소유가 정사도의 딸과 혼약한 것을 알고는 그 혼약을 깨고 공주와 결혼하라고 강요하지만 소유는 신의를 저버릴 수 없다며 거절합니다. 이때 공주를 시중들던 시녀 중 한 사람이 진채봉이었습니다. 그녀는 전란으로 부모를 잃고 유랑하다가 궁궐의 시녀가 되었는데, 소유의 이야기를 듣고는 한탄하며 슬퍼합니다.

결국 소유는 공주와의 결혼을 거절하였던 일로 투옥됩니다. 그때 변경에서 반란이 일어나자, 뛰어난 지휘 능력을 인정받고 있던 소유는 옥에서 풀려나 대원수로 임명되어 대군을 이끌고 전쟁터로 출정하게 됩니다. 그는 토벌전에서 온갖 어려움을 겪지만 적이 파견한 남장을 한 심沈이라는 여자 자객의 도움을 받아 반란군을 전멸시키는 공을 세웁니다. 또 이 전투에서 동정호洞庭湖 용왕의 딸 백능파白凌波에게 여러 가지 도움도 받습니다. 그렇게 그는 이 두 미녀와도 인연을 맺게 됩니다.

소유가 출정해 있는 동안 천자와 황태후는 공주의 결혼 문제를 원만히 해결하기 위하여 정사도의 딸을 만났다가 그녀의 아름다움에 감탄하여, 황태후의 양녀로 삼고 영양공주英陽公主라는 이름을 주어 난양공주의 자매로 삼습니다. 그리고 두 공주는 함께 소유와 결혼하게 됩니다. 대반란을 평정하고 개선한 소유는 재상에 임명되어 두 공주와 성대한 혼례를 올렸고, 시녀인 춘운과 채봉도 소유의 측실이 됩니다.

소유는 향리에서 어머니를 모셔다가 원만한 가정을 꾸립니다. 이때 천자의 아우 월왕越王이 의형제가 된 소유를 환영하기 위하여 천하의 명기를 모아 큰 잔치를 베풀게 됩니다. 이 자리에는 소유와 인연을 맺었던 계, 적, 심, 백 등 네 미녀들도 참석하여 각자 뛰어난 재주를 뽐내 절찬을 받습니다. 두 공주는 네 미녀들도 맞아들여 여덟 명의 여자들은 한 지붕 아래서 자매들처럼 친하게 지내고, 이윽고 형제의 의를 맺습니다. 서로 시기하지 않는 여덟 명의 여자들은 사이좋게 소유와 살면서 각자 아이를 하나씩 낳아 백발이 될 때까지 함께 행복하게 살게 됩니다.

노년이 된 소유는 인생의 무상함을 느껴 재상직에서 물러나 멀리 정토 세계를 꿈꾸게 됩니다. 그리고 어느 날 소유와 여덟 여자들은 홀연히 현세를 떠나 정토 세계로 돌아갔는데, 이들은 예전의 성진과 팔선녀로 돌아가 극락 세계로 향합니다.

이와 같이 『구운몽』은 현실과 동떨어진 이야기이기는 하지만, 곳곳에 당시 부패한 양반 귀족 사회의 이면을 낱낱이 파헤치고 있습니다. 그들은 겉으로는 근엄한 도덕을 말하는 양반 귀족들은 실생활에서는 멋대로 첩을 두고 극도의 음락淫樂을 즐겼습니다. 또 굉장한 애주가인 소유가 술에 취하여 추태를 부리는 장면이 생생하게 묘사되어 있는데, 어쩌면 이는 김만중 자신의 자화상이었는지도 모릅니다.

어쨌든 그가 어머니를 위로하려고 쓴 이 소설은 정작 어머니에게 들려드리지도 못하고 후세에 전해집니다.

『사씨남정기』를 통해 왕을 풍자하다

『사씨남정기』는 『구운몽』을 써낸 뒤, 왕이 민비를 추방하고 왕자를 낳은 장씨를 정실로 삼은 것을 풍자한 소설입니다. 이 소설 역시 중국을 무대로 쓰여졌습니다.

「사씨남정기」

명문 귀족인 유연수劉延壽는 재원으로 평판이 높았던 사씨를 처로 맞이하여 행복한 가정을 꾸렸지만 자식이 없었습니다. 사씨는 가문의 후사를 잇기 위하여 남편에게 측실을 들이라고 권유합니다. 그래서 영락한 양반 출신의 고아인 교채란喬彩蘭이라는 미녀를 측실로 삼게 됩니다.

　　그녀는 "가난한 양반 서생의 처가 되느니 권문 귀족의 첩이 되는 편이 낫다"는 철저한 공리주의자功利主義者였습니다. 약삭빠르고 눈치가 빠른 그녀는 유연수의 마음에 들기 위하여 금琴과 가무를 배워 명기 못지않은 교태로 금세 그의 사랑을 독차지합니다. 그리고 바라던 대로 아들을 낳습니다.

　　사씨는 양반 귀족의 예의범절을 중시하는 사람답게 집안에서 함부로 가무음곡을 해서는 안 된다고 교녀喬女를 나무랐는데, 이를 분하게 여긴 교녀는 사사건건 사씨를 중상합니다. 첩에게 푹 빠져 있던 유연수는 사씨를 미워하며 가까이하지 않게 됩니다.

　　그러나 얄궂게 사씨도 아들을 낳습니다. 불안을 느낀 교녀는 사씨의 시녀를 매수하여 사씨의 보석함에서 가보인 반지를 훔쳐내 불량배에게 건네줍니다. 그 불량배는 때마침 암행어사가 되어 지방을 순시하던 연수에게 접근하여, 그 반지를 내보이며 애인한테 받았다고 자랑합니다. 반지를 보고 놀란 유연수는 쏜살같이 집에 돌아와 반지의 소재를 확인합니다. 사씨는 그때서야 반지가 없어진 것을 알았고, 이에 크게 노한 유연수는 당장 아내를 쫓아내려고 합니다. 언제나 사씨를 두둔하는 유연수의 숙모가 조카를 엄히 꾸짖어 일단 진정되었지만, 숙모도 장사長沙의 장관이 되어 부임하는 아들 두억杜億을 따라 떠나니 사씨는 완전히 고립되고 맙니다.

　　자식을 하나 더 낳은 교녀는 집안일을 담당하는 동청董淸과 몰래 간통하고 계략을 세웁니다. 그녀는 병약한 큰아들을 독살하고, 이를 사씨의 질투로 벌어진 일처럼 꾸몄습니다. 크게 화가 난 유연수는 숙모도 없는 마당에 전후 사정은 전혀 헤아려보지도 않고 사씨를 내쫓습니다. 자식까지 빼앗기고 집에서 쫓겨난 사씨는 유가劉家 선조의 무덤 앞에 작은 집을 짓고 선영을 공양하며 살았지만, 교녀와 동청의 박해가 심해지자 결국 정처 없이 남쪽으로 떠돌게 됩니다. 그러던 중 시중들던 늙은 하인도 죽고 여비도 떨어지자, 그녀는 어린 시녀와 함께 자살을 선택합니다. 하지만 목숨을 버리기 직전에 사씨는 소녀 시절에 안면이 있던 비구니를 만나 암자에 몸을 의탁합니다.

　사씨를 쫓아내고 안주인이 된 교녀는 남편이 지방관으로 갔을 때 동청과 공공연하게 음락을 거듭하다가 유연수가 의심하기 시작하자 그를 살해할 음모를 꾸밉니다. 동청은 많은 뇌물로 재상에게 환심을 사고, 유연수가 예전에 쓴 국정 비판 문서를 훔쳐내 재상에게 건네줍니다. 전부터 유연수를 적대시하던 재상은 즉시 유연수를 한 번 가면 살아서는 돌아오지 못한다는 변경으로 유배를 보내 버렸고, 재상의 환심을 산 동청은 빠르게 출세하여 이윽고 지방 장관에 임명됩니다. 교녀는 유가의 금은보화를 있는 대로 싸들고 동청과 함께 임지로 떠나던 도중에, 귀찮기만 한 사씨의 자식 인麟을 강물에 던지라고 시녀에게 명령합니다. 그러나 시녀는 아이를 기슭의 풀숲에 몰래 숨겨 둡니다.

　유연수는 유배지에서 중병을 앓았지만 기적적으로 살아남아 태자 탄생을 축하하는 대사면령이 내려졌을 때, 죄를 용서받고 유배지에서 돌아오게 됩니다. 그런데 돌아오는 길에 계림 태수桂林太守로 영전되어 부임하는 동청의 행렬과 마주칩니다. 이에 동청은 자객을 시켜 유연수를 살해하려 하지만 유연수는 살해되기 직전에 큰 호숫가에서 대기하고 있던 작은 배에 구조됩니다. 그런데 그 배를 젓고 있던 사람은 바로 비구니와 사씨였습니다. 이렇게 기적적으로 재회한 부부는 손을 마주잡고 눈물을 흘렸고, 둘은 함께 절에 몸을 의탁합니다.

　한편 예전에 동청과 교녀를 위해 견마지로犬馬之勞를 다한 불량배 냉진冷振이 출세한 동청을 찾아가 그의 집사가 되었는데, 교녀는 이 미남 청년과도 몰래 간통하게 됩니다. 동청은 임지의 민중을 수탈하여 엄청난 부를 쌓는 한편, 재상에게 뇌물로 줄 십만 냥을 냉진에게 건네줍니다. 그는 돈에 눈이 어두워 동청을 배신하고 계림 태수의 부정을 모두 법관에게 고발합니다. 결국 동청은 사형에 처해졌고 재상도 추방되고 맙니다. 냉진은 교녀와 함께 십만 냥의 돈을 가지고 산동으로 향합니다. 그러나 도중에 묵던 집에서 도적을 만나 돈을 죄다 빼앗기고 맙니다.

천자는 재상을 추방한 뒤, 그에게 쫓겨난 중신들을 전부 한성으로 다시 불러들여 복직시킵니다. 유연수도 지위를 회복하여 사씨 부인과 함께 도성으로 돌아와 무너진 옛집을 수축하고, 행방불명된 아들을 찾아내 다시 행복한 가정을 이룹니다. 아이를 구한 이는 사씨의 목숨을 구한 비구니의 조카였는데, 사씨는 그 은혜에 보답하기 위하여 비구니의 조카를 남편의 측실로 맞아들이고 성대한 잔치를 벌입니다.

냉진은 교녀와 함께 유랑하다가 범죄가 발각되어 살해되고, 교녀는 하나 남은 자식이 병으로 죽자 기녀가 되어 낙양에서 웃음을 팔고 있었습니다. 이 소문을 들은 유연수는 사자를 보내 교녀를 유인하여 연회에 끌어내어 죽여 버립니다.

이렇게 이야기는 끝나는데, 양반 귀족 가정의 이면에 숨은 부패한 모습과 고관 권신들의 오직汚職, 민중에 대한 잔혹한 착취 실태가 매우 상세히 묘사되어 있습니다.

작자는 부덕이 높은 사씨를 극찬하지만 그 묘사는 오히려 지루합니다. 악녀의 전형으로 묘사된 교녀가 더욱 매력적이고 생동감 넘치는 모습으로 곳곳에 묘사됩니다. 이것은 작가가 의식하고 쓴 것인지, 아니면 진실을 묘사하려는 작가의 의도와는 관계없이 이런 결과를 낳은 것인지 알 수 없지만, 바로 이 점이 이 작품의 뛰어난 예술성이라고 말할 수 있습니다.

이 작품에서 그는 유교적 도덕 관념에 서서 그 관념에 속하는 것을 '선'으로 하고, 그 관념에 반하는 것을 '악'으로 묘사하고 있습니다. 선의 입장에 선 자가 지루하고 무능한 인간이라면, 악의 입장을 대표하는 인간은 지혜롭고 생활력이 강하며 생기발랄한 모습을 보여주고 있습니다. 아마도 작가 자신이 유학적인 정의감을 내세우며 이를 관철하려고 노력하였겠지만 작가의 실제 모습은 자유롭고 발랄하며 거짓을 모르는 솔직한 삶, 인간다운 삶을 동경하고 있었던 것은 아닐까 하고 추측해 봅니다.

유배지에서 고독하게 생을 마감하다

김만중은 남해의 외딴 섬에 유배되어 엄한 감시 속에 살았습니다. 그는 사람들과 좀처럼 대화도 나눌 수 없는 고통스러운 환경 속에서 신들린 듯이 이 두 편의 장편 소설을 써냅니다.

『구운몽』은 늙은 어머니를 위로하기 위하여, 『사씨남정기』는 국왕의 처신에 반성을 촉구하고자 쓴 것입니다. 그는 절망적인 환경 속에서도 자신이 추구하는 인생의 진실을 혼신의 힘을 다하여 써나갔으리라 여겨집니다.

그가 유배된 섬에서 어머니의 죽음을 알게 된 것은 어머니가 숨을 거둔 지 1년이나 지난 뒤였습니다. 비탄에 빠진 그는 몇 날 밤을 지새운 뒤, 어머니의 짧은 전기를 쓰기로 결심합니다. 그 글에서 그는 다음과 같이 말하고 있습니다.

만중은 전생에 죄를 범하였는지 부친의 얼굴을 뵙지 못하고 전란 속에서 태어나, 길러주신 어머니에게 남들의 몇 배나 되는 수고를 끼쳤다. 어리석은 나는 어머니를 안심시키려고 하였지만 걱정을 끼치는 경우가 더 많았다. 요행히 관직에 나아갈 수는 있었지만 그것이 어머니를 기쁘게 하지는 못하였다. 그 후에도 재난을 겪어 끝까지 어머니를 근심케 하였으니, 그 죄는 몸을 갈가리 찢겨도 다 용서받을 수 없다. 그런 처지에 남해의 섬에 유배되어 와서도 여전히 목숨을 버리지 못하니 얼마나 슬픈 일이냐.

남은 목숨은 얼마 되지 않고, 어머니를 생각하면 그 말씀들도 기억 속에 희미해져갈 뿐이다. 이에 감히 비애를 참고서 어머니의 기억을 더듬어 몇 줄의 기록을 써서 남은 조카들을 위해 남겨두고자 한다.

어머니는 일찍이 부덕이 지극했던 여인들의 비록碑錄을 읽고 마음 아파하며 말씀하셨다.

"깊은 규중閨中의 일은 사내들이 알지 못하는 바가 많다. 붓을 들어 쓰는 사람들이 그때그때 집안 사람의 이야기를 듣고 그대로 적은 것뿐이니, 비록의 기록은 믿기 어렵다. 비록대로 과연 우리나라에 그렇게 훌륭한 부인이 많았을까?"

어머니의 말씀이 지금도 귀에 생생하다. 어머니의 마음을 살핀다면, 함부로 미사여구로 지어낼 수는 없다.

경오(庚午 : 1690년) 8월, 불초한 아들 만중은 피눈물을 흘리면서 삼가 기록한다.

김만중은 1692년 4월 30일, 외딴 섬의 유배지에서 쉰아홉의 생애를 마감합니다. 정치가로서나 학자로서 자신의 역량을 충분히 발휘하지 못한 채 고독한 죽음을 맞았지만, 가장 불행하였던 유배 시절에 쓴 이 두 편의 장편소설이 전해진 덕분에 그는 우리나라의 소설 문학에 위대한 공적을 남기게 됩니다.

후세 사람들은 김만중의 사상적인 보수성의 한계를 지적하기도 하고 민중의 생활을 쓰지 않았다고 비판하기도 하지만, 예술적인 향기가 높은 작품은 독자에 의해 어떻게든 해석되게 마련입니다. 그가 작품에서 폭로한 양반 귀족의 부패상은 그 진실성이 높게 평가되고 있습니다. 또한 그의 작품이 우리나라의 아름다운 언어로 참으로 정교하게 묘사하고 있다는 점도 모든 사람들이 절찬하는 바입니다. 그가 우리 문학의 발전에 공헌한 점은 누구도 부정하지 못하는 진실임에는 틀림이 없습니다.

3. 개성이 독특한 실학자 박세당과 정상기

여기에서는 실학 운동의 발전에서 특별한 공적을 쌓은 두 사람의 학자를 소개하겠습니다.

박세당, 개성 있는 삶을 살다

박세당(朴世堂 : 1629~1703년)은 1629년 8월, 전라도 남원 부사南原府使의 아들로 태어났습니다. 지체 높은 양반집 자식이므로 어린 시절부터 한학을 공부하는 것은 당연한 일이었지만, 그는 소년 시절부터 어떠한 책이든 의미를 완전히 파악할 때까지는 결코 중도에 그만두는 일이 없었습니다.

박세당이 과거에 합격한 것은 서른한 살(1660년) 때로, 면학에 열중한 수재치고는 좀 늦은 셈입니다. 아마도 그는 시험에는 크게 신경 쓰지 않았던 것 같습니다. 문과 수석을 차지한 그는 얼마 후 성균관 전적典籍에 중용되고, 1664년에는 홍문관 부수찬副修撰이 되었으며, 암행어사가 되어 황해도에도 파견됩니다. 당시로서는 관리로 출세 가도를 달린 셈이었습니다. 하지만 그는 조정 고관들의 민중의 생활을 무시하고 사리사욕을 위하여 추악한 권력 투쟁을 벌이는 이면을 똑똑히 목격하고, 그런 고관들에게 이용되는 자기 처지에 견딜 수 없는 혐오를 느꼈던 듯합니다.

그는 1667년에는 역사 편찬 일을 맡게 되었고, 이듬해에는 이조좌랑吏曹佐郎에 임명됩니다. 출세를 바랐다면 더할 나위 없는 영전이었지만 그는 그 자리에 출사하지 않습니다. 그는 관직을 그만두고 시골에 파묻혀 지내겠다며 완강히 사양하였는데, 조정은 왕명을 어기는 불충을 저질렀다는 이유로 그에게 장형(杖刑 : 곤장으로 볼기를 때리는 형벌)을 가합니다. 출세를 거부한 죄로 치욕을 당하였다는 것은 상상하기 어려운 일이지만, 그는 수모를 겪으면서도 절대 후회는 하지 않았습니다. 그 정도의 벌로 어리석은 고관들의 얼굴을 보지 않고 살 수 있다면 다행이라고 생각한 것일까요?

그러나 심술궂은 고관들은 그를 억지로 중국에 파견하는 사절단의 서기관으로 임명합니다. 그 역시 외국 여행이 자신의 연구에 도움이 될 것으로 생각하였는지 임무를 충실히 수행하고 귀국하지만, 귀국 후에 바로 한성을 떠나 조상이 물려준 토지가 있는 경기도 석천石泉이라는 시골에 틀어박힙니다. 농촌에 파묻힌 그는 시골 사람들과 함께 매일 밭에 나가 농사를 지었고, 몸소 밭을 갈고 흙을 북돋우며 작물을 키우는 오랜 소망을 이룹니다.

그는 일찍부터 철학적 연구 논문을 쓰고 명필로 평판이 자자하였습니다. 하지만 국민의 생활을 풍족하게 하려면 농학을 철저히 연구하여 생산을 높이는 것이 가장 중요하다고 믿었으며, 그 신념을 일관되게 품어왔습니다. 그 점에서 매우 개성있는 삶을 산 사람이었다고 할 수 있습니다. 그가 염원한 대로 관직을 떠나 농촌 생활을 시작한 것은 마흔 살이 되던 해였습니다.

농사를 지으며 농학서 『색경』을 쓰다

『색경(穡經)』

박세당은 동서고금의 모든 농학서를 읽고 매우 풍부한 지식을 지니게 되었는데, 그 가운데에서도 15세기 초 우리나라의 대표적 농학서인 『농사직설農事直說』, 『금양잡록衿陽雜錄』 등을 완벽하게 연구한 것입니다. 그리고 그는 자신이 연구한 학설을 실제 경작으로 시험하고 다년간 쌓은 경험을 『색경穡經』이라는 4권의 저작으로 정리합니다. 그는 이 저서의 서문에서 다음과 같이 서술하고 있습니다.

나는 이전에 관직에 있었을 때 스스로 정치와는 맞지 않는다는 것을 알고 관직을 그만두고 농사를 짓고자 생각해왔다. 때마침 왕궁의 도서관에서 농학서를 읽다가 진정한 스승을 발견하였다는 기쁨에 참고가 될 만한 것을 일일이 써두었다.

그리고 번거로운 곳은 간략히 하고, 중복된 곳은 정리하여 읽는 사람이 편리하게 이용할 수 있게 만들고 『색경』이라 이름하였다. 이 제목은 '농작의 기본이 되는 방법'이라는 뜻이다.

구곡백과(九穀百果 : 모든 곡물과 과실)를 비롯하여 오이, 호박, 마, 닭, 돼지, 집오리, 거위, 벌, 어류, 재목, 약초, 양잠 등 민생에 이익이 될 만한 것은 모두 기록하려고 하였다.

　　서문에서 쓰고 있는 대로 이 책은 모든 것을 망라한 저서입니다. 제1권에는 경지, 종자, 파종 등 농작에 대한 일반적인 지식과 쌀, 보리, 밀, 조, 대두大豆 등의 곡물 및 마, 면화 등의 공예 작물工藝作物 종류, 오이, 호박, 가지, 쑥, 마늘 등 야채나 조미료에 이르기까지 각종 작물에 관한 재배법과 작물의 성질, 습성, 유효성 등을 상세히 서술하고 있습니다.

　　제2권에는 형개(荊芥 : 위장약으로 쓰는 약초), 버섯, 연초, 오미자 등의 약초 및 공예 작물의 재배법과 배, 복숭아, 사과, 밤, 버찌, 대추 등 과실수의 접목법, 벌레 퇴치법, 종자의 도입과 보관법, 심지어는 화초 재배법, 꽃꽂이법에 이르기까지 과수나 약초 등에 관한 내용이 서술되어 있습니다.

　　제3권에는 석류, 양귀비, 지황 등의 약초 재배법, 사과 등의 과실을 겨울을 나게 하는 방법 및 양잠에 대해서 상세히 기술하고 있습니다.

　　제4권에는 개, 돼지, 닭 등의 가축 사육법, 양봉법 등이 상세히 서술되어 있는 한편, 식초 제조법 등의 농작물 가공 문제나 계절별로 나타나는 경작 문제를 기록하고 농가월령가 등이 첨부되어 있습니다.

　　이와 같이 그의 『색경』은 농업에 관한 우수한 과학적 저작이며, 생물학적으로 보더라도 실천을 통하여 쌓은 우수한 이론을 전개한 저서입니다. 그는 이 저작에서 생물이 주위 환경 조건에 어떤 생활 양식을 취하며 또 어떤 특성이 나타나는가를 서술하고 있는데, 17세기 우리나라에서 이처럼 뛰어난 이론이 전개되었다는 것은 매우 놀라운 일입니다.

　　이 책에는 나무를 옮겨 심는 것에 관한 매우 구체적인 방법도 소개되어 있는데, 이것은 그가 실천을 통하여 발견한 성과였습니다. 또한 다종다양한 실례는 환경에 따른 생물의 변화를 자세히 관찰하고 연구하여 얻은 것입니다. 이러한 연구 성과는 세계적으로도 단연코 돋보이는 것으로, 유럽에서는 20세기가 되어서야 비로소 이러한 견해가 발표되었습니다.

또한 주목되는 것은 과수 접목에 대한 연구 성과입니다. 그는 과수의 품종을 개량하기 위하여 여러 방법을 고찰하고 여러 재료로 실험을 거듭하였으며, 여기서 얻은 결론을 자세히 서술하였습니다. 수확을 증대시키는 접목법, 더욱 좋은 품질을 얻기 위한 접목법, 관상용으로 아름다운 나무를 만드는 방법 등 그 실험 기록은 매우 복잡하지만, 오늘날 생물학계에서 시행하는 방법을 대부분 그가 먼저 실천하고 있었음을 증명해 주고 있습니다.

그의 이 저작은 그 후 실학 운동을 계승한 후계자들에 의하여 더욱 연구가 진전되어 우리나라의 농업 발전에 크게 공헌하게 됩니다.

유배 중에 죽음을 맞다

생물학 연구를 계속하면서 농업에 전념하던 그는 편안하고 보람찬 자기 삶에 즐거움을 느끼고 있었는지 모르지만, 역사의 흐름은 만년의 그를 세차게 뒤흔들었습니다.

갑술환국(甲戌換局)

1694년 조정을 뒤흔든 '갑술환국甲戌換局'이 일어납니다. 1689년 숙종이 왕자를 낳지 못한 왕비 민씨를 추방하고 왕자를 낳은 후궁 장씨를 왕비로 세웠으며, 이를 반대한 일파가 권좌에서 추방된 사정은 김만중 편에서 서술한 바 있습니다. 왕비 교체에 찬성하여 권력을 장악한 남인은 권세를 멋대로 휘두르면서도 아직 중앙 정계에 남아 있는 일부 소론少論의 동향에 신경을 곤두세우고 있었습니다. 그러던 1694년, 정계에서 쫓겨나 야인으로 살고 있던 김춘택金春澤과 한중혁(韓重爀 : ?~1697년) 등이 민씨를 왕비로 복귀시키려는 운동을 일으킨 것입니다. 김춘택은 김만중의 친척으로 남해의 유배지에서 죽은 김만중이 쓴 『사씨남정기』를 남몰래 왕에게 읽게 하였습니다. 왕비가 된 장씨의 방자한 태도에 애를 먹고 있던 왕은 정숙하였던 민씨를 그리워하며 눈물로 후회하였다고 합니다.

이 운동을 알아챈 남인들은 김춘택을 비롯한 소론파 수십 명을 체포하여 단번에 숨통을 끊어 놓으려 하였습니다. 하지만 기분에 따라 쉽게 감정이 바뀌는 왕은 남인의 행동에 분노하여 오히려 영수인 민암(閔黯 : 1636~1694년)

을 사형에 처하고 남인파 요인들을 중앙 정계에서 추방하는 한편, 반대파인 서인파(이들이 다시 소론파, 노론파로 나뉘었음)를 요직에 앉힙니다. 이 사건을 갑술환국이라 부릅니다. 그때 마침 소론파의 요인들과 친교가 있었던 박세당은 일약 정3품 승지에 임명되어 조정의 요직에 들어가게 됩니다.

그는 이미 예순여섯의 고령이었습니다. 의리 때문인지 아니면 민중의 행복을 위하여 개혁 정치를 펼 수 있다는 이상을 품었기 때문인지는 알 수 없으나, 그는 그렇게 의욕을 불태우며 한성의 정계에 복귀합니다. 다음해에는 공조판서를 거쳐 이조·형조판서를 역임합니다. 경제, 인사, 형사 등에서 최고 관원이 된 그는 이상을 실현시키고자 의욕을 불태웠습니다. 하지만 주자학의 형식 논리를 신봉하는 완고한 유학자 무리에 둘러싸여서는 민중의 이익을 위한 개혁 정책을 전혀 실현할 수 없다는 것을 좋은 싫든 깨닫게 됩니다.

1703년, 그는 판중추부사(判中樞府事 : 정1품)가 되지만 일흔다섯이라는 고령을 핑계로 기로소(耆老所 : 원로 문신들의 예우를 위해 설치한 기관)에 들어가 정책론을 쓰는 데 전념하였고, 이렇게 발표된 것이 『사변록思辨錄』이라는 논설입니다.

『사변록(思辨錄)』

그는 이 논설에서 유학에 대항하는 노자老子의 도학道學과 동양 고래의 여러 학설을 인용하면서 주자학의 봉건성과 결점을 통렬히 비판합니다. 또한 개혁적인 정책으로 국정을 일신하여야 한다는 매우 독창적인 의견을 서술하고, 생산을 높이고 민중의 생활을 향상시키는 데 도움이 되는 사업을 추진하여야 한다는 생각을 분명히 밝힙니다.

물론 시대적인 한계도 있고 양반이라는 계급적 입장에서 벗어나지 못하였다는 면에서 불충분한 점도 있지만, 그의 대담한 표현은 당시 권력자들에게 큰 충격을 주었습니다. 주자학만을 절대시하던 권좌의 유학자들은 그에게 "주자를 모욕하고 이설을 주창한다"며 사문난적(斯文亂賊 : 부정한 문장을 가지고 세상을 어지럽히는 역적)의 낙인을 찍어 일체의 관직을 박탈하고 유배형에 처합니다.

박세당은 이렇게 국적의 오명을 쓰고 남해의 유배지로 가다가 옥과(玉果 : 지금의 전남 곡성군谷城郡 옥과면)에서 병사하고 맙니다. 그가 죽었다는 소식에 조정의 고관들도 가책을 느꼈는지 곧 그의 죄를 사하고 명예를 회복시켜 줍니다. 일흔다섯 살의 노인이 이렇게 비장한 죽음을 맞은 것은 개혁을 추구하였던 그에게 오히려 후회 없는 삶의 마감이라고 말할 수도 있습니다.

『사계집(四溪集)』

오늘날까지 남아 있는 그의 저서는 『색경』, 『사변록』 외에 그의 호에서 딴 『사계집四溪集』 20권이 있습니다. 그는 이 저서들을 통하여 실학 운동의 중요한 기둥 역할을 수행하였으며, 특히 생물학 연구에서 남긴 공적은 후세 사람들의 존경의 대상이 되고 있습니다.

정상기, 지도 제작자로 우뚝 서다

정상기(鄭尙驥 : 1678~1752년)는 조선 초기인 15세기 초 세종 때 영의정이자 대학자로 명성을 남긴 정인지鄭麟趾의 후손으로 태어났습니다.

그는 이렇게 명문의 자식으로 태어났지만, 겨우 일곱 살 때 일시에 부모를 잃고 고아가 됩니다. 돌봐주는 친척이야 있었겠지만 어린아이가 홀로 서는 데는 어려움도 많았고 게다가 몸도 병약한 편이었습니다. 그러나 어린 그는 의지가 강하여 어떤 고통에도 실망하지 않았을 뿐만 아니라 결코 다른 사람에게 응석을 부리거나 폐를 끼치지 않았습니다.

그는 열심히 공부하였으며, 특히 실학의 창시자로 알려진 유형원의 『반계수록』을 비롯하여 실학 운동의 선두에 선 사람들의 저서를 애독하면서 실학 운동에 일생을 바칠 결의를 굳혀갑니다. 권좌에 있는 사람들 중에는 그의 처지를 동정하여 어서 과거에 합격하여 관직에 오르라고 권유하는 사람도 있었지만, 그는 일찍부터 과거 시험을 단념한 듯합니다. 이는 스스로 병약하다는 것을 자각하고 있었기 때문이기도 하지만, 파벌 투쟁에 휩싸인 권력과 양반들의 모습에 의혹을 품고 과거 시험 제도 자체에도 불신감을 느끼고 있었기 때문인지도 모릅니다.

그러나 그를 동정하는 사람들은 그의 생활을 염려한 조정의 서기 자리를 추천해주었고, 그는 몇 년 동안 실무적인 일을 맡기도 하였습니다. 하지만 그러한 생활이 자신의 신경을 소모할 뿐이라는 것을 알고, 조상이 남겨준 약간의 토지가 있는 시골로 돌아가 학문 연구에 전념하기로 마음을 먹습니다.

『동국지도(東國地圖)』

정상기는 스승으로 추앙하던 반계 유형원이 그랬듯이 국가에 유용한 모든 것을 연구 대상으로 삼습니다. 그는 우선 통치 방법에서부터 국방 문제, 산업과 경제 문제, 자연 지리와 의학 등 광범위한 연구를 계속합니다. 이러한 연구를 정리한 것이 『인자비감人子備監』, 『농포문답農圃問答』, 『심의설沈衣說』, 『향거요람鄕居要覽』 등의 저작입니다. 다만 유감스러운 것은 그의 수많은 저작이 세상에 널리 유포되지 않았기 때문에 연구의 전모를 알 수 없다는 점입니다. 그러나 정상기가 평생을 바쳐 제작한 『동국지도東國地圖』는 우리나라 지도의 우수성을 세계에 알린 국보적인 것입니다.

이 지도는 그의 호를 따서 『농포지도農圃地圖』라고도 불리는데, 그는 이 지도를 제작할 때 백리척百里尺이라는 축척縮尺을 기본으로 삼았습니다. 그는 우리나라에서 만들어진 지도의 결점에 관해 다음과 같이 서술하고 있습니다.

일반에 유포되어 있는 우리나라 지도가 얼마나 되는지 알 수 없지만, 사본寫本이건 인쇄본이건 다양한 지면에 넓은 것, 좁은 것, 각진 것, 둥근 것 등 제 나름대로 만들어지고 있어서 산천과 도로와 마을이 대부분 잘못되어 있고, 원래 위치보다 십리나 가까운 것, 먼 것 등이 있다. ……게다가 동서남북의 방위가 틀린 것도 있어서, 지도를 펴서 실제 거리를 짐작할 수 없으니 마치 어둠 속을 더듬는 듯하다.

그는 자신의 지도 제작에 관해서는 이렇게 쓰고 있습니다.

나는 기존 지도의 결점을 고려하여 지도를 만들 때 산천의 험난함, 평탄함, 거리의 원근을 재 일척이 백리도 되고 십리도 되도록 하여, 한성에서부터 전국 구석구석에 이르는 지도를 하나로 정리하고 전국 팔도의 신축伸縮, 장단長短이 실제의 모습대로 되도록 하였다.

지면이 국한되어 있어 경계가 부합하지 않는 다른 지도의 결점을 고쳐 팔도를 각각 나누어 그렸는데, 함경도와 같은 곳은 땅이 넓고 더구나 거리도 길어 이것을 한 면에는 담기 어려우므로 남북 두 면으로 나눠 그리고, 경기와 호서(충청도)는 폭이 넓지 않으므로 한 면에 종합해 그려 전국을 팔면으로 그리기로 하였다.

바다의 섬 가운데 특히 멀리 제주도, 울릉도, 흑산도, 가가도(可佳島 : 지금의 전남에 위치한 가거도可居島) 등은 수로가 멀고 그 이수(里數 : 거리를 리里의 단위로 측정한 수)도 상세히 알려져 있지 않으므로 그 방위가 있는 면에 그려놓았다.

지도의 채색은, 경기도는 순황純黃, 호서는 홍백紅白, 호남은 순홍純紅, 영남은 청홍靑紅, 영동은 순청純靑, 해서(황해도)는 순백純白, 관서(평안도)는 흑백黑白, 관북(함경도)은 순흑純黑으로 하였다.

산은 녹색, 수면은 청색, 수류의 대로는 붉은 선으로 그리고, 행정 경계는 노란 선, 산성은 흰 점, 봉수烽燧는 붉은 점, 각 도의 영營은 기호를 작은 선으로 두르고, 열읍列邑의 성城은 기호의 둘레에 흰 선을, 진鎭은 파란색, 역은 노란색으로 그렸다.

이와 같이 정상기는 수리의 정확성에 중점을 두면서 지도의 부호, 색채의 조정, 도면의 편성과 표기법 등에 관한 과학적 체계를 세웠습니다. 또한 정치, 경제, 행정, 군사 및 자연 지리적 조건 등을 특성에 맞는 채색법으로 처리하고, 기호와 색조를 체계화하였습니다. 이렇게 완성된 조선 전도 및 팔면으로 구성된 지방 지도는 매우 정확하고 과학적이어서 우리나라의 지도학을 한층 높은 단계로 발전시킵니다.

그는 이 지도를 제작하면서 우리나라의 대표적 지리서인 『신증동국여지승람新增東國輿地勝覽』을 비롯하여 국가가 편찬한 각종 지리서와 지도, 각 군과 도에서 제작한 지지地誌와 지도를 기본적인 참고로 삼아, 실제의 지리적 조건과 부합하도록 온 힘을 기울였습니다. 축척 112만 분의 1과 44만 분의 1 지도는 문헌과 실지의 자연 지리적 조건을 대비하여 과학적인 측량 방법을 취하고 직접 돌아다니며 지형을 철저히 조사하였고, 예전 지도처럼 부자연스럽게 과장하여 그리는 방법 대신에 지세의 특징을 매우 사실적으로 그리고 있습니다.

정상기의 공적에 대한 평가

실학 운동의 동지이며 학문적으로 그의 후원자였던 성호星湖 이익(李瀷 : 1681~1763년)은 그의 지도에 대하여 이렇게 서술하고 있습니다.

나의 벗 정여일(汝逸 : 그의 자字)은 지도를 제작하면서 백리척百里尺을 만들고 정밀성을 기하기 위하여 온 힘을 기울여 팔면 지도를 만들었다. 원근 거리의 요철凹凸이 지형 그대로이니 실로 소중한 보물이라 아니할 수 없다.

우리나라의 지도는 한결같이 비사실적이며 실제와 부합하지 아니하였다. 그것을 염두에 둔 그는 몇 년 동안 고심을 거듭하여 지세를 그대로 그린 훌륭한 지도를 만들었다. 합치면 전국의 지도가 되고 나누면 팔면의 지방도가 되는데, 백리척에 의하여 정확히 그려져 있다. 한 눈금이 십 리가 되며, 원근과 거리를 재보면 지도의 표기와 조금도 다르지 않다.

이처럼 격찬을 아끼지 않은 이익은 이 지도의 사본 한 부를 선물 받아 서재의 책상 앞에 펼쳐놓고 밤낮으로 들여다보며 입버릇처럼, "흡사 내 발로 걸으면서 우리나라 구석구석의 풍경을 보는 듯한 기분이 든다. 우리 조선에서는 최초의 것이다"라고 말하였다고 합니다.

정사正史인 『조선왕조실록朝鮮王朝實錄』에서도 이 지도에 대하여 이렇게 언급하고 있습니다.

"산천과 도로까지 상세하게 기록되어 모든 것이 한눈에 들어오며, 게다가 백리척을 사용하였기 때문에 실제의 지세와 지도가 어느 하나 틀림이 없다."

국왕도 그의 지도를 보고 감탄하여 홍문관의 관원에 임명하고, 지도 사본 한 부를 만들어 바치게 하였습니다.

그는 1752년 일흔다섯의 나이로 생애를 마감하기까지 이 지도의 부족한 점을 끊임없이 보완하였습니다. 그의 아들 현로玄老도 아버지의 유지를 이어 지도를 보완하는 일을 계속하였고, 현로의 아들 원림元霖도 이 일에 종사하였습니다. 3대 50년간에 걸친 노력으로 이 지도는 완벽한 형태를 갖추게 됩니다.

『북간도강계』

그 밖에도 정상기는 지도 제작을 위해 국경 지대뿐만 아니라 우리 이주민이 많은 북간도(北間島 : 중국 동북東北의 지린성吉林省 일대)까지 자세히 탐사하여 『북간도강계北間島疆界』라는 역사적인 국경 변천의 기록도 정확히 기록합니다. 실로 실학파 학자로서 그의 빛나는 공적은 후세 사람들로부터 우리나라 근대 지리학의 선구자로 칭송받아 오고 있습니다.

4. 실학을 집대성한 거대한 호수 이익

유배지에서 태어나다

이익(李瀷 : 1681~1763년)은 아버지 이하진(李夏鎭 : 1628~1682년)이 유배되어 있던 평안도 운산雲山에서 태어났습니다. 그의 집안은 많은 학자와 고관을 배출한 명문으로 알려져 있지만, 남인南人에 속해 있었기 때문에 당파 싸움의 소용돌이에서 자유로울 수 없었습니다.

대사헌에 올랐던 이하진은 1680년(숙종 6년) 남인의 영수인 윤휴의 처형과 함께 추방되어 진주 목사로 좌천되었다가 곧 이 지위마저 빼앗기고 평안도 운산에 유배됩니다. 처자와 동거가 허락된 것을 보면 직접 죄를 범하지는 않았던 것 같지만, 그는 결국 사면을 받지 못하고 1682년 쉰다섯 살에 유배지에서 세상을 뜨고 맙니다.

이하진의 후처인 권씨는 어린 익을 데리고 고향인 광주廣州 첨성촌(瞻星村 : 지금의 안산시 상록구 일대)으로 돌아가, 전처가 남긴 3남 2녀와 자기가 낳은 2남 2녀를 모두 기르기 시작합니다. 어머니는 몸이 약한 막내 익을 매우 사랑하였는데, 익은 자랄수록 비범한 재능을 보였고, 공부에도 열중하였습니다. 그의 공부를 돌봐준 이는 둘째 형 잠潛이었습니다. 밤낮으로 책을 손에서 놓지 않을 뿐만 아니라 훌륭한 시를 짓는 아우를 형은 항상 자랑으로 삼았다고 합니다.

잠 역시 수재라고 칭송이 높아 일찍이 과거에 합격하여, 남인이 중앙 정계에 복귀하는 시류를 타고 진사로 출세 가도를 달립니다. 그러나 변덕스러운 숙종이 왕비를 바꾸거나 복위시키는 소동 속에서, 각 당파는 사태의 추이를 엿보며 추악한 권력 투쟁을 거듭하고 있었습니다.

1694년 민씨가 왕비로 복위할 때 권좌에서 추방된 남인은 권력 탈취를 위하여 갖은 수단을 다 부립니다. 1696년 잠은 왕비 자리에서 쫓겨난 장씨를 옹호하고 정적인 노론을 공격하는 상소문을 제출하는데, 이것이 그의 신념이었는지 아니면 남인의 대표로 뽑혀 등 떠밀린 것인지는 모르겠지만, 권력을 장악하고 있는 노론은 잠이 왕명을 거역한 반역자라 비난하고 장살(杖殺 : 때려서 죽이는 벌)에 처합니다. 형을 존경해 마지않던 열여섯 살의 익에게 이 사건은 매우 큰 충격이었으며, 그의 일생을 결정하는 운명적인 계기가 됩니다.

형이 죽은 뒤 그는 한때 한성 교외에 있는 삼각산三角山의 백운대白雲臺에 틀어박혀 나오지 않았습니다. 아마 인생에 절망하여 생사의 구렁텅이 속을 헤매고 있었을 거라고 생각됩니다. 그 뒤 그는 거주지의 이름을 따서 호를 성호라 하고, 자기가 사는 집을 성호장星湖莊이라 부르며 일생을 이곳에서 떠나지 않고 면학에 매달립니다.

농사를 지으며 소박하게 살다

남인의 권력자였던 이익의 선조들은 상당한 토지와 재산을 물려주었습니다. 게다가 그의 집에는 아버지가 사신으로 중국에 갔을 때 청淸나라의 수도에서 사온 많은 서적이 있었습니다. 그는 어머니에게 효도를 다하면서 근검한 생활을 이어갔습니다. 하지만 형들이 각기 따로 생계를 꾸려나가게 되면서, 그에게 남은 토지와 재산은 조금밖에 남지 않게 되었습니다.

생계 때문인지는 몰라도 그는 스물다섯 살 때 과거 시험을 치른 적이 있습니다. 그는 합격하고도 관직에 오르지 않았다고 하는데, 일설에 따르면 일부러 답안을 틀리게 써서 시험에 떨어졌다는 말도 있습니다. 세속적인 명리를 좇지 않고 오로지 학문에 몰두한 그의 자세는 점차 사람들의 존경을 받게 됩니다. 그는 자신의 이런 생활을 다음과 같이 써서 남긴 적이 있습니다.

세상의 백성들이 일 년 내내 오로지 일만 하고도 좀처럼 먹고 살기 힘든데, 나는 조용히 앉아서 편안하게 살 수 있었다. 관직에도 나아가지 못한 서생인 내가 일도 하지 않으면서 하인도 거느리고 양반답게 생활할 수 있었던 것은 선조들이 물려준 재산 덕이었다.

이익이 서른다섯 살 때 그의 어머니가 세상을 떠났습니다. 어머니의 상이 끝나자 그는 하인과 가산을 형들에게 주고는 스스로 농사를 지어 거둔 수확물로 소박한 생활을 계속 이어갔습니다. 가난한 생활 속에서도 그는 언제나 형과 친척들의 생활을 걱정하여 조카들을 데려다가 자기 자식들과 함께 학문을 가르쳤다고 합니다.

이렇게 가난하게 사는 그를 동정해서인지 1727년(영조英祖 3년) 조정에서는 선공감繕工監 가감역(假監役 : 공사 감독을 하는 종9품의 말단 관직)을 제수하였지만, 이미 대학자로 명성이 높았던 그는 이를 정중하게 사양합니다. 그는 일생 동안 농민들과 똑같이 일하면서 살았고, 배움을 원하는 사람들을 자상하게 가르쳤으며, 틈을 내어 저작에 몰두하였습니다. 그의 저작은 철학적인 것에서부터 정치, 경제, 언어학, 음악, 지리 등 매우 다방면에 걸쳐 있습니다.

농민들에게 토지를 균등하게 분배해야 한다고 주장하다

이익의 대표적인 저작은 『성호사설星湖僿說』과 『곽우록藿憂錄』입니다. 『성호사설』
사설이란 자신의 하찮은 의견이라는 매우 겸손한 표현으로 그때그때 기록해둔 논설을 정리한 것입니다. 따라서 그 내용이 매우 광범위하며 제자들에게 강의한 내용과 제자들의 질문에 답한 내용이 많고 중복되는 것도 있습니다. 이에 그의 제자 안정복(安鼎福 : 1712~1791년)은 이를 정리하여 절반으로 줄인 『성호사설유선星湖僿說類選』을 출판하여 세상에 널리 유포합니다.

『곽우록』은 국정을 비판한 정책론으로 제목과 관련해서 서문에 다음과 『곽우록』
같은 말이 있습니다.

나는 일개 농민에 지나지 않지만, 관리들이 정치를 잘못하여 콩잎(藿)을 먹는 농민들이 도탄에 빠지는 것이 염려되어 이 책을 썼다.

이러한 저작들 속에는 그의 사상과 정책이 구체적으로 서술되어 있으며, 그는 정치의 핵심적인 문제로 토지 제도를 제기합니다. 당시는 농업이 생산의 중심이었던 만큼 그는 농민을 풍요롭게 하는 것이 가장 중요한 기본이며, 이를 위하여 농민들에게 토지를 균등하게 분배해야 한다고 주장합니다. 그는 또 이렇게 서술하고 있습니다.

정전제(井田制)

모든 농민에게 일정한 양의 토지를 균등하게 나눈다는 정전제井田制는 이상적이긴 하지만 현실적으로 실시되기 어렵다. 물론 정전법을 실시하면 대부분의 사람들이 기뻐할 게 틀림없지만, 기뻐하는 자가 백 사람이요 반대하는 자가 한 사람이라 해도 그 한 사람의 권력이 백 사람을 억눌러서 실현을 저지하고 있다.

오늘날 부자의 토지는 거대한 규모로 늘어나고 가난한 자는 송곳 하나 꽂을 땅이 없으니, 부자는 더욱 부자가 되고 가난한 자는 더욱 가난하게 되는 상태가 나날이 심화되고 있다.

서민들은 고리대에 쥐어 짜이고, 관청한테 수탈당하고, 토호에게 억지로 빼앗기는 등 파탄으로 몰리는 요인은 한정이 없는데, 생활을 지탱해줄 만한 요인은 열에 하나도 없다. 설령 파탄이 오더라도 토지만 있으면 다시 일어설 수 있지만, 토지마저 빼앗기는 처지니 살아갈 바탕이 없어지는 것이다.

균전제(均田制)

우리나라에서도 과거 몇 번이나 균전제均田制를 실시하려고 하였지만 대토지 소유자들이 맹렬히 반대하여 시행되지 못하였다. 대토지 소유자는 자기 토지가 몰수되는 것을 좌시하지 않는다. 권력자의 반대로 균전법이 실현되지 못한 것을 두고 일찍부터 고민해온 나는 가까스로 한 가지 방법을 찾아냈다.

영업전(永業田)

이것은 단시일 내에 실현할 수는 없겠지만, 매 호戶마다 일정한 영업전永業田을 정하여 이는 절대로 매매할 수 없도록 하는 것이다. 영업전을 매매하는 자를 엄중히 처벌하고 영업전을 사들인 자까지 똑같이 처벌한다면, 즉각적인 효과는 없더라도 점차 민생은 안정되어 갈 것임에 틀림없다.

설령 대토지 소유자라고 해도 못난 자식이 있어 토지를 팔아치울 염려가 있다. 하지만 팔지 못하는 영업전이 보장된다면 안심하고 자손에게 토지를 물려줄 수 있으므로 영업전 제도에 반대하지는 않을 것이다. 따라서 이는 반드시 효과를 거둘 방법이 될 것이다.

그의 토지 제도 개혁안은 모호한 점이 많아 보이지만 그가 농민으로 생활한 체험을 통하여 고안한 것으로, 국가적으로 노력하면 실현이 가능하며 도탄에 빠져 있는 가난한 농민을 구하고 민생을 안정시킬 수 있는 탁월한 논설이었습니다. 뒷날 실학파들이 각기 농업 문제나 토지 문제에 관하여 제시한 의견들 대부분은 이익의 이 제안을 발전시킨 것입니다.

당쟁 비판과 관제 개혁론

16세기 초부터 시작된 양반 귀족의 당파 투쟁은 360년 동안이나 계속되어 국가의 토대를 뿌리째 뒤흔드는 결과를 낳았습니다. 일찍이 이율곡을 비롯한 수많은 학자와 정치가들이 당쟁의 폐해를 호소하고 그것을 막는 방법을 이야기하였는데, 당쟁의 최대 희생자 가운데 하나였던 만큼 그의 지적은 매우 적확하고 준열하였습니다. 이익은 당쟁의 기본적 성격을 다음과 같이 서술하고 있습니다.

당파는 싸움에서 생기고, 싸움은 이해 대립에서 생겨난다. 이해의 대립이 절박하면 절박할수록 당쟁은 격화된다. 비유하자면 굶주린 열 사람이 한 그릇의 밥을 함께 먹으려 하면 반드시 싸움이 일어나게 되는 것이다. 왜 싸우는가 물어보면 말투가 불손하다느니, 태도가 불손하다느니, 손이 거칠다느니 이유를 댈 것이 분명하다.

모르는 사람은 싸움이 말, 태도, 동작 때문에 일어난 것으로 생각할 테지만, 사실은 밥 때문에 비롯된 것이다. 만일 열 사람에게 각기 한 그릇씩 밥을 주면 모두들 사이좋게 먹을 것이 틀림없다. 배고픈 사람은 많은데 밥그릇이 하나밖에 없다는 것이 문제이며, 여기에서 싸움이 일어나 끝없는 구실과 함께 계속되는 것이다.

당쟁의 시초가 겨우 한 사람의 선악, 하나의 사건 처리에 관한 논란에서 출발하더라도 결국에는 당파가 대립하여 혈전을 벌이게 되는 것이다. 만일 정부가 백관을 모아 일의 시비를 물으면 의견은 백 가지로 나올지 모르지만, 당파

비유하자면 굶주린 열 사람이 한 그릇의 밥을 함께 먹으려 하면 반드시 싸움이 일어나게 된다.

대립은 없었을 것이다.

　그러면 무슨 이유로 당파가 생겼는가. 그것은 과거 시험이 잦아 너무 많은 사람을 합격시켰기 때문이다. 게다가 인사 채용에도 일정한 원칙이 없어 정실에 따라 결정되기 때문이다. 과거는 국가가 인재를 구하는 것이 아니라 인재가 관직을 구하는 것이 되고 말았다. 또한 선조의 후광을 업고 관직에 임명되는 '음보蔭補'까지 있어서, 관직 지원자는 엄청나게 많은데도 불구하고 관직수가 적다는 데 문제가 있다. 때문에 궁여지책으로 사람을 자주 바꾸어 교대로 관직에 올리니, 좋은 지위에서 나쁜 지위로 좌천된 자와 관직에서 밀려난 자들은 불평불만을 품게 된다.

　중국에도 당쟁은 있었지만, 우리나라처럼 몇백 년에 걸쳐 격화된 예는 없다. 처음에는 둘로 나누어져 있던 당파가 네 개가 되고 다시 여덟 개가 되어, 서로 반대파를 역적으로 모는 이전투구를 거듭해 왔다. 원한은 누적되고 세습되어, 같은 조정에서 벼슬을 하고 같은 마을에 살아도 죽는 날까지 교제도 하지 않는다. 마침내는 언동과 옷차림에 이르기까지 차이가 나고, 길에서 만나도 눈길 한 번 주지 않는 지경이 되었다.

　당파 대립이 이렇게 심각해진 원인은 과거에서 합격한 자를 무턱대고 뽑았기 때문이다. 오늘날에 이르러서는 열 사람을 하나의 관직에 동시에 취임시켜도 부족한 지경이며, 명문 귀족의 자제라 할지라도 홍패(紅牌 : 과거 합격증)를 품고서 굶주린 배를 쓸며 개탄하는 자가 헤아릴 수 없이 많으니 당파가 분열하는 것도 당연한 일이다.

이권이 하나인데 사람이
둘이면 당은 둘이 되고,
이권이 하나고 사람이 넷
이라면 당은 넷이 된다.

　이권이 하나인데 사람이 둘이면 당은 둘이 되고, 이권이 하나고 사람이 넷이라면 당은 넷이 된다. 이권이 하나이고 사람이 많으면, 많은 만큼 당파는 더 분열된다. 설령 모든 당파를 해산시키고 한 당파에만 정권을 위임하여도 그것이 쇳덩이나 바윗덩이가 아닌 이상 어떠한 계기로든 사분오열되고 만다. 왜냐하면 그들은 권력을 잡으면 필시 과거를 통하여 정실에 따라 많은 사람을 뽑으려 할 것이고, 당파를 결성하면 자파의 현명함과 어리석음은 제쳐두고 자파 사람만을 요직에 앉혀 당의 세력 확대를 꾀할 것이 틀림없기 때문이다.

　우리나라의 중앙 관제는 정승 셋에 판서가 여섯이고, 기타 관직도 한정되어 있으니 관직이 부족해지고, 그 결과 당파에 새로운 내분이 계속 일어나는 것이다. 일단 당파가 대립하면 당인의 눈에는 자파의 이익만이 보이고, 국리민복을 생각할 여유가 없게 된다. 그래서 당파를 위하여 용감하게 싸우다 죽은 사람을 충절을 다한 사람으로 기리며, 공정한 입장을 취한 사람을 비겁자로 매도하여 당쟁은 점차 치열해질 뿐이다.

이에 대한 대책은 과거의 횟수를 줄여 사관의 길을 엄격히 제한하고, 근무 성적을 보아 무능한 자를 도태시키고, 승진을 신중히 하고, 요직은 누구에게든 함부로 맡기지 말 것이며, 적재적소에 배치하고, 한 가지 직무에 장기간 근무하게 하여 재능을 충분히 발휘할 수 있도록 하고, 사람들이 각자의 본분을 지킬 수 있도록 하는 데 있다.

당쟁으로 아버지가 유배지에서 사망하고 형이 사형당한 만큼 그가 반대당에 원한을 품고 반대당의 부정과 불의를 공격하는 것은 당연하다고 할 수 있습니다. 하지만 그는 전혀 당파적인 입장에 서지 않고 냉정하고 객관적인 입장에서 당쟁의 본질을 예리하게 파헤쳤습니다. 이는 그가 개인적인 감정을 떠나 국가의 실정을 깊이 살피는 매우 뛰어난 철학관을 가졌음을 잘 말해 주고 있는 부분입니다. 또한 그의 올바른 의식이 나라의 실정을 염려하는 애국적인 실학 정신에서 길러진 것임을 보여 주고 있습니다.

그의 이 이론은 오늘날의 사회 현상을 분석하는 데도 그대로 적용될 수 있습니다.

농업을 중심으로 한 경제관

이익은 부의 기초를 농산물에 두었습니다. 이 때문에 그는 농산물의 증산 및 모든 생산을 장려하기 위한 방법으로 다음의 네 가지를 역설합니다.

우선 첫째는, 무위도식하는 사람을 없애고 모든 사람이 생산에 종사할 수 있는 여건 마련을 주장한 것입니다.

우리나라에는 일하지 않는 무리가 지나치게 많다. 벼슬도 없고 학식도 없는 자라도 양반 신분이라면 아무리 가난하여도 일을 하려 들지 않는다. 양반이 몸소 농업에 종사하면 이를 멸시하고 그 사람과 교제하는 것을 부끄럽게 여긴다. 이러한 나쁜 풍습을 없애기 위해서는 이제부터라도 사관의 길을 엄격히 제한하고, 노비 세습제를 개선하며 신분을 해방시켜 점차 그 수를 줄여서 누구든 농업에 종사하도록 해야 한다.

또한 승려와 광대도 지나치게 많다. 심지어는 군역을 피하기 위하여 승려가 되는 자가 많아, 자식이 셋 중에 하나는 승려가 되는 형편이다. 광대도 허가제로 하여 수를 제한해야 한다.

둘째는, 무위도식하는 관리의 수를 줄일 것을 주장한 것입니다.

우리나라는 토지가 좁고 생산이 적음에도 불구하고, 관청에 있는 관리의 수가 거의 중국과 같은 수준이다. 예전에는 백 리마다 하나의 읍邑이 있었지만, 지금은 사오십 리마다 여섯 개, 일곱 개의 읍이 있다. 마땅히 기구와 인원을 줄여서 경비를 절약해야 한다.

셋째는, 농번기에 농민을 동원하여 부역을 시키는 것을 중지하여 농민의 생활을 보호하여야 한다고 주장한 것입니다.

거의 병폐라 해도 좋을 만큼 농번기에 농민을 부역에 동원하여 농사일을 가로막는 행위는 중지해야 한다.

또한 국가 경제를 풍족하게 하려면 미개간지를 갈아 생산을 증대시켜야 하는데, 이런 곳에는 지금 도적이 들끓고 있다. 국가는 군대를 독려하여 도적을 잡고 공을 세운 자에게 포상으로 지위를 주며, 노비로 공을 세운 자는 양민이 되는 특권을 주어 치안을 확보하는 데 매진해야 할 것이다.

각지의 둔전(屯田 : 변경이나 군사적 요지에 설치하여 군량을 충당하던 토지)에 대해서는 세금 국고로 환수되지 않고 지방 관청에서 멋대로 거두어 낭비하고 있는 상황을 개선하여 사전私田과 같이 세금을 매겨야 한다. 벽지의 광대한 미개간지에 토지가 없는 농민과 직업이 없는 자를 이주시키고, 농기구와 생활에 필요한 물자를 대어 개간한 땅을 그들에게 주고, 유능한 개간 지도자를 표창하면 십 년 안에 전국의 황무지가 비옥한 경지로 변할 것이다.

넷째로, 근검 절약을 강조한 것입니다.

사치를 즐기는 것이 사람의 본성이라고 하지만 사치를 방임하면 아무리 생산에 힘써도 소용이 없다. 또 지금 사용되고 있는 화폐는 사치를 조장하여 절약하고 검소하게 사는 풍속을 해치고 있다. 농민은 토지에서 생산되는 것으로 자급자족할 수 있도록 열심히 일해 식량을 확보하고, 아낙네는 길쌈에 힘써서 옷을 짓는다면 충분한 것이다. 산해진미나 비단옷이 나라의 발전에 무슨 도움이 된단 말인가?

그런데 지금 중국에서 진기한 물건과 호화로운 비단을 사들여 도처에서 사치스런 기풍이 만연하고 있다. 참으로 개탄스러운 일이 아닌가? 또한 시골의 장도 물자의 교류를 위해서는 필요하겠지만 상업을 억제하지 않으면 농사일에 악영향을 미칠 우려가 있다. 상업에 눈이 멀면 농민은 농구와 토지를 버리고 장사꾼으로 나설 터이니 관청에서는 함부로 장이 늘지 않도록 제한해야 한다.

이익의 이러한 경제관은 자본주의 경제의 맹아가 싹트기 시작한 당시, 사회 발전 추이에 역행하는 바가 있습니다. 특히 농업과 상업을 적대 관계로 파악한 점은 여러 가지로 비판의 대상이 되지만, 농민을 중심으로 한 국민 생활의 안정에 가장 중점을 두고 무위도식하는 계층을 없애 전 국민이 함께 근로에 힘쓰고, 사치를 배격하여 내실 있고 강건한 국가를 만들자는 주장은 그의 애국심을 그대로 표현한 것입니다.

특히 그가 지은 시 가운데 「면화의 노래」라는 것이 있는데, 여기에 그의 심정이 잘 드러나 있습니다.

송이송이 목화에서 실을 뽑아내어 천을 짜서
누구나 한결같이 의복을 마련한다
만고에 전하는 그 은혜
자랑스럽게 찬양하노라
이 땅에 그 씨앗을 심은 이
어느 시절의 그 누구런가
사람들은 입을 모아 말하네
그이는 고려 말의 문선생이라

제나라 백견白絹도 노나라 생사生絲도
이제 자랑할 것이 못 되네
꽃무늬, 오색 광채, 구름 무늬 아로새긴 비단도
허식의 풍습에 지나지 않는 것

번화한 거리의 귀공자들은
온종일 비단을 자랑하며 우쭐대지만
저들은 긍지를 모르네
도식徒食의 변덕쟁이에 지나지 않네

서학에 대한 관점

태양중심설

　　이익은 서학에 대해서도 깊은 관심을 보였습니다. 특히 유럽의 자연 과학 연구에 정열을 불태우고 있었는데, 그 중에서도 천문, 수학, 생리학 등을 연구하여 코페르니쿠스(Nicolaus Copernicus : 1473~1543년)의 태양중심설(helio-centricism : 지동설地動說)이 아직 동양에 소개되지 않았던 당시에 벌써 천원지방설(天圓地方說 : 하늘은 둥글고 땅은 네모나다는 가설)에 반대하여 지구가 둥글다는 것과 인간이 지구 표면에 살고 있다는 설을 인정하고 있었습니다. 그리고 지구 표면에 인간이 붙어 살 수 있는 이유를 만물이 지구의 중심으로 끌려드는 인력의 원리로 설명하였습니다.

이 밖에 지구는 달보다 크며 태양은 지구보다 크다는 것, 달은 그 자체로 빛을 내는 것이 아니라 태양의 빛을 반사하는 데 지나지 않는다는 것, 조수간만의 차, 비, 눈, 벼락 등에 대해서도 어느 정도 과학적인 이해를 갖고 있었습니다.

이익의 진보적인 세계관은 자연에 대한 이와 같은 과학적 지식과 사실을 추구하는 실사구시實事求是 태도에 기초하여 형성된 것입니다. 그는 자연과학적 이론에 기초하여, 서양의 자본주의 국가들이 침략의 수단으로 이용하는 천주교의 '하늘의 섭리'나 '천국설天國說'은 일고의 가치도 없는 것이라며 적극적으로 반대하였습니다. 그는 서양인이 들여온 진보적인 과학 기술은 적극적으로 수용하였지만, 선교사들의 마음속에 감춰져 있는 종교의 정체는 수용하기 어려운 것이라며 준엄하게 거부하였습니다.

그는 또 서양 군사 기술의 진보에 비상한 관심을 보였는데, 전해들은 것을 다음과 같이 기록하고 있습니다.

> 망원경은 백 리 앞도 볼 수 있어 적진의 동태를 빠짐없이 파악할 수 있다고 하였다. 그들의 총은 화승(火繩 : 화약 심지에 불을 붙이는 노끈)을 사용하는 것이 아니어서 우리나라의 총이 두 발 쏘는 사이에 네다섯 발을 쏠 수 있고, 대포 탄환의 크기는 한 말 정도 되는 것도 있어 팔십 리나 쏘아 보낸다.

이처럼 과학 기술에는 어느 정도 호기심을 가지고 있던 그도 천주교에 대해서는 이렇게 기록하고 있습니다.

> 천주교의 설은 도저히 믿을 수 없는 것이다. 그들이 천주교를 받드는 방식은 흡사 유학자들이 상제上帝를 받드는 것과 유사하며, 그들이 공손히 숭배하고 있는 존재는 불교에서 말하는 석가와 같은 것이다.

또한 천주의 자비설慈悲說이 진실이라면 어째서 세계 전체에 그것이 공평하게 나타나지 않느냐고 반문하고, 또 천주의 기적이 여러 가지 나타났다고 하지만 왜 동양에서는 나타나지 않느냐고 추궁하면서 천주교는 결국 인심을 어지럽히는 것에 지나지 않는다고 말하고 있습니다.

여성에 대한 보수적인 관점과 일본에 관한 통찰력

무슨 일에서나 과학적으로 명쾌한 결론을 내리던 이익도 여성관에서는 화폐관 이상으로의 보수성을 보였습니다.

여자는 열심히 일하고 검소한 생활을 하며, 남녀 칠세가 되면 함께 앉지 않는다는 말을 지키면 된다. 독서나 강의는 남자가 할 일이다. 여자들은 아침상을 마련하고 제사에 올릴 음식을 만들며 길쌈도 해야 하는데 언제 독서할 틈이 있을까. 학식이 있다는 부인을 보면 대개 배운 것을 실행하지 못하고 유해한 짓만 할 뿐이다. 부녀자들에게 길쌈을 가르치는 것을 뒤로 미루고 공부를 시키는 것은 잘못되었다고 할 수밖에 없다.

그는 또 시집온 신부에 대해서도 이렇게 훈계합니다.

혼례를 올리는 날 많은 사람이 모여 소란을 떠는 우리나라의 풍습은 잘못되었다. 부녀자들은 아름답게 화장하여 남의 눈에 들려고 애쓰는데, 보는 자들이 모두 점잖은 마음으로 보고 있다고 할 수는 없다. 평생 남편을 극진히 모셔야 하는 여자가 무엇 때문에 많은 사람들 앞에 치장한 모습을 보이려고 하는가?가훈을 정하여 엄하게 타일러야 한다.

그는 또한 국법에 이혼 규정이 없는 것을 개탄하며 다음과 같이 서술하고 있습니다.

이혼에는 폐해가 따르지만, 불효자나 음란한 자를 국법이 그렇다고 하여 방임할 수는 없다. 이혼법이 없는 것은 죄가 없는 자가 쫓겨나는 것을 막기 위한 것이지만, 죄가 있어도 쫓아낼 수 없다면 자녀 교육에 막대한 지장이 있다.

요즈음 풍습이 일변하여 집안에서 부인들의 권세가 대단해져서 그녀들의 갖가지 잘못을 도저히 다스릴 수 없게 되었다. 성인께서 예법을 정하셨을 때 과연 부녀자들에 대한 깊은 생각도 없이 '칠거지악(七去之惡 : 처를 쫓아내는 사유가 되는 일곱 가지 사항)'을 정하셨을까? 도적을 잡는 문제를 예로 든다면, 법을 함부로 휘둘러 양민에게 피해를 주는 일이 있다고 해서 도적을 잡는 것을 금할 수는 없는 노릇이다. 이혼을 금하는 것은 납득하기 어렵다.

남존여비男尊女卑의 봉건 시대였다고는 해도 여성의 자기 주장이 강하였던 만큼, 그는 농촌에서 평생 교육에 몸을 바치면서 보아온 주위 여성들의 못마땅한 행실에 강한 불만을 품고 있었던 것 같습니다. 또한 왕궁이나 귀족 가문에서 벌어지는 여성의 횡포 때문에 국정이 혼란에 빠진 비극을 목격하고 심각하게 받아들여 이렇게 말한 것으로 보입니다. 어쨌든 이러한 점은 시대적인 제약에서 벗어나지 못한 그의 사상적 한계라고 할 수 있습니다.

이익은 외교 문제인 일본에 대해서도 관심을 가졌습니다. 그는 대일 정책에 대하여 다음과 같이 말하였습니다.

왜란 때 왜군의 태반을 섬멸하여 저들은 커다란 타격을 받았다. 게다가 저들은 우리나라를 중국의 속국처럼 생각하여, 다시 왜란을 일으키면 중국이 필시 지원군을 보낼 것으로 생각하고 있다. 따라서 조약대로 쓰시마 섬에 매년 식량을 준다면 저들은 무모하게 침공하지는 않을 것이다.

쓰시마 섬은 경지가 적어 식량이 부족하므로 우리나라가 매년 주는 식량에 의지하고 있다. 임진왜란도 그들의 식량난 때문에 일어난 것이다. 조약을 맺은 뒤 경상도 세금의 절반을 왜관(倭館 : 일본인 거류지)의 왜인들에게 주어서 남도의 평화가 유지되고 있다.

그러나 요즈음 지방관들은 상업으로 사복을 채우기 위해 정해진 것을 주지 않고 자꾸 지연시키고 있으니, 저들의 불만이 폭발하면 다시 임진왜란과 같은 전란이 일어나지 않는다고 장담할 수 없다. 따라서 감사에게 명하여 저들에게 줄 것은 주게 하고, 수령 가운데 탐욕 때문에 조약을 위반하는 자가 있으면 처벌하여 우리 정부의 의지를 왜인에게 알리는 것도 평화 유지를 위한 한 가지 방법일 것이다.

우리나라와 일본은 모두 동방의 나라이지만 문명의 차이는 크다. 일본이 우리나라를 선진국으로 받들고 있는 것은 중국에 대한 것과 마찬가지이다. 일본의 영토는 우리나라보다 넓지만 아직 통일되지 않아 호족들이 할거하고 있다. 섬나라이므로 외환이 없고 무력은 강하며 무기는 예리하다. 국민성은 성급하여 쉬 화를 내고 죽음을 두려워하지 않는다. 이와 같은 광포함을 가진 종족이므로 그들을 달래기 위하여 힘을 다하고 은혜와 신의로 대하여 친교를 지속하는 것이 상책이다. 그렇게 하면 그들도 반드시 은의를 느끼고 온순하게 따라올 것이다.

사람들이 왜란의 승리를 믿고 일본이 우리보다 열등하다고 멸시하는 것은 위험하기 그지없는 일이다. 사절의 왕래는 교린에서 중대한 일인데 지금 일본 사신은 동래까지밖에 오지 못하고, 우리도 10년에 한 번 사절을 보내거나 또는 요청을 받은 뒤에야 사절을 보내고 있을 뿐이다. 그러나 어느 쪽도 통호(通好 : 나라끼리 서로 사이좋게 지냄)의 길이 못 된다. 당연히 3년에 한 번은 사절을 보내고 그 나라의 도읍지에 가서 교섭해야 한다. 또한 그렇게 하는 데 큰 비용이 드는 것도 아니다.

사신으로는 박식한 학자를 뽑아 시문으로 상대하면서 교제한다면 그들에게 문풍이 일어나게 될 것이며, 몇 년이 지나지 않아 그들의 풍속도 미개 상태에서 벗어날 것이 틀림없다. 대체로 문이 성하면 무가 쇠퇴하는 것은 고금의 통례이다. 일본은 본래 외부의 침략이 없던 나라이다. 안에서부터 문화의 기운이 일어나면 서서히 국내가 통합될 것이며, 그렇게 되면 다른 나라를 침공할 생각은 하지 않게 될 것이다. 우리가 그들을 인도하여 중국의 문화에 따르도록 한다면 그들도 문약해져서 우리처럼 시문으로 관리를 선발하게 되어 아무 염려도 없게 될 것이다.

이처럼 그는 일본에 회유책을 써서 경제적으로 원조하고 국교를 두터이 하며, 그들에게 시문을 숭상하게 한다는 원대한 외교 정책을 가지고 있었습니다. 그러나 이것은 일본의 지도적 지식층이었던 유학자들이 우리나라에서 주자학을 배워 무사들을 가르치고, 그들이 우리나라를 선진국으로 받들던 시대의 대일 정책입니다. 또한 일본에 대한 인식이 부족하여 현실과 동떨어진 사고가 없는 것은 아니었지만, 그는 간략한 정보를 종합하여 일본의 장래 동향을 다음과 같이 예측하기도 하였습니다.

전해들은 바에 의하면, 근래 일본의 충성스러운 지사들은 서경(西京 : 교토)의 쇠퇴와 막부幕府의 독재에 분개하여 개혁을 준비하고 있다고 한다. 서경은 왜왕倭王이 있는 곳이고, 막부는 관백(關白 : 헤이안 시대 이후 천황을 보좌하여 정무를 맡은 최고위의 직책)이 있는 곳이다. 관백은 동쪽 끝에 있으면서 정이대장군征夷大將軍이라 자칭하고 있다. 그 북동쪽 끝에는 하이국(蝦夷國 : 지금의 홋카이도北海道 북쪽)이 있는데, 그들은 도저히 진압하기 어려운 민족이다. 정이征夷란 곧 이 '하이족'을 진압한다는 뜻이다.

왜왕이 정치권력을 놓친 지 6~700년이 되고, 이런 상황은 국민이 바라는 바도 아니기 때문에 충의지사들이 나타나 왕정 복고를 주장하면 명분이 서므로 반드시 영향이 커질 것이 틀림없다. 만일 지사들이 '하이'들과 연락하여 왜왕을 내세워 궐기한다면 66주의 태수 가운데 호응하지 않는 자가 없을 터이니 혁명은 성공할 것이다.

그리고 일본 측은 천황이고 우리 측은 국왕이므로 국서의 양식과 문체가 커다란 문제가 된다. 우리는 관백이 왕이 아닌 것도 모르고서 오늘날에 이르고 있는 것이다. 실제 도쿠가와德川 장군에게 보내는 우리나라 국서는 모두 일본 국왕 미나모토(源 : 源氏라는 성을 말함) 아무개로 되어 있었다.

그는 이와 같이 백 몇십 년 앞의 미래를 정확히 통찰하고 있었던 것입니다.

불우한 만년, 가난과 싸우며 학문의 길을 걷다

이익은 가난하였지만 그에게 가르침을 청하는 학생들이 많았습니다. 그는 이러한 문인들을 상대로 자신의 모든 학식을 기울여 성실하게 강의하였습니다.

그의 자식과 조카들도 우수한 제자였는데, 특히 그를 기쁘게 한 것은 아들인 맹휴(孟休 : 1713~1751년)입니다. 맹휴는 스물두 살에 과거에 합격하여 진사가 되고, 7년 뒤인 1742년에 문과에 수석으로 합격합니다. 이익 스스로는 관직에 관심을 두지 않았지만, 그는 출세 가도를 달리는 아들을 위하여 관리된 자의 마음가짐을 8개조로 써주기도 하였습니다. 아들이 그가 이상으로 삼는 위정자가 되기를 바란 것입니다. 또한 그는 이미 예순을 넘은 고령이었으므로 자식에 대한 기대도 그만큼 컸을 것입니다.

그러나 그만 그 아들이 1751년 서른여덟 살이라는 젊은 나이로 병사하고 맙니다. 그 무렵 이익의 생활은 갈수록 빈궁해져 갔습니다. 자식을 잃은 뒤 시력도 약해져 책도 제대로 읽을 수 없게 된 그는 일흔다섯 살 때 친구에게 다음과 같은 편지를 씁니다.

"이번 흉작과 전염병의 극성은 어느 곳이나 마찬가지겠지만, 이 가난한 집도 피할 수는 없었네."

그리고 다음해에는 이렇게 한탄하고 있습니다.

"나의 빈궁한 형편은 나날이 심해져서 이제 송곳 하나 꽂을 땅도 없으니 살아갈 수가 없네."

그는 또한 이런 글도 썼습니다.

"요즈음 선비 중에 가난하지 않은 집이 없지만, 나의 궁색한 형편은 차치하고라도 만나는 사람마다 모두들 살아갈 일이 큰일이라고 말한다네."

그러면서도 그는 끈질기게 가난을 견디면서 살아갑니다. 그가 여든세 살이 되었을 때 정부에서 노인 우대책이라는 은전을 베풀었지만, 그해 12월 27일에 이익은 생애를 마감합니다. 1763년의 일입니다.

이와 같이 가난과 싸우면서 학문의 길을 걸어온 그에게는 제자들이 많았습니다. 그가 가장 아낀 문인은 순암順庵 안정복安鼎福이었으며, 그 밖에 빼어난 제자로는 윤동규尹東奎, 신후담愼後聃, 권철신權哲身 등이 있습니다. 그의 아들 맹휴는 요절하였지만, 손자인 구환九煥, 조카인 병휴秉休, 용휴用休, 그리고 조카의 자식들인 삼환森煥, 가환家煥, 중환重煥도 각기 그의 학풍을 이어 대학자로 불린 사람들이었습니다.

그의 학문의 직접적인 스승은 유형원이었지만, 그가 끝까지 존경하던 인물은 이율곡이었습니다. 그의 청빈한 삶과 그리고 극빈에 처해서도 여전히 친척을 돌보는 점도 이율곡의 삶과 유사합니다.

어쨌든 그는 실학을 대성시킨 위대한 존재로 후세 사람들은 그를 실학의 거대한 호수에 비유합니다. 그리고 이 호수로부터 흘러나온 사람들은 새롭게 빛나는 실학의 별이 됩니다.

5. 전인미답의 독자적 화풍의 정선과 삼재

가난한 양반 집안에서 태어나다

정선(鄭敾 : 1676~1759년)은 우리 민족의 개성을 살려 독특한 화풍을 확립한 화가로 높은 평가를 받고 있습니다. 그의 생애를 자세히 소개한 기록은 없고 단편적인 것들만이 전할 뿐입니다.

그가 태어난 숙종 2년에는 왜란과 호란의 상흔도 가라앉아 평화로운 나날이 계속되었지만, 권력 있는 양반들의 당쟁이 격화되고 민중의 생활은 여전히 고통 받고 있었습니다. 정선은 이 무렵에 가난한 양반 가문의 막내로 태어났습니다. 그의 고조부인 정설鄭漢이 부사府使를 역임하였을 뿐, 대대로 관직에 오른 사람이 적어 명색은 양반이었지만 평민이나 다름없었습니다. 게다가 그가 태어났을 때 부모는 이미 마흔이 넘었고, 열 살을 지날 무렵부터 집안 살림을 돕기 위하여 일하러 나가야 하는 형편이었습니다.

선천적으로 그림 그리기를 좋아한 정선은 아무도 가르쳐주지 않았는데도 어려서부터 그림을 잘 그려 사람들을 놀라게 하였습니다. 그는 양반 집안에서 태어났으므로 한학 공부에 힘을 기울여 과거 시험을 준비하여야 하였지만, 집안이 가난하여 공부를 할 겨를이 없었습니다. 대신에 우연히 그의 집안과 알고 지내던 고관 김창집(金昌集 : 1642~1722년, 젊은 나이에 관직에 나아가 영의정까지 올랐지만 당쟁에 휩쓸려 사형 당함)의 알선으로 도화서(圖畵署 : 회화를 취급하는 관청)의 화원畵員으로 임용됩니다. 그가 어린 나이에 이 자리에 취직된 것은 분명하지만 그때가 몇 살이었는지는 분명치 않습니다.

도화서는 정선 집안의 생계를 유지하는 직장이었을 뿐만 아니라 좋아하는 그림 공부를 할 수 있는 곳이었기 때문에 그는 직무에 매우 충실하였습니다. 그러나 도화서에서는 높은 직책에는 양반을 임명하였지만, 실제 일을 하는 사람은 중인 계급 출신의 세습 화원들이었습니다. 이들은 궁정이나 중앙 고관들의 명을 받아 인물 초상화나 산수화를 그렸습니다. 그들의 화풍은 틀에 박힌 것이어서 예술가로서의 자각이나 긍지가 없었지만, 화원들은 궁정이나 권력과 귀족들에게 빌붙어 경제적으로 유복한 생활을 누릴 수는 있었습니다.

하지만 정선의 집안이 비록 영락하였다고는 해도 그는 양반 출신이었습니다. 신분 차별이 심한 당시였으므로 젊은 정선이 위세 좋은 중인 계급 화원들 속에서 잡역부처럼 고되게 일하며 느꼈을 굴욕과 고독은 상상하고도 남음이 있습니다.

직업 화원들은 당시 권력 사회의 사대주의적인 사상을 반영하는 중국 격식에 맞는 화풍을 모범으로 삼았으며, 그것이 조선 관화官畫의 주류가 되어 있었습니다. 도화서의 젊은 화원들은 중국화를 모방하는 일이 그림 공부의 시작이었습니다. 젊은 정선도 다른 동료들과 마찬가지로 중국화를 모방하는 데 온 힘을 쏟으며 그 화풍과 기법을 몸에 익히려고 노력하였습니다. 그러나 그는 직업적인 화원에게 어울리지 않는 개성을 가지고 있었습니다. 그것이 과연 천성이었는지, 타고난 환경 탓인지, 혹은 줄곧 가난하게 살아오면서 스스로 체득한 것인지는 알 수 없지만, 그는 점차 자기가 좋아하는 그림을 그리기 시작합니다.

우리나라 자연의 아름다움을 그리다

정선은 먼저 화원들의 그림이 아닌 문인들이 그린 남화南畫*에 흥미를 갖기 시작합니다. 그러나 문인들이 그린 산수화는 그린 사람의 개성이 잘 나타나 있지만 술자리나 서재에서 기분 내키는 대로 그린 그림이 대부분이었습니다. 이것은 아무래도 서민들의 생활과는 동떨어진 것이어서 정선은 큰 불만을 갖게 됩니다.

정선은 서른 살 전후부터 우리나라의 각지를 돌아다니며 경치 좋은 자연을 그리기 시작합니다. 그가 이처럼 방향을 바꾼 것은 당시 젊은 지식인들

---

* 남종화南宗畫라고도 하는데, 원나라 때 대성한 화풍이다. 수묵水墨으로 그린 시정이 풍부한 산수화가 주류였다.

에게 커다란 영향을 끼치고 있던 실학사상에 공명하고 있었기 때문입니다.

조선은 1696년부터 1698년까지 3년에 걸쳐 전국적인 흉작으로 대기근이 일어나 수만 명이 굶어 죽었습니다. 당시 연표에서도 이런 내용을 볼 수 있습니다.

1696년 3월, 기민飢民 사망 전후 수만인. 1697년 4월 기민을 구하기 위해 조서詔書를 내리다. 1698년 11월, 이해 굶주림과 전염병에 의한 사망자 3만여. 1699년 10월, 이해 전염병 여전히 극성, 사망자 25만여.

이런 원인들로 인하여 온 백성은 주린 배를 움켜쥐고 하루하루를 힘겹게 살아가야만 하였습니다. 그러나 정치를 담당하고 있는 양반들은 권력 싸움에 빠져 굶주림과 전염병으로 신음하는 민중을 외면하고 있었습니다. 진보적인 젊은 지식인들 사이에서 권력자들을 맹렬히 비난하는 소리가 끓어올랐고, 민중을 구하기 위하여 민생을 중심으로 정치를 하여야 한다는 요구가 높아졌습니다. 그리하여 생산을 증대시켜 실제 생활에 도움이 되는 학문을 추구하는 실학 운동이 일어났습니다.

가난한 생활에 고통 받으며 권력자들의 부패와 사치에 울분을 품고 있던 정선은 실학사상에 큰 영향을 받아, 직접 전국 각지를 돌아보고 민중에게 도움이 될 만한 일을 찾아보겠다는 의욕에 넘쳐 있었습니다. 그러나 그는 천부적인 예술적 재능을 타고난 미술가였습니다. 그는 우리나라의 자연을 찾아 걸어 다니면서 점차 우리 자연의 아름다움에 감동하여 그 아름다움을 그림으로 재현하고픈 충동에 가득 차게 됩니다.

후세의 평론가는 그를 다음과 같이 평가하고 있습니다.

그는 금강산을 비롯한 수많은 명승지의 아름다운 풍광을 즐겨 그렸으며, 섬의 그림자가 드리운 호수, 가랑비가 오락가락하는 풍경, 기러기 떼가 하늘 높이 날아가는 시정 풍부한 가을 풍경, 게다가 계절에 따라 다양하게 변하는 우리나라의 아름다운 자연을 매우 생생한 풍격으로 화폭에 다양하게 재현하였다.

그의 크고 작은 화폭에서 볼 수 있는 공통된 특징은 우리나라의 자연에 대한 깊은 사랑과 끓어 넘치는 감동, 자연에 대한 정확한 관찰, 풍부한 시정, 운율 형성의 사실성과 진실성, 회화적 언어의 평이성과 소박성 등이다. 겸재(謙齋 : 그의 호)는 주옥같은 화폭에 자연을 단순히 재현하는 데 그치지 않고, 화폭을 통하여 당시 민중들의 조국에 대한 사랑, 민족적 자각심 및 소박하고 겸손한 정신적 풍모 등을 잘 반영하였다.

「금강전도」

이처럼 정선은 여행을 좋아하여 가는 곳마다 그림을 그리면서 여행의 즐거움과 산수의 자연을 화면에 표현하였습니다. 두 발로 직접 전국 각지를 돌아다닌 그가 가장 사랑한 곳은 금강산이었다고 합니다. 그는 금강산의 대자연이 보여주는 조형미와 복잡한 색조에 완전히 사로잡혀 있었습니다. 특히 푸른 하늘을 찌르며 총총히 서 있는 바위 봉우리의 아름다움은 세계의 어떤 산수화에서도 그려진 적이 없는 멋지고 웅장한 풍경이었습니다. 그는 금강산의 주봉인 비로봉毘盧峰에 올라 일만 이천 봉의 울창한 미관을 내려다보며 빼어난 아름다움을 한 폭의 화면에 그려내는 데 성공합니다.

그는 또 수직 암봉들을 마치 광각렌즈로 조망하듯이 묘사하여, 개골산 「금강내산（숲삐)內山）」
(皆骨山 : 겨울 금강산)의 대관을 멋들어지게 표현합니다. 부채에 그려진 「금강

내산金剛內山」은 당시의 화단을
깜짝 놀라게 만들었습니다. 기발
한 착상, 예리한 관찰력, 사실적
이며 웅장한 표현미에 압도된 사
람들은 혹자는 화단의 청량제라
고도 하고 혹자는 각성제라고 하
며 그를 칭송하였습니다. 그러자
많은 명사들이 앞 다투어 그를
찾아와 부채를 펼치고는 금강산
을 그려달라고 간청하였습니다.
그리하여 여름철만 되면 궁정 안
팎은 금강산 부채가 활짝 꽃을
피웠다고 합니다.

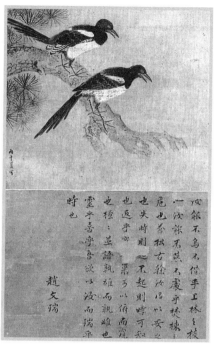

「송작도(松鵲圖)」

　그는 수많은 금강산 그림을
그렸으며, 금강산 북쪽의 통천通

川 해변의 명소인 총석정叢石亭 유람을 즐겼습니다. 여행에는 늘 가까운 친구
가 함께 하였는데, 때로는 당나귀에 걸터타고 때로는 도보로 여행하면서 처
음 접하는 풍경은 반드시 사생寫生해 두었습니다. 여행을 하자면 흔히 주막
에 머무르며 동행자와 술과 음식을 함께 하게 마련이지만, 그는 술을 많이
마시는 편이 아니어서 친구가 술을 마시는 곁에서 유유히 그림을 그리곤 하
였습니다. 그래서 문인 묵객들은 야유회를 나갈 때면 으레 그를 초청하여 즐
거운 광경을 한 폭의 그림에 담아줄 것을 부탁하였다고 합니다. 그 후 이것
은 마치 야유회의 꽃처럼 되어, 그가 나이 들어 여행할 수 없게 된 후에도 그
는 종종 야유회에 초대를 받았습니다.

　그런 만큼 문인들과 교류가 많았는데, 그 중에는 조영석(趙榮祏 : 1686~
1761년)이라는 인물이 있었습니다. 그는 1686년에 태어났으니 겸재 정선보다
열 살 아래였지만, 1713년 진사 시험에 합격하고 승진을 계속하여 마침내 돈
녕부(敦寧府 : 국왕의 친족에 관련된 사무를 보는 관청) 도정(都正 : 정3품)을 지낸 문인

이었습니다.

조영석은 젊어서부터 그림을 잘 그려 산수화와 인물화는 당대 일류로 평가되고 있었습니다. 열 살 아래라 해도 고관 지위에 있던 조영석과 아무런 관직도 없는 도화서 잡역 출신인 겸재는 신분상 커다란 계급 차이가 있었던 것입니다. 그러나 조영석은 정선을 대선배로 존경하고 그의 독특한 화풍에 경의를 표하였습니다. 조영석은 매우 자존심이 강하였는데, 그가 중앙 관청의 하급 관리였을 때 예조판서가 숙종의 초상화를 그리라는 지시를 내린 적이 있습니다. 그러자 그는 분연히 거절합니다.

"상관의 지시를 받았다고 해서 임금님의 초상화를 그린다면 화원과 다를 바가 없지 않습니까? 임금님이 직접 명을 내리지 않는 한 따르지 않는 것이 예전부터 제가 배운 도의입니다."

이 같은 일화를 가진 조영석이 정선과 친교를 맺은 것은 정선을 진정한 예술적 화가로 존경하고 있었기 때문이라고 생각됩니다.

「인왕제색도」 : 독자적인 화풍의 길을 걷다

정선은 도화서에서의 성실한 근무 태도와 화원(畵院 : 도화서를 포함한 화단)에서의 활약이 인정되어 현감縣監 대우를 받게 됩니다. 이는 그가 양반 계급 출신이라는 배려가 작용하였기 때문이라고 생각됩니다.

그렇다면 당연히 화원에서 그에 걸맞는 교수라든가 별제(別提 : 화원의 관리) 관직을 주어도 되었을 테지만, 그에게는 끝내 관직이 주어지지 않았습니다. 그는 우리나라의 사생화의 원조라고 할 수 있는 위치에 오른 사람이지만, 전통적인 중국 화풍을 절대시하는 도화서의 화원들의 눈으로 보면 그의 그림이 민족의 독자적인 아름다움을 그려냈다고는 해도 어디까지나 아류亞流에 불과하며 주류에서 벗어난 외도로 보였던 것입니다. 게다가 중인 출신인 한시각(韓時覺 : 1621~?년, 도화서 교수를 지낸 인물) 일파가 화원을 독점하고 있어서 정선은 완전히 고립되어 있었습니다.

그렇지만 정선은 근엄한 생활 태도를 잃지 않고 환갑이 지나서도 단련

「인왕제색도」

「인왕제색도」

된 몸과 마음으로 변함없이 그림을 그렸습니다. 그는 끊임없이 공부를 거듭하여 산천초목의 형상과 질감을 먹물로 적확히 표현하고자 노력하였는데, 이러한 노력은 일흔 살이 지나서도 변함이 없었습니다. 1751년(영조英祖 27), 정선이 일흔여섯 살 때 그린 「인왕제색도仁王霽色圖」는 이러한 노력의 성과를 단적으로 보여주는 것입니다.

정선은 인왕산 암벽의 신비로운 감각과 장엄함을 나타내기 위하여, 기존의 전통적인 기법을 완전히 무시하고 수채화와 같은 현대적인 필치로 바윗결의 감각을 사실적으로 표현하였습니다. 사람들은 그의 그림을 보고 크게 경탄하였지만, 정선은 칠십 년의 세월 동안 고행과 수련 위에서 쌓은 새로운 화풍에 스스로 위로하며 조용히 미소만 지을 뿐이었습니다.

예전에 없었던 독자적 기법을 확립하고 혁명적인 화풍을 쌓아올린 정선이지만, 중인 계급 출신들처럼 세습적인 기술 전수를 하지 않았기 때문에 그의 화풍을 전수받은 자가 하나도 없었습니다. 그 자신이 양반 출신이면서도 화원으로 생계를 꾸려나가고 있었고, 양반 계급에게는 멸시를 받고 동료인 중인 계급들로부터는 불필요한 사람처럼 이단시되며 겪은 온갖 고통을 자손들에게 물려주고 싶지 않았는지도 모릅니다. 그는 양반 계급 문인들과도 교류는 많았지만 양반 출신의 젊은이를 제자로 받아들일 생각도 전혀 없었던 듯합니다. 또한 마음을 터놓고 지낸 화원 동료도 전혀 없었던 듯하며 화원 동료의 자제를 제자로 받아들인 일도 없었습니다.

정선은 독자적이고 독보적인 길을 걸은 사람이며, 화원에서 경원시되어 고립의 길을 걸어온 사람입니다. 그리하여 전인미답의 혁신적인 화풍을 창조하고도 그 기법과 정신을 전승할 제자를 양성하지 못하였습니다. 다만 한 사람 예외적으로 정선의 제자가 된 사람이 있었습니다. 그가 바로 심사정(沈師正 : 1707~1769년)으로, 그는 정선보다 서른한 살이나 연하였습니다.

심사정이 언제 어떤 인연으로 정선의 제자가 되었는지는 분명하지 않지만 아마 정선과 교류하던 문인이 추천한 것으로 짐작됩니다. 심사정은 스무 살 전후의 청년 시절에 정선의 제자가 된 듯하며, 제자로 지낸 기간도 짧아서 스승으로부터 깊은 영향을 받지는 않은 것으로 보입니다. 그는 정선처럼 양반 출신의 젊은이였지만, 대인 관계가 능숙하였는지 나중에 도화서의 책임 있는 자리에 임명되어 동시대의 유명한 화가 김홍도(金弘道 : 1745~1806년?)와 함께 일세를 풍미하기도 하였습니다.

후세 사람들은 겸재謙齋 정선과 함께 그와 교류가 깊었던 관아재觀我齋 조영석, 현재玄齋 심사정, 이 세 명의 대화가를 삼재三齋*라 부르며 그 공적을 칭송하였습니다.

삼재(三齋) : 정선, 조영석, 사정

그의 대표적인 작품

정선의 초기 대표작은 「입암도立巖圖」, 「노산초당도盧山草堂圖」 등 입니다. 이 그림들은 앞서 말하였듯이 그가 도화서에서 공부할 무렵 중국화를 모방하는 데 전념하며 익힌 기법으로 그린 작품들입니다. 하지만 젊은 시절의 그의 작품에는 중국화를 모방하면서도 중국화의 틀에서 벗어나 일찌감치 독

「입암도(立巖圖)」, 「노산초당도(盧山草堂圖)」

---

* 그들의 호에 모두 재齋가 들어간 것에서 따온 명칭으로 조영석 대신에 조선 후기의 선비 화가였던 공재恭齋 윤두서尹斗緖를 넣기도 한다.

자적인 개성을 드러내고 있었습니다.

그가 서른 살 전후에 남종화의 영향에서 벗어나 사실적인 풍경화로 전환하기 시작하였을 때 그린 대표작 가운데 하나가 「노산폭포도廬山瀑布圖」입니다. 배경인 산은 앞으로 전진하는 듯한 인상을 주고, 커다란 폭포가 화면의 중앙을 압도하는 느낌을 줍니다. 이 그림의 구도는 확실히 중국적이며 분명히 상상으로 그린 산수화이지만, 거기에 묘사된 풍경은 어딘지 금강산의 일부를 확대해놓은 것처럼 되어 있습니다. 이것은 겸재가 즐겨 그린 구도 가운데 하나로, 새로운 것이 아니라 중국의 고원 산수高遠山水에서 흔히 볼 수 있는 구도입니다.

또한 겸재가 즐겨 그리던 수직선을 밀집시킨 선화線畵도 남종화의 전통적인 기법에서 비롯된 것입니다. 겸재의 이 그림은 중국화의 기법을 견실하게 익혀서 그린 것이었지만, 완성된 작품은 중국적인 남종화의 화풍에서 크게 벗어나 겸재의 조선적인 개성을 표현하고 있습니다.

정선의 작품 중에는 채색도가 많습니다. 전체적으로 보면 푸른색을 특히 좋아하여 어떤 그림에서도 푸른색이 주를 이룹니다. 어느 그림은 화면 전체에 먼저 담청색을 칠해 두고, 나무와 골짜기에는 짙은 푸른색을 더하여 강한 변화를 준 것도 있습니다.

정선은 만년이 가까워지면서 자기 그림에 나타나는 색채의 농도가 일종의 명암의 리듬을 표현하고 있다는 데 흥미를 느끼고 연구를 거듭합니다. 그의 그림은 흡사 자연주의적인 풍경화가 추상화로 전화된 것처럼, 특유의 소나무 등은 바위 위에 T자형으로 묘사되고 또한 비탈진 산에서 춤추는 듯 보입니다. 도안화된 T자형의 소나무들은 암반의 수평선 위에서 수직으로 떨어지는 계곡의 밀집된 선 사이에서 율동적으로 약동하고, 정지되어 있는 산수화면에 바람이 불고 나무가 좌우로 흔들리는 듯한 착각을 일으키는 것은 겸재로서는 의외의 수확이었음에 틀림없습니다.

이와 같은 그림은 그리기 쉽고 시간도 오래 걸리지 않았으므로 그림을 간청하는 손님들에게 어울리는 것이었습니다. 하지만 문외한들은 이 그림의 진정한 뜻을 이해할 리 없었기 때문에 그림을 받고서 불만스러운 기색을 보이기도 하였습니다. 정선은 그런 사람들에게 화를 내는 것이 아니라 푸른색으로 채색을 입혀 주었습니다. 그러면 사람들은 더할 나위 없이 만족스러운 표정을 지었다고 합니다.

정선의 화풍에 새로운 국면을 가져다 준 것이 「인왕제색도」입니다. 인왕산은 그가 근무하고 있던 도화서 바로 앞에 있어서, 여러 해 동안 이 산을 그렸으면서도 적확하게 파악할 수 없어서 고민하였습니다. 그러던 어느 날 비가 그치자 암벽에 산뜻한 색채가 떠올랐습니다. 이것을 본 겸재는 깨달음을 얻은 선승禪僧과 같은 기분을 느껴 무릎을 탁 치고는 즉시 화필을 잡아 일거에 그려냈다고 합니다. 이리하여 일흔여섯 살의 정선은 화단을 격동시킨 혁신적인 화풍을 전개하는 데 성공합니다.

이와 같이 정선은 노년에 들어서도 끊임없이 화도畵道에 몰입하였습니다. 정선의 후배요 실학파의 대문학자인 박지원(朴趾源 : 1737~1805년)은 그에 대하여 이렇게 쓰고 있습니다.

겸재는 여든 살이 넘어서도 안경을 겹겹이 걸치고 등잔불 밑에서 세밀한 선으로 그림을 그렸는데, 조금도 비뚤어진 선이 없었다.

근엄하고 성실한 생활 태도를 지켜온 그는 건강을 타고나 여든네 살까지 장수하고, 1759년에 생애를 마감합니다.

그의 대표작은 위에서 언급한 작품 이외에 「선객도해도仙客渡海圖」, 「오음품명도梧陰品茗圖」, 「금강산만폭동도金剛山萬瀑洞圖」, 「우경도雨景圖」, 「통천문암도通川門巖圖」 등이 있습니다.

화도에 정진한 그를 후세 사람들은 다음과 같이 칭송하고 있습니다.

겸재는 금강산을 비롯하여 웅장하고 아름다운 우리 산하를 즐겨 그렸고, 또한 우리나라의 도처에 흔히 볼 수 있는 평범한 산과 강을 그린 그림도 많이 남겼다.

이와 같이 겸재는 조선의 자연이 갖고 있는 특유한 아름다움을 다양한 형

「선객도해도(仙客渡海圖)」 외

태로 재현하여 당시 사람들이 좋아하는 소재를 즐겨 선택하였다. 그가 그린 자연은 양반 사대부들이 은둔하기에 적당하다고 생각할 법한 자연이 아니라 생활과 밀접히 연관을 갖는 자연이었다.

그랬기 때문에 겸재의 화폭에는 한 그루의 나무, 한 개의 돌, 한 포기의 풀에 이르기까지 조국의 대지에 대한 뜨거운 애정과 생활을 긍정하는 심성이 세차게 고동치고 있다. 즉 화가는 자기 나라의 자연을 관찰자의 입장에서 본 것이 아니라, 나의 자연, 나의 조국의 자연으로 본 것이며 거기에 자신의 행복과 생활에 대한 애정을 느꼈던 것이다. 이렇게 그는 우리나라 회화사에 있어서 새로운 풍경화를 창조했다는 면에서 거대한 기여를 하였다.

그는 풍경화뿐만 아니라 경서의 삽화도 그리고, 인물화 분야에서도 일가를 이루었다. 잡화雜畵와 초화도草花圖도 그려서 뭇사람들의 높은 평가를 받고 있다.

이와 같이 뛰어난 정선의 화풍을 직접 전수한 제자가 없는 것은 매우 유감스러운 일입니다. 그러나 조국을 사랑해 마지않았던 미의 정신은 실학의 흐름을 이어받은 후세의 미술가들에게 계승되어 우리의 회화는 더욱 아름답고 자랑스럽게 꽃을 피우고 있습니다.

6. 18세기 후반의 학자들 : 임성주, 신경준, 안정복, 홍대용

18세기로 접어들자 주변 국가와 평화가 계속되고, 국내에서는 농산물을 비롯하여 수공업 생산이 발전되고 상업이 발달하여 자본주의 경제가 싹트기 시작하였습니다. 그러나 양반 귀족들의 권력 투쟁은 변함없이 지속되었고, 권력을 가진 양반들은 민중을 점점 혹심하게 수탈하였기 때문에 지방의 농민과 도시의 노비들의 저항이 도처에서 거듭되고 있었습니다.

그러한 가운데 1724년 영조(英祖 : 1694~1776년, 조선의 제21대 왕)가 즉위하고, 1776년에는 그의 손자 정조(正祖 : 1752~1800년, 조선의 제22대 왕)가 왕위를 계승하여 1800년에 이르게 됩니다. 그동안에는 커다란 혼란이 적었기 때문에 후기의 역사가들은 이 시기를 조선 왕조의 중흥기로 평가하고 있습니다.

그리고 이 시기는 또한 새로운 사고방식을 가진 학자들이 많이 나타나 활약한 시기이기도 합니다. 그 가운데 대표적인 인물들의 업적을 살펴보기로 하겠습니다.

임성주, 율곡 이이의 저서를 읽고 감동받다

임성주(任聖周 : 1711~1788년, 호가 녹문鹿門임)는 함흥 판관(判官 : 감영監營이나 유수영留守營에서 관찰사나 유수를 보좌하는 관원으로 정5품)이라는 하급 관리를 지냈던 임적(任適 : 1685~1728년)의 둘째 아들로 태어났습니다. 임성주는 청주淸州에서 자랐으며, 어릴 때부터 공부를 시작하여 열 살 때 일찌감치 고전에 정통하였습니다. 이렇게 수재로 명성이 높았던 소년은 열여섯 살 때 이이의 저서를 읽고 그의 심원한 사상에 깊은 감동을 받습니다.

1733년, 스물세 살 때 임성주는 아버지의 권유로 사마시(司馬試 : 생원·진사시)를 치러 합격합니다. 그러나 명문 출신이 아니면 관직에 올라도 제대로 출세할 수 없다는 것을 알고 있었던 만큼, 학문의 길에 전념하고 싶다며 관직 임용을 굳이 사퇴하고 집에 틀어박힙니다. 임성주의 이런 모습에 아버지는 필시 매우 상심하였을 것입니다. 그래서 집에 있기가 여의치 않았는지 이 듬해 화양산(華陽山 : 충남 서천에 위치)에 있는 절에 파묻혀 진리 탐구에 매진하였고, 집으로 돌아와 학문 연구를 계속하는 동시에 문하로 찾아오는 제자들을 교육하는 데 전념하게 됩니다.

호론(湖論), 낙론(洛論), 예론(禮論)

당시 학계는 여전히 주자학의 관념론이 주류를 이루었고, 권력에 아부하는 보수적인 학자들은 백성들의 생활과는 전혀 거리가 먼 호론湖論*이니 낙론洛論**이니 예론禮論이니 하며 지극히 사소한 관념적인 해석의 차이를 두고 서로 공방을 벌이고 있었습니다. 이 주자학자들의 몽매한 사유 방식에 반발한 신진 학자들이 사회의 정치·경제적 발전에 걸맞은 새로운 이론을 전개하기 시작합니다. 이것이 바로 실학 운동의 시초로 그때까지 실학파 학자들은 정치·경제 면에서 뛰어난 이론을 발표하였지만, 주자학자들의 관념론을 완전히 무너뜨릴 만한 새로운 철학적인 이론을 전개하는 데까지는 이르지 못하였습니다.

임성주도 처음에는 그를 지도한 학자들의 논설에 동조한 듯합니다. 그러나 주자학자들의 관념론 논쟁에 환멸을 느껴, 마침내 그러한 관념론을 배격하는 독자적인 이론을 고안해 냅니다. 임성주는 원래 이율곡의 이론에 크게 기울어 있었으며, 유물론적인 사유 방식의 원류를 만들었다고 평가받는 화담 서경덕의 학설에 자신의 학문적 기초를 두고 있었습니다. 그는 다음과 같이 서술하고 있습니다.

우주는 상하·내외를 불문하고 기氣로 흘러넘치고 있으며, 한없이 많은 인간과 사물을 만들어 내고 있다. 그것은 다만 하나의 기가 있기 때문이다.

이 천지간에는 단 하나의 기가 차고 넘쳐 끊임없이 활동하고 있을 뿐이며, 그 밖의 어떤 것도 아니다. 인간과 사물은 그 안에서 발생하는 것이며, 설령 한

---

* 기호학파의 한 부류로 사람과 동물의 본성이 다르다는 인물성이론人物性異論을 주장하였다.

** 기호학파의 한 부류로 인성人性과 물성物性은 근본적으로 본성이 같다는 인물성동론人物性同論을 주장하였다.

조각의 사물이라도 이 기를 받지 않는 것은 하나도 없다. 이것은 흡사 물 속에 있는 물고기의 뱃속이 물로 차 있는 것과 같다. 인간과 사물의 형체에는 기가 가득 차 있다.

이理와 기氣를 분리하여 신비로운 생각을 기와 이로 연결시키려고 하는 관념적인 주자학자들의 이론이 그릇되었다는 것을 밝히기 위해, 그는 세계의 시원과 사물 현상의 본질을 물질적인 기라고 인정하면서 이理는 물질적 기에 내포되어 있는 사물 운동의 합법칙성을 가리키는 것에 지나지 않는다고 주장하였습니다. 임성주의 이론에 보수적인 주자학자들이 동의할 리가 없었습니다. 그는 스승에게조차 배신자라는 비난을 들었지만, 젊은 학자들 가운데 그의 이론에 공감하는 사람들이 나타났고 그가 박식한 철학자라는 평판이 널리 퍼지게 됩니다.

임성주에 대한 평판은 조정에까지 전해졌고, 학문을 좋아하는 영조는 1750년 그를 '세자익위사세마(世子翊衛司洗馬 : 세자의 시중을 드는 관직으로 정9품)'에 임명하여 도성으로 불러들입니다. 세자의 교사 역할도 겸하는 이 자리에 의의를 느꼈는지 임성주는 충실하게 일을 해냈고, 이윽고 시직侍直이라는 책임자의 자리까지 승진하게 됩니다. 하지만 그는 형제가 잇달아 사망하는 불행을 만나, 1758년에 사직하고 공주의 녹문鹿門이라는 곳에 틀어박혀 학문 연구와 제자 교육에 정력을 쏟기 시작합니다. 그의 호인 녹문 역시 이 지명에서 딴 것입니다.

궁정에서 관직 생활을 하던 시기에 그는 지위가 낮고 자신의 소신이나 재능을 발휘할 기회도 없으며, 권력자들에게 백안시당하면서도 인내해야만 하는 생활에 줄곧 굴욕감을 느끼고 있었습니다. 학구 생활로 돌아온 그는 오로지 사색을 거듭하며 저작에 힘을 쏟습니다. 그러나 1776년 영조가 죽고 정조가 왕위에 오릅니다. 어린 시절 임성주에게 학문의 기초를 배운 정조는 그를 꽤 존경하였는지 왕위에 오르자마자 한성으로 불러올립니다. 이미 예순 여섯 살의 고령이 된 그는 이 부름에 감동하여 다시 도성에 올라가 동궁(東宮 : 정조의 아들)의 스승이 됩니다.

왕의 신임이 두터워지면 권력자들이 경계의 눈초리로 보는 것은 당연한 일입니다. 그는 공로를 인정받아 영전되는 형식으로 지방의 현감, 주부(主簿 : 정6품), 군수 등을 역임한 뒤, 길지 않은 관리 생활을 그만두고 녹문으로 돌아갑니다. 임성주가 관리로 지낸 기간은 모두 10년 남짓이며, 1788년 3월 일흔여덟 살로 생애를 마감할 때까지 시골 한구석에 숨어 검소하고 깨끗한 학자로 살다갑니다.

임성주의 유물론적 철학론

임성주는 오랜 학구 생활 속에서 매우 많은 저작을 남겼는데, 한성에서 멀리 떨어진 시골에서 가난하게 살았기 때문에 저서들을 바로 출판하지 못하고 기록만 해두었습니다. 하지만 그가 생존해 있을 때 그 원고들이 정리되지 않아서 그가 죽자 대부분 없어져 버립니다.

『녹문집鹿門集』

그가 죽은 직후, 그의 조카인 임육任焴이 남은 원고들을 정리하여 『녹문집鹿門集』 26권을 편찬하였습니다. 그 가운데 「녹려잡식鹿廬雜識」은 그의 독창적인 유물론적 철학론을 기술한 것으로, 후세 철학자들에 의하여 세상에 널리 알려지게 됩니다. 임성주는 저서에서 다음과 같은 이론을 전개하고 있습니다.

지금 일부 학자들은 주자의 '이와 기는 별개'라는 그릇된 생각을 그대로 받아들여 이와 기를 두 가지로 보고 있는데, 원래 이것은 근본적으로 모두 기와 관련된 개념이다.

원래 우주에는 기氣 외에 다른 어떠한 물질도 존재하지 않는다. 이理라는 것은 단지 기의 운동으로 만들어지고, 발생하고, 발전하고, 소멸하여 가는 과정을 가리키는 데 지나지 않는다.

그리고 우주 공간에는 원래 기가 가득 차 있어서, 이를 둘 곳은 없다고 하였습니다.

이것은 성리학적 유교 관념론자들이 말하는 이의 일차성을 단호하게 부정한 것으로, 그가 자연계의 본질을 소박한 유물론적인 견해로 해명하려 하였음을 잘 보여주고 있습니다. 그렇다면 자연계의 사물 현상은 어떠한 요인에 의해 발생하고 발전하며, 그 원인은 무엇인가라는 질문에 대하여 그는 다음과 같이 대답하고 있습니다.

> 하늘과 땅 사이에 존재하는 크고 작은 온갖 정밀한 것과 정밀하지 않은 것 등 모든 사물의 발생과 발전 및 그 다양한 변화는 모두 기의 운동 작용에 의해 저절로 그렇게 되는 것이다.

자연에 대한 이러한 '기일원론(氣一元論 : 우주의 만물은 모두 기氣에서 비롯된다는 이론)' 견해는 당시 보수적인 관념론자들에게 큰 충격을 줍니다. 임성주는 인간의 품성이나 인식 활동과 관련된 일련의 철학적 문제에 관해 유학자들과는 다른 기일원론 시각에서 해명하려고 시도하였습니다.

기일원론(氣一元論)

그는 인성(인간의 품성)과 관련된 문제에서 "인간은 본래 태어나면서부터 하늘이 준 천성을 갖고 태어났다"고 주장하는 유학 관념론자에 반대하여 이렇게 서술합니다.

> 대저 성性이라는 것은 단지 기의 작용이다. 세상에 어찌 기 없는 성이 있을 수 있는가. 기가 없다면 성도 없고, 기가 있으면 성도 있게 된다. 기가 많으면 또한 성도 많고, 기가 적으면 성 또한 적어진다. 이것이 바로 성의 본질이다.
> 인간의 품성이 뛰어난 것은 기질이 뛰어나기 때문이다. 인간의 기질을 떼어놓고 달리 뛰어난 품성은 없는 것이다.

임성주는 당시 주자학적 유교 관념론자들이 인간의 본성으로 내세운 '인', '의', '예', '지'에 대해서도, 그것은 모두 초자연적인 어떤 '천신天神'이나 초인간적인 섭리로부터 받은 선천적인 본성이 아니라, 인간 자신이 저절로 갖는 육체적 기질에서 비롯된 품성에 지나지 않는다는 새로운 견해를 서술합니다. 관념론에 반대하는 임성주의 견해는 인간이 초자연적인 것으로 만들어지거나 움직이고 있는 것이 아님을 해명한 점에서는 훌륭한 역할을 하였지만, 시대적인 한계와 학문적으로 철저하지 못한 데서 오는 본질적인 결함을 가지고 있었습니다. 그것은 인간의 품성이 사회적 관계 속에서 형성된다는 점을 아직 이해하지 못한 까닭입니다.

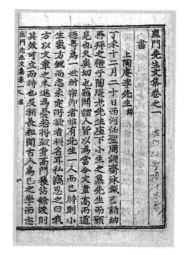

『녹문집』

그는 또 유학 관념론자들이 인간의 마음을 이와 기의 산물로, 즉 인간의 육체와 선천적인 성의 결합에 의해서 만들어진 것이라며 신비화한 데 대하여 이렇게 서술하였습니다.

> 마음이 아름답게 되기도 하고 흉악하게 되기도 하는 것은 기가 그렇게 만들기 때문이다. 마음은 원래 기이다.
> 마음과 기질은 원래 같은 것이다. 기질이란 혈기가 전신에 통하고 있는 것을 보여주는 것이며, 마음은 기의 정화淨化이다.

임성주는 이처럼 인간의 마음 즉 의식의 특성을 명확히 밝히고 있는데, 이는 예전의 기일원론자들이 마음을 물질적 기 자체라고 이해하던 데서 진일보한 것임을 알 수 있습니다. 이와 같이 그는 선각자들의 전통을 이어받아 자연과 인간 품성과 마음에 대한 문제를 물질적인 기를 기초로 하여 설명하는 진보적인 견해를 내놓았습니다.

또한 그는 사회 정치적인 면에서도 어느 정도 진보적인 견해를 밝혔습니다.

그는 당시 봉건 제도의 불공평한 현상을 지적하여, 사회가 어지러워지고 백성이 도탄에 빠진 근본 원인은 봉건 관리의 탐욕과 악정 때문이라고 밝혔습니다. 양반 지배층이 일하지 않고 놀고먹는 것이나 토지를 독점하는 불합리성을 비난하였고, 실학자들이 제시한 개혁안을 즉시 실행하라고 호소하였습니다. 그는 비록 당시 부패한 사회를 개혁하기 위하여 선두에 서서 싸우지는 못하였지만, 봉건 사회의 불공평성과 불합리성은 뼈저리게 느끼고 있었던 것입니다.

임성주가 봉건적인 군주제를 그대로 옹호하고 사회의 부정이 봉건 관리 개개인의 악덕 때문이라고 보는 사고방식에서 벗어나지 못한 것은, 그가 주자학자들의 관념론을 부정하면서도 유교 자체를 부정하지 못한 당시 양반 계급 출신의 한계성을 보여주는 것이라 할 수 있습니다. 이는 봉건적인 군주제를 없애지 않고서는 진정한 민중의 행복과 해방은 있을 수 없다는 것을 몰랐기 때문이며, 혁명적인 행동 없이는 개혁도 성공할 수 없다는 개념이 없었기 때문입니다.

그러나 그는 「흉년凶年」이라는 시에는 고통 받고 있는 민중에 대한 깊은 애정을 드러냅니다.

> 큰 가뭄 봄을 지나 여름까지 계속되니
> 가을이 왔건만 마을은 날로 소란하기만 하다
> 들판은 씻은 듯이 벼이삭 하나 없고
> 마을은 쓸쓸한데 매운 추위에 연기 한 줄기 없다
> 임금은 마음 깊이 백성을 걱정하지만
> 고을 관리들은 여전히 빈 밭에 세금을 매긴다
> 글 읽는 선비들은 한가로이 여기저기 구경이나 다니고
> 미천한 백성들은 무슨 까닭으로 구천을 떠도는가

> 大旱經春仍涉夏 秋來鄕谷日騷然 대한경춘잉섭하 추래향곡일소연
> 郊原滌滌荒無稻 村落蕭蕭冷無煙 교원척척황무도 촌락소소냉무연
> 主上至誠憐赤子 縣官依舊賦空田 주상지성연적자 현관의구부공전
> 書生漫有迂疏見 芹曝何緣徹九天 서생만유우소견 근폭하연철구천

임성주의 기일원론은 우리나라 철학사에 빛나는 업적을 남겼으며, 주자학적 관념론을 비롯한 모든 관념론 철학에 커다란 충격을 줌으로써 우리나라의 철학 발전에 매우 커다란 영향을 끼칩니다.

신경준, 『훈민정음운해』를 지어 한글 연구의 과학적 기틀을 다지다

신경준(申景濬 : 1712~1781년, 호가 여암旅庵임)은 1712년 4월 진사(과거 초급 시험에 합격하고 임관하지 않은 사람) 신래申淶의 장남으로, 전라도 순창淳昌에서 태어났습니다.

그의 10대조 신말주(申末舟 : 1439~1503년?)는 1445년 세조가 조카 단종을 끌어내리고 왕위에 올랐을 때 형인 신숙주가 세조에 아첨하여 그의 충신이 된 것을 격렬히 공격하고, 배신자를 따를 수 없다며 분연히 순창의 산속에 파묻혀 산 기골이 있는 선비였습니다. 3백 년 동안 이 지역에서 살아온 그의 가문은 주위의 존경을 받고 있었지만, 권좌에 오른 사람이 없어서 자자손손 불우한 생활을 보내고 있었습니다.

「비사곡悲思曲」

신경준의 천재성에 대한 일화는 가히 전설적입니다. 그는 네 살 때부터 천자문을 읽고 다섯 살 때 벌써 『시경詩經』을 읽었으며, 일곱 살 때는 앞마당의 살구나무에 살구가 열리지 않는 것을 꾸짖는 시를 썼더니 그해부터 살구가 열려 사람들을 놀라게 하였다고 합니다. 어쨌든 그는 아무리 어려운 책도 곧장 읽어내 시골에서는 그를 가르칠 선생이 없었기 때문에 1719년, 여덟 살 때는 공부를 위하여 홀로 한성에 보내집니다. 하지만 한성에서는 비용을 대주는 사람이 없었는지 다음해 강화도로 옮겨 갑니다. 부모와 떨어져 떠돌아다니던 소년은 이 슬픔을 「비사곡悲思曲」이라는 시에 담아 멀리 남쪽을 그리워하면서 노래하였는데, 이 시를 듣는 사람들 모두 가슴이 에이는 듯하였습니다.

「소사문답素沙問答」

그러나 그는 강화도에서도 제대로 공부할 수 없어서 열두 살 때 다시 향리로 돌아가, 독학을 하면서 가난한 살림을 도와야 하였습니다. 스물한 살 무렵부터는 가업 때문에 경기도, 충청도 지방을 전전하며 유랑하게 됩니다. 그러던 1737년 스물여섯 살 때 아버지가 사망하자, 다음해 신경준은 어머니와 동생들을 데리고 경기도 소사素沙로 이사를 합니다. 그는 3년 동안 그곳에서 살면서 수필집이라고 할 수 있는 『소사문답素沙問答』을 써냅니다. 그러나 3년이 되던 해, 이웃집에서 번진 화재로 집이 몽땅 불에 타버리자 다시 가족을 이끌고 충청도 직산稷山으로 이사하여 살게 됩니다. 그가 서른 살 때의 일입니다. 그곳에서는 4년 동안 살면서 또 『직서稷書』라는 저서를 써냅니다.

하지만 생활 기반이 없는 신경준의 일가는 직산에 정착하지 못하고, 1744년 다시 고향인 순창으로 돌아갑니다. 금의환향이 아니라 초라한 처지로 고향에 돌아왔으니 그 마음이 매우 불편하였을 것입니다. 일가가 고향에 돌아와 어떻게 살았는지는 기록이 분명하지 않습니다. 1748년, 그가 서른일곱 살이 되던 해에는 그의 어머니가 세상을 떠납니다. 그때 어머니의 연세가 얼마였는지는 명확하지 않지만, 심신이 모두 지쳐서 가련하게 죽음을 맞이한 것이 틀림없습니다.

이런 상황에서도 그는 계속 학문 연구에 몰두하면서 여러 기록을 써냈으며, 1750년에는 『훈민정음운해訓民正音韻解』라는 대저를 저술합니다. 다른 실학자들이 모든 학문 분야에 걸쳐 연구를 거듭하고 매우 박학하였듯이, 그도 지리와 역사를 중심으로 광범위하게 독창적인 연구를 계속합니다. 그의 음운학 연구는 우리 언어학 발전에 크게 공헌을 합니다.

신경준은 먼저 한자음에 대한 음운학 연구를 시작하였습니다. 그는 한자음을 표시하기 위하여 우리 문자를 이용하는 것을 생각합니다. 그리고 훈민정음을 깊이 연구하는 가운데, 우리 문자의 발음 방식, 문자 모양의 근거, 기원 등을 파악할 수 있게 됩니다.

그는 이 연구를 독창적인 방법으로 고안하여 '훈민정음도해訓民正音圖解'라는 항목을 만듭니다. 우선 우리나라 문자의 모양이 발음 기관을 근거로 만들어졌다는 것을 밝히고 우리 문자의 기원이 발음에 부합하도록 만들어졌으며, 다른 문자의 발음을 흉내 낸 것이 아니라는 민족의 독자성을 갖는다는 이론을 전개합니다. 또한 우리 문자의 복합음을 읽는 방법과 발음에 대해서도 합리적인 방법을 밝힙니다.

1443년 훈민정음 제정법을 정하고 1446년 훈민정음을 공포한 지 3백 년이 지났지만 사대주의적인 유학자들의 방해로 우리 문자의 정확한 교육 방법과 보급이 항상 방해를 받아온 데 대한 통렬한 반격이었습니다. 또한 그의 연구는 우리 문자가 민족의 자주적인 착상에 의하여 제정되었다는 것을 새롭게 밝힌 것으로, 이는 그의 애국적인 민족 자주성의 표현이기도 하였습니다.

이때 그의 나이 서른아홉이었습니다. 이처럼 위대한 성과를 올렸음에도 불구하고 당시는 그 업적이 곧바로 평가될 만한 역사적 배경이 아니어서, 그는 가족을 거느리고 줄곧 가난하게 살았습니다. 양심적인 학자였던 그는 과거에 급제하여 벼슬을 하는 삶에 아무런 가치

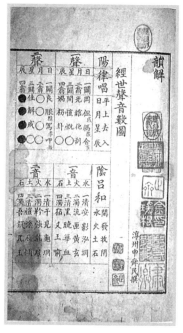

『훈민정음운해』

도 느끼지 않았음에 틀림없습니다. 그러나 가족의 생계를 책임지기 위해서는 과거를 치러 관직에 오르지 않으면 안 되었습니다. 1754년 마흔세 살인 그는 향시(鄕試 : 지방에서 치르는 초급 시험)를 치르게 됩니다.

이때 시험관은 그보다 열두 살이나 어린 홍양호(洪良浩 : 1724~1802년)라는 사람이었습니다. 스물아홉 살에 문과에 급제하여 조정에서 출세 가도를 걷고 있는 자로, 지방의 관리를 거느리고 전라도의 향시를 참관하였습니다. 그는 이미 대학자인 신경준의 이름을 알고 있었던 만큼 그의 답안을 보고 무조건 합격시켜 곧바로 조정의 관직에 천거합니다(신경준은 향시에 붙은 그해 여름 증광시增廣試에 을과乙科로 합격하였음).

이렇게 우연히 홍양호를 만난 것은 여암旅庵에게는 행운이었습니다. 그는 우선 승문원의 하위직에 채용되어 상경합니다. 1757년에는 옛 왕후의 묘지기 역(능참봉陵參奉)에 있다가 이윽고 성균관 전적典籍이 되고, 병조와 예조의 사무관에 오릅니다. 1760년에는 사간원 정언正言 등을 지냅니다. 1762년

에는 충청도 서산瑞山 군수로, 1764년에는 황해도 장연長淵 현감 등의 지방관
을 거쳐 1765년 사간원 헌납獻納을 지냅니다. 그리고 2년 뒤에는 사간司諫에
오르고, 1769년 쉰여덟 살에는 왕가王家의 계보를 관리하는 임무를 수행하게
됩니다.

이렇게 조정의 정3품 당상관이 된 그는 조정 안에서 일정한 발언권을 갖
게 되었고, 얼마 있다가 영의정 홍봉한(洪鳳漢 : 1713~1778년, 혜경궁 홍씨의 아버
지)의 추천을 받아『문헌비고文獻備考』편찬 위원의 한 사람으로 뽑혀 지리 부
문인「여지고輿地考」를 담당합니다. 그 무렵 영조는 그를 자주 궁전에 초대하
여 밤늦게까지 담소하고 즐겨 술잔을 나누었다고 합니다. 왕은 또한 쌀과 땔
감 등을 하사하여 그의 살림을 도우려 하였지만, 그는 군이 사양하였습니다.

1770년 그를 포함한 스물여섯 명의 위원이 백과사전이라고 할 만한 대
저인『동국문헌비고東國文獻備考』백 권을 완성하였을 때, 왕은 그가 담당한
「여지고」의 만듦새를 보고 매우 기뻐하며 서문에 "이 책의 편찬에는 누구보
다도 여암의 공이 컸다"고 쓰고, 그에게 통정대부(通政大夫 : 정3품 당상관)의 지
위를 내립니다. 왕은 또한 그에게『동국여지도東國輿地圖』의 감수를 명하고,
이 지도가 만들어지자 궁 안에 걸어두고 밤낮으로 바라보며 기뻐하였다고
합니다.

그리고 왕은 그에게 이렇게 일렀습니다.

"그대와의 만남이 너무 늦었다. 그대의 머리도 백발이 되었고 과인은 여
든이 되었다. 젊은 시절에 만나지 못한 것이 원망스럽도다. 들어보니 그대에
게는 부모가 없다고 하니 이제 정성을 다해야 할 상대는 과인뿐이겠군. 과인
을 두고 멀리 떠나지 말게나."

실학을 바탕으로 한 고증학적 방법으로 한국의 지리학을 개척하다

『도로고道路考』

신경준은 그해에 네 권으로 된『도로고道路考』라는 저서도 완성합니다.
이 책은 우리나라의 도로를 기록한 것으로, 제1권은 역대 국왕의 왕릉으로
가는 바른 길, 궁전에서 비롯되는 여섯 개의 대로大路, 즉 의주, 경흥慶興, 평

해平海, 동래, 청주, 강화 등 국경의 끝에 이르는 대로가 실려 있습니다.

이어 제2권에는 팔도 각 읍의 도로와 진영陣營의 이수里數, 제3권은 국경선의 연변로, 즉 백두산로, 압록강로, 두만강로 및 팔도의 연해로, 팔도 파발의 통신 연락로가 실려 있고, 제4권에는 해로, 봉화대로, 외교 통신사 행로, 이정표 등을 기재하였습니다. 또한 부록에는 조수간만, 뱃길 등이 실려 있습니다.

그 밖에도 그는 『부앙도俯仰圖』, 『강계지疆界志』, 『산수경山水經』 등의 저작을 남깁니다. 이처럼 신경준은 우리나라의 지리에 깊은 관심을 가지고 과학적인 연구를 진행하여 커다란 성과를 올립니다. 그러나 영광에 둘러싸였던 그의 주위에 예기치 못한 어두운 그림자가 드리워지기 시작합니다.

1762년에 세자가 왕을 피하여 서경(西京 : 평양)에 갔다가 문제를 일으키고, 그 죄로 감금당하여 굶어 죽은 사건이 일어났습니다. 이때 전랑銓郎으로 있던 최익남(崔益男 : 1724~1770년)이 이 사건을 거론하며 당시의 대신 김치인(金致仁 : 1716~1790년)의 책임을 추궁하는 상소문을 올립니다. 그러자 영조는 신경준을 불러 일의 잘잘못을 판단하도록 지시합니다. 그러나 그는 상소문 가운데 답변하기 어려운 바가 있었기 때문에 왕이 세 번이나 하문하였지만 끝내 대답하지 않았습니다.

이로 인해 신경준은 모든 관직을 빼앗기고 은진(恩津 : 지금의 충남 논산)으로 유배됩니다. 하지만 영조는 그가 고향에 칩거해버리지 않을까 염려하여 은진에서 수원으로 옮기도록 하고, 24일 후에는 유배를 취소합니다. 신경준은 고향에 돌아가지 못하고 다시 한성으로 돌아왔지만, 이 일을 두고 다른 고관들이 문제로 삼아 다음해인 1771년 예순 살의 나이로 함경도 북청 부사北淸府使에 임명되어 떠나게 됩니다. 그리고 2년 뒤에는 평안도의 최북단인 강계 부사로 전임되었으며, 그해 다시 전라도 순천 부사로 부임됩니다. 이듬해에는 멀리 제주 목사濟州牧使로 전임됩니다.

이때 그는 이미 예순세 살의 고령이었기 때문에 거주하기 불편한 곳에 가서는 안 된다는 의견이 곳곳에서 제기되었습니다. 그러나 그는 "왕명을 받으면 어느 곳이든 가야 한다"고 하면서 의연하게 부임지로 떠났습니다. 그가

『부앙도俯仰圖』, 『강계지疆界志』, 『산수경山水經』

제주에 있던 1776년에 영조가 운명합니다. 복상하는 동안 그는 항상 영조의 은혜를 생각하면서 눈물을 흘렸다고 합니다. 삼년상이 끝난 1779년 그는 "선왕先王의 은혜를 생각하면 도저히 떠날 수 없지만 이제 삼 년이 지났으니 고향에 돌아가야 한다"고 하면서, 순창의 남산南山에 있는 집으로 돌아갑니다. 집은 폐가처럼 변하였지만 그는 전혀 개의치 않고 유유히 산책을 즐기며 지냈습니다.

잠시 그의 관직 생활을 살펴보겠습니다. 신경준이 1762년 서산 군수로 있을 때의 일입니다. 때마침 대기근을 만나자 그는 백성을 동원하여 소금을 만들고, 그것을 조와 바꿔 백성들은 굶주림을 면할 수 있었습니다. 이듬해에는 가을에 이상 기온 현상이 올 것을 예측하고 농민들을 재촉하여 추수를 서두르게 하여 수확한 볏단을 높이 쌓아올리도록 하였습니다. 사흘 뒤에 폭우가 쏟아지는 대이변이 일어났지만, 추수해놓은 곡물에는 아무 피해도 없었습니다. 백성들은 환호를 올리며 군수를 칭송하였습니다. 다음해 그가 전근을 가게 되자 군내의 백성들은 남녀노소를 불문하고 연도에 나와 눈물을 흘렸다고 합니다. 그리고 사당을 지어 군수를 받들려 하니 의복이나 한 벌 남겨달라고 부탁하였습니다. 하지만 신경준은 웃는 얼굴로 사람들을 달래면서 그 요청을 물리쳤습니다.

1771년 북청 부사가 되었을 때에는 예의범절을 제대로 모르는 백성들을 보고 그들을 불러 모아 예의범절을 알아듣기 쉽게 가르쳐 주었습니다. 그리하여 백성들은 비로소 부모와 노인을 공경할 줄 알게 되었습니다.

1773년의 일입니다. 그가 순천 부사로 부임해가는 도중, 산마루에 있는 무덤 앞에서 한 부인이 울고 있는 것을 보았습니다. 그는 부인이 거짓으로 울고 있음을 직감하고 아랫사람에게 시켜 조사를 하였습니다. 그리고 무덤 속에 있는 지아비 사체의 배꼽에 못이 박혀 있다는 것을 밝혀냅니다. 정부와 짜고 살해하였던 것입니다. 이 일로 순천부의 백성들은 깜짝 놀라 감히 거짓말을 하려는 자가 없었다고 합니다. 또한 순천은 그의 고향과 가까워 찾아오는 친척과 친구들의 부탁을 들어주는 데에는 조금도 수고를 아끼지 않았지만, 일처리에는 항상 공사의 구별이 엄격하였습니다.

고향에 돌아온 다음해인 정조 4년(1780년), 그는 왕으로부터 세 번이나 승지로 임관하라는 제의를 받았지만 끝내 한성에 올라가지 않습니다. 그리고 1781년 여름, 두 자식을 불러 자신이 세상을 떠날 날이 가까웠다고 하며 앞으로 살아갈 방도를 자세히 일러줍니다. 다음날 그는 손님과 바둑을 두다가 현기증을 느껴 침상에 누워 있다가 조용히 숨을 거둡니다. 신경준의 나이 일흔 살이었습니다.

그의 아버지는 벼슬을 하지는 않았지만 자녀 교육에 엄격하여 항상 이렇게 훈계하였습니다.

"너희들은 세상 사람들한테 부정한 자로 손가락질을 받아서는 안 된다. 재물에 욕심을 내거나 부정한 방법으로 벼슬을 바라서도 안 된다. 부정하게 관직을 얻고자 하는 것은 부끄러운 짓으로, 뒤에 반드시 재앙이 따를 것이다. 아비는 그런 자식은 갖고 싶지 않다."

그의 어머니 또한 가난한 생활 속에서도 이렇게 말하곤 하였습니다.

"집이 가난한 것은 부끄러운 것이 아니다. 학문의 빈곤이야말로 부끄러워해야 할 일이다. 어미를 염려하지 말고 너희들 일이나 생각하거라. 무릇 효자란 그 부모의 뜻을 중시하는 사람들이다."

이런 교육을 받고 실학 운동의 대가가 된 여암 신경준은 언어학과 지리학에서 공적을 세웠을 뿐만 아니라 선박, 공학 등 일련의 과학기술 분야에서도 독특한 경지를 개척하였습니다. 그리고 그의 뛰어난 업적은 우리 민족의 우수한 문화유산 가운데 하나가 되었을 뿐만 아니라, 그의 연구 성과는 오늘날에도 과학적 의의를 잃지 않는 위대함을 과시하고 있습니다.

이익의 애제자 안정복

실학을 대성시킨 인물로 평가받는 이익에게는 많은 제자가 있었는데, 스승에게 가장 신뢰를 받은 인물은 안정복(安鼎福 : 1712~1791년)이었습니다. 안정복은 1712년 충청도 제천提川에서 태어났습니다. 그의 할아버지는 울산 부사蔚山府使를 지냈고, 아버지 안극安極도 호조참판까지 오른 사람이었습니다. 하지만 그의 가문이 남인이었기 때문에 당쟁에 휘말려 가족들이 모두 한성에서 쫓겨나 제천에 머무르게 되었습니다.

제천도 안주할 만한 곳이 아니었는지, 그의 일가는 곧 전라도로 이사하여 처음에는 영광靈光에 살다가 그가 열다섯 살 때 다시 무주茂朱로 이사를 하였습니다. 무주에서는 어느 정도 생활이 안정되어 안정복은 공부에 힘쓸 수 있었습니다.

그는 과거 시험을 치르기 위하여 한학 공부에 힘썼지만, 정계에서 추방된 남인의 후손이었기 때문에 설령 과거에 합격하여도 관직에 임용되는 것이 거의 불가능하다는 것을 알고 아예 과거 시험을 단념합니다. 젊은 그가 한때 한성에 간 것은 아마 그러한 사정을 확인하고 싶었기 때문이라고 생각됩니다.

그가 스물다섯 살 때 그의 일가는 선조의 고향인 경기도 광주 경안면慶安面 덕곡리德谷里로 돌아옵니다. 그때까지 전전해온 집들이 한결같이 남들 눈에 띄지 않는 산간 지대였던 점을 생각하면, 그 일가가 간신히 정적들의 추궁에서 벗어나 안주할 수 있게 된 것인지도 모릅니다.

이러한 환경 속에서 오로지 학문 세계에 몰두하였던 그는 스물여섯 살 때, 『치통治統』, 『도통道統』이라는 두 권의 저서를 써냅니다. 『치통』은 우리나라 역대 왕조의 변천을 기록한 것이며, 『도통』은 유교 사상의 계승 계통을 기록한 것입니다. 또 스물아홉 살 때에는 그가 연구해온 고전에 관한 『하학지남下學指南』이라는 저서를, 서른 살 때는 여성의 행동 규범에 관한 『여범女範』이라는 저서를 저술합니다.

젊은 시절 안정복은 퇴계 이황의 학설에 심취하였습니다. 따라서 이들 저서는 이황의 영향을 받아 보수성이 짙었습니다. 그러나 안정복은 서른다섯 살 때 스스로 이익의 문을 두드리고 그의 문하생이 됩니다. 역시 남인이며 관직에는 관심을 두지 않고 학문에만 힘쓰고 있던 이 대선배를 일찍이 존경해온 터였습니다. 게다가 이익의 집은 같은 광주여서 120리 밖에 떨어져 있지 않았습니다. 그런데도 광주에 돌아와 10년째가 돼서야 이 대학자의 집을 찾은 것은 그가 매우 신중하였던 탓인지도 모릅니다.

『치통治統』, 『도통道統』, 『하학지남下學指南』, 『여범女範』

이황의 보수적 사상의 영향에서 벗어나지 못하였던 안정복은 선진적이고 아무에게도 거리낌 없이 자기 의견을 주장하는 이익을 존경심과 더불어 경계심을 품었으리라 생각됩니다. 그러나 학문의 진리를 탐구해감에 따라 그는 이 위대한 학자에게 가르침을 청하지 않을 수 없는 충동에 사로잡힙니다. 그런 만큼 그는 진지하고 성실한 제자였습니다. 가르침을 받으면 그 내용을 간략한 문장으로 정리하여 스승에게 제출하였으며, 스승의 설명은 아무리 세세한 것도 빠뜨리지 않으려고 세심한 주의를 기울였습니다. 그보다 서른한 살이나 연장자인 스승은 이미 예순여섯 살의 고령이었지만, 이 성실한 제자의 겸허한 자세에 깊은 감동을 받았던 듯 그의 질문에 대해서는 정성을 다해 대답해줄 뿐만 아니라 설명이 불충분하였다고 생각되면 나중에라도 특별히 서면으로 적어서 제자의 집으로 보낼 정도였습니다.

안정복은 스승에게 학문의 연구 방법뿐만 아니라 인간으로서의 존재 방식, 폭넓은 사회관, 그리고 실천적인 학문을 통해 민족과 국가를 위하여 힘써야 한다는 실학의 근본적인 정신을 배웁니다. 스승의 절대적인 영향을 받은 그는 더욱 시야를 넓혀 경서 연구는 물론이고 사학, 천문, 지리, 의약, 군사학, 종교 등의 분야에 이르기까지 폭넓게 연구를 진행하는 한편, 소설도 열심히 읽어서 교류하는 많은 유생들을 놀라게 하였습니다. 이렇게 하여, 재야에 파묻힌 생활이었음에도 불구하고 그의 박학함은 사람들의 입을 통하여 한성에도 널리 알려집니다.

관직의 길이 주어지다

1740년이 되자 당쟁을 중지하고 인재를 널리 등용하여야 한다는 반성의 목소리가 영조를 비롯하여 중앙 관계에서 높아지고 있었습니다. 이는 실학 운동을 일으킨 애국적인 학자들의 적극적인 주장이 어느 정도의 영향을 불러일으킨 것이라 생각되며, 그러한 움직임 속에서 정계에서 모두 쫓겨나 있던 남인 출신의 인재들도 중앙의 관계에 천거됩니다. 1749년 서른여덟 살이 된 안정복의 집에도 후릉 참봉(厚陵參奉 : 2대 왕 정종定宗과 그 왕비의 무덤을 지키는 종9품의 하급 관원)에 임명한다는 통지가 도착합니다.

하지만 벼슬길에 나서는 계기가 될 수 있음에도 불구하고 그는 이를 사양합니다. 그러자 이번에는 만녕전(萬寧殿 : 강화도에 있는 영조의 별장) 참봉에 임명되었는데, 이때는 심경의 변화가 일어났는지 바로 부임합니다. 학자로서 명성을 떨치던 그가 출세 가도를 걷고 있는 젊은이들에게 멸시받는 낮은 지위를 달게 받는다는 것은 견디기 어려웠을 것입니다. 그러나 그는 성실하게 근무하여, 2년 뒤인 1751년에 조정의 식량 창고의 참사(參事 : 종8품)로 한 계급 승진합니다. 그리고 다음해에는 정릉 직장(靖陵直長 : 중종의 묘를 지키는 종7품 관리)으로 승진하고, 여기서 더욱 충실히 근무하여 그 역량을 인정받아 얼마 되지 않아 귀후서(歸厚署 : 장례식 기구를 관장하며, 관棺을 제조 판매하는 중앙 관청)의 별제(別提 : 종6품)로 직위가 오릅니다.

이러한 관직은 학자인 그의 뜻에 걸맞지 않는 잡무였지만, 주어진 일을 충실히 수행하는 겸허한 인품은 저절로 주위의 존경을 받게 됩니다. 1754년 그는 사헌부 감찰(監察 : 정6품)에 임명되어 정치가로서 포부와 이상을 어느 정도 펼칠 수 있는 자리에 오릅니다. 그러나 이 임무를 맡은 지 반년도 지나지 않아 아버지의 죽음을 맞이합니다. 부모를 복상服喪하는 기간에는 관직을 그만두는 것이 봉건 시대의 관습이기는 하였지만, 그는 자진하여 일체의 관직을 그만두고 향리로 돌아와 복상하면서 다시 학문에 몰입합니다. 그의 나이 마흔세 살 때였습니다.

관리 생활을 하는 동안, 특히 중종의 묘지기였던 시절에 왕릉이 마침 그의 향리인 광주에 있었기 때문에 그는 광주의 역사 지리 및 자연 지리에 관한 모든 자료를 모아 『광주지廣州志』 두 권을 저술합니다. 이 책은 그의 스승 성호 이익의 영향을 받은 실학자로서 최초의 성과이기도 하였습니다. 상세하기 그지없는 이 지방지地方志는 그 뒤 전국 각 부府와 군, 현 등의 지방지 편찬에 커다란 자극을 주고 지침이 됩니다.

『광주지廣州志』

역사학자로 나서다

『임관정요臨官政要』

향리에 돌아온 안정복은 부친의 복상 동안 오로지 학문 연구에 몰두하여, 상이 끝나자마자 『임관정요臨官政要』라는 저작을 냅니다. 이 책은 정어政語, 정적政績, 시조時措의 3편으로 구성되어 있습니다. 정어는 지방 행정에 관한 위대한 정치가와 학자들의 교훈을 정리하였고, 정적은 지방 행정의 모범적인 실례를 기록하였으며, 시조는 당시 사회 현실 속에서 지방 행정의 이상형을 묘사한 것입니다.

이 책에는 그의 관리 생활의 체험과 실학자들의 정책론을 집약해 놓았습니다. 또한 당시 부패한 지방 관리의 범죄적 행위에 대한 통렬한 비판이기도 하며, 국가 안정의 기초를 생각하는 그의 애국적인 염원의 표현이기도 하였습니다. 이처럼 그는 관직을 떠나 귀향한 뒤 대단한 열의를 갖고서 역사 연구에 몰두합니다. 그 무렵 그는 스승인 이익에게 다음과 같이 호소합니다.

우리나라의 역사는 계통이 서 있지 않고, 또한 의문이 나는 점을 분석하여 진위를 확실히 하려는 노력도 없습니다. 학자들은 수천 리 우리 국토에 수천 년이나 전해온 역사의 자취를 어둠 속에 묻어둔 채 돌아보려 하지 않습니다. 재능이 있는 사람이라면 주저하지 말고 우리 역사를 써야 하지 않습니까? 재능도 학식도 미숙한 저로서는 도저히 역사 저작을 하는 것이 불가능합니다만, 이 일을 생각하면 개탄하지 않을 수 없습니다.

이에 대하여 스승인 이익은 이렇게 대답합니다.

무릇 학문이란 실용적이고 실천적이어야 하는데, 요즈음 유학자들은 입을 다물고 물러서는 것이 겸허한 태도인 것처럼 생각하고 있기 때문에 진짜와 가짜를 구별하기 어렵다. 실은 나도 우리나라의 역사를 쓸 예정이지만, 헛되이 시간을 보내어 이렇게 늙을 때까지 착수하지 못한 것이 유감스럽기 그지없다.

이것은 제자인 순암(順庵 : 안정복의 호)이 자신의 뜻을 이어받았으면 좋겠다는 암시이기도 하였습니다. 안정복은 스승의 격려를 받고서 독자적인 국사를 편찬하겠다는 의욕을 보입니다. 그는 우리나라의 고전인 『삼국사기三國史記』와 『고려사高麗史』, 『동국통감東國通鑑』 및 그 밖의 역사서의 부정확한 점에 대한 불만을 말하면서 스승의 의향을 묻습니다.

"이제 누가 국사를 편찬하건 상고부터 고려 말까지를 한 편으로 정리하고 강목을 마련하여, 우리나라의 고전 문헌을 후세에 전해야 하지 않겠습니까?"

이렇게 그는 우리나라의 역사적 사건과 역사 지리에 관한 의문점 등을 생각나는 대로 기록하고 이것을 정리하여 이익의 가르침을 청하였습니다.

마침내 결의를 굳힌 안정복은 1756년 마흔다섯 살 때 본격적인 역사서인 『동사강목東史綱目』의 집필에 착수합니다. 그는 만사를 제쳐두고 저작에 전념하고 싶었지만 주변 사람들과 절친하게 지낸 탓에 부탁을 외면할 수 없었는지, 그해 향리인 광주 덕곡리를 위하여 동약洞約*을 만들어 줍니다. 이는 곧 마을 사람들이 항상 그의 집으로 자문을 구하러 올 만큼 그가 둘도 없는 마을의 상담역이었다는 것을 말해줍니다. 이 때문에 그는 많은 시간을 빼앗겨, 남들이 곤히 잠든 새벽녘까지 집필에 몰두하다가 건강을 해쳐 붓을 잡지 못할 때도 있었다고 합니다. 또한 종이 값이 크게 올라 가난한 살림에 도저히 종이 값을 댈 수 없어 집필을 중단해야 하는 고통스러운 때도 있었다고 합니다.

안정복은 이러한 어려움을 극복하기 위하여 항상 스승 이익에게 격려를 구합니다. 그러나 스승의 집을 방문하려면 숙박비와 여비가 필요하였기 때문에 가난한 스승에게 폐를 끼칠 수 없어 언제나 인편으로 서신을 보내 자신의 심정을 하소연하였습니다. 그는 『동사강목』의 목차를 보내 결점을 지적

「동사강목東史綱目」

---

* 마을 사람들이 지켜야 할 규약과 같은 것으로, 도덕적인 것부터 상호 부조, 마을 행사의 운영, 집단적 경작 방법 등 마을의 질서를 유지하면서 모두 즐겁게 살아가는 데 도움이 될 만한 사항들을 상세하게 정리한 규약을 말한다.

해달라고 부탁하기도 하고, 고대에 관한 초고를 읽어달라고 하며 잘못된 점이 없느냐고 묻기도 하였습니다.

이에 이익은 언제나 정성을 다하여 응답합니다. 안정복을 아끼던 이익은 이 애제자의 고충을 헤아리고 언제나 따뜻한 말로 그를 격려한 것입니다. 스승의 온정으로 버텨온 그는 스승의 숙원을 반드시 실현하겠다는 사명감에 불타 온갖 어려움 속에서 마침내 1759년 마흔여덟 살에 20권의 대저를 완성합니다.

대개 기존의 학자들이 쓴 고대 국사서는 『삼국사기』나 『고려사』와 같은 고전을 그대로 베끼거나 추려낸 것으로, 다른 서적이나 자료는 참고하지 않았습니다. 따라서 『삼국사기』나 『고려사』에 잘못된 기록이 있어도 개의치 않는 태도였습니다. 하지만 그는 『동사강목』에서 그때까지는 한 승려의 황당무계한 저작이라 하여 전혀 참조되지 않았던 『삼국유사』를 비롯하여 고대의 자료를 대담하게 받아들여, 이 책과 대조하면서 다른 문헌의 출처를 명확히 하고 일일이 비판을 가합니다.

예컨대 전라도에 사는 기씨奇氏가 기자箕子의 자손으로 전해져 마치 사실처럼 기술되어 있는 역사서를 비판하며, 이는 전혀 믿을 수 없는 기록이며 천여 년에 걸쳐 기씨가 역사를 위조하여 기자의 자손인 것처럼 꾸민 데 지나지 않았다는 것을 사실史實의 기록을 들어 증명합니다. 이처럼 『동사강목』에서 우리나라 최초로 과학적인 사료의 취사선택과 비판적인 기술이 이루어진 것입니다.

안정복이 살았던 시대적인 한계와 사대주의적인 유학자들의 역사 기술을 완전히 부정할 만큼 철저하지는 못하여, 우리 민족의 주체적인 입장에서 우리 역사를 서술하였다는 점에서는 어딘지 불만스러운 점도 있습니다. 하지만 『동사강목』은 봉건 시대의 역사 편찬 방법에 기본적인 비판을 가하여 역사적 사실에 준거한 역사 편찬 방향을 지향한 점에서 실로 혁신이며 위대한 업적이었습니다. 『동사강목』은 고대부터 시작하여 삼국 시대, 고려 시대까지 다루고 있는데, 그는 다시 기존의 역사학자들이 전혀 시도하려고 하지 않았던 조선 초기부터 영조에 이르는 현대사 기술에도 착수합니다. 그 당

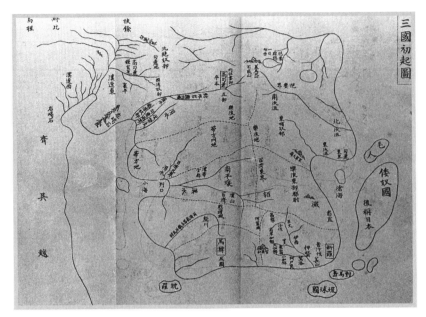

『동사강목』에 수록된 삼국 초기 지도

시 역사가들이 쓴 저작이 모두 고려 시대까지로 제한되었던 것은 개인 집필자가 조선 이후로 뛰어드는 것이 일체 금지되어 있었기 때문입니다.

조정에서는 국왕이 사망하면 선왕의 실록을 편찬하는 사업을 전개하였지만, 이것은 국가가 지정한 사고史庫 깊숙이 보관되어 누구에게도 공개되지 않았습니다. 게다가 이 작업은 국왕이 지명한 사람들이 담당하며 개인이 그 기록을 공개하는 일은 금지되어 있었습니다. 그러나 안정복은 역대의 각종 저술에 있는 논설을 발췌하여 그대로 인용하고 필자의 주관적인 의견을 더하지 않음으로써 각 시대의 역사가 드러나게 하는 편찬 방법을 고안합니다. 그가 이 방법을 고안하고 방대한 사료를 모으기까지는 『동사강목』을 완성한 뒤 다시 9년의 세월이 더 필요하였습니다. 그 사료를 기초로 『열조통기列朝通紀』를 편찬하기 시작한 것은 1767년, 쉰여섯 살 때의 일입니다.

그때는 이미 스승 이익이 세상을 떠난 뒤여서, 고독과 싸우며 이 대사업을 추진하여 수년 뒤에 마침내 이 책을 완성합니다. 이 위대한 업적이 세상에 유포되지 못하고 초고 상태로 묻혀버린 것은 유감스럽기 그지없습니다.

『열조통기列朝通紀』

하지만 그의 탁월한 편찬 방법은 세간의 사학자들에게 커다란 충격을 주었고, 그 뒤 그 편찬 방법을 따른 명저가 수없이 나오게 됩니다.

성호 이익과 순암 안정복의 사제지간의 정

『성호사설유편』

성호 이익과 순암 안정복의 사제지간의 정은 앞서 언급한 대로이지만, 그 깊은 인연은 성호의 저서 『성호사설유편星湖僿說類編』 간행에서 아름답게 꽃피었다고 할 수 있습니다.

순암은 아버지의 상을 치르기 위하여 귀향한 뒤 무슨 일이든 스승 성호의 자문을 구하였다고 합니다. 먼저 그는 아버지의 일대기를 쓰고 나서 스승에게 서문을 써달라고 청하였습니다. 그리고 전문 역사학에 대한 질문뿐만 아니라 서학 문제, 부인의 소박 문제, 미신 문제, 언어학 문제, 역학曆學 문제 등 실로 수없이 많은 문제를 질문하고, 또한 치열하게 논쟁을 전개하기도 하였습니다. 그것도 대부분 서면을 통한 교신이었습니다. 순암은 노스승을 때로는 아버지처럼 생각하였는지도 모릅니다.

언제인지 명확하지는 않지만, 순암은 스승이 가끔 써놓은 논설집의 간행을 강력히 권유하였습니다. 그러면서 순암은 스승이 그 기록들을 정리하느라 고생하는 것을 보고 자신이 정리하고 싶다고 요청하였고, 성호는 그 편찬을 모두 순암에게 맡겼습니다. 성호가 얼마나 순암을 신뢰하고 있었는가를 잘 말해주는 대목입니다.

순암은 목록을 비롯하여 편찬에 관한 상세한 사항을 일일이 서면으로 보고하고 신중하게 작업을 진행하였습니다. 그러자 성호는 제자에게 이렇게 당부합니다.

"애초에 사설僿說이 책이 되리라고는 생각하지 않았네. 40여 년 전부터 보고 들은 것을 생각나는 대로 적어본 것이지만, 다시 읽어본 적도 없었네. 근년에 집안 사람들이 옮겨 적고 있지만 중복된 것도 많고 빠뜨리거나 잘못 베낀 것도 셀 수 없네. 따라서 말이 되지 않는 구절은 전부 삭제하고 번거로운 곳은 모두 정리하여 가능한 한 간략하게 하였으면 하네. 지금 목록을 보고 놀란 참이네만, 시국담 등은 십분의 일 정도로 줄이는 편이 좋을 것이야. 하등 어렵게 생각하지 말고 적당히 처리하기 바라네."

이렇게 써 보냈음에도 불구하고, 순암은 일단 정리한 것을 일일이 스승에게 보내 검토를 청하였습니다. 성호는 다시 제자에게 글을 보내어 답변합니다.

"백순(百順 : 순암의 자)이 정리한 것은 더할 나위 없이 훌륭하네. 그렇게 신중하게 다루어주니 미안스러울 뿐이네. 아무쪼록 도와주는 사람들과 상의하여 틀린 자구는 수정하고 번거로운 곳은 어렵게 생각 말고 삭제해버렸으면 하네."

순암이 이 책 정리에 온 힘을 쏟은 것은 『동사강목』이 완성된 뒤인 듯합니다. 그리고 순암이 『성호사설유편』 편찬을 완료한 것은 1762년 순암이 쉰다섯 살 때이며, 성호는 여든두 살 때였습니다.

이 책의 간행이 우리 역사에 얼마나 커다란 공적을 남겼는가 하는 것은 이미 이익의 전기에서 언급하였지만, 스승 성호에 대한 순암의 전폭적인 헌신은 아무리 사제지간이라 하더라도 보기 드문 일이었습니다. 이듬해 여든세 살이 된 성호가 제자 순암에게 얼마나 깊은 감사를 보냈을지 능히 상상할 수 있습니다.

조정은 1765년 그를 다시 중앙 관청의 요직에 임명하지만 그는 애써 사양하고 상경하지 않습니다. 당시 그는 『열조통기』 편찬을 시작하려고 사료 수집에 한창 몰두해 있던 무렵이었습니다. 그가 『열조통기』를 편찬하기 시작한 1767년에 그의 어머니가 세상을 떠납니다. 그는 향리에서 여전히 학구생활을 계속하다가, 1772년 왕세손의 시중을 드는 관직인 익찬(翊贊 : 정6품)에 임명되어 한성으로 향합니다. 그러나 관직에 임용된 지 겨우 3개월 만에 병에 걸려 향리로 돌아와 치료하고, 이듬해 겨울에 다시 그 자리에 복귀합니다. 하지만 오랜 빈궁한 생활로 몸이 쇠약해져 몇 번이나 사퇴와 복귀를 반복하여야만 하였습니다.

왕세자의 왕세손을 시중드는 자리에는 대개 무관이 임명되는 것이 관례이지만, 장차 왕위를 계승할 사람에게 모범이 될 만한 학식 있는 인재를 골랐기 때문에 그가 둘도 없는 적임자로 지명되었고, 왕세손도 그를 흡족하게 생각하여 병약하였음에도 불구하고 거듭 불려오게 된 것입니다. 그러는 사이에 1775년 부인이 사망하는 불행을 겪었지만, 그는 다시 부름을 받고 궁궐로 들어갑니다.

1776년 영조가 죽고 왕세손이 정조가 되었으므로, 그는 시중드는 일에서 해방되어 충청도 목천木川의 현감縣監으로 내려가게 됩니다. 목천현은 충청도에서 가장 작은 읍으로 관청 건물의 지붕이 초가였을 만큼 초라하였습니다(당시 지방 관청은 대부분 기와 지붕으로 된 훌륭한 건물이었음). 그러나 젊었을 때부터 마음에 품어온 이상적인 지방 관리상을 실현하기 위하여 성심성의를 다하여 일하였습니다.

먼저 백성들의 교육과 교화 지도에 힘쓰고, 백성들의 생활 안정에 도움이 되는 일을 적극적으로 추진하며 단속보다는 애정을 가지고 백성들과 접촉하였습니다. 목천 백성들은 이에 감동하여 도처에 순암의 선정을 기리는 나무 비碑를 세웠지만, 그는 백성들에게 "관장官長으로서 해야 할 일을 하였을 뿐인데, 선정비 따위를 세운다면 도리어 나를 우롱하는 것이 되므로 부디 철거해주시오"라고 하여 선정비를 치우게 하였다고 합니다.

『목천읍지木川邑志』

그는 진심으로 목천 백성들을 아끼고 목천의 자연을 사랑하여, 『목천읍지木川邑志』라는 훌륭한 저서를 저술하기도 하는데, 이는 사학자로서의 본분도 수행한 셈입니다. 그렇게 3년의 임기를 마친 그는 관직을 물러나 고향에 돌아와서 다시 성실한 학구 생활로 복귀합니다.

모범적인 학자의 생애를 보내다

순암이 박학하고 모든 고전에 정통한 역사학자였다는 것은 그의 저서가 잘 말해주고 있습니다. 또한 누구에게나 친절하고 겸허하였기 때문에 모두에게 신뢰를 받았습니다.

오랜 세월에 걸쳐 국가적인 대사업으로 추진된 『동국문헌비고』백 권의 편찬이 완성된 1770년, 국왕은 특별히 그를 지명하여 교정을 의뢰합니다. 편찬자들은 모두 조정의 고위직에 있는 사람들이었던 만큼 상식적으로 재야에 파묻혀 있던 사람에게 그와 같은 일을 맡길 수 없었습니다. 이는 곧 그의 신망이 어느 정도였는지를 말해주는 것입니다. 1790년에는 조정에서 관리로 재직한 기간이 매우 짧았던 순암에게 통정대부(通政大夫 : 정3품 당상관)의 지위를 내리고, 다음해에는 동지중추부사同知中樞府使라는 종2품의 지위를 내려 그의 학문적인 업적을 기리기도 하였습니다.

그는 매우 근면하여 방대한 양의 집필 활동을 계속합니다. 역사 지리에 관한 전문적 저서와 함께 유학에 관한 수많은 저술, 윤리 도덕의 교양서 외에도 『본초유함本草類函』 22권의 저작이 있습니다. 의학 연구의 성과물인 이 책은 질병별로 유효한 약재 처방법을 기록한 것으로, 백성의 생활에 구체적으로 도움이 되는 학문을 연구하는 실학자로서의 진면목을 잘 보여주고 있습니다. 또한 『백시선百詩選』 등의 저작에서는 문학가다운 일면도 보여 주었습니다.

에 대한 마진 노트>
『본초유함』, 『백시선』

그의 특이한 저서로는 『천학고天學考』, 『천학문답天學問答』 등이 있습니다. 이 책은 서양의 천주교를 비판한 것으로 그가 일흔네 살 때 쓴 것입니다. 당시 정치적으로 불우한 환경에 있었던 남인의 젊은 유생들 가운데 전통적인 주자학에 반대하고 양명학을 연구하는 풍조가 생겨나, 그들은 이윽고 서학에도 흥미를 갖기 시작하여 천주교 교리를 맹신하게 됩니다. 그들은 자신들의 신앙을 합리화하기 위하여 성호 이익이 쓴 서학에 관한 저술을 제멋대로 해석하며, 고인이 된 성호와 같은 대학자도 서학을 믿었으므로 천주교를 믿어야 한다고 주장하였습니다.

『천학고』, 『천학문답』

이에 순암은 "성호 선생은 서양의 과학은 칭찬하셨지만, 천주교는 철저하게 배척하였다"는 점을 알리기 위하여 이러한 책을 써서 천주교 교리의 잘못을 지적합니다. 그러나 일단 신앙의 길에 들어선 그들은 순암의 충고 따위는 들으려고 하지 않았습니다. 그 중심 인물 가운데는 순암의 사위인 권일신(權日身 : ?~1791년)과 그 형인 권철신(權哲身 : 1736~1801년)도 있었고, 순암의 직계 제자들도 많이 참여하고 있었습니다. 순암은 그들에게 수없이 장문의 편지를 보내 반역적인 당파로 숙청될 위험이 있다고 경고하였지만, 그 보람도

100 한국사 인물산책

없이 그들은 나중에 처형되거나 추방되고 맙니다.

　예순네 살 때 부인을 먼저 저 세상으로 보낸 순암은 예순여섯 살 때는 하나뿐인 아들도 잃고 며느리도 잇달아 죽어, 노령의 몸으로 손자 둘과 손녀 넷을 양육해야 하는 고독한 만년을 보냅니다. 스승인 성호와 자식이 죽었을 때 쓴 추도문은 애절하기 그지없습니다. 그리고 이단의 길로 달려가는 제자들을 걱정하느라 슬픈 노년기를 보내야 하였습니다. 그러나 1781년 여든 살의 고령으로 세상을 뜨기까지 독서와 집필을 계속하였으니, 실로 모범적인 학자의 생애를 보냈다고 할 만합니다.

북학파의 비조 홍대용

북학파北學派 　18세기 말경, 실학자 가운데 당시 중국을 방문한 사람들이 유럽에서 온 과학자들을 만나 그들의 근대적인 과학 기술을 배워 우리나라의 산업 개발과 백성의 생활 개선에 도움을 주고자 하는 운동을 일으켰습니다. 이들을 북학파北學派라 부르고, 그들의 주장을 북학론北學論이라 합니다. 그 비조에 해당하는 사람이 담헌湛軒 홍대용(洪大容 : 1731~1783년)입니다.

　홍대용은 1731년 한성에서 태어났습니다. 그의 할아버지 홍용조(洪龍祚 : 1686~1741년)는 대사간을 지낸 바 있고, 아버지 력樂은 목사(정3품의 지방관)를 역임하였습니다. 그의 가문은 당시 정권을 차지하고 있던 서인 노론파였기 때문에 든든한 세력을 등에 업고 있었습니다.

　소년 대용은 그 무렵 노론의 대표적 학자로 불린 김원행(金元行 : 1702~1772년)의 문하생이 됩니다. 김원행은 유학뿐만 아니라 수학, 천문학, 군사학, 음악 등 모든 부문에 걸쳐 뛰어난 식견을 가지고 있었는데, 이 박학한 스승의 영향을 받았는지 홍대용은 과거 시험을 위한 유학 공부에는 힘을 쏟지 않고 군사학과 경제학 공부에 열중합니다. 국가를 부강하게 만들고 백성의 생활을 풍요롭게 하고 싶은 생각 때문이었습니다.

　그러나 과거 시험에 전혀 응시하지 않은 것은 아니었는지, 성인이 되고 나서 몇 번인가 시험을 치렀지만 합격하지는 못하였다고 합니다. 벼슬하여 출세하려는 의지가 없었던 그는 마치 시험관을 조롱하듯 이상적인 정책론 등을 서술하였을 게 분명합니다.

유복한 환경에서 자란 그는 벼슬도 하지 않고도 좋아하는 공부를 계속할 수 있었으며, 성인이 된 뒤 그의 흥미는 천문학 연구로 기울었습니다. 그러던 1765년 서른다섯 살의 그에게 역사적인 기회가 주어집니다. 이해 겨울 조정이 청나라에 파견하는 정기 사절단에 숙부인 홍억(洪檍 : 1722~1809년)이 서장관(書狀官 : 기록 등을 담당하는 외교관)으로 지명된 것입니다. 그는 숙부의 자제 군관(子弟軍官 : 사절단의 비서역)으로 중국을 방문하게 되었는데, 이 여행은 그가 여러 해 동안 염원해 마지않던 일이었습니다.

사절단 일행은 그해 12월에 북경에 도착하여 이듬해 2월까지 체류하였는데, 그동안 홍대용은 예기치 않은 성과를 얻을 수 있었습니다. 사절단의 한 사람이 전부터 알고 지내던 세 사람의 중국 문인에게 그를 소개해준 것인데, 서로 의사가 통하지는 않았지만 발군의 한문 실력을 가지고 있던 홍대용은 필담으로 그들과 온갖 문제를 놓고 의견을 나눌 수 있었습니다. 이 세 사람은 중국 남부의 항주杭州 출신으로 관직에 임용될 자격을 가지고 있었지만 아직 출사하지 못하여 야인 생활을 하고 있는 한가로운 사람들이었고, 홍대용도 특별히 바쁜 역할이 아니었기 때문에 그들은 친교를 거듭하여 두터운 우정으로 맺어지게 됩니다.

육비陸飛, 엄성嚴誠, 반정균潘庭筠이라는 세 사람의 청나라 친구와 주고받은 필담을 그는 『건정필답乾淨筆答』이라는 한 권의 책으로 정리합니다. 거기에는 유학에 관한 이론적인 문제, 역사에 관한 문제, 종교와 풍속의 문제 등여러 가지의 사안이 언급되어 있어, 양국의 문화 교류에 있어서 귀중한 사료가 됩니다. 뿐만 아니라 청나라 문인들과 철석같은 우정을 나누어 서신의 왕래가 일생 동안 지속됩니다.

홍대용이 북경에 체류하면서 얻은 또 하나의 성과는 청나라의 국립 천문대인 '흠천감欽天監'을 방문하여 책임 부서에 있는 두 사람의 독일인에게 서양의 천문학 지식을 직접 듣고, 스스로 진행해온 천문학 연구에 관해 그들과 의견을 교환할 수 있었다는 것입니다. 또 그는 그들의 소개로 북경의 천

『건정필답乾淨筆答』

주교 교회에 수많은 천문학 전문서와 천체 관측 시설이 있다는 말을 듣고, 그것들을 관찰할 수도 있었습니다. 그러나 원서로 씌어져 있는 전문 서적을 해독할 능력이 없었던 그는 청나라 친구에게 그 책의 한문 번역서를 나중에 보내달라고 부탁하는 열의를 보입니다.

특히 그의 관심을 끈 것은 흠천감의 관상대였습니다. 그러나 당시 동양 제일의 이 천문대는 일체 외국인에게 보여주지 않았을 뿐만 아니라, 함부로 접근하기만 하여도 사형에 처할 만큼 엄격히 관리하였습니다. 그러나 그는 관상대를 제발 참관시켜 달라고 수위에게 계속 간청합니다. 물론 말이 통하지 않는 수위는 손과 고개를 가로저으며 거절할 뿐이었습니다. 그렇지만 그는 단념하지 않고 멀리서 관상대를 줄곧 바라보았습니다. 추위와 배고픔이 밀려드는 한겨울에 밤새 서 있는 그의 집념에 감탄한 수위는 감시하는 관리가 없는 이른 아침에 틈을 엿보아 몰래 그를 내부로 들여보내 주었다고 합니다.

그곳에는 중국 역대의 천체 관측 기구가 진열되어 있을 뿐만 아니라, 명나라와 청나라에서 제작한 귀중한 천문 관계의 기구와 유럽에서 들여온 것 등이 갖추어져 있었습니다. 그는 기쁨을 참지 못하고 그 기기들을 돌아보았지만, 곧 수위가 관리가 온다고 하면서 쫓아내 관찰을 중단하고 나올 수밖에 없었습니다. 어쨌든 이 같은 모험을 감행할 정도로 그의 지적 욕구는 대단히 왕성하였습니다.

국경을 넘어 우정을 나누다

홍대용은 중국에 체류하면서 북경의 모든 선진적인 시설을 돌아보고, 유럽에서 전래된 과학 문화를 배우고자 노력하였습니다. 그리고 귀국하여 그간 배워 익힌 내용들을 되살려 조국의 문화 발전에 도움이 되고자 하였습니다.

그는 자신의 포부를 펴기 위해서는 국가 기구의 요직에 들어가 직권을 가지고 이상을 실현할 수밖에 없다는 것도 알게 됩니다. 그리하여 중국을 방문하기 전에는 전혀 무시하였던 과거 시험에 대비하여 열심히 공부하였습니다. 그러나 모처럼 준비한 보람도 없이 시험에 실패하고 맙니다. 그렇지만 그는 기가 꺾이지 않고 이상을 실현하기 위하여 학문에 힘쓰면서, 멀리 청나라의 친구들과 계속 편지를 주고받습니다. 그러던 어느 날, 그는 다음과 같은 편지를 받게 됩니다. 보낸 이는 주문조朱文藻라는 사람이었습니다.

당신이 병술년(丙戌年(년) : 1766년, 그가 귀국한 해) 9월에 보낸 편지는 삼천육백여 자에 이르는 것이고, 엄성의 답장 또한 이천육백여 자에 이르니, 두 사람의 학술적 문장은 탁월한 식견이며, 그 정연한 논리는 옛 학자들 가운데서도 쉽게 찾을 수 없는 것입니다. 엄성이 답장을 쓴 것은 이듬해(1767년) 9월이었는데, 그때는 이미 그의 병세가 악화되어 있었습니다.

엄성이 임종이 가까워 고통이 극심할 때 저는 그 곁에 있었는데, 그는 호주머니에서 당신의 편지를 꺼내 읽고는 눈물을 흘렸습니다. 그리고 다시 호주머니에서 당신이 보낸 먹을 꺼냈습니다. 그는 먹의 향기가 적이 흡족하였는지 거듭 코앞에 갖다 대곤 하였습니다. 이윽고 호주머니에 다시 넣을 때는 이미 손이 떨리고 숨이 막히며 눈이 감기고 입이 비뚤어져 버티기 어려운 지경이 되었습니다.

숨이 다하기 직전에 환자의 정의情義가 이만큼 깊었으니 오늘 만일 그 영혼이 하늘에 있다면 별이 되고, 만일 그 영혼이 땅에 있다면 산과 강이 되어 당신의 곁에 있을 것이라 생각됩니다. 그리고 다시 삶을 얻는다면 당신이 있는 동쪽 나라에서 태어날지도 모르겠습니다. 두 분의 정의는 영원무궁하게 전해질 것입니다.

엄성의 부음을 들은 홍대용은 즉각 부의賻儀와 함께 추도문을 중국에 가는 사절단 일원에 부탁합니다. 그 서신이 엄성의 가족에게 도달한 것은 마침 고인의 2주기되는 날이어서, 제사를 지내기 위해 모여 있던 사람들은 멀리 국경을 넘은 두터운 우정이 신령조차 감동시켰다며 경탄하였다고 합니다.

고인의 유족들은 그 답례로 엄성의 유고집 8권과 고인의 서한집 1권을 홍대용에게 보내줍니다. 이것은 9년이 지나서야 겨우 홍대용에게 도착하였는데, 그 가운데 홍대용이 중국 방문 중에 북경에서 엄성이 그린 그의 초상화가 들어 있었습니다(이것은 오늘날까지 전해지는 홍대용의 유일한 초상화이다).

이렇게 친구의 한 사람인 엄성은 죽었지만 다른 친구와는 변함없이 서신 교류를 계속하였습니다. 특히 반정균과의 교류는 깊어서, 1778년 홍대용의 후배인 이덕무(李德懋 : 1741~1793년)와 박제가(朴齊家 : 1750~1815년)가 사절단 일행으로 중국을 방문할 때, 그는 반정균에게 두 사람을 소개하기도 하였습니다. 반정균은 친구의 후배라는 이유로 두 사람을 크게 환대하여 뒷날 유명한 미담으로 전해지게 됩니다.

이처럼 국경을 넘어 맺어진 우정은 자식과 손자 대까지 계속되어, 홍대용의 손자와 반정균의 손자가 우호를 두터이 하였다는 것도 역사에 기록되어 있는 일입니다.

젊은 왕 정조에게 신임을 받다

과거 시험에 실패한 뒤, 서른일곱 살의 홍대용은 열병에 걸려 3년 동안이나 병상에 누워 있어야 하는 불운을 겪습니다. 병은 고쳤으나 건강에 자신을 잃은 그는 과거 시험은 완전히 단념하고 요양 차 친구들과 명승지의 절을 찾아다니며 여행을 하기도 합니다.

그러던 중 벼슬하여 자기 포부를 펼쳐보고 싶은 꿈을 버리지 않고 있던 그는 권좌에 있는 사람들의 지원도 있어서, 마흔네 살 때 선공감(繕工監 : 토목사업 등을 담당하는 관청)의 감역(監役 : 종9품의 하급 관리)에 임명됩니다. 과거를 거치지 않고 기술 역량을 인정받아 관직에 임용되는 음관蔭官 제도를 통하여 임관되었으므로, 최하위직밖에 주어지지 않았습니다. 그래도 그는 임관 통지를 받자 여행지에서 서둘러 한성으로 돌아옵니다.

조정 역시 그를 그러한 지위에 놓아두는 것은 아깝다고 생각하였는지, 얼마 뒤 장차 왕위를 이을 세손을 시중드는 시직侍直 자리로 옮기게 합니다. 그 자리에 있던 2년 남짓 동안 그는 젊은 세손에게 신임을 얻은 듯, 세손이 왕위에 오른 다음해인 1777년(정조正祖 1년)에 사헌부 감찰(정6품)에 발탁됩니다. 몇 품계나 뛰어넘은 특진이었습니다.

이처럼 홍대용이 젊은 왕에게 신임을 받은 덕분에, 그의 후배이며 북학 운동의 동지들인 이덕무, 유득공(柳得恭 : 1748~1807년), 박제가 등이 무명의 미천한 가문 출신이면서도 과거 시험을 거치지 않고 조정에 등용될 수 있었습니다.

일정 기간 조정의 관직에 있던 사람들을 지방관으로 전출시키는 관례에 따라, 그는 1778년(47세) 전라도 태인泰仁 현감에 임명됩니다. 그리고 2년 뒤인 1780년에는 태인보다 규모가 약간 큰 경상도 영천(榮川 : 지금의 영주) 군수로 전임하게 됩니다. 하지만 3년 뒤인 1783년, 쉰세 살의 그는 늙은 어머니를 모셔야 한다는 구실로 사직합니다.

그가 벼슬살이를 바란 것은 이상을 실현시키고 싶은 커다란 포부가 있었기 때문이었습니다. 그는 직무에 충실하여, 지방관이 되어서도 깨끗하고 바른 행정관으로 백성을 위하여 성실하게 근무하였습니다. 그러나 실제 관료 생활에 매우 실망한 듯, 다음과 같이 기록하고 있습니다.

한성 중앙 관청의 하급관이라는 것은 소나 양과 같아서 결정된 대로 일할 뿐이고, 언제나 문서와 회의에 쫓기고 있다. ……지방관이 되면 자기 이상대로 일할 수 있으리라 생각하지만, 역시 위아래에서 제약을 받아 아무것도 할 수 없는 상태이다. 다만 노력한 보람이 있다고 생각되는 점은 열쇠를 꽉 움켜쥐고서 창고의 내용물을 함부로 빠져나가지 못하도록 감시한 일이며, 법을 단단히 수호하여 죄 없는 자가 처벌받는 일이 없도록 하는 정도였다.

신분 차별이 엄격한 봉건 제도의 틀 속에서 이상적인 정치를 편다는 것이 전혀 불가능하다는 사실을 뼈저리게 느꼈던 것입니다. 홍대용에게 벼슬아치 생활은 자기 모순에 가득 찬 고통스러운 나날이었음에 틀림없었고, 그로 인해 그는 건강을 크게 해친 듯합니다. 그리하여 홍대용은 퇴직을 하고 평생 친구인 이송李淞과 함께 절에 들어가 학문 연구를 계속하기로 하고 조그만 암자에서 생활합니다.

그런데 그는 열흘도 되지 않아, 갑자기 풍에 걸려 숨을 거두게 됩니다. 한방의漢方醫에서 말하는 풍이란 신경 계통의 질병과 졸중卒中과 같은 것을 포함한 광범위한 의미의 병명인 것으로 보아 뇌졸중이었으리라 짐작됩니다. 1783년 10월 23일, 학자로서 본격적으로 활약해야 할 쉰세 살 때의 일입니다.

지전설을 주창하다

담헌 홍대용은 자신의 저서 속에서 학문의 길에 들어선 경위를 다음과 같이 말하고 있습니다.

"어린 시절에는 유학 고전을 공부하였지만, 성인이 되어서는 경제학, 천문학, 군사학, 수학, 예술 등에 힘썼다."

그는 청년기에는 대학자인 서경덕, 이이, 유형원, 김만중, 이익 등의 저서를 탐독하였고, 그들의 영향 아래 실학 공부에 정력을 쏟았습니다. 반정균은 그가 중국을 방문하였을 때의 인상을 다음과 같이 기록해 놓았습니다.

"홍대용은 실로 박학하여 읽지 않은 책이 거의 없는 듯이 보였다. 천문학, 군사학, 주자학을 깊이 연구하고 있었고, 시문에서 수학에 이르기까지 뛰어나지 않은 것이 없었다."

그는 실학자답게 학문하는 사람의 자세에 대하여 다음과 같은 의견을 제시하였습니다.

"세상의 유학자들을 보면 평생 온 정력을 다하여 백여 권의 잡다한 서적을 만지작거리고 있는데, 이는 학문에 도움이 되지 않을 뿐만 아니라 오히려 시중의 종이 값만 올리고 학생들의 이목을 어지럽힐 뿐이다. 이것이 근세 우리 선비들의 고치기 힘든 병폐이다."

홍대용의 저작은 대부분 그 생전에는 출판되지 않고 초고 상태로 남아 있었습니다. 자손들이 중요한 부분을 사본으로 전하다가 150년이나 지난 1939년이 되어서야 간신히 활판으로 출간됩니다. 그 책은 내집과 외집으로 구성되어 있는데, 내집은 「사서문의四書問疑」, 「삼경문변三經問弁」, 「심성문心性問」 등 경서 연구에 관한 철학적인 이론이 중심을 이루고 있습니다. 그리고 「임하경론林下經論」은 정책론이고, 「의산문답醫山問答」은 인생과 자연과 국가 등 여러 문제에 대한 그의 수상隨想을 모은 것입니다.

외집의 주요 내용은 그의 중국 기행문인 「연기燕記」, 북경에서 청나라 문인들과 나눈 필담을 정리한 「건정필담乾淨筆談」, 청나라 문인들과 교환한 편지를 모은 「항전척독抗傳尺牘」, 수학과 천문학의 전문 이론집인 「주해수용籌解需用」 등이 있습니다.

그 가운데서도 학자로서의 특수한 면을 보여주는 것은 천문학 연구였습니다. 그는 저서에서 다음과 같이 기술하고 있습니다.

"지구는 하루에 한 번씩 돌며, 그 둘레는 9만 리이다. 그것을 하루 열두 시각(당시는 1일을 열두 시각으로 나누고, 자시, 축시, 인시 … 해시 등으로 구분하였음)으로 돌기 때문에 그 빠르기는 포탄과 번개보다 빠르다."

이처럼 그는 우리나라에서 처음으로 지구가 자전한다는 지전설地轉說을 주장하기도 하였습니다. 그는 또한 우주에 관해서도 이렇게 말하였습니다.

지전설地轉說

"수천만의 별들이 모여 고리를 이루고 있는 것이 은하이며, 태양과 지구도 그 가운데 하나이다."

그는 조수 간만, 비, 눈, 구름, 노을, 벼락, 번개, 화산, 온천 등의 자연 변화를 해설하고 있는데, 이러한 이론은 당시로서는 매우 혁신적인 것이었습니다.

당시 봉건 사회에서는 하늘은 둥글고 지구는 평탄하고 네모졌으며, 태양이 대지의 둘레를 돌고 있다고 믿고 있었기 때문에, 지구 자전설을 주창하는 것은 사회 질서를 파괴하는 위험한 사상으로 규탄을 받았습니다. 그런 만큼 그는 지구의 자전설을 증명하기 위하여 일식과 월식 현상, 지구의 인력에 대한 연구도 거듭합니다. 그는 스스로 '혼천의渾天儀'라는 천문 시계를 제작하고, 집안에 '농수각籠水閣'이라는 천문 연구실을 만들어 연구를 계속합니다.

그가 중국을 여행할 때 천문대 견학과 서양의 과학 기술을 습득하는 데 비상한 집념을 불태웠다는 것은 앞에 언급한 대로입니다. 서양의 선진적인 과학 기술을 배우고 싶어 하는 그의 욕구는 평생 수그러들지 않아, 그는 중국에 파견되는 사절단에게 북경에서 본 『천학초함(天學初函)』이라는 과학서와 천문학 연구에 필요한 기구를 사오도록 수십 번이나 부탁하는 열의를 보였습니다. 다행히 책은 청나라의 친구들이 구입하여 보내주었지만, 기구는 끝내 구하지 못하였다고 합니다.

실학자로서 관념론을 배격하다

실학자이며 과학적 천문학자인 홍대용이 봉건적인 주자학자들의 관념론을 배격한 것은 당연한 일이었습니다. 그는 우리나라에 수천 년간 전해 내려온 전통적인 세계관의 기초가 된 '음양오행설陰陽五行說'을 단호히 부정하고, 5라는 수에 신비한 관념을 부여한 것은 아무런 근거도 없는 망상이라고 단정짓습니다.

이렇게 미신 타파 사상을 갖고 있던 그는 우리나라에 오래 전부터 전해온 풍수설風水說이 전혀 터무니없는 것이며, 점술과 기도는 인간을 현혹하는 것이라고 주장하였습니다.

또 그는 소박한 방식이나마 인류 사회의 발전사와 권력에 의한 지배와 피지배의 차별이 생기게 된 역사적 변천을 해명하였습니다. 그러한 논설 속에서 그는 다음과 같이 기술하고 있습니다.

인간은 이른바 윤리 도덕을 분별하는 예의를 갖고 있어 새나 짐승이나 초목보다 존귀하다고 하지만, 무리를 이루어 먹이를 찾아다니는 것이 새와 짐승의 예의이며, 가지를 펼치고 뿌리를 뻗는 것이 초목의 예의이다. 인간이 사물을 볼 때 인간은 귀하고 사물은 천하다고 생각할지 모르지만, 사물이 인간을 볼 때는 사물 쪽이 귀하고 인간이 천하게 보일 것이 틀림없다. 그러나 공평하게 보자면 인간과 사물 사이에는 어떤 차이나 차별도 있을 수 없다.

인간은 지혜가 있어 사물보다 귀하다고 하지만, 사물은 지혜가 없어 조금도 거짓말을 하지 않고 남을 속이지 않으므로 오히려 인간보다 귀하다고 할 수 있다. 인간이 사물보다 귀하다는 것은 단지 인간의 생각에서 나온 것이다.

인간이 사물보다 귀하다는 것은 단지 인간의 생각이다.

그는 이만큼 귀천이나 차별을 미워하였습니다.

홍대용은 권력 계급의 형식적인 도덕적 행위를 통렬히 공격하였으며, 한 예로 권력을 쥔 양반들이나 부자들이 효를 구실로 호화로운 장례식을 치르는 것은 약한 민중들을 억누르고 쥐어짜 마음대로 부리기 위하여 만들어낸 지배층의 기만적인 행위에 지나지 않는다고 서술하였습니다. 또한 번거롭고 난해한 예문禮文은 양반 지배층이 권력과 지위를 유지하기 위하여 고안해낸 것에 지나지 않는다고 주장하였습니다. 권위주의를 증오하였던 그는 모든 종교를 부정하는 무신론자로, 북경의 천주교회를 방문하였을 때도 과학적인 서양 문물에는 감탄하였지만 천주교 자체에 대해서는 불쾌감을 감추지 않았습니다.

한편 그는 편견과 선입관으로 사물을 비판해서는 안 된다는 것을 자신의 체험을 통하여 해명합니다.

병자호란으로 청나라군의 침략을 받은 쓰라린 경험이 있었던 만큼 조선 백성들은 청나라를 오랑캐의 나라라며 증오하고 있었습니다. 양반들도 예외는 아니었습니다. 더구나 주자학의 영향으로 전통적으로 숭명사상崇明思想이 강하였기 때문에 만주족 왕조에 복종하고 복장까지도 만주족 귀족을 흉내내는 중국의 한족漢族 관료와 문인들을 경멸하였습니다. 이런 풍조 속에서 성장하고, 애국심도 강하였던 홍대용은 중국을 방문하기 전까지만 해도 청나라 사람에게 깊은 적대감을 품고 그들을 경계하였습니다.

그러나 북경에서 청나라 문인들과 친숙하게 되자 경계심과 적대감은 모두 사라지고, 그들과 깊은 우정과 존경심을 나누게 됩니다. 그는 귀국한 후 주위 사람들에게 청나라 친구들을 극구 칭찬합니다. 한성의 양반과 문인들은 그의 변신에 놀라 그의 기행문과 필담집 등을 읽고서는, 명나라에 대한 절조를 버리고 만주족에 굴복한 배신자인 중국인과 친교를 맺은 것을 크게 비난합니다.

그러한 비난에 대해서 그는 엄하게 나무랐습니다.

"내가 친교를 맺은 세 사람은 물론 만주족처럼 변발을 하고 복장도 마찬 가지였지만, 중화의 후예라는 것에는 변함이 없었다. 나 같은 조선인은 품이 넓은 소매를 늘어뜨리고 커다란 관을 쓰고 북경 거리를 활보하고 돌아다녔 지만, 중국인의 입장에서 보면 바다를 건너온 오랑캐라는 데는 변함이 없었 다. 똑같은 것을 생각하고, 똑같은 인간으로 서로 우정을 주고받는데도 불구 하고 무엇을 가지고 귀천의 차이를 헤아릴 수 있다는 말인가?"

그리고 이렇게 역설하였습니다.

"오랑캐라고 불리는 것은 예의를 알지 못하고 살벌한 것을 좋아하며, 인 간다운 행동이 없고 야수처럼 행동하기 때문이 아닌가? 그러나 오늘날 청나 라 사람은 중국에서 오랫동안 평화롭게 살고 있으며, 예의를 생각하며 인간 답게 처신하고 있다. 그들은 살벌한 짓을 즐기고 야수처럼 행동하는 사람들 이 아니다. 예전의 관념에 사로잡혀 중화를 존숭하고 오랑캐를 차별하려는 사고방식은 곧 스스로를 경멸하는 짓이다."

화이동일론華夷同一論
세인들은 그의 이러한 논설을 '화이동일론華夷同一論'이라 불렀습니다.

홍대용의 정책론

홍대용은 민중을 억압하는 정치, 경제 제도의 개혁을 강력히 주장하였 습니다. 그 중에서도 가장 중요한 것은 토지 개혁이었습니다. 그는 자신의 저서에서 이렇게 서술하고 있습니다.

토지를 공평히 분배하여 인민의 생활을 안정시키지 않고서는 국가를 원활 히 다스릴 수 없다. …… 이미 진부한 말이지만, 옛날의 이상적 정치로 입안된 정전제를 지금 실시하는 것은 어려운 일이라 하더라도 어쨌든 국가를 잘 다스 리기 위해서는 토지 제도를 개혁하지 않으면 안 될 것이다.

그리고 구체적인 토지 분배율을 기술하고, 또한 세제의 공정한 실시를 주장하였습니다. 특히 민중을 압박하고 있는 왕실의 토지를 민중들에게 나누어줄 필요성을 역설하고, 경작도 집단 작업이 능률적이라고 덧붙였습니다.

그는 실학파 선배들이 주장해온 개혁적인 정책론 역시 일보 진전시켰습니다. 첫째, 신분 제도를 타파하여 모든 국민이 노동에 종사하여야 한다고 주장한 것입니다.

우리나라 양반들은 생계가 곤란해도 팔짱을 끼고서 가래를 잡으려 하지 않는다. 양반 가운데 생업에 열심히 종사하는 자가 있으면 주위에서 그들을 비웃는다. 그래서 놀고 있는 자가 많고 일하는 자는 적으니 백성들은 궁핍할 수밖에 없지 않은가. 마땅히 새로운 법률을 만들어 사농공상의 신분에 관계없이 놀고먹는 자는 엄벌에 처해야 할 것이다.

둘째, 신분에 관계없이 유능한 인재를 중용하라고 주장한 것입니다.

재능이 있고 학식이 있는 사람이라면 설령 농민이나 상인의 자식이라 해도 정부의 요직에 임용해야 한다. 재능이 없고 학식이 없으면 설령 귀족의 자제라 하더라도 단순 노동을 시켜야 하며, 모든 사람이 힘을 다하여 직책에 힘을 쏟고 근무 성적에 따라 상벌을 분명히 해야 한다.

셋째, 교육 제도와 관리 등용제의 개혁을 주장한 것입니다.

전국 각지의 면 단위까지 학교를 만들어, 면내의 자제들이 여덟 살 이상이 되면 신분의 여하에 관계없이 모든 아이들에게 교육을 받게 하고, 과거제 대신에 하부에서 추천하는 제도로 고쳐 교육 기관마다 상부의 교육 기관에 순번대로 인물을 추천하며, 관직도 이 추천에 따라 임명해야 할 것이다.

포부가 높고 재능이 있는 사람은 위로 올려 조정에 등용하고, 질이 낮은 사람은 아래로 내려 적당한 관직을 맡긴다. 재주가 있어 여러 가지로 고안을 잘하는 사람은 공업에 고용하고, 이재에 밝은 사람은 상업을 시키며, 용맹하고 계략이 뛰어난 사람은 무인으로 하고, 맹인·농아자·불구자들에게도 적당한 일을 맡겨서, 일하지 않는 자는 관청에서 벌을 주어 주위 사람들로부터 배척되도록 해야만 한다.

넷째, 언론의 자유를 주장한 것입니다.

사간司諫 제도가 잘못된 것은 아니지만 …… 무슨 일에 대하여 불만을 느낀 자가 상관에게 의견을 말하려 해도 자기 분수를 모르는 인간이라고 비난받을까 두려워 입을 다물어 버린다면, 아무리 좋은 제도라 해도 상부에 의견을 말할 기회는 적어진다. 모름지기 사간원, 사헌부 등 상부 기관에 충고하거나 분쟁을 처리하는 기관을 없애고 위로는 공경公卿으로부터 아래로는 사무직과 고용인에 이르기까지, 또한 가까이는 국왕의 측근으로부터 멀리는 농촌에 이르기까지 모든 사람들이 각자 마음속에 품고 있는 생각을 마음 놓고 말할 수 있는 세상이 되어야 한다.

봉건 제도의 토대가 붕괴되기 시작하였다고는 하여도 양반 신분은 영원 불변하다고 믿어온 당시 사회에서 홍대용의 이런 혁명적인 사상은 놀라운 일이 아닐 수 없었습니다. 이러한 사상을 실현하기 위해서는 국왕과 양반 중심의 봉건 제도를 타도하고 철저한 사회 개혁을 단행하여야만 합니다. 이것은 당시로서는 역적과 같은 사고방식이었으며 국가의 질서를 어지럽히는 자로서 즉시 사형에 처해야 할 터였습니다. 따라서 그는 구체적인 개혁 방법은 쓸 수 없었을 뿐만 아니라, 또한 그 논설을 일반에게 발표할 수도 없었습니다.

그는 풍부한 재능을 타고난 사람이었습니다. 그리고 성격이 매우 정열적이고 용기 있는 사람이었습니다. 하지만 예리한 감각과 냉정한 판단력을 가진 그는 나라의 운명을 걱정하고 백성의 고난을 고민하면서도, 시대적인 제약 때문에 자기 이상을 실현할 방도를 찾지는 못하였습니다.

그러나 홍대용은 나라의 미래를 한시도 잊은 적이 없었으며, 나라를 지키기 위해서 언제라도 백만 대군을 동원할 수 있도록 신분을 구별하지 말고 모든 성인 남자에게 군사 훈련을 실시하자고 주장하였습니다. 그는 38만의 직업 군인을 두고 전국의 변경과 해안선에 견고한 진지를 구축하며, 거기에 필요한 경비를 충당하는 방법까지 매우 구체적인 계획표를 그려 보였습니다.

유감스럽게도 그의 이러한 방책은 단지 책상 위의 계획에 그치고 말았지만, 그가 우려한 대로 우리나라는 백 년 뒤에 일본의 침략을 받아 식민지로 전락하는 비운을 맞이합니다.

홍대용이 북학운동을 통해 소망한 것

중국 여행에서 돌아온 그는 적극적으로 동지를 규합하기 시작합니다. 1776년 정조가 즉위한 뒤 젊은 실학자들이 중앙 관청에 등용되었다는 것은 앞서 언급하였는데, 그들은 홍대용보다 훨씬 나이 어린 후배들로 그에게 강한 영향을 받은 듯합니다.

그들은 벼슬 자리에 오른 뒤 중국 방문의 사절단에 참가하여 북경에 머무는 동안 서양 과학 문화의 흡수에 전력을 기울이고, 귀국한 뒤 과학 기술을 우리나라의 산업 건설에 도움이 되도록 한 것은 담헌과 공통된 것이었습니다.

그들의 동지적 결속은 '북학파'로 세인의 주목을 받게 되었으며, 북학운동은 우리나라에 이상 사회를 건설하는 것이 목표였습니다. 이는 곧 홍대용이 바라던 바이므로, 자신이 이루지 못한 것을 동지들이 뒤를 이어 실현해주기를 바랐습니다. 그는 또 한 사람이라도 더 새로운 세계에 눈을 뜨기를 바라며, 자기의 중국 기행문을 누구나 읽을 수 있도록 한글로 다시 써냈습니다. 그의 저서와 마찬가지로 이 기행문도 그의 생전에 인쇄되어 대량으로 유포되지 못하였지만, '사본'으로 만들어져 널리 읽혔다고 합니다.

그는 혁명적인 행동에 나선 사람은 아니었지만, 그의 사상이 많은 사람들에게 깊은 감명을 주고 또 후세의 애국자들에게 계승된 것은 확실합니다. 그런 의미에서 그의 이상은 결코 시들지 않고 영원히 우리 민족의 가슴에 살아 숨 쉴 것입니다.

7. 실학의 대문호 박지원과 사실주의 문학

명문 태생의 가난한 서생

18세기 후반의 대문호로 명성을 떨친 박지원(朴趾源 : 1737~1805년)은 1737년 한성의 안국방(安國坊 : 재동, 화동, 안국동 일대)에서 태어납니다.

그의 집안은 대대로 유명한 학자와 고관을 배출한 명문이었습니다. 그의 5대조 박미(朴瀰 : 1592~1645년)는 서예의 대가로 선조의 사위였으며, 할아버지 필균(弼均 : 1685~1760년)은 지돈녕 부사(知敦寧府事 : 왕족 관계 관청의 정2품 고관)였습니다. 하지만 그의 아버지 사유(師愈 : 1703~1767년)는 그가 어렸을 때 미처 관직에도 임용되지 못한 젊은 나이로 사망하고(한때 그의 행적이 자세하게 전하지 않아 이처럼 일찍 사망했다는 설이 돌기도 함), 그의 어머니도 남편의 뒤를 따라 요절하고 맙니다.

그는 할아버지 밑에서 자랐는데, 이미 관직을 떠나 있던 필균은 인생을 달관하고 있었는지 어린 박지원에게 특별히 공부를 시키지도 않고 알아서 자라도록 내버려두듯이 양육하였습니다. 명문인 그의 가문은 권력을 차지한 노론이었음에도 불구하고, 그의 할아버지인 필균은 파벌 투쟁을 싫어하여 관직에 있는 동안에도 다른 권력자들처럼 축재에 관심을 두지 않고 청렴하게 생활하였습니다. 그래서 관직에서 물러난 뒤 매우 가난하게 살았던 듯합니다.

박지원은 할아버지와 보낸 소년 시절을 다음과 같이 회고하고 있습니다.

할아버지께서는 용모도 성격도 유순하시고, 다른 사람에게 언짢은 말씀을 하신 적이 없었다. 삼십 년 동안이나 관직에 계시면서도 겨우 백 냥의 값어치도 안 나가는 토지와 한성에 삼십 냥의 값어치도 안 되는 작고 낡은 집이 한 칸 있었을 뿐이다. 하인이라고 고작 늙은 하인 하나요 죽도 뜨지 못하는 날이 많았지만, 할아버지께서는 돌아가시는 날까지 그러한 생활에 만족하셨다.

어린 시절 그는 늙은 하인이 들려주는 옛날이야기에 매료되었습니다. 당시 사회에서는 노예와 다름없던 하인들에게 귀여움을 받으며 그들이 들려주는 옛날이야기를 듣고, 가난하지만 정감이 넘치는 그들과 지내면서 소년다운 꿈을 품게 된 것입니다. 이 소년기의 체험이 문학을 사랑하는 심성을 만들어 주었습니다. 또한 양반들로부터 부당한 차별을 받는 평민과 노비들의 비애와 분노를 자신의 것으로 느끼게 되었습니다. 이것이 그의 사상의 밑바탕이 되었다고 할 수 있습니다.

할아버지가 사망하자(고아나 다름없게 된) 그는 열여섯 나이에 이보천李輔天이라는 양반집의 규수와 결혼을 합니다. 이보천은 처사(處士 : 벼슬하지 않은 양반)라 해도 왕실과 핏줄이 닿은 명문이었는데, 그는 가난한 집의 자손이기는 해도 이목구비가 수려한 명문가의 사위를 귀하게 여겨 홍문관 교리(校理 : 정5품)인 자신의 아우 이군문李君文에게 부탁하여 학문을 가르치게 합니다.

어린 시절 병약한 탓도 있고, 할아버지도 자유롭게 키웠기 때문에 박지원은 한적漢籍 따위를 접해본 적이 없었습니다. 하지만 이군문은 그에게 사마천司馬遷의『사기史記』를 교재로 매우 짧은 기간 내에 한적을 읽을 수 있도록 하는 능률적인 교수법을 취하였습니다. 원래 천재적인 두뇌의 소유자였던 박지원은 어느새 한문에 정통하여, 3년 동안 집안에 틀어박혀 중국의 고전은 말할 것도 없고 우리나라의 고래의 명저를 빠짐없이 구해 읽었다고 합니다. 스승인 이군문의 영향도 있어서, 실학의 길로 인도받은 그는 과거 시험 따위는 염두에 두지 않고 경영 외에 농학, 군사학, 자연 과학, 역사, 지리 등 광범위한 학문에 열중하게 됩니다.

선구자로서 고난의 길을 걷다

박지원은 열여덟 살 때부터 소설을 쓰기 시작하였습니다. 그의 처녀작은「광문자전廣文者傳」으로 주인공인 광문은 어릴 때부터 종로를 떠돌아다니는 거지였습니다. 작품은 광문과 거지들의 생활을 묘사하고 있으며, 인간의 도의를 떠들어대는 양반 계급으로부터 언제나 벌레처럼 취급받는 거

「광문자전(廣文者傳)」

지들 속에서야말로 양반들이 갖지 못한 아름다운 의리와 인정이 있다는 것을 그려내고 있습니다.

이 글은 그가 실학의 영향을 받아 썼다고도 할 수 있겠지만, 어려서부터 차별받는 사람들의 생활을 가까이서 보면서 형성된 그의 사상을 바탕으로 표현한 것이라고 할 수 있습니다.

『방경각외전』

그는 학문에 힘쓰는 한편 수많은 단편 소설을 쓰기도 하였는데, 서른 살 무렵까지 쓴 것 가운데 다음의 아홉 편이 『방경각외전放瓊閣外傳』이라는 한 권의 책으로 정리되어 많은 사람들에게 애독됩니다.

「광문자전」, 「민옹전閔翁傳」(양반들의 착취와 그들의 보수성을 폭로한 이야기), 「김신선전金神仙傳」(정의감이 강한 탓에 배척받아 방랑하는 나그네 이야기), 「우상전虞裳傳」(타고난 재능에 애국적 정열이 남달리 강했지만 중인 계급 출신이기에 불우한 일생을 보내야 했던 사람의 이야기), 「예덕선생전穢德先生傳」(양반 출신이면서도 차별 받는 민중을 위해 애쓰는 선진적인 학자의 이야기), 「양반전兩班傳」(빌린 돈을 갚지 못한 양반이 그 권리를 돈 많은 상인에게 판다는 이야기), 「마장전馬駔傳」(말의 중매인을 주인공으로 삼아 사회의 부정을 폭로한 이야기), 「역학대도전易學大盜傳」, 「봉산학자전鳳山學者傳」(이 두 편은 원본에서 빠졌기 때문에 그 내용이 전해지지 않음) 등 아홉 편으로 된 소설집은 청년 유생 및 차별받는 중인 계급과 한성의 상인들로부터 절찬을 받았습니다. 하지만 봉건 권력자들은 사회의 질서를 어지럽히는 불온한 서적이라며 이 책을 철저하게 배격하였습니다.

이러한 가운데 그는 실학자 홍대용과 만나 평생의 친구로 깊은 교류를 나누게 됩니다. 그는 여섯 살 연상에 학문적으로도 대선배인 홍대용으로부터 천문학에 관한 전문적인 지식을 배우고, 홍대용이 주장한 지구 자전설에 비상한 흥미를 느낍니다. 두 사람은 항상 토론을 거듭하였으며, 홍대용의 지구 자전설을 세상에 널리 퍼뜨린 것은 박지원의 공이었다고 평가되기도 합니다.

박지원은 재기발랄한 사람이었습니다. 한학자들의 문체가 전통적으로 중국의 고전을 본받아 틀에 짜 맞춘 것이었다면, 그는 이러한 문체를 철저히 무시하고 구체적인 사실을 적확하게 표현하는 간결하고 참신한 문체를 구사하였습니다. 게다가 늠름한 풍채의 소유자로 사람을 끌어들이는 매력을 가지고 있었습니다. 그는 또한 웅변가여서 친구들과 술을 마시고 취기가 오르면 나라의 현실을 우려하며 무능한 양반 지배층을 누구라 할 것 없이 매도하였다고 합니다. 이러한 그를 당시 권력자들이 오만방자한 인간이라며 미워하지 않을 리 없었고, 권력에 추종하는 인간들은 그를 사사건건 박해하였습니다. 그는 도저히 한성에서 살 수 없는 궁지에 몰려, 마침내 가족을 이끌고 황해도 금천의 연암협燕岩峽이라는 산골로 이사하여 손바닥만한 땅과 초가집을 구하여 몸소 농사를 지으며 살게 됩니다.

그의 수기에 의하면 그곳은 "사방이 산으로 둘러싸여 칠팔 리를 걷지 않으면 닭 우는 소리가 들리는 마을에 당도하지 못할 만큼 인적이 드물었으며, 호랑이와 이리가 어슬렁거리고 다람쥐와 어울려 사는 곳이었다"고 합니다. 그는 그곳에서 밭에 뽕나무를 심어 누에를 치고, 밤과 배 등 여러 과실수를 키우고, 벌을 쳐 꿀을 채취하는 등 곡식 외에도 다각적인 영농법을 실천하여 스스로 연구하던 부유한 농촌 만들기의 모범을 보이려고 애를 썼습니다.

그는 이렇게 직접 농사를 지었는데, 여름밤에 맹렬한 각다귀의 습격을 받으면 잠을 이루지 못해 몸이 여위어갔습니다. 그래서 혹서 기간에는 남몰래 한성의 자택에서 기거를 하였습니다. 수발을 들어줄 사람도 없어서 때로는 사흘씩이나 밥을 굶어 부득이 근처에 사는 예전의 하인 집에 가서 끼니를 해결하기도 하였지만, 그가 한성에 올라왔다는 소식이 알려지면 그를 따르던 청년 유생들이 앞을 다투어 그의 집에 찾아와 가르침을 청하였습니다. 그리고 그의 제자들이 싸온 술과 고기로 푸짐한 술자리를 벌인 적도 있었습니다. 이러한 사실은 곧 권력자들에게 알려졌고, 결국 연암의 산골에 파묻혀 사는 생활을 계속할 수밖에 없었습니다. 그의 호 연암 역시 이 지명을 딴 것입니다.

열하 기행을 통해 소망을 이루다

박지원은 홍대용에게 중국 여행담을 들을 때마다 한없는 꿈을 꾸었습니다. 북경에 가서 유럽의 선진적인 과학 문화를 배우고 싶은 의욕뿐만 아니라, 동양 최고의 농경 문화를 발달시켜 온 중국을 관찰하여 우리나라의 농경 발달에 도움이 될 만한 것을 자기 눈으로 보고 싶었습니다. 그러나 관직에 있는 것도 아니고 권력파들로부터 극도로 배척받고 있던 박지원에게 중국을 여행할 기회가 주어질 리도 없었으니, 그는 이룰 수 없는 꿈을 접을 수밖에 없었습니다.

　박지원이 권력자들의 박해를 피해 금천의 산골로 돌아간 1778년, 그와 함께 실학을 공부한 이덕무와 박제가가 사신의 일행으로 중국을 방문하는 여행을 떠납니다. 산골에서 이 소식을 들은 그가 어떠한 생각을 하였는가는 상상하기 어렵지 않습니다. 그로부터 2년의 세월이 흘렀고, 박지원에게는 절망적이고 고독한 긴 나날이었을 것입니다. 그러나 기대하지도 않았던 행운이 찾아옵니다. 1780년, 평소 왕래가 없었던 육촌형 박명원(朴明源 : 1725~1790년, 영조의 딸인 화평 옹주의 남편)이 사절단의 정사正使로 청나라를 방문하게 된 것입니다. 가까운 친척이라 해도 선왕의 사위이며 권력의 중심 세력 안에 있던 이 육촌이 박지원은 못마땅하였겠지만, 수행원으로 같이 가자는 박명원의 말에 그는 뛸 듯이 기뻤습니다.

　박명원으로서는 이 일을 기회로 박지원을 끌어주려는 생각이었던 듯한데, 정작 본인은 너무 쉽게 미끼에 끌려 기뻐하는 자기 모습을 돌아보며 말할 수 없는 굴욕과 혐오감을 느꼈는지도 모릅니다. 이러한 복잡한 심경을 그는 「열하도중熱河途中」이라는 시에서 이렇게 노래하고 있습니다.

　　　푸른 깃에 은정자銀頂子 모자 쓰니 이야말로 무부武夫 같네
　　　요양遼陽이라 천리 길 사신 수레 뒤따랐소
　　　중국에 한번 들어온 뒤 호칭 세 번 바뀌었으니
　　　좀스런 선비들은 예로부터 물고기 벌레 따위나 배우는 법

　　翠翎銀頂武夫如 취령은정무부여
　　千里遼陽逐使車 천리요양축사거

一入中州三變號 일입중주삼변호

鰍生從古學蟲魚 추생종고학충어

백발의 서생이 황경(皇京 : 북경)을 들어가니

의복 차림 의연히 하나의 노병老兵일세

또다시 말을 타고 열하로 향해 가니

마치 공명功名에 나아가는 가난한 선비 같구나

書生頭白入皇京 서생두백입황경

服着依然一老兵 복착의연일노병

又向熱河騎馬去 우향열하기마거

眞如貧士就功名 진여빈사취공명

　산골에서 고통스럽게 생활한 탓인지, 당시 마흔네 살이었던 그의 머리
카락은 거의 백발이었다고 합니다. 그러나 국경을 넘어 청나라에 발을 들여
놓자 그는 청년과 같은 발랄함으로 진기한 풍물에 마음을 빼앗겼습니다. 그
는 이때 받은 인상을 다음과 같이 기술하고 있습니다.

　외양간과 돈사를 만드는 법과 그것을 청소하는 모습에도 배울 바가 많고,
땔나무와 거름까지 깔끔하게 정리되어 있었다. 또 풍족한 생활을 꾸리기 위해
물건을 정확하게 사용하였다. 이렇게 알뜰한 생활 자세가 있어 풍족한 생활을
할 수 있었을 것이다.

　그러나 그는 단지 중국의 풍물에 감동해서 정신이 팔려 있었던 것만은
아니었습니다. 그는 곳곳에서 자신의 의지를 상대방에게 정확히 전하려고
노력하였습니다. 말이 통하지 않는 중국 사람에게 한문으로 필담을 나누었
으나 그를 상대하는 중국인들은 그의 기분을 금방 이해해 주었습니다. 하지
만 박지원은 중국인이 써준 한문에 모호한 표현이 많아 좀처럼 정확한 의미

를 파악할 수 없었습니다. 자신의 한문 이해력이 부족한 탓이라고 생각하여 잠시 당황하기도 하였지만, 사실은 그것이 아니라 그의 한문 표현력이 중국 인들보다 훨씬 뛰어났기 때문입니다. 따라서 그와 접촉하는 많은 중국인들 은 그의 뛰어난 문장과 달필에 감탄하여 그를 위대한 문인이라고 칭송하였습니다.

박지원에 대한 평판은 가는 곳마다 널리 퍼져서, 북경과 피서지 열하(熱河 : 지금의 허베이성河北省 청더承德에 있는 청나라 여름궁전인 피서산장避暑山莊 안에 있음)에서 당시 중국을 대표할 만한 문인 및 학자들과 친교를 맺고 중국과 조선의 오랜 문물제도에 관하여 의견을 교환하기도 하였습니다. 그는 정사의 일개 수행원으로 외교적인 임무는 주어지지 않았지만, 사절단이 여행을 계속하는 동안 외교적으로 사절단을 대표하는 역할을 수행할 때도 있어서 일개 수행원 치고는 과분한 대우를 받았습니다. 그때까지 쌓여 있던 것을 일거에 폭발시키듯 다채로운 재능을 꽃피운 박지원은 귀국하자마자 특유의 명문으로 『열하일기熱河日記』 26권의 대저를 정리합니다.

역사적인 저작 『열하일기』

『열하일기』

『열하일기』는 우리나라 역사상 수많은 외국 기행문 가운데 최대의 저작이라고 이야기되며, 우리 문학사에서 높이 평가받고 있는 작품입니다.

이 기행문은 1780년 6월 24일 압록강을 건너는 장면에서 시작하여, 요동遼東의 성경(盛京 : 오늘날의 랴오닝성遼寧省 선양瀋陽) · 산해관(山海關 : 허베이성에 위치, 만리장성의 동쪽 끝)을 거쳐 북경으로 갔다가 거기에서 다시 청나라 황제의 피서지인 열하로 향하고, 열하를 출발하여 북경으로 돌아오는 8월 20일까지 약 두 달간의 여행 체험을 날짜순으로 구성하고, 특별한 소감과 논설은 별도 항목으로 마련하여 덧붙인 것입니다.

박지원의 문장은 매우 사실적이어서 장마로 물이 불어난 압록강의 급류를 작은 배를 타고 건너는 첫머리의 묘사부터 숨 막히는 긴장을 자아내어, 읽는 이는 그 박력에 눌려 단숨에 읽어 내려가지 않을 수 없게 만듭니다. 기행문에는 그의 눈에 비친 모든 것이 묘사되어 있습니다. 중국의 자연과 기후, 다채로운 남녀의 풍속, 제도, 문물 등이 흥미롭게 서술되고, 가옥·다리·도로·배 등의 구조물이 면밀하게 관찰되고 있습니다. 그리고 짐수레와 수차水車를 만드는 법, 상품의 유통 형태 등 인간 생활에 관련된 모든 것을 우리나라의 것과 대비하고, 중국의 뛰어난 점을 배워 우리나라의 문물을 발전시키고자 하는 생각이 곳곳에서 강조되고 있습니다.

이러한 감상 가운데는 다음과 같은 구절이 있습니다.

이 지방에는 풍부한 것이 다른 지방에서는 찾아보기 어렵고, 명칭은 들어보았어도 그 물건을 실제로 볼 수 없는 것은 왜일까? 이것은 곧 운반 방법이 없기 때문이다. 그리고 수천 리에 걸친 우리나라에서 백성들의 생활이 이와 같이 가난한 것은 왜일까? 한마디로 말하면 물자 운반에 편리한 수레가 없기 때문이라고 해도 좋을지 모르겠다.

그러면 무슨 이유로 수레가 통용되지 못하는가? 그것은 도로가 갖추어지지 않은 탓이며, 유통과 운반 방법에 관해 진지하게 대책을 세우지 못한 위정자들의 무책임한 태도 때문이다.

기행문에는 처음 보는 중국의 예능과 마술 연기, 몽골인과의 술자리, 티베트 라마승들의 기이한 풍습 등 흥미로운 이야기도 재미있게 묘사되어 있습니다. 또 북경에서 본 천문대에 관한 이야기, 지구 자전설에 대한 감상 등도 기록되어 있고, 중국의 음악을 듣고 우리나라의 아악雅樂과 대비한 평론 등도 기록되어 있습니다.

이와 같이 그는 『열하일기』에서 풍부한 지식을 동원하여 정치, 경제, 군사, 천문, 지리, 문학 등 각 부문에 걸쳐 명쾌한 해설을 합니다. 이 책에는 그의 애국적인 정열이 물이 흐르는 듯한 매끄러운 문장을 통해 약동적으로 용솟음치고 있습니다.

소설을 읽는 것보다 재미있고, 게다가 전편에 애국적 정열이 도도히 넘쳐흐르는 이 『열하일기』는 당시 지식인들 사이에 커다란 충격을 주었습니다. 한번 읽기 시작하면 도중에 그만둘 수 없다는 평판이 또 다른 평판을 불러, 이 책을 읽지 않은 선비는 거의 없다고 할 정도였습니다.

그의 문장은 청년 유생들에게는 커다란 감동을 주고 환영을 받았지만, 보수적인 권력자들은 위험하기 그지없는 불온 문서라 하여 비난하고, 어떤 자들은 비루한 소설 비슷한 잡기에 지나지 않다고 매도하였습니다. 『열하일기』의 평판이 높아지자 국왕인 정조까지도 이 책을 읽었는데, 권력의 가장 완고한 위치에 있는 왕도 그의 글에 매우 언짢아하였다고 합니다.

나이 들어 벼슬에 나서다

『열하일기』는 권력자들로부터 비난을 받았지만, 중국 여행에서 돌아온 뒤에는 정치적인 박해가 어느 정도 풀려 박지원은 다시 가족을 데리고 한성으로 올라올 수 있었습니다. 그를 규탄하던 무리가 정변으로 인하여 조정에서 추방된 탓도 있었지만, 『열하일기』가 명성을 얻어 그는 일약 사회 명사로 대우받게 됩니다.

그러나 그의 한성 생활은 변함없이 매우 빈궁하였습니다. 게다가 그는 하루도 술 없이는 살 수 없는 애주가였습니다. 그의 부인은 남편을 위하여 집안에서 술을 빚어 끼니때마다 한 잔씩 마시게 하였지만, 엄격하였던 부인은 정해진 양 이상은 절대로 허용하지 않았다고 합니다. 호주가인 그가 술 한 잔에 만족할 리 없었지만 끼니도 여의치 않았으므로 그도 무리하게 술을 요구할 수는 없었을 것입니다. 하지만 손님이 오면 부인도 기꺼이 술을 내주었으므로 그는 손님이 오기를 바랐고, 술을 즐기지 않는 손님이라면 더욱 반겼다고 합니다. 손님에게 내놓은 술까지 자신이 마실 수 있었기 때문입니다.

그의 문명이 높아지자 그의 가난한 살림이 마침내 궁전에까지 전해졌습니다. 고관들 중에 동정하는 자들이 있었는지 조정은 그에게 선공감 감역이라는 관직을 제수합니다. 도로 공사 등을 감독하는 정9품의 하급관이었지만, 그래도 생계를 유지할 수 있는 급여가 주어졌습니다. 1786년 그가 쉰 살 때의 일입니다.

박지원은 생계를 위하여 성실히 근무하였는지, 3년 뒤에는 사복시(司僕寺 : 궁중의 말과 가마 등을 관리하는 관청)의 주부(主簿 : 종6품)로 진급을 합니다. 그리고 이듬해인 1791년에는 한성부의 판관(判官 : 민정民政을 담당하는 관리)이 되고, 그 다음해에는 안의(安義 : 경상도의 작은 읍) 현감이 됩니다. 이렇게 자기 책임 아래 관하의 백성을 다스리는 입장이 되자 그는 주어진 일을 열심히 수행하며 백성을 위해 힘을 쏟았고, 4년의 임기를 마치고 그간 최선을 다해 베푼 선정을 칭송받으며 한성으로 돌아옵니다. 하지만 조정은 그에게 다음 임무를 주려고 하지 않았습니다. 이에 박지원은 부득이 일 년 남짓 다시 야인 생활을 하여야만 하였습니다.

1797년이 되어서야 그는 다시 면천(沔川 : 현재의 충남 당진군) 군수에 임명되는데, 부임 인사를 하려고 궁전에 들어온 박지원에게 국왕은 제주도의 이방익(李邦翼 : 1757~1801년?)이라는 사람이 쓴 『표류기漂流記』를 고쳐 쓰라고 명합니다. 그는 왕명대로 그 책을 정리하여 제출하였고, 표류자가 유랑한 중국의 지명과 풍물을 매우 정확하게 고증하였으므로 사람들은 그의 박학함에 새삼 경탄하였다고 합니다.

그가 면천 군수로 있을 때 조정에서 농업 정책에 대한 논설을 모집한 일이 있었습니다. 그는 다년간 연구한 농학을 기초로 스스로 실험해본 과학적인 경작 방법과 농업 경영 방식을 「과농소초課農小抄」라는 제목으로 정리하여 정부에 제출합니다. 또한 토지는 경작하는 농민에게 공평히 분배하고, 권력자가 많은 토지를 소유하는 것을 금지할 것을 주장한 「한민명전의限民名田議」도 제출합니다. 구체적이고 명쾌한 정책과 바로 도움이 되는 농작론은 왕과 고관들에게 커다란 감명을 주었습니다. 비록 그의 혁명적이라고도 할 수 있는 개혁론이 당시 지배 계급에게 수용될 리는 없었지만, 이 논설로 인해 행정관으로서의 역량을 인정받아 1800년 강원도의 큰 읍인 양양襄陽의 부사로 임명됩니다.

하지만 그가 임지에 부임하기 무섭게 정조가 사망하고, 겨우 열한 살의 왕세자(훗날의 순조純祖)가 왕위를 계승하여 영조의 계비인 정순왕후貞純王后가 정무를 대행하게 됩니다. 이를 기회로 권력을 장악한 외척 김씨 일파는 반대

「과농소초」와 「한민명전의」

세력을 억압하기 위하여 천주교 금지령을 구실로 혁신적인 견해를 주장한 많은 실학자들을 체포하여 사형에 처하거나 유배를 보냅니다.

이러한 상태에서 여러 가지 압박을 받고 건강까지 해친 박지원은 1801년 사직하고 한성으로 돌아오게 됩니다. 자택에 돌아온 그는 뜻대로 후배를 육성하지도 못한 채 독서와 요양을 계속하다가, 1805년 음력 10월 20일에 예순아홉의 나이로 생애를 마감합니다.

박지원의 문학

연암 박지원은 우리 문학사에서 위대한 선구자로 추앙받고 있습니다. 그의 문학관은 사실주의에 철저하였다고 할 수 있는데, 그의 저서에서 다음과 같은 말이 있습니다.

문장은 의지를 표현하는 것이지만, 진실을 묘사하는 데 철저해야 한다.

우리나라의 문인들 중에는 산문을 쓸 때 중국 한나라의 고전을 모범으로 삼고, 시를 지을 때는 당나라의 시를 흉내 내는 경향이 있다. ……사실을 정확하게 기술하는 것이 문장의 사명일진대, 우리 당대 사회를 표현하는 데 옛날 중국의 문장을 모방한다는 것은 어리석은 일이다. 새로운 문장을 만들어내는 것이 설령 어려운 일이라 하더라도 자기가 생각하는 바를 충분히 써서 나타내면 되는 것이며, 옛날 방식에 사로잡혀서는 안 된다.

진실을 묘사하는 것에 문장의 가치가 있다는 것은, 올바른 재판이 진실된 증거로 해명함으로써 이루어지며, 상인이 그 상품의 가치를 정확히 말함으로써 신용을 얻는 것과 같다. 아무리 그럴듯한 말이라도 진실된 증거가 없으면 재판에서 이길 수 없고, 아무리 선전이 뛰어나도 좋은 물건이 아니면 신용을 얻을 수 없을 것이다.

그가 문학 작품을 얼마나 써서 남겼는지는 분명하지 않습니다. 오늘날까지 전해지는 것은 40여 편의 시와 청년기에 쓴 일곱 편의 단편, 『열하일기』에 수록된 「호질虎叱」과 「허생전許生傳」의 두 편, 그리고 그의 문장 속에 있는 「열녀 함양 박씨전烈女咸陽朴氏傳」 등 열 편의 단편 소설이 있습니다.

박지원은 이십대부터 삼십대에 걸쳐 친구들과 함께 우리나라 각지의 명승지를 직접 걸어서 찾아다녔다고 하는데, 금강산을 구경하고 동해안 총석정의 일출 경관을 노래한 시는 그 웅혼함으로 칭송받고 있습니다. 그러나 시인으로서 그의 개성을 가장 잘 드러낸 작품은 농민의 소박한 생활을 서정적으로 묘사한 「전가田家」라는 시입니다.

늙은 첨지 새 쫓느라 남녘 뚝에 앉았는데
개꼬리 조 이삭에 노란 참새 매달렸네
큰 머슴아, 중 머슴아 모두 다 들일 가니
외딴집 온종일 낮에도 문 닫혔네
솔개가 병아리를 채려다가 빗나가니
호박꽃 핀 울타리에 뭇 닭들이 꼬꼬댁
젊은 아낙 바구니 이고 시내를 건너는데
어린아이, 누렁이가 줄지어 뒤따르네

老翁守雀坐南陂　粟拖狗尾黃雀垂 노옹수작좌남피　속타구미황작수
長男中男皆出田　田家盡日晝掩扉 장남중남개출전　전가진일주엄비
鳶蹴鷄兒攫不得　群鷄亂啼匏花籬 연축계아확불득　군계난제포화리
少婦戴椦疑渡溪　赤子黃犬相追隨 소부대권의도계　적자황견상추수

또한 감정이 어린 그의 일면을 엿보게 하는 「연암억선형(燕巖憶先兄 : 죽은 형을 생각하며)」이라는 애절한 시도 있습니다.

내 형의 얼굴, 머리 모양은 누굴 닮았는지
돌아가신 부친을 생각하며 부친을 닮았다는 형 그림자를 찾는다
오늘 어디 가서 형의 자취를 찾을런가

계곡물에 내 모습을 비추어 형을 그리워할 뿐이네

我兄顔髮曾誰似 아형안발증수사
每憶先君看我兄 매억선군간아형
今日思兄何處見 금일사형하처견
自將巾袂映溪行 자장건몌영계행

초기 작품 「양반전」

「양반전」

그의 초기 작품 가운데서도 특히 대표적인 명작으로 명성을 떨친 것이 「양반전」인데, 그 줄거리는 대략 다음과 같습니다.

양반이라는 명칭은 말하자면 선비에 대한 존칭입니다. 강원도 정선旌善 읍에 한 양반이 살고 있었는데, 공부를 좋아하고 현명한 사람이라는 평판이 자자하였습니다. 그래서 그 읍에 부임하는 원님들은 반드시 그의 오두막집 을 찾아와 인사를 나눌 정도였으나, 이 양반은 토지가 한 뼘도 없어 곤궁하 기 그지없었습니다. 관가에서 매년 환자還子를 받아먹었는데, 한 번도 갚지 못하여 빚으로 무려 천 섬이나 쌓였습니다.

어느 날 관하의 군읍郡邑을 순찰하던 관찰사가 이 사실을 알고, 즉시 그 양반을 잡아들이라고 군수에게 엄명을 내립니다. 군수는 그를 동정하였지만 상관의 명령이니 복종하지 않을 수 없었습니다.

이 소식을 들은 양반은 아무 대책도 세우지 못하고 그저 눈물만 흘릴 뿐 이었습니다. 이 모습을 본 양반의 부인은 남편을 닦달하였습니다.

"매일 책만 읽고 앉아 있으니 관가에서 빌린 곡물도 갚지 못하지 않았 소. 에이구, 이 양반아, 당신 같은 이가 어찌 한 푼 어치인들 가치가 있겠소."

그런데 인근에 살고 있던 문벌이 없는 한 부자가 양반이 오라를 진다는 소식을 듣고 급히 자식들을 불러 모아 이야기하였습니다. 그는 돈은 얼마든 지 있지만 양반 앞에 엎드려야 하고, 말도 제대로 탈 수 없으니 이 얼마나 한 심한 꼴이냐고 하면서 그 양반의 이야기를 꺼낸 것입니다.

"이대로 가다간 그 양반은 양반의 체통도 잃게 될 것이야……"

그러자 작은 아들이 제안을 내놓았습니다.

"그 양반 자리를 사버리면 어떨까요?"

장남도 즉시 찬성하였습니다.

"환자를 갚아주고 양반 자리를 사버리면 우리는 돈도 있고 하니 떳떳하게 돌아다닐 수 있지 않겠습니까?"

부자는 즉시 양반에게 달려가 흥정을 하니 그 양반은 매우 기뻐하며 지위를 팔겠노라고 승낙합니다. 부자는 곧장 관가에 쌀 천 섬을 가지고 가서 양반 자리를 샀노라고 고합니다. 이에 놀란 군수는 사정을 알아보려 그 양반의 집을 찾아갔는데, 그 양반은 완전히 상민처럼 초라한 옷차림을 하고 있다가 군수가 찾아오자 냉큼 뜰에 엎드려 아뢰는 것이었습니다.

"사또, 소인은 양반 지위를 팔아 환자를 갚았으니 이제 사또와 마주볼 수 없는 상민일 따름입니다."

그러면서 군수 앞에서 얼굴도 들지 못하니, 군수는 잠시 생각하고 있다가 이윽고 이렇게 말했습니다.

"그 부자는 정말 군자구려! 그 사람이야말로 양반답구려. 재물이 많아도 인색하지 않게 어려운 사람을 도와주니 의로운 사람이오. 비겁한 것을 싫어하고 존귀한 신분을 그리워함은 도리에 합당한 일이오. 그런 사람이 참된 양반이오! 그러나 양반의 매매에 관해서 문서를 남겨두지 않았다면 나중에 송사가 따를지 모르니, 읍내의 사람들을 불러 모아 이 사실을 분명히 하고 '양반 매매 증서'를 만들어 군수인 내가 서명 날인을 해야겠소."

관가에 돌아온 군수는 호방戶房에 명하여 군내에 사는 양반들을 비롯하여 농민, 공장工匠, 상인에 이르기까지 모두 불러 모았습니다.

이윽고 사람들이 모이자 부자는 양반들의 오른편에 앉히고, 양반은 계단 아래의 상민들이 있는 곳에 세웠습니다. 그리고 곧 '양반 매매 증서'가 만들어졌는데, 그 증서에는 다음과 같이 쓰여 있었습니다.

환곡을 갚기 위해 양반을 팔았는데, 그 가격은 천 섬이다.

본래 양반의 명칭에는 여러 가지가 있는데 독서만 하는 양반을 선비라 하고, 정사에 관여하는 양반을 대부大夫라고 하며, 덕이 높은 양반을 군자라 한다. 예부터 무관은 계급에 따라서 서반에 서고 문관은 서열에 따라 동반에 서는데, 이 둘을 합하여 양반이라고 한다. 그래서 지금 양반을 산 자는 자기 뜻에 따라 동, 서 두 반 가운데 하나를 선택해야만 한다. 게다가 결코 야비한 언행을 삼가야 하며 옛사람들의 높은 행적을 본받아 그대로 따라야 할 것이다.

우선 매일 오경(五更 : 오전 세 시부터 다섯 시까지)에는 잠자리에서 일어나 등불을 켜고, 눈은 코끝을 슬며시 내려다보며, 얼음 위에서 박을 밀듯이 『동래박의東萊博義』(송나라 여조겸呂祖謙이 지은 저서)처럼 어려운 글도 막힘없이 외며, 아무리 배가 고프고 살이 시리더라도 참아야 하며, 입에서는 아예 '가난하다'는 말일랑 내지 않아야 한다. 그리고 아래윗니를 마주 부딪쳐 똑똑 소리를 내며, 손가락으로 뒤통수를 튕겨 콧방귀를 키잉하고 뀐다. 가는 기침이 날 때마다 가래침을 지근지근 씹어 넘기고, 털 감투를 쓸 때면 소맷자락으로 티끌을 털어서 티끌 물결을 북신 일으킨다. 세수할 때엔 주먹의 때를 비비지 말 것이며, 양치질을 하되 너무 지나치게 하지 말아야 할 것이다. 여종을 부를 때엔 긴 목소리로 '아무개야' 하고, 걸음을 걸을 때엔 느릿느릿 굽을 옮겨 신축을 딸딸 끌 것이다. 그리고 『고문진보古文眞寶』(중국 고대 문선집)와 『당시품휘唐詩品彙』 같은 책들을 마치 깨알처럼 가늘게 베끼되 한 줄에 백 자씩 마련할 것이다.

손엔 돈을 지니지 말 것이며, 쌀값의 오르내림을 묻지도 말 것이다. 아무리 날씨가 무더워도 벗지 말 것이며, 밥 먹을 때엔 맨상투 꼴로 앉지 말 것이며, 먹기가 시작되면 국물을 맨 먼저 마셔버리지 말 것이며, 혹시 마시더라도 훌쩍훌쩍하는 흘림 소리를 내지 말 것이다. 젓가락을 내릴 때엔 반을 찧어 소리 내지 말 것이며, 생파를 씹어서 암내를 풍기지 말 것이며, 막걸리를 마신 뒤엔 수염을 쭈욱 빨지 말 것이며, 담배를 태울 적엔 볼이 오목 패이도록 연기를 빨아들이지 말 것이다.

뿐만 아니라 아무리 분이 나더라도 아내를 치지 말 것이며, 화가 돋쳤다 해도 그릇을 쳐서 깨뜨리지 말 것이며, 맨주먹으로 어린아이들을 때리지 말 것이며, 여종 남종이 잘못이 있더라도 족쳐 죽이지 말 것이며, 마소를 꾸짖되 팔아먹은 주인을 들추지 말 것이다. 병이 들어도 무당을 맞이하지 말 것이며, 제사를 모실 때는 중을 청하여 독경하게 하지 말 것이며, 아무리 추워도 화로 앞에 손을 쬐지 말 것이며, 남과 이야기할 땐 침이 튀지 않게 할 것이며, 소백정 노릇을 하지 말 것이며, 돈치기 놀이도 함부로 하지 않는 법이다.

　이러한 여러 가지 행위에서 부자가 한 가지라도 어김이 있을 때엔 양반은 이 증서를 갖고 관청에 와서 송사하여 바로잡을 수 있음을 증명한다.

　이 문서 끝에 군수가 서명하고, 좌수(座首 : 향리 가운데 으뜸가는 벼슬)와 별감(別監 : 좌수 다음의 향리 벼슬)이 함께 증인이 되어 이름을 써넣었습니다. 이리하여 통인(通引 : 수령이 부리던 심부름하는 아이)에게 도장을 찍게 하였는데, 그 소리는 흡사 긴급령을 발포하는 소리와 같고, 나란히 찍어놓은 도장은 마치 북두성 같았습니다. 호장戶長이 다시 증서를 읽자 양반을 산 부자는 한숨을 내쉬었습니다.

　"양반이 겨우 요것뿐이란 말씀이우. 내가 듣기에 '양반 하면 신선이나 다름없다' 더니, 정말 이럴 뿐이라면 너무도 억울하게 곡식만 몰수당한 것이오. 아무쪼록 좀더 이롭게 고쳐주시오."

　군수는 그제야 부자의 요청에 따라 증서를 고쳐서 만들기로 합니다.

　하늘이 백성을 낳으실 제 그 갈래를 넷으로 나누셨다. 이 네 갈래의 백성들 중에서 가장 존귀한 이가 선비이고, 바로 선비를 불러 '양반' 이라 한다. 이 세상에서는 양반보다 더 큰 이문은 없음이라. 그들은 제 손으로 농사도 장사도 할 것 없이 옛 글이나 역사를 대략만 알 정도이면 곧 과거를 치러 크게 되면 문과요, 작게 이루더라도 진사는 떼어놓은 것이다.

　문과의 홍패紅牌야말로 그 길이가 두 자도 못 되어 보잘것없지만 온갖 물건이 에서 갖추어 나게 되니 이는 곧 돈자루나 다름없다. 그리고 진사에 오른 선비는 나이 서른에 첫 벼슬을 하더라도 오히려 늦지 않아서 이름 높은 음관蔭官이 될 수 있다.

게다가 훌륭한 남인(南人 : 정조 당시 집권 당파)에게 잘 보인다면 수령 노릇을 하느라고 귓바퀴는 일산日傘 바람에 해쓱해지고, 배는 동헌東軒 사령使令들의 '예이' 하는 소리에 살찌게 되는 법이다. 뿐만 아니라 깊숙한 방안에서 귀이개로 기생이나 놀리고, 뜰 앞에 쌓인 곡식은 학을 기르는 양식이다.

비록 그렇지 못해서 궁한 선비의 몸으로 시골살이를 하더라도 오히려 무단적인 행위를 감행할 수 있다. 이웃집 소를 몰아다가 내 밭을 먼저 갈고, 동네 농민을 잡아내어 내 김을 먼저 매게 하되 어느 놈이 감히든 나를 괄시하랴. 네 놈의 코엔 잿물을 따르고, 상투를 범벅이며, 수염을 뽑더라도 원망조차 못하리라.

호장이 여기까지 읽자 부자는 갑자기 손을 저으며 "그만, 그만두시유!" 라고 하면서 한숨을 내쉬었습니다.

"아이구, 그만두시유! 제발 그만두시유! 참 맹랑합니다그려! 당신네들이 나를 도둑놈이 되라 하시유!"

그리고 나서 머리채를 휘휘 흔들면서 달아나 버렸습니다. 그리고 부자는 죽는 날까지 다시는 '양반'이라는 말을 입에도 담지 않았다고 합니다.

이와 같이 젊은 박지원은 당대의 권력 사회를 통렬히 비판하였는데, 그 예리한 비판 정신은 어떤 시대에나 생생한 생명력을 발휘하고 있다고 할 수 있습니다.

『열하일기』가 박지원의 대표적인 명저라는 것은 이미 언급하였는데, 그는 이 대저에 「호질」과 「허생전」이라는 두 편의 소설을 싣고 있습니다. 이 두 편의 소설은 우리나라 고전 문학 가운데에서도 특히 빛나는 가치를 지닌 작품입니다. 여기에 두 작품의 개요를 더 소개하기로 하겠습니다.

「호질」(호랑이의 꾸짖음)의 개요

「호질」

무서운 호랑이가 한 마리 있었습니다. 우는 아이도 그치게 한다는 무서운 호랑이 가운데서도 산중의 왕이라고 불린 이 호랑이는 그 명성에 걸맞게

천하무적의 용맹을 뽐냈습니다. 육식을 즐기는 호랑이는 산과 들을 돌아다니며 짐승과 가축뿐만 아니라 사람 고기까지 즐겼으니 모든 사람들이 두려워하였고, 이윽고 천하의 지배자가 되어 한 번 포효하면 천지도 진동한다는 영적인 존재가 되었습니다. 인간을 먹이로 삼아온 만큼 호랑이는 인간의 본성을 자세하게 알고 있었으며, 모든 종류의 인간들의 맛을 샅샅이 헤아릴 수 있었습니다.

어느 날 해질 무렵 이 왕호랑이는 심산 계곡에 호랑이들을 모아놓고 저녁거리에 관하여 토론을 벌입니다. 먹이가 될 만한 것은 오로지 인간이어야 했습니다.

원래 배부른 자의 음식에 대한 사고방식과 배고픈 자의 음식에 대한 사고방식이 본질적으로 다르기 때문에 전자는 왕자王者와 같이 사치스럽게 맛의 좋고 나쁨의 품평을 생각하지만, 후자는 침을 흘리면서 배에 들어오는 것은 아무것이나 무섭게 달려드는 생명의 요구를 뿜어내는 법입니다. 백성들의 음식 이야기는 대개 이러한데, 품평을 하기보다 굶주림을 면하려는 매우 긴박한 욕망의 본능에서 나온 것입니다.

아무튼 호랑이들의 먹이 토론이 지속되는 가운데, 언제나 충성스러운 늙은 호랑이가 제안하였습니다.

"저 동문東門에 먹을 것이 있사오니 그 이름은 의원醫員이라 하옵니다."

왕호랑이는 그저 고개를 끄덕이며 바라볼 뿐이었습니다. 대개 위엄을 보이고 싶은 무리는 자신을 신비롭게 드러내지 않고서 애매한 표정을 짓는 것이지만, 왕호랑이도 그것이 몸에 밴 것 같았습니다. 왕호랑이가 의원에 그다지 관심을 두지 않는 것을 재빨리 느낀 늙은 호랑이가 다시 시원시원한 태도로 나왔습니다.

"의원은 입에 온갖 약초를 머금어서 살과 고기가 향기롭습니다. 또 서문西門에도 먹을 것이 있사온데, 그 이름은 무당巫堂이라고 한답니다. 그는 온갖 귀신에게 아양을 떠니 날마다 목욕재계沐浴齋戒하여 고기가 깨끗하온즉 이 두 가지 중에서 마음대로 골라 잡수시죠."

그러자 왕호랑이는 "매슥거리는 소리 말아!" 하며 꾸짖었습니다.

"험, 의醫란 것은 의疑인 만큼 저도 의심나는 바로서 모든 사람들에게 시험해서 해마다 남의 목숨을 끊은 것이 몇 만 명일세.

무巫란 무誣인 만큼 귀신을 속이고 백성들을 유혹하여 해마다 남의 목숨을 끊은 것이 몇 만 명일세. 그래서 뭇사람의 노여움이 뼛속까지 스며들어 화化하여 금잠金蠶이 되었으니, 독이 있어 먹을 수 없는 거야!"

그러자 한쪽 구석에 예의바르게 앉아 있던 늙은 호랑이가 일어났습니다.

"어떤 고기가 저 숲속에 있사온데 그는 인자한 염통과 의기로운 슬기에 충성스런 마음을 지니고 순결한 지조를 품었으며, 악樂은 머리 위에 이다시피 예禮는 신처럼 꿰고 다닌답니다. 뿐만 아니라 그는 입으로 백가百家의 말들을 외며 마음속으론 만물의 이치를 통하였으니, 그의 이름은 '석덕지유碩德之儒'라 하옵니다. 등살이 오붓하고 몸집도 기름져서 오미五味를 갖추어 지녔답니다."

왕호랑이가 그제야 눈썹을 치켜세우고 침을 내리 흘리며, 하늘을 쳐다보고 씽긋 웃으면서 물었습니다.

"짐이 이를 좀 상세히 듣고자 하니 어떠냐."

모든 호랑이들이 다투어가며 왕호랑이에게 추천하였습니다.

"일음一陰·일양一陽을 도道라 하옵는데, 저 유儒가 이를 꿰뚫었으며, 오행五行이 서로 낳고 육기六氣가 서로 이끌어주옵는데, 저 유가 이를 조화시키나니 먹어서 이보다 더 맛좋은 것이 없으리다."

왕호랑이는 표정에 노여움을 들이며 입을 열었습니다.

"아니다. 저 음양이라는 것은 한 기운에서의 죽고 삶에 불과하거늘 그들이 둘로 나뉘었으니 그 고기가 잡될 것이요, 오행은 각기 제 바탕이 있어서 애당초 서로 낳는 것이 아니거늘 이제 그들은 구태여 자子·모母로 갈라서 심지어는 짜고 신 맛을 들여서까지 분배시켰으니 그 맛이 순純되지 못할 것이요, 육기는 제각기 행하는 것이어서 남이 이끌어 줌을 기다릴 것이 없거늘 이제 그들은 망령되이 재성財成·보상輔相이라 일컬어서 사사로이 제 공을 세우려 하니, 그것을 먹는다면 어찌 딱딱하여 가슴에 체하거나 목구멍에 구역나지 않는단 말이냐?"

이 왕호랑이의 소리에 누구 하나 대답하는 호랑이가 없었습니다.

한편 정鄭이라는 어느 고을에 벼슬을 좋아하지 않는 체하는 선비 하나가 살고 있으니, 그의 호는 '북곽선생北郭先生'이었습니다. 그는 나이 마흔에 손수 교정한 글이 일만 권이요, 또 구경九經의 뜻을 부연敷衍해서 책을 엮은 것이 일만 오천 권이나 되므로, 천자天子가 그의 의義를 아름답게 여기고, 제후諸侯들은 그의 이름을 사모하였습니다.

그 고을 동쪽에는 동리자東里子라는 얼굴 예쁜 청춘 과부 하나가 살고 있었습니다. 천자는 그의 절조節操를 갸륵히 여기고 제후들은 그의 어진 것을 연모하여, 그 고을 사방 몇 리의 땅을 봉하여 '동리과부지려東里寡婦之閭'라 합니다. 동리자는 이렇게 수절守節 잘하는 과부였으나 그녀의 아들 다섯이 모두 각기 다른 성을 지녔습니다. 마을 사람들은 아무도 그 상세한 내력을 알지 못하였지만, 마을의 명예를 생각하여 애써 입을 다물었습니다. 다섯 명의 아이들은 그만큼 나이 차이도 없어 함께 책을 들고 북곽선생의 집으로 공부하러 다녔는데, 선생은 이 아이들에게 유별난 대우를 하였습니다.

호랑이가 먹이 토론을 거듭하고 있던 날 밤, 이 마을에 기이한 사건이 일어났습니다.

늦은 밤, 언제나 사이좋은 동리자의 오형제들은 밤늦게까지 놀고 있었는데, 용변을 보기 위하여 마침 밖에 나갔던 한 아이가 허겁지겁 들어와 말했습니다.

"내당(內堂 : 아낙네가 거처하는 방)에서 남자 목소리가 들려서 엿보았더니 북곽선생이 있었어."

네 아이들은 일제히 눈을 돌리면서 펄쩍 뛰었습니다. 밤중에 내당에 남자가 있다고 하는 것도 상상할 수 없는 일이지만, 그것이 북곽선생이라는 것은 더군다나 도저히 믿어지지 않았습니다. 하지만 아이들은 뭔가 못된 자가 몰래 들어왔음에 틀림없다고 생각하여, 내당에 가서 그 못된 짓을 확인하고 날이 샘과 동시에 북곽선생의 처소에도 가보기로 하였습니다.

다섯 아이들은 발소리를 죽여 내당에 다가가, 미닫이 틈으로부터 방안을 엿보았습니다. 안에서 요염한 여자의 목소리가 났습니다.

"오랜만에 선생께서 오셨으니 이러한 기쁜 일이 또 있겠습니까? 밤마다 선생의 낭랑한 책 읽는 소리가 들리고, 선생의 얼굴이 떠올라 저는 잠 못 이루는 밤을 셀 수 없이 보냈답니다."

아름답게 화장한 동리자의 얼굴은 마흔 살보다 십 년이나 젊어 보이며, 욕망으로 상기된 용모는 엿보고 있는 나이 어린 아이들에게도 질투심을 불러일으켰습니다. 북곽선생은 매혹적인 여인에 도취되어, 뭔지 알 수 없는 단어를 시구처럼 주워 삼키면서 다가오는 여인의 몸을 더듬었습니다.

엿보고 있던 다섯 아이들은 사내가 북곽선생이라는 것을 확인하였지만 그래도 믿기지 않고, 여우가 둔갑하였음에 틀림없으므로 여우를 물리쳐야 한다며 일제히 "와아!" 소리치고는 방안으로 들이닥쳤습니다. 불이 꺼져 깜깜한 방안에는 한바탕 난리가 났는데, 어둠 속을 한 사내가 흰 옷을 걸치고 뛰어나가는 모습이 보일 뿐이었습니다.

"야! 여우다. 가면을 쓰고 꼬리를 감추고 달아난다. 자 쫓아가 잡자!"

아이들은 방구석에서 부들부들 떨고 있는 동리자를 제쳐두고 도망가는 북곽선생의 뒤를 쫓아 나갔습니다.

북곽선생은 울타리를 넘어 도망쳤습니다. 다행히 아무에게도 얼굴을 들키지 않고 모면하였는데, 여우 모습을 하고 깡충깡충 빠져나가는 것이 매우 우스꽝스러웠습니다. 벌거벗은 채로 때로는 엎드려서 기어가 산기슭까지 도망간 북곽선생은 간신히 동굴을 발견하여 그 속에서 걸치고 있는 옷을 바로 입었는데, 허리띠도 어디에선가 잃어버렸으므로 발목을 묶는 대님을 연결하여 허리띠를 대신하였습니다. 양반의 상징인 망건도 그녀의 방에 놓고 온 듯, 이마에는 커다란 혹이 튀어나오고 온몸이 상처투성이가 되었습니다.

동리자와의 즐거움에 빠졌던 밀회를 방해받았던 것이 분이 안 풀린 북곽선생은 다섯 아이들을 죽이고 싶은 기분이었지만, 한편 들키지 않고 모면한 것을 감사하지 않으면 안 되었습니다. 여우가 둔갑하였다는 미신 덕택에 도망칠 수 있었던 것입니다. 어쨌든 그는 자신의 명성을 흠내지 않고 그 명성을 유지할 수 있게 된 것에 가슴을 쓸어내리면서 동굴 밖으로 나왔습니다. 밖은 아직 날이 새지 않고 있었으므로, 날이 새기 전에 집으로 돌아갈 작정으로 서둘러 걸어 나올 때였습니다. 갑자기 무언가 검은 그림자가 바위처럼 눈앞에 섰습니다.

일순간 공포감에 사로잡혀 그는 그곳에 무릎을 꿇고 주저앉았습니다. 북곽선생은 완전히 기운이 빠졌지만, 간신히 기운을 내어 눈을 뜨자 자신의 눈앞에 바위 같은 큰 호랑이가 떡 버티고 있었습니다.

"대왕 마마, 황제 마마, 옥황상제보다도 위대하시며, 지상의 여러 왕 가운데서도 한층 위대하신 호왕 전하 마마, 이 불행에 처한 조그만 인간을 용서하소서. 한 번만 용서하신다면, 억천만년億千萬年에 걸쳐 대왕 마마를 떠받들어 모실 것입니다. 대왕의 관대한 덕을 보이소서. 인류의 정의를 지키소서."

북곽선생은 부들부들 떨면서 엎드려 있었습니다. 그러나 왕호랑이는 그 실없는 소리를 가로막으며 꾸짖었습니다.

"천하의 간악한 무리 가운데에서도 가장 간악한 놈! 너는 덕을 이야기하고 학문을 이야기하며 백성을 속이고 천하를 속여 왔다. 너는 우리 호랑이들을 짐승이라 하면서 멸시해오고서는 너희들은 뭐냐? 짐승도 아니고 만물의 영장이라는 것을 증명해 보일 수 있는가? 간악 무뢰한 너희들이야말로 개와 돼지만도 못한 자들이야! 겉으로는 결백과 미덕을 뽐내며, 안으로는 어떠한 파렴치한 짓에도 아무렇지 않게 생각하는 너희들은 뭐냐? 짐승과 신 사이에 존재한다고 자부하는 너희들이야말로 기만과 허위에 찬 놈들이다. 그러한 거짓 미덕을 가지고 우물쩍주물쩍 살아가려는 놈들이야! 그 때문에 너희들은 동족을 속여 동족을 지배하였지만, 그러고도 만족하지 못해 자기 자신을 속여 자신을 죽이고 있는 건 아니냐! 매해 스스로 목숨을 끊는 자가 늘어가는 것은 무슨 이유인가? 너희들은 지배자에 빌붙어 충효를 부르짖고 있지만, 너희들의 죄악이 너희들의 자살과 부패를 만들어내고 있을 뿐 아닌가? 너희들이 다른 사람을 속이지 않고 양심을 가지고 한시라도 살 수 있는가? 머리 끝에서 발톱 끝까지 허위에 가득 차 넘치는 놈들! 다른 사람을 속여 지배하지 않으면 한시라도 살아가지 못하는 놈들! 우리들은 너희의 구린내 나는 고기 따위를 드실 기분이 아니야. 우리들은 너희들에게 무한한 경멸을 느낄 뿐이야. 너희들은 먹을 가치도 없어. 썩 우리 앞에서 꺼져버려!"

그렇게 말을 남기고 호랑이는 모습을 감추었습니다.

아침이 되어 들판에 나온 농부가 절하고 있는 그의 모습에 놀라 인사를 하자, 북곽선생은 "하늘은 높고 땅은 넓다고 하네. 우리 또한 발 디디지 않고 바라볼 수 있겠는가!"라면서 고상한 투로 농부에게 대꾸하였습니다.

「허생전」의 개요

「허생전」

한성 남산골의 묵적동墨積洞에 허생이라는 선비가 살고 있었는데, 그는 옹색한 초가집에서 오늘도 내일도 독서에 몰두하였습니다.

삯바느질로 겨우 입에 풀칠하며 연명하고 있던 그의 아내는 몹시 주린 생활이 참기 어려워 그를 책망하였습니다. 그녀는 벼슬살이를 하지 못하면 농사를 짓던가, 그것이 어려우면 장사를 하러 가라고 하면서 남편을 몰아세 웠습니다. 앞으로 몇 년만 지나면 공부가 완성되므로 참고 기다려달라고 하였지만, 그의 아내는 인정이 없다고 하면서 따지기만 할 뿐이었습니다.

마침내 참지 못한 허생은 분연히 집을 나서, 한성의 한 부자인 변씨卞氏를 방문하고는 그에게 일만 냥의 돈을 빌려 안성으로 가 과일을 매점합니다. 제사 준비에 과일은 빠져서는 안 되는 것이었습니다. 점포에서 과일이 떨어지자 매점해둔 선생의 과일은 열 배의 가격으로 뛰어올라 팔렸습니다.

이렇게 번 돈으로 철재와 공구를 사서 제주도로 간 허생은 철재와 공구가 넉넉하지 않은 제주도에서, 사들인 가격보다 몇 배나 높은 값으로 팔아 큰돈을 벌었습니다. 허생은 다시 그 돈으로 제주도의 특산물인 말총이라는 말의 갈기나 꼬리의 털을 샀습니다. 그것은 양반 선비들이 머리에 쓰는 망건의 재료로서 없어서는 안 되는 것이었습니다. 양반들은 아무리 높은 값이든 망건을 쓰지 않고서는 안 되었습니다. 덕택에 허생의 말총은 수십 배의 가격으로 팔렸고, 허생은 일약 수백만 냥의 거액의 돈을 수중에 넣을 수 있었습니다.

하지만 돈을 벌고 보자 허생은 허무함을 느끼지 않을 수 없었습니다. 매

번 끼니도 부족하고, 책도 읽지 못하며 아내에게 책망을 듣던 것이 먼 일처럼 느껴졌습니다.

살며시 어떤 결의를 한 허생은 한 사람의 사공에게 물어 비옥한 무인도에 안내되었습니다. 그 섬은 제주도 서쪽의 나가사키長崎와 샴沙門 사이에 있는 섬으로, 일 년 내내 꽃이 피고 과일이 저절로 열리며 사슴의 무리가 뛰어다니고 주변의 바다에는 고기들이 노닐고 있었습니다.

그 무렵 변산(邊山 : 전라도 부안扶安에 있는 반도)에 도적떼가 일어났습니다. 관청에서는 포수를 보내 그들을 잡도록 지시하였고, 그들 또한 포수들을 피해 산속으로 들어갔습니다. 그러나 관청에서는 무리하게 억지로 희생을 내기보다는 그들을 산속으로 몰아넣어 양곡을 차단해서 굶어 죽게 할 계략을 세웠습니다. 이러한 이야기를 들은 허생은 단신으로 그들의 소굴을 찾아갑니다. 그리하여 도둑의 두목을 만나, 그들이 도적질을 한다면 일인당 얼마나 자기 것으로 할 수 있는지를 물었습니다.

"아무리 해도 하나 몫이 한 냥밖에 더 된당가요."

"그럼 너희들의 아내는?"

"없당게요."

"밭은 있겠지?"

"밭 있구, 마누라 있다면야 어찌 이다지 괴롭게 도둑질을 일삼겠으라."

"처자와 밭이 없어서는 인간다운 생활을 할 수 없지 않은가. 언제까지나 이런 꼴로는 살아갈 도리가 없지 않은가?"

"그야 정말이지요! 무얼 훔칠 걸 말씀하고 계신다요? 우리들은 살아가지 않을 수 없어서 도적이 되었당게요. 시방 그도 할 수 없어 이러고 있지라요. 관가에서는 우리들을 굶겨 죽이려고 철벽같은 포위진을 치고 있시유. 그란데 선생은 그런 와중에 우리들을 우롱하시겠다는 거요? 굶주려 핏발만 선 우리들 패거리한테 왝 죽어버리기 전에 싸게싸게 돌아가시랑게. 도덕론이 뭔 소용이 있다요? 우리들은 살고픈 맘이 있을 뿐이랑게요. 먹을 것이 제일 필요하당게요."

허생은 두목의 이야기를 듣고 굶주리던 시절의 일을 떠올리며 그들이 말하고 있는 것이야말로 진실이라고 느끼지 않을 수 없었습니다. 그래서 그는 이곳을 찾아온 본뜻을 꺼내었습니다.

"그러면 너희들에게 먹을 것과 돈을 주면, 내가 말하는 대로 따르겠는가?"

"흥! 생각지도 않은 인심을 베푸시는구먼! 절의 중들도 자비로우신 부처님을 팔아먹고 살아가고 있는디, 선생은 우리들에게 돈을 주고 먹을 것을 주겠다고 하신다. 그런 실없는 소리로 우리 일천 명을 관가에 팔아먹으려고 한당가요?"

두목은 흥분된 목소리로 외쳐댔습니다.

"내일 저 해변에 붉은 기를 단 배가 나타나면, 내가 돈을 실어놓은 배라고 생각하고 원하는 만큼 가지고 가게나."

허생은 그렇게 말을 남기고 도적 소굴을 떠났습니다.

두목뿐 아니라 도적들 누구 하나 믿는 사람은 없었습니다. 허생을 관가의 끄나풀로서 의심하고 있을 뿐이었고, 어떻든 현상금을 노린 밀정이라고 생각하고 있었습니다. 따라서 다음날 붉은 깃발을 내건 배가 해변에 나타났어도 그들은 좀처럼 접근하려고 하지 않았습니다. 그러나 허생과의 약속을 깨자니 그것도 영 마음이 찜찜했습니다.

그들은 허생의 약속이 사실이라는 것을 알게 되었고, 다투어 배에 올라 허생을 도둑의 대장으로서 받들고 앞을 다투어 충성과 복종을 맹세하면서 성스러운 주인님을 따를 것이라 다짐하였습니다.

"자아, 모두 가지고 갈 수 있는 만큼 돈을 가지고 가게!"

허생은 그렇게 호령하였지만, 아무리 힘을 써도 한 사람이 백 냥 이상의 돈을 드는 자가 없었습니다. 천 명의 도적이 욕심껏 가득 가지고 나가도 산더미 같은 돈은 거의 줄지 않고 원래대로였습니다. 허생은 지쳐서 육지에 올라 있던 도적의 무리를 모아 이야기하였습니다.

"너희들 힘이 겨우 백 냥도 들지 못하면서 무슨 도둑질인들 변변히 할 수 있겠는가. 이제 너희들이 비록 평민이 되고 싶다고 하더라도 이름이 도적의 명부에 올랐으니 갈 곳이 없지 않은가. 그러니 내 이곳에서 너희들 돌아오길 기다릴 테니, 각기 백 냥씩을 갖고 가서 하나의 몫에 계집 한 사람과 소한 필씩을 데리고 오렷다."

　천 명의 도적들은 기뻐 날뛰면서 백 냥의 돈을 지고서 흩어졌습니다. 허생은 그들이 무인도에 돌아와 일 년 동안 살 만큼의 식량을 사서 마련해두고, 그들이 돌아올 것을 기다렸습니다. 기일이 되자 모두가 맞아들인 아내와 구입한 소 한 마리씩을 끌고 돌아왔습니다. 한 사람도 낙오자는 없었습니다.

　이리하여 먹을 것이 없어서 도적이 되었던 천 명의 군중과 그들의 새로운 아내들은 허생과 함께 소 무리를 끌고서 배를 한 줄로 연결하여 무인도로 건너가, 그 즉시 개간을 시작합니다. 비옥한 토지에서는 얼마든지 식량이 열려 금세 지상의 낙원이 되었습니다. 관가에서도 도적이 없어진 것을 기뻐하고 추적하려고 하지 않았을 뿐만 아니라, 오히려 그들의 성공을 빌게 되었습니다.

　섬의 도적들은 선량한 사람으로 변하여 각기 자식들을 낳아 행복한 가정을 만들었습니다. 그들의 창고에는 곡물이 가득히 쌓이고, 남아도는 곡물은 배로 나가사키에 운반하여 일본 상인들에게 팔았습니다. 때마침 나가사키에서는 흉작이 들어 그들의 곡물은 대환영을 받았습니다. 나가사키에서 돌아왔을 때 허생의 선대船隊에는 백만 냥의 은이 실려 있었습니다. 섬에 돌아온 허생은 섬사람들에게 말했습니다.

　"내 처음 너희들과 함께 이 섬에 들어올 때엔 먼저 부유하게 된 연후에 따로이 문자를 만들며 옷감을 지으려고 하였는데, 땅이 작고 덕이 엷으니 나는 이제 이곳을 떠나련다. 너희들은 어린애가 나서 숟가락을 잡을 만하거든 오른편 손으로 쥐기를 가르치고, 하루를 일찍 태어났어도 먼저 먹게 사양하렷다."

　허생은 이 같은 짧은 교훈을 남기고, 자신이 타고 돌아갈 배를 한 척만 남기고서 모든 배를 불태워 버립니다. 그리고 백만 냥의 은 가운데 오십만 냥을 바닷속에 던져 버립니다.

　"가지 않으면 곧 오는 이도 없겠지. 뒤에 바다가 마를 때면 돈을 얻는 자가 있겠지. 백만 냥이면 이 나라엔 용납할 곳이 없으리니, 하물며 이런 작은 섬일까 보냐. 또 너희들 중에 글을 아는 자가 있거든 나와 함께 이 섬을 떠나자. 글을 아는 것이 화근을 가져오리라는 것을 나는 경험으로 잘 알고 있다. 우리는 섬사람들을 위하여 조금도 화근을 남기지 말아야지."

이렇게 허생은 글을 알고 있는 사람들을 데리고 육지로 돌아옵니다.

섬사람들과의 이별은 마음 아픈 일이었지만, 모든 것을 단념하고 육지로 돌아온 허생은 가난하고 하소연할 곳 없는 사람들을 찾아 돈을 나누어 주었습니다. 그런데도 한성에 돌아온 그의 집에는 십만 냥이 넘는 돈이 남았습니다.

그는 쓰고 남은 십만 냥의 돈을 가지고 변부자를 찾아갑니다. 십만 냥의 돈을 변제받은 변씨는 놀라 이자와 원금만을 갖고 나머지를 돌려주었는데, 허생은 학문하는 인간에게 돈은 쓸데없는 것이라며 사양할 뿐이었습니다. 생각지 못한 큰 돈을 받고 완전히 감동한 변부자는 떠난 허생의 뒤를 쫓아갔습니다.

허생은 남산골 예전부터의 초가집에 들어갔습니다. 허생의 아내는 여전히 삯바느질을 계속하며 소식이 없는 남편은 죽은 것으로 체념하고 집 나간 날을 제삿날로 하여 홀로 살고 있었습니다. 변씨는 이웃 사람으로부터 허생의 사람 됨됨이와 그 부인의 살림살이의 모든 것을 들었습니다. 그리고 그는 사람은 여러 가지 사는 방식이 있다는 것을 새삼스레 깨닫게 됩니다. 돈만으로 사람을 재어 온 변씨로서는 도저히 이해할 수 없는 일이었습니다.

조금도 돈을 가지고 가지 않은 허생으로 인하여, 변씨는 허생을 돌보아 주어야겠다는 사명감을 느끼게 됩니다. 그래서 변씨는 매일같이 술병을 들고 허생을 찾아왔습니다. 예전의 독서 생활로 돌아온 허생은 술만큼은 거부하지 않고 기꺼이 받아 주었기 때문이었습니다.

어느 날 두 사람이 주고받고 마신 술에 취한 변씨는 허생에게 돈을 번 경위를 묻습니다.

"우리 조선은 배가 외국과 통하지 못하고 수레가 국내에 두루 다니지 못하는 까닭으로 온갖 물건이 이 안에서 생겨 곧 이 안에서 사라져버리곤 하지 않은가. 대체 천 냥이란 적은 재물이어서 물건을 마음껏 다 살 수는 없겠지만, 이를 열로 쪼갠다면 백 냥짜리가 열이 될지니 이를 가지면 아무리 해도 열 가지 물건을 살 수 있지 않는가. 그리고 물건의 무게가 가벼우면 돌려 빼기 쉬운 까닭으로 한 가지 물건이 비록 밑졌다 하더라도 아홉 가지 물건에 이문이 남는 법이니 이는 보통 이문을 내는 길이요, 저 작은 장사치들이 장사하는 방법이지.

그리고 대체로 만 금만 가지면 한 가지 물건은 다 살 수 있으므로 수레에 실린 것이면 수레까지 모조리 사버릴 것이며, 배에 담긴 것이라면 배를 온통 살 수 있겠고, 한 고을에 가득 찬 것이라면 온 고을을 통틀어서 살 수 있을 것이니, 이는 마치 그물에 코가 있어서 물건을 모조리 훑어들임과 같지 않겠나? 그리하여 뭍의 산물의 여러 가지 중에서 어떤 그 하나를 슬그머니 독점해버린다든지, 물에서 나온 고기들의 여러 가지 중에서 어떤 그 하나를 슬그머니 독점해버린다든지, 의약의 재료 여러 가지 중에서 어떤 그 하나를 슬그머니 독점해버린다면, 그 한 가지 물건은 한 곳에 갇히매 모든 장사치의 손 속이 다 마르는 법이니 이는 백성을 못살게 하는 방법이오. 뒷세상에 나랏일을 맡은 이들이 행여 나의 이 방법을 쓰는 자가 있다면 반드시 그 나라를 병들게 하고 말 것일세."

허생은 이렇게 답변하였습니다. 화제가 진행되어 변씨는 다시 물었습니다.

"바야흐로 사대부들이 앞날 남한산성에서의 치욕을 씻고자 하는데, 이야말로 슬기 있는 선비가 팔뚝을 뽐내고 슬기를 펼 때인 만큼 당신과 같은 재주 있는 재주로 어찌 괴롭게 어둠에 잠겨서 이 세상을 마치려 하시오?"

그러자 허생은 이렇게 답하였습니다.

"어허, 예로부터 어둠에 잠긴 자가 얼마나 많았는가. 저 조성기趙聖期는 적국의 사신으로 보낼 만하건마는 베잠방이로 늙어 죽었고, 유형원은 넉넉히 군량을 나를 만하였으나 저 바닷가 골짜기에서 바장이고 있지 않았는가. 그리고 보니 지금의 나랏일을 보살피는 자들을 알 만하지 않은가. 나로 말한다면 장사를 잘하는 자인 만큼 내 돈이 넉넉히 아홉 나라 임금의 머리를 살 수 없음은 아니로되, 앞서 저 바닷속에 그걸 던지고 온 것은 아무런 쓸 곳이 없음을 알았기 때문이네."

허생의 이야기에 점차 감동한 변씨는 허생의 이야기를 어영대장御營大將
이완李浣에게 합니다. 이완은 당시 권신으로 국왕의 신뢰도 얻어 총애를 한
몸에 받고 있던 인물인데, 변씨는 이완과 친하여 이완의 권력과 변씨의 재력
이 상통하는 점이 있었습니다. 무지한 점에서도 서로 닮아 그만큼 피차의 우
정은 깊은 것이었습니다.

변씨의 이야기를 듣고 이완은 제갈공명諸葛孔明과 같은 인재라도 발견한
듯, 뛸 듯이 기뻐하였습니다. 무지하면서도 열렬한 애국자요 충신으로 자부
하는 이완은 서둘러 숨은 인재인 허생을 맞아들이기 위하여 변씨에게 안내
되어 허생의 초가집을 방문합니다. 변씨는 이완을 초가집 울타리 곁에 기다
리게 하고, 토종술을 가지고 허생의 방으로 들어갑니다.

허생은 변씨가 뭔지 이야기하려고 하여도 귀를 기울이려고 하지 않고
술잔만 비울 뿐이었습니다. 변씨는 밖에서 기다리고 있는 이완이 신경 쓰여
이러지도 저러지도 못하였습니다. 그러나 허생은 태연하게 다시 술잔을 기
울였습니다. 한참을 기다린 뒤 이완은 겨우 허생의 허락이 떨어져 그의 방에
들어갈 수 있었습니다. 그리고 정중한 초면 인사를 하였는데 허생은 느긋한
태도였습니다.

"제갈공명을 모시기 위하여 유비劉備가 삼고초려三顧草廬의 예禮를 취한
고사가 있지. 그대는 임금이 신임하는 신하일진대, 진정한 군사軍師를 초빙
하려면 임금에게 삼고초려의 예를 취하라고 해야 하지 않겠는가?"

"그것은 도저히 가능하지 않는 일입니다."

이완은 대답하였습니다.

"하면, 명나라의 옛 신하들이 이 나라에 올 때 예전의 원군援軍에 대한
보은의 조건으로 아내가 될 여성을 요구했다면 어떠했을까. 그대가 조정에
요청하여 왕실의 여자들이든 권력자들의 여자들을 알선할 용의는 있는가?"

"그것도 도저히 어려운 일입니다."

"어려워 가능하지 않을 뿐이라고 하는데, 그러면 간단한 일을 부탁해볼
까? 천하에 명성을 얻기 위해서는 우선 대국과 친교를 맺어야만 할 것이야.

만주족이 천하의 주인이 되었으므로 그 나라와 친교를 맺을 수밖에 없는 게야. 당나라 시대처럼 유력한 사대부 자제들을 중국에 유학시켜 그들에게 그 나라의 풍속을 배우게 한다면 국치를 씻을 날이 찾아올 것이니, 나라의 장래를 위해 유학생을 보내는 것은 가능하지 않는가?"

"예의범절이 까다로운 사대부들이 자신의 사랑하는 자제에게 오랑캐 풍속의 흉내를 시킬 리는 없습니다."

어영대장의 답변이 끝나기를 기다렸다는 듯이 허생의 노기에 찬 목소리가 쩌렁쩌렁 울렸습니다.

"소위 사대부들이란 무얼 하는 놈들이야! 오랑캐의 땅에 태어나서 제멋대로 사대부라 뽐내니 어찌 앙큼하지 않느냐! 바지나 저고리를 온통 희게만 하니 이는 실로 상인喪人의 차림새요, 머리털을 한데 묶어서 송곳같이 트는 것은 곧 남쪽 오랑캐의 방망이 상투에 불과하니, 무어가 예법이니 아니니 하고 뽐낼 게 있더냐? 세 가지 조건 중에 한 가지 조건도 들어주지 못하고서 신임 받는 신하라고 불리는 자네 같은 놈의 목을 베어버려야 하겠구나!"

그러면서 분격한 허생은 곁에 있던 칼을 잡았지만, 유비가 될 작정이던 이완은 다음날 다시 삼고초려의 예를 취하였습니다. 하지만 허생은 어디론지 사라져 버리고, 쓰러지고 있는 그의 초가집만이 적막하게 남아 있을 뿐이었습니다.

박지원 문학의 진수

「호질」은 호랑이를 의인화한 해학 소설로, 박지원은 양반 계급을 준엄하게 꾸짖기 위하여 이 수법을 사용하였습니다. 그는 격렬한 어조로 권력층을 노골적으로 공격하는 이 글을 발표하였는데, 마치 이 이야기를 중국을 여행하면서 주워들은 것처럼 꾸며서 작품의 배경이 되는 지명도 중국의 정읍鄭邑으로 합니다. 「양반전」을 비롯한 일련의 작품으로 양반 지배층에게 비난을 사고 있었던 만큼, 여러 가지로 신경을 썼다고 할 수 있습니다.

그는 호랑이의 입을 빌려 양반 지배층의 죄악을 폭로합니다. 여기서 호랑이는 말하자면 민중의 상징이며, 호랑이의 꾸짖음은 민중의 분노에 찬 규탄이었습니다. 그는 양반 귀족의 전형적인 인물로 북곽선생이라는 인물을 설정하고, 북곽선생을 엉터리 열녀 과부 동리자와 불륜을 벌이게 하고 그 장면을 희극적으로 묘사합니다. 이리하여 그는 도학자의 가면을 쓴 양반 지배층의 추악한 이면을 벗겨냈으니, 그 바탕에 흐르는 것은 간절하게 사회 변혁을 바라는 작가의 정열이라고 할 수 있을 것입니다.

「허생전」은 혼미하였던 18세기 당시의 사회적 문제를 정면으로 제기한 작품으로, 그 점에서 실학파로서의 혁신적 사상이 매우 구체적으로 묘사되고 있습니다. 많은 실학파 학자들이 모든 국민이 일해야 한다고 주장하였듯이, 작가는 양반이라도 노동에 종사하여 생계를 꾸려야 한다는 것을 특히 강조합니다.

박지원은 선진적인 경제학적 견해를 가지고 있었습니다. 그는 허생이 매점매석으로 거대한 이익을 얻는 것을 묘사함으로써, 우리나라 유통 상업의 후진성과 불안한 장래를 강조하였습니다. 또한 18세기 무렵 전국 각지에서 빈발하였던 농민 봉기를 다루고 있는데, 「허생전」의 배경인 변산반도에서는 1727년 실제로 농민 봉기가 일어나 산적이 된 일부 농민 봉기군이 한때 일부 지역을 점령한 일이 있었습니다.

그의 이상이 지배 계급 없는 공평한 민주 사회를 건설하는 데 있었던 만큼, 그는 소설 속에서 농민의 해방은 토지의 공평한 분배에 있다는 것을 무인도에 이상 사회를 건설하는 내용으로 상징하였습니다.

마지막 소설 「열녀 함양 박씨전」

「열녀 함양 박씨전」

박지원이 마지막으로 남긴 이 단편은 그가 안의 현감(1791년에 부임)이었던 시절, 임지에 살고 있던 임술증林述曾이라는 양반의 미망인 박씨가 지아비의 3주기 기일에 자살한 사건을 목격하고 쓴 것입니다. 이 소설의 가치는 그 서문의 일부에 잘 드러나고 있는데, 그 개략적인 내용은 다음과 같습니다.

고관직에 있던 박씨의 아들 형제가 어느 날 관례에 따라 개가한 어느 과부의 아들의 등용을 거부하게 되었는데, 이에 오랫동안 과부 생활을 해온 늙은 어머니에게 의견을 물어보기로 합니다. 두 아들의 질문에 어머니는 차분하게 말을 꺼냅니다.

"바람이란 소리만 들릴 뿐 아무 형체가 없으니 눈에 보이지 않는 것이다. 바람처럼 전해지는 소문만 듣고 어찌 함부로 사람을 판단할 수 있겠느냐? 게다가 너희들도 과부의 아들이면서 과부의 아들을 함부로 입에 담아도 좋단 말이냐?"

어머니는 그렇게 말하고서 품에서 둘레가 심하게 닳아버린 동전 한 닢을 꺼내 보이며 말을 잇습니다.

"이것이야말로 네 어미가 죽음을 참은 부적이다. 내 이걸 십 년 동안이나 손으로 더듬어 찾다가 다 닳았구나. 대저 사람의 혈기는 음양에 근본 되고 정욕은 혈기에 심어졌으며, 사상은 고독에서 나고 슬픔은 사상에서 나는 법이 아니더냐. 이제 과부란 고독에 살며 슬프기가 지극할 것이 아니냐. 그리고 혈기는 때를 따라 왕성한즉 어찌 과부라 해서 정욕이 없겠느냐. 가물가물한 등불이 외로운 그림자를 조상하는 듯이 고독한 밤은 새지도 않더구나. 또는 저 처마 끝에 빗방울 소리가 처렁처렁할 때나, 창에 비치는 달이 흰빛을 흘리거나 오동잎 하나가 뜰에 나부끼거나, 외기러기 먼 하늘에서 끼럭끼럭 울거나, 먼 하늘에 닭 우는 소리 없고, 어떤 종년은 코를 깊이 고는데 가물가물 졸음도 없는 그 깊은 밤에 누구에게 나의 고충을 하소연하려고.

내 그제야 이 동전을 끄집어내어 굴리기 시작하여 두루 방안을 더듬어 찾아보면 둥근 놈이 잘 달음질친다 하더라도 자릿귤을 만나면 그치곤 하는 거야. 내 이를 찾아서 다시금 굴려 하룻밤에 늘 대여섯 번이나 굴리고 나면 날도 역시 먼동이 트더구나. 그리하여 십 년 사이에 해마다 그 횟수가 감해졌고, 십 년 이후면 혹 닷새 밤을 걸러 한 번씩 굴리기도 하고 혹은 열흘 밤을 지나 한 번씩 굴리기도 했고, 혈기가 이미 쇠진해지매 나는 다시는 이 돈을 굴리지 않았던 거야. 그러나 나는 오히려 이 돈을 열 번이나 싸서 간직한 지도 벌써 스무 나문 해를 지난 것을 그 공을 잊지 않을 뿐더러 역시 가끔 이것으로써 스스로 깨우치곤 한단다."

이 이야기에 감동한 두 아들은 노모를 끌어안고 눈물을 흘렸습니다.

실학자로서 박지원은 또한 당시 과부 재혼 금지령의 폐지를 강력히 주장하고 있었습니다. 그의 이 작품도 이러한 사상을 잘 드러내고 있습니다. 백성의 행복을 생각하고, 조국의 장래를 근심하는 애국적인 그의 사상은 이와 같이 문학에서 강렬한 모습으로 부각되어 있습니다.

8. 개혁을 주장한 북학파의 석학 박제가

고독한 운명을 짊어지다

문호 박지원의 제자이고 그 사상의 최고 후계자라고 할 수 있는 박제가(朴齊家 : 1750~1805년?)는 1750년 11월 5일 한성에서 승지 박평朴坪의 아들로 태어났습니다.

하지만 그는 명문 양반가에서 태어났다고는 하여도, 양반 사회에서 늘 차별 대상이 되었던 첩의 아들이었기 때문에 봉건 제도의 혹심한 압제 아래서 과거 시험을 치르는 것도 허락되지 않아 어릴 때부터 고독한 고뇌를 짊어지지 않으면 안 되었습니다. 게다가 열한 살 때 아버지가 사망하였으므로 어린 박제가와 그의 어머니는 버림받은 처지가 되고 맙니다. 뒷날 그는 어린 시절의 고통스러운 생활을 다음과 같이 기록하고 있습니다.

"어머니는 언제나 행색이 초라하였고 제대로 된 옷도 변변히 없었다. 우리는 늘 형편없는 식사에 만족해야 했고, 어머니는 새벽에 첫닭이 울 때까지 앉아서 삯바느질을 하셨다. 그렇지만 어머니는 내가 공부할 수 있도록 신경을 써주셨다. 내가 학문에 몸을 던지게 된 것은 순전히 어머니 덕이었다."

어려운 환경 속에서도 그는 타고난 천부적인 소질로, 일찍부터 한학의 고전에 정진하였을 뿐만 아니라 뛰어난 시로도 평판이 났습니다. 그의 글씨는 소년 시절부터 달필로 정평이 나서 명사의 서재에 장식될 정도였다고 하는데, 평생의 친구인 이덕무와 알게 된 것도 그의 글씨가 인연이 됩니다.

호를 아정雅亭이라 했던 이덕무는 1741년생으로 박제가보다 아홉 살 연상이었습니다. 이덕무는 어느 날 박제가가 열다섯 살 때 쓴 글씨를 보고 그 훌륭함에 감탄하여 강렬한 인상을 받습니다. 하지만 두 사람은 좀처럼 만날 기회가 없다가 우연히 길거리에서 지나치다가 만나게 됩니다. 박제가가 열여덟 살, 이덕무가 스물일곱 살 때입니다.

두 사람은 나이차를 잊고 바로 절친한 친구가 되었는데, 두 사람 모두 문학을 사랑하고 시인으로서도 서로 통하는 점이 있었기 때문입니다. 게다가 모두 서얼(庶孼 : 첩의 아들과 그의 자손) 출신으로 비극적인 차별 대우를 받고 있었다는 점도 두 사람을 강하게 묶어주는 요인이 되었습니다. 그들이 당시 신분 차별의 타파를 주장하는 실학 운동에 참여한 것은 매우 당연한 일이었습니다. 두 사람은 실학자들 중에서도 양반 제도를 통렬히 매도하는 박지원을 특별히 존경하고 있었습니다.

두 사람은 서로 알게 된 이듬해에 박지원을 찾아가 제자가 되고, 북학파의 시조라고 일컫는 홍대용의 가르침도 받을 수 있게 됩니다. 그 무리에는 영재泠齋라는 호를 가진 유득공(柳得恭 : 1749~1807년), 척재惕齋 이서구(李書九 : 1754~1825년)도 참여합니다. 이서구는 양반 출신으로 나중에 조정의 고관이 되었지만, 유득공도 역시 박제가와 같은 서얼 출신이었습니다. 박지원은 이들을 제자로 대하기보다는 친구처럼 대하였습니다.

박지원의 제자라는 것을 자랑스럽게 여겼던 이 네 사람은 만나기만 하면 반드시 국가와 사회를 논하고, 서로 시작을 주고받았습니다. 그들의 문재는 어느새 널리 알려져 세상 사람들은 그들의 시를 사가시四家詩라 하며 칭송하였는데, 특히 호를 초정楚亭이라 하였던 박제가의 초기 시는 매우 서정적입니다.

> 「환자온양(還自溫陽 : 온양에서 돌아와)」
> 벼이삭 소리 사각사각 흔들릴 때
> 한낮에 사람들 모인 곳에 이르니
> 저 멀리 산봉우리 그린 듯 푸르고
> 평평한 모래사장 글 쓸 만큼 깨끗하네
> 새 위에 서리는 차갑게 내리니
> 안노(雁奴 : 기러기 떼가 잘 때 자지 않고 경계를 서는 기러기) 마저 드문드문 물 위에 떨어지네
> 오로지 마음 깊이 생각나는 것은
> 국화꽃 흐드러지게 피어 있을 옛 시골 집

禾聲時瑟瑟　亭午到人墟　화성시슬슬　정오도인허

遠岫靑如寫　平沙淨可書　원수청여사　평사정가서

霜飛鳥舅冷　水落雁奴疎　상비조구냉　수락안노소

獨自心中念　黃花滿古廬　독자심중념　황화만고려

「가거절구(家居絶句 : 집안에 우두커니 서서)」

하늘은 한없이 파랗게 펼쳐지고

오늘은 산보하기 다시없이 좋은 날이네

두둥실 흰구름을 올려다보니 내 마음 부풀어

걸으며 노래 지어 읊조리노라

天光正綠闊 천광정록활

今日好逍遙 금일호소요

白雲望可飽 백운망가포

行吟以爲謠 행음이위요

「계곡물 옆에서」

맑은 계곡가 오솔길 섬돌을 빙 둘렀고

초막은 간신히 천 권의 책을 들일 수 있네

청산과 마주하여 서로 싫어함이 없고

외구름 조각은 끼었다 걷혔다 하누나

「안변安邊 석왕사釋王寺에서」

인생살이 그 어디에 머물지 못하리요

영리를 꾀하지 않으면 여유가 있음을 안다네

이름 모를 산들이 끝없이 이어지고

솔바람과 바다 빛이 내 옷깃을 흔드네

서얼 출신으로 관직에 등용되다

1776년은 스물일곱 살의 박제가에게 참으로 운명적인 해였습니다. 이해에 영조가 죽고 손자 정조가 왕위에 오릅니다. 어린 시절부터 우수한 학자들에 둘러싸여 철저하게 교육받은 젊은 정조는 의욕적으로 실학자들의 의견을 수용하여 궁궐 안에 규장각奎章閣이라는 도서관을 설치합니다.

이것은 단순한 도서관이 아니라 자료 편찬과 도서 출판을 수행하며, 국정 개혁을 위한 구체적인 대책을 연구하는 기관으로 세운 것입니다. 그 실무를 담당하는 것이 검서관檢書官이었는데, 정조는 이 자리에 우수한 정책론을 가진 실력 있는 젊은 유생들을 배치합니다. 젊은 유생들의 선망의 대상이었던 이 지위에 서얼 출신의 이덕무, 유득공, 박제가, 서상수(徐常修 : 화가이자 서화고동書畵古董의 감식가) 등이 추천된 것은 젊은 왕의 영단英斷도 있었거니와, 실학파의 대가들이 그들의 재능을 얼마나 아끼고 있었는지를 말해주는 것이기도 합니다.

고관들이 서얼 출신이라는 이유로 이들의 임용에 맹렬하게 반대하여 정식 품계는 주어지지 않았지만 정5품에 상당하는 대우를 받았다고 하므로, 빈궁의 밑바닥에서 고생하고 있던 그들에게는 생각 밖의 행운이었을 것입니다(정조는 1773년 서얼에게 벼슬길을 열어주는 '서류소통절목庶類疏通節目'을 반포한 바 있음). 그들은 물을 만난 고기처럼 눈부신 활약으로 커다란 성과를 올려 사서관四書官이라는 이름으로 널리 명성을 떨칩니다. 하지만 여전히 실권을 쥐고 있던 보수적인 양반들이 그들의 개혁안을 정책으로 수용할 리가 없었습니다.

그런데 박제가가 검서관이 된 지 2년 뒤인 1778년에 생각지 못한 행운을 만나게 됩니다. 청나라 방문단의 수행원으로 뽑힌 것입니다. 당시 북학파로 불리며 혁신적인 사상을 가진 학자들에게 청나라 방문은 최대의 소망이고 꿈이었습니다. 그들은 북경에 와 있는 서양 학자들을 만나 선진 과학 기술을 배우고, 드넓은 세계를 견문하여 우리나라의 산업 개발에 도움이 되겠다는 열의에 불타고 있었습니다. 박제가도 그런 열의가 남 못지않았습니다. 방문단의 수행원으로 청나라에 가는 선배 한 사람에게 그는 다음과 같은 편지를 쓴 일이 있다고 합니다.

　　청나라에 갈 수만 있다면 마부로 따라가도 관계없습니다. 가서 북경의 문
물 제도를 눈으로 확인하고 여러 가지 선진 과학을 배우고 싶군요. 거기서 배
운 바를 귀국하여 유용하게 쓸 수만 있다면 평생을 일개 농부로 마친다 해도
후회하지 않을 겁니다.

　　1778년 박제가는 당시 재상인 채제공(蔡濟恭 : 1720~1799년)이 정사正使였 『북학의(北學議)』
던 청나라 방문단의 수행원으로 뽑힙니다. 석 달에 걸친 여행 기간 동안 그
는 탐욕스러울 만큼 온갖 문물을 살피고자 노력하였고, 귀국하여 중국 여행
의 성과를 정리한 『북학의北學議』라는 대논문을 발표합니다. 이해 그의 동료
이자 친구인 이덕무도 그와 함께 청나라를 방문하는 꿈을 실현합니다.
　　그들은 청나라의 연경(燕京 : 북경)에서 생각지도 못한 후한 대접을 받습
니다. 그들이 중국에 가기 몇 년 전, 중국 사절단의 일원이었던 유득공의 숙
부 유탄소柳彈素가 한성에서 평판이 높았던 사가시四家詩를 모은 『건연집巾衍
集』이라는 시집을 들고 갔다가 북경의 문인들로부터 큰 환영을 받은 적이 있
기 때문이었습니다. 그들은 조선을 대표하는 시인들로 대접받았고, 이러한
만남은 또한 그들의 새로운 지식 흡수에 도움이 되었습니다.
　　그들은 연경에서 당시 중국의 대표적인 학자인 기전紀昀, 이조원李調元,
반정균潘庭筠 등의 절찬을 받았다고 합니다.

『북학의』에 나타나는 개혁 정신

　　『북학의』는 내외 두 편으로 구성됩니다. 내편內篇에는 주로 수레, 배, 성,
벽, 궁실, 도로, 교량, 소, 말 등 생활에 관계되는 기구, 시설 등이 서술되어
있습니다. 외편外篇에는 전제田制, 농잠총론農蠶總論, 과거론, 관론官論, 녹제祿
制, 재정론, 장론葬論 등 정책과 제도 등에 관하여 서술되어 있습니다.
　　박제가가 쓴 서문의 서두를 잠깐 살펴보겠습니다.

나는 어렸을 때 고운孤雲 최치원과 중봉重峯 조헌趙憲*의 고결하고 청신淸新한 지도 정신을 경모해왔다.

당나라에서 관리를 지낸 고운은 귀국한 후 혁신책을 실천하려 하였으나 여의치 않자 가야산에 칩거하여 그 뒤 생사도 분명치 않다. 중봉은 정사正使로 북경을 방문한 뒤 「동환봉사東還封事」라는 개혁안을 제출하고 실천을 주장하였다. 중국과 대등한 국력을 기르고자 한 그들의 의욕은 달리 유례를 찾아볼 수 없을 정도였다.

그는 스스로를 그들의 후계자로 자부하며 자신의 의견을 표명합니다. 먼저 일상 생활에 필요한 기구를 개선하는 것부터 시작하여야 한다고 주장합니다. 그는 차제車制를 개선하여 교통을 원활하게 하였다면 "영남의 아이가 새우젓을 모르고, 관동에서는 초록싸리 열매를 담가 된장을 대신하고, 서북(평안도) 사람들은 감과 밀감을 구별하지 못하고, 해변에서는 생선을 거름으로 쓰는데 한성에서는 비싼 돈을 주고 생선을 사는 등 여러 가지 기이한 현상이 없어지고 우리의 생활은 풍족해질 것이 틀림없다"고 서술합니다.

또한 여러 실학자들이 주장하였듯이 철저한 중농 정책을 내세우고 농경을 위해서는 무엇보다 농기구를 개량해야 한다고 서술하였으며, 한해를 막기 위하여 수차水車의 이용을 장려하고 종자 개량과 토양에 맞는 품종을 재배할 것을 권하였습니다.

그는 주거 개선에 대해서도 구체적인 예를 들어 설명합니다. 즉 "중국에서 가장 중용되는 세 가지가 있는데, 첫째는 수레이고, 둘째는 벽돌이며, 셋째는 소쿠리다"라고 기술하며, 집을 지을 때도 수레로 자재를 나르고 벽돌을 쌓아올리며 소쿠리를 활용하면 매우 능률적으로 견고한 집을 지울 수 있다고 하였습니다. 그는 이렇게 우리나라의 소쿠리가 중국의 것에 비해 소형에 지나지 않는 것은 결점으로 지적하였습니다.

---

* 조헌(1544~1592년)은 조정의 관직에 있다가 임진왜란이 발발하자 충청도에서 의병을 조직하여 금산에서 일본군과 싸우다가 장렬하게 전사하였다.

이 밖에 기와, 종이, 화살, 안장, 도로, 교량, 금, 은, 시정市井, 재목, 화폐, 철, 의복, 약, 인장, 문방구 등에 관해서도 우리나라와 중국을 대비하며 서술하고 있습니다.

그러나 박제가가 가장 중점을 둔 것은 국가 정책과 제도에 관한 것이었습니다. 그는 과거제도 때문에 진정한 학문이 발전하지 못하고, 문벌에 속박되고 넓은 식견을 가질 수 없으므로 사람들을 빈곤에서 구하지 못하고 물자의 유통도 마음대로 되지 않는다고 지적하였습니다. 또한 과거제도가 양반들에게 치우쳐 가문과 권력과 금력으로 당락이 결정될 정도로 부패하고, 과거 시험을 구실로 놀고먹는 양반 자제가 수만에 달하여 국가 경제를 좀먹고 있다고 비난하였습니다.

그는 "국가 재정을 잘 다스리는 자는 신의를 잃지 않고 인심을 잃지 않는다. 다른 나라 사람이 하루에 하는 일을 우리가 한두 달이나 걸려 한다면 어찌 다른 나라의 신뢰를 얻을 수 있겠는가. 농사도 엉성하게 짓는다면 수확이 줄고 따라서 토지를 잃고 만다. 과거의 당락이 공정하게 시행되지 않고 놀고먹는 무리들만 는다면 그것은 곧 사람을 잃는 것이다"라고 주장하였습니다.

또한 박제가는 생산 문제에 대해서도 "생산품을 사용하고 소비하는 것을 모른다면 물자 생산을 소홀히 하고, 물자 생산에 의욕이 없으면 백성은 나날이 곤궁해질 것이다"고 하며, 생산의 장려와 함께 유통과 상업의 발전에 커다란 관심을 보입니다.

그는 "물자는 샘과 같은 것이어서, 길어내면 솟아 넘치고 쓰지 않으면 바짝 말라간다. 마찬가지로 비단을 입는 자가 없어지면 명주를 잣는 사람도 없어질 것이다. 기물器物도 질의 좋고 나쁨을 문제 삼지 않으면 정교한 것을 만들어낼 리 없다. 도야陶冶에 힘쓰지 않으면 기예技藝가 형편없어지는 것과 같다. 사농공상이 서로 협력하기를 잊어버렸기 때문에 국내의 재보를 보존하지 못하고 외국으로 유출되고 있는 것이다"라는 말도 하였습니다.

박제가는 해외 무역의 필요성도 강조하면서, 일본은 매우 교활하여 남의 허점을 엿보는 습관이 있으므로 조심하여야 한다고 당부합니다. 그리고

사농공상이 서로 협력하기를 잊어버렸기 때문에 국내의 재보를 보존하지 못하고 외국으로 유출되고 있는 것이다.

대만과 류큐는 거리가 멀어서 주로 중국과 무역을 하고 있지만, 우리나라의 면화, 저마苧麻, 마직물, 해산물 등과 중국의 견직물, 모직물, 고재藁材, 무기 등의 교역이 유망하다고 하였습니다.

그는 또한 외국 무역은 국가의 직접적인 이익이 될 뿐만 아니라 넓은 세계의 새로운 지식을 배우는 데에도 도움이 된다고 하였고, 유럽 학자들을 초빙하여 천문 역학, 건축, 채광, 조선, 무기 제조, 벽돌 제조 등의 기술을 습득한다면 국가에 커다란 이익이 될 것이라고도 주장하였습니다. 그러므로 공연히 외국과의 교류를 제한하거나 천주교 금지를 구실로 외국인 선교사의 입국을 금지하는 것은 바람직하지 않다고 하였는데, 이는 당시로서는 국금國禁을 감히 거역하는 대담한 의견을 제시한 것입니다. 하지만 그가 국가의 발전을 위해서는 죽음도 두려워하지 않는 기백을 갖고 있었음을 보여주는 것이기도 합니다.

박제가가 자신의 이러한 심정을 중국을 기행하면서 쓴 시에 담았는데, 그 가운데 몇 편을 소개해 보겠습니다.

「정평定平」

이상하도다! 나라 안 천리에 수레가 하나도 없네

등창이 나 죽은 말을 누가 애석해하랴

평생 고공편 읽기를 좋아했지만

눈앞에 수레를 보기는 정평에서 처음이라

빨리빨리 바퀴와 대를 만들고

끌채와 멍에, 쇠굴렁을 씌운다

원나라가 남긴 제도는 정말 감탄스럽구나

무거운 짐을 끌고 산비탈을 오르다니

해서(황해도)에도 수레가 다닌 적이 있다지만

의론이 분분해 오늘 흔적도 없네

속된 한 시구일망정 버리기는 안타까워

천상(왕)에 헌서하지만 보람이 없구나

異哉無車國千里　万馬誰憐瘠背死　이재무거국천리　만마수련창배사

平生頗喜談考工　眼明驅車定平始　평생파희담고공　안명구차정평시

草草作輪尖其轂　以轅爲軏仍曲木　초초작륜첨기곡　이원위액잉곡목

蒙元遺制固可歎　猶能載重踰山麓　몽원유제고가탄　유능재중유산록

聞道海西亦行車　今之議者徒紛如　문도해서역행차　금지의자도분여

難破悠悠一俗字　卻憶天門曾獻書　난파유유일속자　각억천문중헌서

「연경 잡절燕京雜絶」

우물 위에 도르래를 달아

바퀴와 덮개를 만들고

좌우에 두레박 줄 두 가닥 내리면

그 힘이 배 이상 늘어나리라

농부가 말똥을 주우려고

광주리 들고 말 꽁무니 쫓아가네

말이 땅 위에 서서 오줌을 쌀 것 같으면

땅을 파서 그 똥오줌을 가져가네

언젠가 한강 위 밭을 모두 사서

사립문 마주보며 밭갈이 할거나

중국의 농정서(서광계徐光啓의 『농정전서農政全書』를 말함)를 잠시 뒤져서

용미차(龍尾車 : 서양의 수차水車) 만들어 당나귀로 맷돌을 돌리세

「효좌서회(曉坐書懷 : 새벽에 앉아 글을 생각하며)」

땅을 파서 황금을 얻는다 해도

만 근의 황금만으로는 굶어 죽는다네

바다에 들어가서 구슬을 캔다 해도

백 섬 구슬을 개똥과 바꿀런가

개똥은 좋은 거름이나 되지만

그 구슬은 무엇에 쓰리

육지 물건 연경과 유통하지 못하고

바다 장사 왜국에 가지 못하면

비유하자면 들 가운데 있는 샘과 같아서

퍼내지 않으면 저절로 말라버리네

백성 편안케 하는 일이 보배에 있지 않으니

백성의 생활이 나날이 옹졸해질까 두렵네

지나치게 검약하면 백성이 즐기지 못하고

지나치게 가난하면 도적만 늘어나네

掘地得黃金　萬斤空餓死　굴지득황금　만근공아사

入海採明珠　百斛換狗矢　입해채명주　백곡환구시

狗矢尙可糞　明珠其奈何　구시상가분　명주기내하

陸貨不通燕　海賈不輪倭　육화불통연　해가불수왜

譬如野中井　不汲將自渴　비여야중정　불급장자갈

安貧不在寶　生理恐日拙　안빈부재보　생리공일졸

太儉民不樂　太奢民多竊　태검민불락　태구민다절

박해의 소용돌이 속에서

박제가가 혼신의 힘을 쏟아 써낸 『북학의』를 당시 정권을 쥔 고관들은 누구 하나 돌아보려 하지 않았고, 젊은 국왕도 중신들의 의견을 물리치고 정책을 실천할 만큼 용기를 가지고 있지 않았습니다. 오히려 그의 논설에 대한 비난의 목소리만 날로 높아져 갑니다.

보수파의 주장인즉, "명나라에 대한 은의恩義를 망각하고 부당하게 침략한 만주족의 청나라를 존숭하자는 말은 참으로 괘씸하다"는 것이었습니다. 박제가는 이에 분연히 반대합니다.

"실로 우리 백성에게 이익이 되는 것이라면 설사 그것이 적에게서 나온 것일지라도 그 방법을 수용해야 한다. 청나라는 본래 오랑캐이다. 그들 오랑캐는 중국을 차지하는 것이 유리하다는 것을 알고 있었기 때문에 침략하여 점령하였다. 그런데도 우리나라는 침략자를 오랑캐라고 하면서 침략당한 것이 (우리가 아니고) 중국이었음을 망각하고 독선적인 이치만을 말하고 있을 뿐이다. 하지만 그것은 명백히 과거사일 뿐이다.

한 개인도 적을 깨기 위해서는 적이 예리한 칼을 가지고 있다면 그것을 빼앗으려고 들 것인데, 하물며 당당한 국왕이 숙원을 갚고자 한다면 적국의 모든 역량을 확인하고 저들의 무기를 모두 얻어내야 하지 않겠는가. 그런데 오랑캐라고 하면서 중국의 문인과 어울리는 것조차 두려워한다면 우리 백성에게 아무런 득이 될 리 없으며, 가난 속에서 자포자기에 빠지고 말 뿐이다. 진실로 적을 격퇴하고자 한다면 적이 누구인가를 똑바로 보아야 하며, 비굴한 중국 숭배를 그만두고 중국의 뛰어난 문물을 배우는 것이 무엇보다 필요한 일이다. 진정 적을 쓰러뜨릴 마음이라면 우선 배워서 힘을 길러야 한다."

또한 그는 사대부 관료들을 이렇게 통렬히 비난합니다.

"오늘날 민생은 나날이 곤궁이 깊어지고 있지만 사대부들은 이를 구원하려 하지 않고 방치해두고 있다. 그리고 예전의 제도와 습관에 사로잡혀 자기의 안일만을 탐내고 있다."

그는 또한 이런 말도 합니다.

"중국의 사대부들은 가난해지면 장사를 하는데, 이는 매우 현명한 처사다. 게다가 장사를 하더라도 인격과 신망과 절조는 조금도 상처내지 않고 유지하고 있다. 그러한 기풍은 청나라 때 생겨난 것이 아니라 명나라, 송나라 시대부터 이미 있었던 일이다. 그러나 우리나라의 양반들은 공허한 예절만 존중하고 체면만 생각할 뿐, 할 일 없이 놀면서 일하지 않는다. 벼슬을 하지 못하여 시골에 돌아가도 농사를 짓는 자가 거의 없다."

박제가는 고려 시대에는 송나라와 무역이 활발하게 진행되어 중국에서 예성강(禮成江 : 개성으로 통하는 강)까지 7일이면 도착할 수 있었는데 조선 왕조에서는 한 척의 무역선도 왕래하지 않아 물질적으로나 문화적으로나 막대한 손실을 입고 있다고 하면서, 우리나라의 경제가 빈곤하게 된 원인의 일단을 예리하게 파악하고 있었습니다.

앞서 언급한 바와 같이 박제가를 비롯한 네 사람의 동료가 검서관이 된 것은 1776년이었습니다. 하지만 그들을 정식으로 임관하는 사령辭令(임명장)이 나온 것은 3년이 지난 1779년이었습니다. 이는 서얼 출신인 그들에게 정5품 상당의 지위를 내리는 데 대한 권력파 양반들의 비난이 강하자 왕이 정식 발령을 3년이나 기다렸기 때문입니다.

그들은 이렇게 풍파가 거센 환경에서 정책론을 주장하기보다는 실무적인 일에 정진하고 있었는지, 기록에 남을 만한 사건도 없이 조용하게 임무를 수행하였던 것 같습니다. 달리 보자면 관직을 빼앗기면 걸인과 다를 바 없는 생활로 돌아갈 수밖에 없는 그들로서는 은인자중하는 것 외에는 길이 없었다고 생각됩니다. 다만 그들의 집이 서로 매우 가까워 거리낌 없이 우국의 심정을 토로할 수 있었습니다. 그러나 박제가는 제도적으로 부패가 극에 달하고, 재정은 고갈 상태에 이르렀으며, 민중은 굶주림에 시달리고 쇠미해가는 국가 현실을 생각할 때 도저히 좌시할 수 없는 울분에 사로잡혀 있었습니다.

「북학론」 　그는 비장한 각오 아래 1786년 『북학의』를 삼분의 일 정도로 압축해서 당면한 급무라고 생각되는 정책을 담은 「북학론」을 국왕에게 제출하여 개혁 정책을 단행할 것과 해로에 의한 무역을 확대 실시할 것을 강력히 요구합니다. 그보다 두 살 아래인 왕은 그의 애국적인 정열에 깊이 감동하여 그의 주장의 훌륭함을 격찬하였지만, 국가 체제를 근본적으로 뒤집지 않는 한 국왕 한 사람의 힘으로는 무엇 하나 구체적인 개혁을 이룰 수 없는 처지였습니다. 결과적으로 그는 실현이 불가능한 이상론만을 진술하였을 뿐입니다.

그러나 정조는 박제가에게 변함없이 신뢰의 정을 주고 있었습니다. 1790년 1월 왕은 청나라에 파견하는 사절단의 수행원으로 그와 유득공을 임명합니다. 그에게는 두 번째 방문인 만큼, 첫 여행 때와 같은 흥분과 감격은 없었습니다. 하지만 유득공은 중국 여행이 처음이었고, 게다가 그들의 시집의 애독자였던 청나라의 대신 기전이 멀리서 온 두 사람을 친구로 환대해주어 기대하지 않았던 커다란 수확을 올릴 수 있었습니다. 귀국한 뒤에도 그들과 청나라 문인의 서신 왕래가 지속되었고, 이것이 또한 그들의 높은 덕망을 보여주는 증거처럼 이야기되었습니다.

그들이 북경에서 돌아오자마자 정조에게 왕자가 탄생합니다. 이에 청나라 황제가 정중한 축하 인사를 보냈으므로 그에 대한 답례 사신을 보내야 했는데, 왕은 그 중요한 일을 박제가에게 맡깁니다. 왕은 그를 임시로 정3품에 상당하는 군기시정軍器寺正이라는 직책에 임명하고 별자(別咨 : 특별한 외교 문서)를 주어 연경에 보냅니다. 덕분에 그는 그 해에 두 번이나 중국을 방문하여 북학파 동료들의 부러움을 샀으니, 이는 왕이 그를 얼마나 신임하고 있었는지를 잘 보여주는 것이었습니다.

그러나 박제가에 대한 왕의 이와 같은 신임은 보수적인 양반 귀족들의 반감을 불러일으켰고, 그는 중상과 박해 속에서 신경을 곤두세우지 않을 수 없었습니다. 스스로 검서관 자리를 견디지 못하였는지 아니면 왕이 그에게 양반으로서 정식 지위를 주기 위해서였는지는 분명하지 않지만, 1792년 그는 검서관을 사임하고 부여扶餘 현감에 임명됩니다. 작은 현이라고 해도 책임 있는 행정관이 되었으므로 어느 정도 포부를 펼칠 수도 있었을 테지만 그가 어떻게 근무하였는지는 기록에 남아 있지 않습니다.

1794년, 그는 정식으로 무과 시험을 치러 수석으로 합격합니다. 그가 쌓은 업적으로 시험 자격을 얻을 수 있었을 테지만(이미 1773년에 서얼에게도 벼슬길이 열렸음), 마흔다섯 나이에 더구나 현감 지위에 오른 후에 과거에 도전한 것은 그가 과거 제도 자체를 맹렬히 비판하였던 만큼 전혀 예상 밖의 일이었습니다. 그는 지방 임지에서 한성 출신이라 하여 차별을 받고, 과거 시험도 거치지 않고 벼슬을 지낸다는 이유로 항상 멸시를 받아온 서러움을 일거에 씻어버리고 싶었는지도 모릅니다.

정조는 그의 장원 급제를 대단히 기뻐하며 곧 정3품의 오위장五衛將이라는 고관에 임명합니다. 그야말로 특별 대우라고 할 수밖에 없었지만 그것도 잠시, 다음해인 1795년 그는 영평(永平 : 지금의 경기도 포천抱川) 현령으로 자리를 옮기게 됩니다. 하지만 그는 평범한 지방관으로 머무를 수 없을 만큼 뜨거운 정열을 품고 있었던 사람이었습니다. 1798년 왕이 전국에 농업론을 제출하라는 명을 내리자, 그는 경지·비료·양잠 등 27항목으로 된 농업론을 새로 정리한 『북학의』와 함께 제출합니다.

정조 사후 신유사옥으로 유배되어 불행한 말년을 보내다

1800년 정조가 죽고 겨우 열한 살의 세자가 왕위에 오르자, 정무는 영조의 왕비인 정순왕후貞純王后가 보좌하게 됩니다. 그러나 새로 왕이 된 순조(純祖 : 1790~1834년, 조선의 제23대 왕)는 왕비의 아들이 아니라 정조의 후궁인 수빈 박씨綏嬪朴氏의 태생이었기 때문에 궁궐은 이 어린 왕을 둘러싸고 권신들의 세력 다툼과 함께 피비린내 나는 정쟁에 휩쓸리게 됩니다.

1801년 권력을 장악한 보수파는 모든 정책을 반동적으로 되돌려 놓았고, 박제가는 이러한 소용돌이를 피하여 유득공과 함께 연경으로 가서 주자朱子의 원본을 수집할 목적으로 사절단에 끼어 중국으로 떠납니다. 그러나 예전에 그들을 환영해주던 청나라 문인들도 이미 그 자리에서 물러나 여행의 목적을 이루지 못한 채 귀국하여야 하였고, 더욱이 조선에서는 예기치 않은 불행이 기다리고 있었습니다.

그들이 중국을 방문한 사이에 실권을 장악한 김씨 일파(노론파 안동 김씨)는 천주교 금지를 명분으로 정조 시절에 정계에 진출했던 남인 일파를 뿌리째 뽑아내고, 중국에서 몰래 입국한 신부 주문모(周文模 : 1752~1801년, 중국인 신부)를 비롯하여 신도들이라면 설령 왕후 귀족이라 해도 남김없이 극형에 처하였습니다. 그 중에는 그의 중국 파견을 알선하여 준 재상 윤행임(尹行恁 : 1762~1801년)도 포함되어 있었습니다.

신유사옥辛酉邪獄박제가는 한성에 도착하기 무섭게 옥에 갇히고, 윤행임의 휘하로 반역 음모에 가담한 사실을 자백하라는 강요를 받으며 밤낮으로 고문을 받습니다. 그에게는 전혀 기억에 없는 일로 도대체 죄상이 무엇인지조차 모르는 형편이었지만, 그는 한마디 변명도 하지 않은 채 묵묵히 고문을 견뎌냅니다. 이 정변을 '신유사옥(辛酉邪獄 : 1801년, 즉 순조 1년에 일어난 천주교도 탄압사건으로 신유박해라고도 함)' 이라고 합니다. 이 사건으로 사형당하거나 고문으로 죽은 자가 3백 명을 훨씬 넘었으며, 투옥되거나 유배된 자는 그 수를 헤아릴 수 없습니다.

결국 아무 관련도 없는 박제가는 윤행임의 한패로 죄를 뒤집어쓰고 멀리 두만강변에 있는 함경도 종성鍾城에 유배됩니다. 범죄 사실이 없다 하여도 서얼 출신이 개혁론을 주창하고 정조에게 두터운 신임을 받았다는 이유로 보수적인 권력파로부터 복수를 받았던 것입니다.

그 후 정순왕후는 아무래도 마음이 불편하였는지 2년 뒤인 1803년에 그를 석방하여 향리로 돌려보내도록 지시하였지만, 권력파가 그 말을 듣지 않아 다음해인 1804년이 되어서야 겨우 향리에 돌아갈 수 있었습니다. 그 뒤 그의 행적에 대해서는 일체 기록에 없습니다. 귀향과 동시에 사망하였다는 설도 있고, 1815년에 사망하였다는 설도 있습니다.

여기에 그가 유배지에서 지은 시 몇 편을 소개하겠습니다.

「수주(愁州 : 경원) 객사(客詞)」 중에서
조세 독촉하는 소리 채 나오지도 않았는데
아전 얼굴을 보니 벌써 가슴이 두근거리네
베 값이 올랐다느니 내렸다느니 하니
관가에서 사들이는 대로 맡길 수밖에

가난한 농부 소 한 마리를 길러서
옹기 장수 셈처럼* 어쩔 줄 몰랐는데
단번에 아전들에게 빼앗겨서
가죽을 벗기어 관가 부엌에 매달러버렸네

---

* 이루지 못할 헛된 꿈을 말한다. 옹기 장수가 옹기 속에서 자면서 옹기 하나 팔아 두 배씩 불려가는 꿈을 꾸다가 너무 기뻐 춤을 추다 독이 깨져버린다는 이야기가 있다.

시골에 가보면 수척한 사람 많고
구멍 뚫린 집들 두루 널려 있는데
관가를 보면 과연 그럴듯한 집들
나라의 곡물이 사채로 바뀌었구나!

催租未發聲 見面心先駭 최조미발성 견면심선해
布直姑低昂 一任官門買 포직고저앙 일임관문매

貧民養一牛 甕算何所無 빈민양일우 옹산하소무
一爲里正奪 剝皮懸官廚 일위리정탈 박피현관주

鄕任有腴瘠 腴窠偏多遞 향임유유척 유과편다체
視官果如家 公穀變私債 시관과여가 공곡변사채

　　박제가는 압제와 수탈로 고통 받는 백성들의 생활과 부패한 봉건 귀족
으로 인하여 멸망으로 기우는 나라를 근심하며 자신의 절망적인 노여움과
슬픔을 피를 토하는 듯한 언어로 표현하였습니다. 이 시는 뜨거운 조국애와
민중에 대한 사랑으로 애를 태우면서 고독한 처지가 되어 조용히 자취를 감
춘 그의 비극적인 생애를 상징하는 듯도 합니다.

9. 풍속화의 대조를 이룬 거장, 김홍도와 신윤복

18세기 말부터 19세기 초에 걸쳐 우리나라에는 수많은 화가들이 활약하였습니다. 그 가운데서도 한국화의 특징을 가장 잘 살린 것으로 명성을 떨친 사람은 김홍도(金弘道 : 1745~1806년? 혹은 1760~?년 혹은 1748~?년)와 신윤복(申潤福 : 1758~?년)입니다.

18세기 중반 무렵은 우리 민족 문화의 중흥기로 일컬어지며, 실학자들의 활동과 더불어 문학·예술 분야에서도 낡은 틀을 버리고 민족의 개성을 주장하는 새로운 움직임이 활발하였습니다. 특히 영조 연간(1725~1776년)에는 국립 미술 제작소라고 할 수 있는 도화서圖畵署에 60여 명의 화원畵員이 각자의 뛰어난 기량을 발휘하여, 수많은 문인 화가들과 함께 당시의 화단을 호화롭고 현란하게 꽃피웠습니다.

당시 사회 개혁을 주장하는 실학자들의 활동이 있었다고는 하여도 국가의 권력은 여전히 보수적인 명문 양반들이 장악하고 있었기 때문에, 대부분 중인 계급 출신이었던 화원들은 예술가로서 인격을 존중받지 못하고 경력이나 이름조차 기록에 남기지 못한 채 생애를 마쳐야 하였습니다.

천재적인 화가 김홍도

김홍도는 1760년에 태어났다는 기록도 있지만, 그가 어떤 가문의 자손으로 태어났는지 일체 알려져 있지 않습니다. 다만 그의 증조부가 만호(萬戶 : 각 도의 진영에 근무하는 종4품의 군관)를 역임한 김진창金震昌이었다는 사실만이 전해지고 있습니다. 양반의 직계 자손이라면 당연히 과거 시험을 치러 관리가 되어야 하였지만, 할아버지와 아버지의 이름이 기록되지 않은 것을 보면 아마 몰락한 가난한 집안의 자식이었음에 틀림없습니다.

화원은 중인 계급의 기술 전문직으로 세습되었으며, 간혹 예외적으로 양반 집안의 서자가 권력자의 추천을 받아 화원으로 임명되는 경우도 있었습니다. 일설에 따르면 김홍도는 강세황(姜世晃 : 1713~1791년, 문인이며 화가이자 평론가)의 추천을 받아 도화서의 화원이 되었다고 합니다. 또 확실한 기록은 없지만 그는 어린 시절부터 그림의 천재로 소문이 났으며, 영조가 그 천재성을 아껴서 종종 궁궐로 불러들여 그림을 그리게 하였다고도 합니다. 이렇게 1771년 스물일곱의 천재 청년은 왕명을 받고 「태자상太子像」을 그렸는데 보는 사람마다 빼어난 인물화라고 칭송을 늘어놓았고, 그는 나이는 어렸지만 어엿한 화원으로 대우받게 됩니다.

「신선도神仙圖」 외

    그의 명화로 후세에 전해지고 있는 「신선도神仙圖」(1779년)라는 거대한 병풍화, 「풍속도風俗圖」(1781년)라는 병풍화, 특히 평판이 높은 「선동취적도(仙童吹笛圖 : 선동이 피리 부는 그림)」(1782년) 역시 모두 그가 젊은 청년 시절에 그린 작품이라고 합니다.

    하지만 그의 뛰어난 그림을 본 후세 사람들 가운데 간혹 의문을 제기하는 사람도 있습니다.

    "겨우 열두 살 소년이 정교하기 그지없는 태자상을 그렸을 리 없고, 스무 살도 되지 않은 청년이 원숙한 화풍이 감도는 대작들을 그렸을 리 만무하다. 그가 1760년 태생이라는 것은 잘못된 것이며, 아마 12년 전인 1748년생이 분명하다."

    하지만 그러한 설에 반대하는 사람들은 이렇게 주장합니다.

    "본래 천재적인 화가는 스무 살 전에도 기술적으로 원숙한 그림을 그리므로, 천재 소년인 그가 궁궐에서 중용된 것은 당연한 일이었다."

    어쨌든 이러한 이야기가 나오는 것은 그의 전기가 지극히 간략하고 정확한 작품 연감 등이 없기 때문이지만, 한편 이렇게 전설적인 존재이기도 하였습니다.

    김홍도는 젊은 시절에 주로 신선 그림을 그렸습니다. 이는 당시 화단의 풍조였으며 화원들이 고관들과 부자들의 청에 따라 그린 것이 대부분이었습니다. 그러나 김홍도가 그리는 신선도는 선배들의 기법을 흉내 낸 것이 아니라 자기 특유의 기법으로 그린 것으로, 뭐라고 표현하기 힘든 신비함과 상쾌함을 주며 극치의 우아함이 감돌았습니다. 천재 화가로 떠들썩할 무렵 그는 자기 그림의 낙관落款에 사능士能이라는 자字를 서명하기도 하였다고 합니다.

1781년에 그는 어진화사(御眞畵師 : 국왕의 초상화를 그리는 화가)로 우대되고, 정조(태자상의 주인공으로 1776년 왕위에 오름)의 초상화를 그립니다. 그리고 화원으로서는 최고의 영예를 누린 그는 어엿한 화가답게 단원檀園, 단구丹邱, 서호西湖, 고면거사高眠居士 등의 호를 사용하게 됩니다. 그가 정조의 초상화를 그리게 된 사정은 『조선왕조실록』에 기록으로 남아 있습니다.

정조 5년(1781) 8월 26일, 화사畵師 한종유(韓宗裕 : 1737~?년), 신한평(申漢枰 : 1726~?년), 김홍도 세 사람이 특별히 선발되어 먼저 임금의 얼굴을 소묘하게 하였다. 9월 1일, 책임 부서의 관원과 대신들이 왕궁의 정원인 영화당暎花堂에 서 세 사람이 그린 소묘를 검토한 뒤 김홍도가 지명되었다. 이틀 뒤 대신들이 배석한 가운데 희우정喜雨亭에서 정장한 임금의 초상을 그리기 시작하여 9월 16일 완성하였다. 이를 기뻐한 임금은 서향각書香閣에 대신들을 모아놓고, 서사관書寫官 윤동선尹東選, 조윤형曺允亨에 명하여 그림의 표제를 써서 이 초상화를 궁궐 안의 주합루宙合樓에 장식케 하였다.

이때 그와 함께 선발된 한종유와 신한평이 김홍도보다 많게는 이십 세가 넘게 연상이요 당대 일류로 인정받는 화원들이었던 점을 생각하면, 발군의 기량을 가진 젊은 김홍도의 천재성을 알 수 있습니다.

단원 김홍도의 행적과 사람 됨됨이

김홍도가 몇 살 때 도화서의 화원이 되고, 누구에게 가르침을 받았는지 등은 기록이 전혀 없어 분명하지 않습니다. 다만 당시의 유명한 화가였던 김응환(金應煥 : 1742~1789년)과 그의 관계가 기록되어 있는 것으로 보아, 아마 김홍도는 김응환의 제자였던 것으로 짐작됩니다.

김응환은 1788년 왕명을 받아 금강산을 탐방하고 외금강, 내금강의 웅

김홍도의 자화상

대한 경치를 그렸으며, 이듬해인 1789년 다시 일본 지도를 그리라는 명을 받고 일본으로 향하던 중 병이 나 부산의 숙소에서 세상을 뜨고 맙니다. 그때 수행원이었던 김홍도가 홀로 쓰시마 섬에 이르러 현지인의 도움을 받아 일본 지도를 그려내 왕명을 완수합니다. 김홍도는 금강산에도 김응환과 함께 간 것으로 보아, 아마 도화서에서도 가장 가까운 관계였음에 틀림없습니다.

복헌復軒 김응환이 병사한 것은 마흔여덟 살 때이며, 그때 김홍도는 한참 젊을 때였습니다. 김응환의 조카인 김득신(金得臣 : 1754~1822년)은 김홍도보다 나이가 위였지만 선배라기보다 둘도 없는 친구였습니다. 그리고 단원과 어진화사의 지위를 얻은 신한평의 아들인 혜원蕙園 신윤복(申潤福 : 1758~?년), 고송古松 이인문(李寅文 : 1745~1821년?), 성재星齋 최북(崔北 : 1712~?년), 초원蕉園 김석신(金碩臣 : 1758~?년) 등은 모두 같은 화원들로, 당시 화단을 대표하는 뛰어난 화가들이었습니다. 동료들 중에서도 나이 어린 김홍도가 유달리 정중한 대접을 받은 것은 뛰어난 명성과 위엄 있는 풍격이 있었기 때문이라고 생각됩니다.

그가 김응환과 동행할 때인지 아니면 혼자서 여행할 때인지 확실치 않지만, 어느 기록에 의하면 김홍도는 금강산에서 머무르는 동안 가는 곳마다 조정의 고관처럼 대접받았다고 합니다. 중인 계급의 화원이라면 양반들에게 멸시받고, 일반 민중도 경의를 표하기보다는 냉대하기 쉬웠던 봉건적인 사회 풍조 속에서 그가 이처럼 존경받은 것은 그의 인간성에서 배어나오는 기품이 만나는 이들을 감동시켰던 때문입니다.

김홍도의 한 세대 뒤의 화가인 조희룡(趙熙龍 : 1789~1866년)은 그를 다음과 같이 기록하고 있습니다.

> 단원은 우아한 풍모의 소유자로, 도량이 크고 기질이 호쾌하여 사람들은 모두 그를 선계에 사는 사람이라 한다.
>
> 그는 가난하여 늘 끼니도 거르는 형편이었지만, 어느 날 행상이 팔러온 매화 분재를 보고 반하고 말았다. 돈이 없어 손을 내밀지 못하고 있는데 때마침 그림을 사러온 사람이 있어서 삼천에 한 폭의 그림을 팔고 즉시 이천에 매화를 샀다. 그리고 남은 팔백으로 술을 몇 말 사서 친구들을 불러 모아 매화 관상觀賞 잔치를 벌이고 이백으로 식량과 땔나무를 샀는데, 그것은 사흘만 지나면 떨어질 양에 지나지 않았다고 한다.
>
> 단원의 그림이 높은 평가를 받는 것은 역시 인격이 유달리 뛰어난 때문이다. 단원은 김득신, 이인문, 최북 등과 친교를 맺었는데, 그들의 인물과 그림의 품격이 단원과 상통하는 바가 많았기 때문이다.

이 짧은 글에서도 그의 됨됨이를 어느 정도는 엿볼 수 있습니다. 흥미로운 것은 돈의 단위가 명확히 나와 있지 않아 당시 물가를 추측해볼 수는 없지만, 몇 말의 술이라고 하였으니 아마 '막걸리'가 틀림없을 것입니다. 아마 이 천재적인 화가들은 막걸리를 많이 마셨던 모양입니다.

또한 조희룡은 작업에 임하는 김홍도의 태도를 다음과 같이 소개하고 있습니다.

「씨름도」

　언젠가 단원은 정조의 명을 받고 궁궐 안에 커다란 「해상군선도海上群仙圖」
를 그린 일이 있었다. 그는 거들어주는 사람들에게 먹물을 여러 되 갈아 커다
란 통에 모으도록 했다. 그리고 저고리를 벗고 팔을 걷어붙이고 나서 커다란
화필에 먹물을 듬뿍 묻히더니 질풍 같은 속도로 벽면에 화필을 달렸다. 이렇
게 하여 겨우 몇 시간 만에 큰 벽면이 그림으로 장식되었다. 화면에 넘실거리

는 파도는 당장이라도 바닷가의 가옥을 집어삼킬 듯하고, 신선들은 금세 구름 위로 날아 올라갈 듯한 형상이었다. 화면의 모든 물체가 약동적이어서 명화로 불리는 중국 대동전大同殿의 벽화보다 뛰어난 것이라 하였다.

김홍도의 천재다운 작업 태도와 기백에 찬 창작 태도를 엿볼 수 있는 기록입니다.

그의 대표작의 하나로 알려진 수원 용주사龍珠寺의 「삼세여래후불탱화三世如來後佛幀畵」를 그린 것은 1790년 때의 일입니다. 이 그림은 우리 회화사에서 최초의 '휘염기법暈染技法'을 취한 것으로, 채색의 농담에 따라 원근고저遠近高低와 음영陰影을 나타낸 것입니다. 「삼세여래후불탱화」

또 그는 권력자의 청을 받고 그들이 발행하는 봉건적인 윤리 교재에 삽화를 그리거나 판화를 파기도 하였습니다.

그는 1795년에 연풍현(延豊縣 : 충청도 괴산군)의 현감이 되는데, 일설에는 신창(新昌 : 충청도 아산군) 현감인 것으로 되어 있기도 합니다. 어쨌든 공적이 있고 왕에게 특별한 대우를 받는 중인 계급의 기술관 가운데 나이 지긋한 사람을 양반으로 대우하기 위하여 작은 현의 지방관에 임명한 예는 있었으나, 그를 현감으로 임명한 것은 정조가 김홍도를 얼마나 깊이 신임하였는지를 잘 보여주고 있습니다. 그러나 실제로 현감이 되어 부임하였는지, 아니면 그저 현감 사령장만 받았을 뿐인지 분명하지 않고, 그가 언제까지 임지에 있었는지 어떠한 치적을 올렸는지도 기록에 남아 있지 않습니다.

1796년에는 왕명을 받은 김홍도는 용주사에서 간행한 『부모은중경父母恩重經』의 삽화로 쓰일 판화를 만들고, 이듬해에는 『오륜행실도五倫行實圖』의 삽화 판화를 제작합니다. 그 후 1802년에는 「악지론병풍樂志論屛風」을 그렸고, 1811년에는 신자하申紫霞라는 사람의 초상화를 그렸다는 기록이 있기는 하지만, 그가 몇 살 때 어디서 죽었는지도 명확하지 않습니다. 「악지론병풍」

한국화의 전통미를 집대성하다

단원은 우리 화단의 전통을 이어받아 더욱 발전시켜서 새로운 화풍을 개척하였다고 일컬어집니다. 그때까지 도화서 화원들은 주로 북화北畫*의 영향이 짙은 그림을 그렸고, 문인들의 그림은 대부분 남화南畫**에 가까운 것이었습니다. 그리하여 직업적인 전문 화가인 화원들은 남화적인 요소를 배격하였습니다.

그러나 문인 출신 화가들은 각기 특색 있는 개성을 발휘하여, 17세기에는 우리나라 특유의 사실적인 화풍을 확립합니다. 단원은 기존의 전문 화가들의 장점을 살리고, 문인 화가들이 개척한 특징을 조화시켜서 한국화의 전통미를 집대성합니다. 따라서 단원은 기존의 전문 화가들이 고수해온 북화풍의 틀을 대담하게 깨뜨리고 한국화의 좋은 점을 살려서 일반 백성들의 생활 모습을 다양하게 묘사할 수 있었습니다.

이것은 그의 사상성을 나타내는 것이라고 할 수 있습니다. 당시 선진적인 실학자들은 부강한 국가를 만들려면 특권 계급을 없애고 토지를 농민에게 공평하게 나눠주어 생활을 안정시키며, 새로운 과학 기술을 도입하여 산업을 장려하고, 놀고먹는 특권 계급도 노동에 종사하여야 한다고 주장하였습니다. 단원이 이 사상에 깊이 공명하였다는 것이 그가 즐겨 그린 풍속화에 잘 반영되어 있습니다.

그가 그린 풍속화는 대부분 일하는 백성들의 생생한 모습을 담고 있으며, 노동의 존엄성과 일하는 자가 생산의 주인이라는 사상을 강렬하게 구가한 작품이었습니다. 그의 그림들은 양반 귀족들의 부패한 생활을 폭로하고, 그들의 생활 방식을 통렬히 비웃으며, 더 나아가 한층 강렬한 혐오감을 표출하고 있습니다. 반면에 가난한 생활을 강요받고 있는 민중에게 무한한 애정을 느끼고 있었다는 것은 그의 그림에 묘사된 인물들의 표정에서 생생하게

---

* 북종화北宗畵의 별칭이다. 중국 당나라의 이사훈李思訓, 이소도李昭道 부자를 시조로 하는 동양화의 한 유파로 준엄하고 고답한 표현에 무게를 두었다.

** 남종화南宗畵의 별칭이다. 당나라 왕유王維 시조로 하여 북화와 함께 중국화의 양대 유파 가운데 하나로 수묵, 담채로 산수를 그린다.

느낄 수 있습니다.

그의 풍속화 중에서도 「집짓기」, 「대장간」, 「서당」, 「씨름」, 「음악과 춤」 등은 가장 잘 알려진 작품들입니다. 그는 당시 사회 현상에 대해 깊은 관심을 갖고, 살아 있는 인간들의 군상과 다양한 생활에 깊이 파고들어 예리한 관찰력으로 매우 정확하게 표현해 냈습니다. 그는 물레를 잣는 사람, 밭을 갈고 꼴을 베는 사람, 물을 긷고 빨래하는 사람, 산에서 땔나무를 하는 사람, 나무 그늘에서 놀이에 열중하는 사람, 물고기를 잡아 시장에 팔러 가는 사람 등 다양한 농민들의 모습, 그리고 대장간에서 연장을 만들거나 집을 짓는 장인들의 모습, 서당에서 글을 배우고, 악기를 익히며, 굴렁쇠를 만들고, 씨름을 하는 사람들의 모습, 장사하는 상인들의 모습 등 일하는 사람들의 생활상을 간결한 필치로 약동적으로 묘사하였습니다.

단원은 특히 일하는 민중의 생활을 깊이 통찰하였는데, 그들과 기쁨과 슬픔을 나누면서 그들의 생활 감정을 자신의 생활 감정으로 이끌어 묘사하였습니다. 따라서 그가 그린 인물의 표정에는 깊은 내면 생활에서 솟아나오는 무엇이 느껴지며, 인물들의 근육, 골격, 동작, 옷차림새와 옷감의 질에 이르기까지 모두가 살아 있는 인간의 실태로서 담겨 있습니다.

「집짓기」를 예로 들어보겠습니다. 이 그림은 새로 지은 지붕에 기와를 올리는 그림인데, 지붕 위에 있는 기와장이와 그의 조수, 밑에서 기와를 매달아 올리는 일꾼과 그의 조수, 한편에는 나무판에 대패질을 하는 목공, 집주인인 듯한 나이 지긋한 사람이 긴 지팡이를 짚고서 공사의 진행을 염려스러운 눈길로 올려다보는 모습 등 각 인물들의 동작이 신축 공사장 특유의 분위기를 자아내며 생생하게 그려져 있습니다. 이는 화가 자신이 각 인물의 생활과 작업의 성질을 상세하게 파악하고 있다는 것을 보여주고 있습니다.

배경에 산천초목을 그리지 않아 정확한 계절은 알 수 없지만, 저고리 매듭을 풀어헤쳐 가슴을 다 드러내고 이마에 땀을 흘리며 기와를 받는 기와장이의 모습에서 꼴 베는 작업도 끝나고 추수하기에는 아직 이른 늦여름의 농한기임을 짐작할 수 있습니다. 추수할 시기가 오기 전에 공사를 끝내려고 분발하는 일꾼들의 모습이 화면에 넘쳐흐릅니다.

「집짓기」

「집짓기」

단원은 민중에 대한 강한 애정과 기백에 찬 사상이 있었기 때문에 권력
자들에 추종하는 생활에 미련을 두지 않았습니다. 그래서 그는 축재를 탐하
지 않고 빈곤에 만족하며, 모처럼 잡은 출세길도 아낌없이 버리고 일하는 백
성의 생활을 묘사하는 돈도 되지 않는 작업에 몰두하였던 것입니다.

단원은 현감 자리에서 쫓겨나고, 1800년 정조가 죽자 권력을 장악한 보
수파의 미움을 사 화단의 중심에서도 추방된 것으로 짐작됩니다. 그러나 민
중에 대한 애정을 표현한 그의 풍속화는 후세 우리나라의 미술사를 장식하
는 뛰어난 회화로 높이 평가되고 있을 뿐만 아니라, 우리나라 문화사에 없어

서는 안 될 귀중한 자료가 되고 있습니다. 이런 의미에서도 그는 영구불변의 업적을 남긴 우리 회화사의 거장임을 부정할 수 없습니다.

신윤복 여성을 그리다

혜원 신윤복(申潤福 : 1758~?년)은 앞서 말하였듯이 1758년에 도화서의 유명한 화원인 신한평(申漢枰 : 1726~?년, 화가)의 아들로 태어났습니다. 그가 몇 살 때부터 화원이 되었는지는 분명치 않은데, 신윤복이 중인 계급인 화원이었으므로 그의 경력이 기록에 남아 있지 않은 것 같습니다.

그는 김홍도와 매우 친하여 사상적인 면에서도 공유가 있었던 듯합니다. 선진적인 실학 사상에 깊이 공명하여 권력을 가진 양반 계급을 싫어하고, 가난한 서민들에게 무한한 애정을 보인 점에서도 매우 비슷합니다. 그러나 소년 시절부터 천재라는 칭찬이 자자하여 일찍부터 신선도를 그렸던 김홍도와는 달리, 그는 무미건조하게 화가 수업을 받은 듯합니다. 그리고 권력자들이 즐기던 산수화나 귀족의 초상화를 그리는 데에는 관심을 보이지 않고, 평범한 서민들의 생활을 위로하는 듯한 부드러운 필치의 그림을 그렸습니다. 특히 그는 당시 사회적으로 불우한 처지에 있는 여인들의 생활에 깊은 관심을 보였습니다.

일하는 민중의 모습을 그려도, 김홍도가 주로 남성들을 그리고 여자는 대개 시골 여성이었던 데 반해 신윤복은 도시 여성을 그린 것이 많고, 사회적으로 학대받는 음지의 여성들 즉 양반의 첩을 비롯하여, 비婢라 불리던 하녀, 기녀, 주모 등이 주요 대상이었습니다. 신윤복은 그때까지 화가들이 관심을 두지 않았던 곳에 눈길을 돌려 묘사 대상을 대담하게 확대한 것입니다. 그는 동시대의 많은 화가들과는 달리 시선을 도회지와 시골, 또는 길거리와 집안으로 넓혀서, 각계각층의 평범한 일상 생활에 예리하게 접근한 것입니다.

특히 입으로는 '삼강오륜'의 유교 사상을 주창하고 군자의 윤리 도덕을 설교하고서, 뒤에서는 파렴치한 비행을 자행하는 양반들의 허위에 찬 추악

「주막도」

한 행실을 그 특유의 풍자적인 수법으로 신랄하게 폭로한 것입니다.

「주막도酒幕圖」 그의 대표작 가운데 하나인 「주막도酒幕圖」를 보겠습니다. 이 그림은 당시 사회의 어디에서나 흔히 볼 수 있는 주막을 그린 것인데, 화면은 인생의 한 단면을 차분하게 들려주는 듯하여 설득력을 갖고 있습니다. 그림 속에는 부뚜막 곁에 앉아 술을 따르는 아름다운 여인을 중심으로 시골 주막 특유의 풍경이 묘사되어 있습니다. 마당 앞 울타리 옆에는 활짝 핀 꽃은 화창한 봄날을 알려주며, 마당에 모여 있는 사람들의 나이와 직업의 차이는 각자의 풍모·자세·표정 등으로 잘 나타나, 한 사람 한 사람의 성격까지 정확한 필치로 묘사되어 있습니다. 그리고 부뚜막 옆에는 이 집의 하인인 듯한 남루한 차림의 젊은이가 손님들을 바라보고 있는데, 어리숭한 표정이 매우 재미있습니다.

화면에 등장하는 각 인물들의 개성은 가옥 구조나 자연 묘사와 조화를 이루어 시골의 향취를 생생하게 느끼게 합니다. 흡사 화가 스스로 손님이 되어 무리에 섞여 있는 듯한 느낌입니다. 시골길을 오가는 사람들이 잠시 지친 발걸음을 멈추고 마른 목을 축이며 피로를 풀면서 이런저런 세상 이야기를 주고받는 한가로운 시골 주막을 그린 이 한 폭의 그림은, 서민들과 함께 기쁨과 슬픔을 나누는 화가의 심성이 잘 표현되어 있습니다.

우리 여인들의 생활을 묘사한 「단오도端午圖」도 신윤복의 특색을 잘 보여주는 작품입니다. 이 그림은 유교의 봉건적인 도덕의 족쇄에 묶여 억압받고 있던 규방閨房의 부녀자들이 단오절 하루만은 그 족쇄에서 해방되어, 신록이 짙은 아름다운 계곡을 찾아가 즐겁게 노닥이는 정경을 묘사하고 있습니다. 한 무리는 커다란 나무에 매단 그네를 타며 즐기고 다른 무리는 창포 향기가 감도는 시냇물에 땀을 씻고 있는데, 화폭의 오른쪽 가장자리에는 음식을 담은 커다란 소쿠리를 머리에 이고 가쁜 숨을 내쉬며 가파른 길을 오르는 노파의 모습이 그려져 있습니다. 이 노파는 다른 여인들의 모습과는 매우 대조적입니다.

「단오도端午圖」

「단오도」

즐겁게 노닥거리는 젊은 여인들의 표정에는 봉건적인 집안의 엄격한 구속에서 풀려나 하루의 해방을 즐기며 들떠 있는 기분이 느껴지고, 그것은 짙푸르고 밝은 채색으로 선명하게 부각되어 있습니다. 남존여비의 봉건사상 때문에 이중삼중으로 억압받아 신음하던 여인들의 불우한 생활을 반영한 화면에는 여인들에 대한 화가의 따뜻한 위로가 감돌고 있습니다. 그리고 화면의 맨 구석에는 중들이 풀숲에 숨어 얼굴만 빠끔히 드러내고, 즐겁게 노닥거리는 젊은 여성들의 몸을 훔쳐보는 모습이 그려져 있습니다. 이는 작자가 승려들의 추잡한 본성을 비웃는 것이라고 할 수도 있을 것입니다.

흔히 이 「단오도」는 김홍도의 「씨름도」와 대비되곤 합니다. 계절은 같은 오월 초여름을 그렸으되, 그는 골격이 억센 두 사람의 젊은 농민이 씨름하는 장면을 중심으로 주위에서 이 경기를 구경하는 농민과 양반들을 그렸습니다. 농민과 양반의 대조적인 차림새, 자세, 표정 따위가 남성 세계의 신분 대비를 강렬한 긴장감을 풍기며 선명하게 그려져 있습니다. 이에 반해 신윤복의 그림은 삶의 기쁨을 묘사하고 여인들의 정감 넘치는 한가로운 세계를 부드럽게 담고 있습니다.

「연당야유도」, 「선유도」

그러나 신윤복의 그림에도 격한 분노가 표현되지 않았던 것은 아닙니다. 역시 그의 대표작으로 평가되는 「연당야유도蓮塘野遊圖」와 「선유도船遊圖」에는 특권층에 대한 작가의 분노가 매우 강렬하게 드러나 있습니다.

「연당야유도」는 양반들이 첩과 악사들을 불러놓고 아름다운 뜰에서 음악을 들으며 주색을 즐기는 모습을 그린 것입니다. 뒤룩뒤룩 살찐 양반들의 오만한 모습과 술자리에 음식을 나르는 여종이나 악사들의 소박하고 겸허한 모습이 매우 대조적으로 그려져 있습니다. 당시 사회에서는 흔했던 정경을 묘사한 것이지만, 민중을 착취하며 살아가는 후안무치한 양반 귀족의 추악함이 작가의 표정으로 표현되어 있습니다. 그것은 무엇보다도 신분 차별의 철폐를 바라 마지않는 신윤복의 격렬한 분노의 발로라고 할 수 있습니다.

같은 사상을 가지고 있다 하여도 김홍도와 신윤복은 뚜렷한 개성의 차이를 그대로 작품 세계에 반영하고 있습니다. 예컨대 김홍도의 그림에 등장하는 인물들이 다루는 악기가 북, 장고, 피리, 징, 꽹과리처럼 힘주어 두드리

「연당야유도」   「선유도」

거나 부는 타악기와 관악기인 데 반해, 신윤복의 작품에 등장하는 인물들은
주로 거문고, 가야금 같은 실내 악기를 연주하고 있습니다. 게다가 소묘의
선도 김홍도가 굵고 힘차고 굴곡이 심한 선이 많다면, 신윤복은 완만하면서
부드럽고 매우 서정적인 느낌을 나타내는 가는 선을 많이 사용하였습니다.
그래서 신윤복의 그림에는 다채로운 색이 동원되었고, 서민의 생활 감정의
깊이가 색조로 나타나 있습니다.

　　아마 그들의 생활 태도도 김홍도는 직선적이고, 신윤복은 은인자중형이
었을 것입니다. 말년에 첨절제사僉節制使를 제수 받은 것은 신윤복의 개성에
걸맞은 지위였다고 생각됩니다.

　　어쨌든 김홍도와 신윤복은 각자 개성을 십분 발휘하며 서로 보완하고
한국화의 독자적인 세계를 개척하여, 예술적으로 향기가 높은 작품을 후세
에 남긴 위대한 화가들이었습니다.

10. 실학을 집대성한 우뚝 솟은 봉우리 정약용

정쟁 속에서 태어난 아이

18세기 후반 우리나라에는 진보적인 학자들의 활약이 계속되었고, 그 중심을 이루었던 실학파의 업적은 역사적으로 높이 평가되고 있습니다. 정약용(丁若鏞 : 1762~1836년)은 이 실학을 집대성한 사람으로 평가됩니다.

정약용은 1762년 6월 16일(음력) 경기도 광주군 마재(마현馬峴 : 지금의 양주군 와부면 능내리)라는 한강 중류의 경치 좋은 곳에서 태어났습니다. 그의 아버지 정재원(丁載遠 : 1730~1792년, 문신)은 대대로 관료를 배출한 양반 가문 출신이고, 어머니 윤씨도 많은 학자를 배출한 명문 출신이었습니다. 그러나 그는 태어나서부터 당시 양반 사회의 당파 싸움에 휘말리는 운명에 처하게 됩니다.

정약용이 태어나기 전 해에 왕세자가 왕(영조英祖)을 피해 제멋대로 도성을 빠져나가 황해도 방면으로 여행을 떠난 사건이 있었습니다. 스물일곱 살 청년의 대수롭지 않은 탈선에 지나지 않는 사건이었지만, 권좌를 노리고 있던 노론파는 이 사건을 기화로 맹렬한 공격을 퍼부었습니다. 권력의 중심에 있던 남인파는 왕세자를 옹호하였으나 노론파와 마찬가지로 서인파에서 갈라져 나온 소론파도 이 기회에 자파의 세력을 늘리려 하였기 때문에 세 당파는 서로 뒤엉켜 치열한 싸움을 전개하였습니다. 결국 궁지에 몰린 왕은 다음 해 왕세자를 추방하였고, 세자는 반대파의 모략으로 뒤주 속에 갇혀 굶어 죽게 됩니다.

세자 공격파를 벽파僻派, 옹호파를 시파時派라고 하는데, 당쟁에서 패배한 시파의 남인 다수는 향리로 쫓겨납니다. 정약용이 태어나기 직전에 관직을 박탈당한 정재원도 향리인 마현에 틀어박히게 됩니다. 이와 같은 정쟁政爭이 없었다면 정약용은 한성에서 태어나 자랐을 테지만, 이 정쟁으로 인해 조용한 시골에서 태어나 어린 시절을 보내게 됩니다.

그에게는 형 셋과 누나가 있었습니다. 어린 시절 그의 가정이 어떠하였는가는 기록이 확실하지 않지만, 어렸을 때 대단한 장난꾸러기였다고 알려져 있습니다. 그는 양반 자식이므로 일찍부터 한학을 배웠을 테지만, 일곱 살 때 이미 다음과 같은 시를 썼던 것으로 보아 재능이 비범했던 것 같습니다.

작은 산이 큰 산을 가리네 멀고 가까움이 달라서라네

> 작은 산이 큰 산을 가리네
> 멀고 가까움이 달라서라네

> 小山蔽大山 소산폐대산
> 遠近地不同 원근지부동

그러나 정약용이 아홉 살 때인 1770년에 어머니 윤씨가 세상을 떠납니다. 응석받이고 장난꾸러기인 그에게는 커다란 충격이었습니다. 바로 손위 형도 열한 살밖에 안 되었기 때문에 아버지는 철없는 자식들을 위해 집안에 머무르고자 애썼던 것으로 보입니다. 그리고 이듬해인 1771년부터는 자식들에게 경서經書, 사서史書 등 유학의 기초를 철저하게 가르치기 시작합니다.

당시 양반들 사이에는 조혼의 풍속이 널리 유행하였습니다. 그의 아버지는 자식에게 가정의 따스함을 빨리 맛보게 하고 싶었는지, 열다섯 소년인 정약용을 승지 홍화보洪和輔의 딸과 결혼시킵니다. 그가 평생 아내를 사랑한 것을 보면 그의 아버지의 생각은 성공한 셈입니다.

이해(1776년) 3월 영조가 죽고 왕세손이 왕위를 잇습니다. 새로운 왕 정조는 1762년 비극적으로 삶을 마감한 왕세자의 아들이었던 만큼 망부亡父를 옹호하다가 정권에서 쫓겨난 남인들을 다시 등용하기 시작합니다. 그래서 정재원도 호조좌랑(조정의 세무 관계를 담당하는 부서의 과장쯤에 해당하는 자리로 정5품)에 임명되어 한성에 부임하게 됩니다.

갓 결혼한 나이 어린 부부는 아버지를 따라 한성으로 올라갑니다. 이는 분명 희망에 찬 소년에게 앞길을 밝게 뚫어주는 계기였을 것입니다. 한성에 온 그는 외가를 자주 드나들었습니다. 외증조부인 윤두서(尹斗緒 : 1668~1715년)는 문인으로도 명망이 높고, 또 공재恭齋라는 호로 알려진 화가이기도 하

삼재三齋

였습니다. 그의 문인화文人畵는 18세기 초의 유명한 문인화가 겸재謙齋, 현재玄齋와 함께 삼재三齋로 불리기도 하였습니다. 특히 그는 집안 가득 수많은 진귀한 책들을 모아놓아, 정약용은 매일 외가를 드나들며 귀중한 문헌을 찾아 읽어볼 수 있었습니다. 또한 수재로 칭송이 자자한 형들의 영향도 커서, 형의 친구인 젊은 유생들과 친분이 두터워 그의 학문 형성에 커다란 도움이 되었습니다.

한번은 형 정약전(丁若銓 : 1758~1816년)의 친구 가운데 이승훈(李承薰 : 1756~1801년, 조선 천주교 최초의 영세자)을 따라, 열여섯 살인 정약용은 이가환(李家煥 : 1742~1801년, 신유박해 때 순교함)을 찾아간 적이 있습니다. 이가환은 유명한 실학의 대가 성호 이익의 종손이며, 실학을 계승한 유능한 학자로 젊은 유생들의 선망의 대상이었습니다. 정약용은 그때 처음으로 이익의 원고를 읽고 이가환으로부터 실학의 진수를 듣고서, 조국의 현실을 올바로 파악하여 조국과 민족의 번영을 위하여 헌신하는 것이 참된 학문의 길임을 깊이 깨닫습니다. 그러나 그해 가을 아버지가 전라도 화순和順에 지방관으로 부임하게 되어 정약용도 아버지를 따라가게 됩니다.

한성을 떠나는 것은 폭넓은 학문의 길을 꿈꾸는 그의 날개를 꺾는 것과 같았지만, 아버지는 과거 시험에 전념할 수 있도록 자식을 조용한 시골로 데리고 갈 목적이었던 듯합니다. 그는 아버지의 분부에 복종하여 면학에 열중하였습니다. 공부하다 지치면 산에 올라 피로를 풀기도 하였는데, 1778년 그가 열일곱 살 때 쓴 「지리산승가시유일(智異山僧歌示有一 : 지리산 승가를 유일에게 보이다)」라는 시를 보겠습니다.

지리산 높아 높아 삼만 길인데
푸른 상봉 평지는 손바닥 같아
그 중에 암자 하나 대사립 두 짝이요
백발의 스님이 검은 법복 입고 있네

솔잎으로 미음 끓여 목을 축이고
칡덩굴로 모자 엮어 이마를 가렸는데
백 번이고 천 번이고 염불 외다가
갑자기 고요하여 아무 소리 들리잖네

삼십 삼년 산 밖으로 나오지 않았으니
세상 사람 그 누가 이 얼굴 기억하리
꽃이 피고 꽃이 져도 거들떠보지 않고
구름이 오고 가도 변함없이 한가할 뿐

표범은 소매 끌며 뜰 앞에서 장난하고
다람쥐는 창 틈에서 염불 소리 듣고 있네
산삼이 땅에 가득 아무도 캐지 않고
노루 사슴 울어대며 제멋대로 나다니네

이 스님 이름을 누가 장차 알겠으랴
안개, 노을 첩첩이 푸른 산을 덮었으니
태백산에 숨은 용을 모두가 의심하고
소림사 면벽面壁 구년九年 중생들은 이해 못해

설파雪坡대사 선정禪定에 들었단 말 들리는데
그 높은 발걸음이 여기 온 건 아닌지요
연공蓮公은 고개 숙여 답하려 하지 않고
설파와 헤어진 후론 소식 없다 말할 뿐

智異高高三萬丈　上頭碧巘平如掌 지리고고삼만장　상두벽헌평여장

有一草菴雙竹扉　有僧白毫垂緇幌 유일초암쌍죽비　유승백호수치황

松葉稀糜或沾喉　葛絲煖帽常覆顙 송엽희미혹첨후　갈사난모상복상

喃喃念經千百遍　忽爾寂然無聲響　남남염경천백편　홀이적연무성향

三十三年不下山　世人那得識容顏　삼십삼년불하산　세인나득식용안
花開花落了不省　雲來雲去只同閑　화개화락료불성　운래운거지동한
文豹牽裾篌庭畔　斑貙聽偈遊牎間　문표견거희정반　반오청게유창간
蓼芽滿地無人採　麖鹿呦呦自往還　삼아만지무인채　궤록유유자왕환

此僧名字將誰識　煙霞疊鎖蒼山色　차승명자장수식　연하첩쇄창산색
太白藏龍衆共疑　少林面壁愚莫測　태백장용중공의　소림면벽우막측
吾聞雪坡入禪定　無乃高蹤此逃匿　오문설파입선정　무내고종차도닉
蓮公俛首不肯答　但道別來無消息　연공면수불긍답　단도별래무소식

　　아직 소년티를 벗지 못한 정약용이 불문佛門에 관심이 있었던 것은 아니었겠지만, 철학적 사색의 깊이를 느끼게 하는 작품입니다. 이 작품은 시인으로서 뛰어난 그의 재능을 유감없이 보여주고 있습니다.

벼슬길에 올라 숱한 일을 겪다

　　아버지의 임지인 화순에 가 있던 정약용은 열여덟 살 때 아버지의 분부에 따라 형 정약종(丁若鍾 : 1760~1801년, 신유박해 때 순교함)과 함께 한성으로 과거 시험을 치르러 갑니다. 그때 준비가 부족하여 시험을 보지 않았는지, 아니면 시험에 떨어졌는지는 분명치 않습니다. 다만 그가 상경 도중에 쓴 시가 남아 있습니다.

　　「과경양지(過景陽池 : 경양지를 지나며)」

　　온갖 나무 우거져 큰길을 굽어보고
　　역루驛樓 가까이엔 꽃다운 연못 하나

얼굴 비친 봄물은 아득히 멀고

늦구름 제뜻대로 두둥실 떴네

대나무 울창해 말 달리기 어렵고

연꽃 피어 뱃놀이 제격이구나

위대할쏜 관개灌漑의 힘

일천 이랑 논들이 넘실넘실 출렁이네

雜樹臨官道　芳池近驛樓 잡수림관도　방지근역루

照顔春水遠　隨意晚雲浮 조안춘수원　수의만운부

竹密妨行馬　荷開合汎舟 죽밀방행마　하개합범주

弘哉灌漑力　千畝得油油 홍재관개력　천무득유유

아름다운 자연을 통해 농민의 생활을 생각하는 다감한 심정이 흘러넘치는 서정적인 시입니다. 아마 그는 정치적인 소질보다 문학적인 소질이 더 뛰어났는지도 모릅니다.

그 후에도 그는 화순에서 면학에 열중하면서 많은 시를 썼습니다. 그 가운데 열아홉 살 때 쓴 「무검편증미인(舞劍篇贈美人 : 칼춤 시를 미인에게 바치다)」이라는 시는 칼춤을 추는 미녀의 자태에 대한 생생한 묘사로 높이 평가받는 작품입니다.

「무검편증미인舞劍篇贈美人」

그는 스무 살 때인 1781년에도 한성에서 과거 시험을 치렀지만 그다지 좋은 성적은 아니었던 것 같습니다. 하지만 이듬해인 1782년 2월 다시 시험을 치러 초시(初試 : 1차 시험)에 합격하고, 같은 해 4월에는 회시(會試 : 2차 시험)에 합격하여 생원이 됩니다(일설에는 1783년으로 되어 있음). 그 무렵 장남이 태어나 한성에서 가정을 꾸렸는데, 익숙지 못한 한성 생활에 주위 사람들에게 이러쿵저러쿵 촌사람 취급받는 것이 싫었는지 편치 못한 심정을 시로 쓰기도 하였습니다.

생원으로 벼슬길에 나선 정약용은 1748년 여름에 왕의 부름을 받고 경연석經筵席에서 『중용中庸』을 강의하게 됩니다. 이는 젊은 유생에게는 더할 나위 없는 영예였기 때문에, 그는 만전의 준비를 기하기 위하여 학식이 높은 이벽(李蘗 : 1754~1786년)을 찾아가 의문 나는 점을 묻기도 합니다. 강의를 성공적으로 마친 그는 정조의 두터운 신임을 받게 되지만, 이벽과의 교제는 그를 고난의 운명으로 밀어 넣습니다.

신서파信西派와 공서파攻西派

이벽은 그의 형 정약전의 처남으로 열렬한 천주교 신자였습니다. 정약용은 이벽에게 서학에 관한 문헌을 받아보았고, 더불어 천주교 교리를 강의받기도 하였습니다. 당시 남인의 많은 젊은 유생들이 서학을 연구하며 나라에서 금지한 천주교를 믿는 자가 생겨나고 비밀 집회까지 열리는 상황이었습니다. 1785년 이 사실이 발각되어 신자들이 형조에 체포되는데, 이때에는 중인 출신의 신자 한 사람만 유배형에 처해졌을 뿐 양반 자제들은 모두 무죄 방면됩니다. 그러나 이 사건을 계기로 남인 내부에서는 천주교를 믿는 신서파信西派와 이를 배척하는 공서파攻西派의 대립이 일어납니다. 정약용은 단지 서학 연구에 몰두하였을 뿐 천주교 신자는 아니었습니다. 하지만 이벽과 같은 신자와 친교가 있고 그들의 비밀 집회에 초대받은 일도 있었으므로, 남인 가운데 권력을 쥔 무리는 그를 신서파의 중심 인물로 여기게 됩니다.

정약용은 1789년(스물여덟 살) 3월에 전시(殿試 : 임금이 친히 행차한 자리에서 시행하던 과거의 마지막 시험)에 합격하여, 학식이 높은 사람에게 주어지는 초계문신抄啓文臣이라는 칭호를 받습니다. 또 5월에는 부사정(副司正 : 종7품의 무관직으로, 일종의 대기직)에, 6월에는 가주서(假注書 : 종7품 문관)에 임명되어 조정의 요직에 오르기 위한 발판을 마련합니다. 그리고 그는 긴급 사태에 대비하여 커다란 강에 배를 나란히 띄워 가교를 만드는 설계도를 만들고, 이것이 큰 공사를 추진하거나 국방을 충실히 하는 데 도움이 된다는 것을 실증합니다. 이는 과학자다운 그의 일면을 보여주는 것으로, 설계는 정교하기 그지없었습니다.

정약용이 조정의 젊고 유능한 관리로 왕의 절대적인 신임을 받고 있다는 평판이 자자해짐에 따라 그에 대한 비난과 중상도 날로 심해졌습니다. 마침내 그는 1790년 3월 공서파의 규탄을 받아 충청도 서산군 해미현海美縣으로 유배되고 맙니다. 그러나 이때 왕이 손을 써주어 열흘 남짓 만에 유배가 풀리고 다시 조정의 관직에 복귀할 수 있었습니다. 그리고 1791년 3월에는 사간원 정언(正言 : 정6품)으로 영전되고, 다음해에는 홍문관 수찬修撰에 임명됩니다.

때마침 그는 수원성 수축에 동원되어 상세한 설계도를 만들고 서학을 연구해 얻은 과학적인 기술을 도입하여, 완전히 새로운 기중기를 제작하여 도르래를 가지고 무거운 물건을 마음대로 움직이는 데 성공합니다. 정약용의 이러한 과학 기술 덕분에 당시로서는 상상할 수 없을 만큼의 막대한 경비를 절약할 수 있었고, 공사 기간도 놀랄 만큼 단축할 수 있었습니다. 유럽에서 발달한 근대적인 건축 기술을 직접 본 적이 없는 그의 기중기 발명은 참으로 획기적인 일이며, 우리나라 건축사에 특기할 만한 사건이었습니다. 그러나 이러한 공적을 세운 그해에 아버지 정재원이 임지인 진주에서 세상을 떴다는 비보가 들려옵니다.

1794년 7월, 아버지의 상을 마친 그는 성균관 직강(直講 : 정5품의 교수역)에 임명됩니다. 그리고 그해 10월 왕의 특명을 받아 경기 암행어사가 되어 연천漣川 지방을 순찰합니다. 당시 경기도 관찰사인 서용보徐龍輔가 백성을 혹심하게 착취하고, 그의 부하들이 국가 재산을 함부로 횡령하고 있다는 정보가 있어서 그 사실을 조사하기 위한 것이었습니다. 조사를 마치고 돌아온 정약용은 서용보 일당의 범죄 사실을 있는 그대로 보고하여 서용보를 해직시킵니다. 그러나 중앙의 권력층과 끈이 닿아 있던 서용보는 이 일로 정약용에게 원한을 품고 여차하면 그를 죽음에 빠뜨리고자 책략을 꾸밉니다.

억압받고 있는 백성의 생활상을 상세하게 목격한 정약용은 그 충격적인 인상을 「봉지렴찰도적성촌사작奉旨廉察到積城村舍作」라는 시로 표현합니다. '교지를 받들어 지방을 순찰하던 중 적성촌에 시골집을 지었다'는 뜻의 이 시에는 그의 사상이 그대로 반영되어 있습니다.

시냇가 헌 집 한 채 뚝배기 같고
북풍에 이엉 걷혀 서까래만 앙상하네
묵은 재에 눈이 덮여 부엌은 차디차고

체 눈처럼 뚫린 벽에 별빛이 비쳐 드네
집안에 있는 물건 쓸쓸하기 짝이 없네
모조리 팔아도 칠팔 푼이 안 되겠네
개꼬리 같은 조 이삭 세 줄기와
닭 창자같이 비틀어진 고추 한 꿰미
깨진 항아리 새는 곳은 헝겊으로 때웠으며
무너앉은 선반대는 새끼줄로 얽었도다
구리 수저 이정里正에게 빼앗긴 지 오래인데
엊그젠 옆집 부자 무쇠솥 앗아갔네
닳아 해진 무명 이불 오직 한 채뿐이라서
부부유별 이 집엔 가당치 않네
어린것 해진 옷은 어깨 팔뚝 다 나왔고
날 때부터 바지 버선 걸쳐보지 못하였네
큰아이 다섯 살에 기병騎兵으로 등록되고
세 살 난 작은 놈도 군적軍籍에 올라 있어
두 아들 세공歲貢으로 오백 푼을 물고 나니
빨리 죽기 바라는데 옷이 다 무엇이랴
강아지 세 마리 아이들과 한 방에서 자는데
호랑이는 밤마다 울 밖에서 울어댄다
남편은 나무하러 가고 아내는 방아품 팔러 가
대낮에도 사립 닫힌 그 모습 참담하다
점심밥은 거르고 밤에 와서 밥을 짓고
여름에는 갖옷 한 벌 겨울엔 삼베 적삼
땅이나 녹아야 들 냉이 싹날 테고
이웃집 술 익어야 찌끼라도 얻어먹지
지난 봄에 꾸어온 환자미還上米가 닷 말인데
금년도 이 꼴이니 무슨 수로 산단 말가
나졸놈들 오는 것만 겁날 뿐이지

관가 곤장 맞을 일 두려워 않네

오호라 이런 집이 천지에 가득한데

구중궁궐 깊고 멀어 어찌 다 살펴보랴

한漢나라 벼슬인 직지사자(直指使者 : 한나라 때 암행어사와 비슷한 벼슬)는

이천석二千石 관리라도 마음대로 처분했네

폐단과 어지러움 근원이 혼란하니

공수龔遂 황패黃霸* 다시 온들 바로잡기 어려우리

정협鄭俠**의 유민도流民圖를 넌지시 본받아서

시 한 편에 그려내어 임금님께 바치리다

臨溪破屋如瓷鉢 北風捲茅樻齾齾 임계파옥여자발 북풍권모최알알

舊灰和雪竈口冷 壞壁透星篩眼豁 구회화설조구냉 괴벽투성사안활

室中所有太蕭條 變賣不抵錢七八 실중소유태소조 변매불저전칠팔

尨尾三條山粟穎 鷄心一串番椒辣 방미삼조산속영 계심일관번초랄

破甖布糊杜穿漏 芭架索縛防墜脫 파앵포호두천루 기가색박방추탈

銅匙舊遭里正攘 鐵鍋新被隣豪奪 동시구조이정양 철과신피린호탈

靑錦敝衾只一領 夫婦有別論非達 청금폐금지일령 부부유별론비달

兒稚穿珠露肩肘 生來不著袴與襪 아치천유로견주 생래불저고여말

大兒五歲騎兵簽 小兒三歲軍官括 대아오세기병첨 소아삼세군관괄

兩兒歲貢錢五百 願渠速死況衣褐 양아세공전오백 원거속사황의갈

狗生三子兒共宿 豹虎夜夜籬邊喝 구생삼자아공숙 표호야야리변갈

郞去山樵婦傭舂 白晝掩門氣慘怛 랑거산초부용용 백주엄문기참달

晝闕再食夜還炊 夏每一裘冬必葛 주궐재식야환취 하매일구동필갈

野薺苗沈待地融 村篘糟出須酒醱 야제묘심대지융 촌추조출수주발

* 한나라 때 백성을 아끼기로 명성이 높았던 목민관으로 오봉五鳳 3년(기원전 55) 승상이 되고, 공수龔遂와 함께 목민관牧民官 가운데 으뜸으로 손꼽혀 '공황龔黃'이라 일컬어졌다.
** 송나라 때 정협(1041~1119년)이 그린 유민도를 보고 황제가 백성들의 참상을 알게 되었다.

餉米前春食五斗 此事今年定未活 향미전춘식오두 차사금년정미활

只怕邏卒到門扉 不愁縣閣受笞撻 지파나졸도문비 불수현각수태달

嗚呼此屋滿天地 九重如海那盡察 오호차옥만천지 구중여해나진찰

直指使者漢時官 吏二千石專黜殺 직지사자한시관 이이천석전출살

弊源亂本禁未正 龔黃復起難自拔 폐원란본분미정 공황복기난자발

遠摹鄭俠流民圖 聊寫新詩歸紫闥 원모정협유민도 요사신시귀자달

그는 이 시에서 농민들의 굶주림, 지방관과 지방 호족을 비롯한 마을 유지들의 횡포한 수탈상 등을 가감 없이 폭로하고 있습니다. 국가의 세제는 권력층의 착취 도구가 되었으며, 본래 백성을 보호하려고 마련한 군포(軍布 : 병역 대행세)와 백성의 굶주림을 구하려고 마련한 구호용 비축미 제도인 환곡 제도는 악랄한 지방관들에 의해 고리대금 같은 수탈 행위의 방편이 되고 만 현실을 예리하게 지적하고, 왕에게 기본적인 해결책과 백성을 구하는 정치를 펼 것을 강력히 요구한 것입니다.

그러나 부패할 대로 부패한 봉건 제도 아래에서 왕에게 그러한 힘을 발휘할 여지가 없어서, 국가 제도 자체를 뿌리째 뒤엎지 않는 한 개혁이 있을 리 없었습니다. 그는 그것을 잘 알면서도 이 시를 왕에게 보였을 것입니다.

천주교로 형제들이 수난의 길을 걷다

암행어사 임무를 수행하고 다시 중앙 관직에 복귀한 정약용은 점차 왕의 두터운 신임을 받아, 1795년에 병조참의(兵曹參議 : 정3품의 당상관) 등의 고위직에 오릅니다. 그러나 다시 천주교 사건에 연루되어 수난의 길을 걷게 됩니다. 때마침 그해 7월 지난해에 청나라에서 밀입국하여 포교에 힘쓰고 있던 주문모周文謨 신부가 체포되었을 때, 그는 형 정약전과 함께 사건 관련자로 고발된 것입니다.

이로 인해 그는 충청도 금정金井의 찰방(察訪 : 역에 갖추어진 말을 관리하는 종6품의 관직)으로 좌천됩니다. 「기민시飢民詩」를 비롯하여, 굶주리는 백성의 비

참한 실태나 일하는 사람들의 고통스러운 생활을 집요하게 노래하면서 개혁사상을 호소하였던 그는 이미 박해를 각오하고 있었는지, 금정으로 향하는 도중 평택에서 다음과 같은 시를 씁니다.

「차평택현(次平澤縣 : 평택에 도착하여)」
금년에 해안에 비가 덜 내려
논마다 메밀꽃이 하얗게 피었는데
먹는 곡식 같지 않고 들풀과 같아
메밀대 붉은 다리 석양에 처량하다
늦게야 심은 모가 두어 치 푸르른데
메밀 대파代播 했더라면 저처럼 자랐을 걸
메밀 익어 장에 가서 쌀과 바꾸면
올 가을 환자미는 갚을 수 있을 것을

今年海壖慳雨澤 水田處處蕎花白 금년해패간우택 수전처처교화백
不似嘉穀似野草 凄涼落日群腓赤 불사가곡사야초 처량락일군비적
或種晩秧靑數寸 悔不種蕎如彼碩 혹종만앙청수촌 회불종교여피석
蕎成走市換稻米 秋來豈不充縣糴 교성주시환도미 추래기불충현적

　　이와 같이 그는 자신의 불행보다는 흉작을 만나 당장의 끼니 걱정에 앞서 관청에 바칠 환자미를 근심하여야 하는 농민들의 생활을 염려하였습니다. 또 정약용은 번민을 안고 가까운 명승지를 돌아다니다가, 가까운 청양현에서 다음과 같은 시를 쓰기도 하였습니다.

「행차청양현(行次靑陽縣 : 청양에 도착하여)」
청양현 버드나무 나그네 먼지 씻어주고
기러기떼 줄을 지어 바닷가에 날아드네
새벽녘 햇살 받아 골짜기 구름 희고

산골에 여린 잎 새봄이 돌아온 듯

이내 몸 운이 없어 산 구경이나 하면서

조정 떠나 방황하는 신세 되었네

아내는 참깨 털고 남편은 타작하는

이 세상 호걸이 바로 이 농민이라

靑陽官柳拂行塵　霜雁相隨到海濱　청양관유불행진　상안상수도해빈

澹白溪雲依曉日　嫩黃村葉似新春　담백계운의효일　눈황촌엽사신춘

漸成濩落看山計　眞作棲遑去國人　점성호락간산계　진작서황거국인

妻打胡麻郞穫稻　世間豪傑是農民　처타호마랑확도　세간호걸시농민

이와 같이 실의에 빠진 그는 진실 되게 살아가는 인간의 모습을 농민의 생활 속에서 찾고자 하였습니다. 그러나 머지않아 마음의 안정을 되찾은 그는 다시 독서에 몰두하여 틈틈이 문헌 연구 논문을 집필하기 시작합니다. 이리하여 그는 「도산사숙록陶山私淑錄」이라는 이퇴계론을 써냅니다. 또 그가 존경해 마지않던 성호 이익의 유고를 정리하기도 합니다.

이처럼 부지런하였던 그는 조정에 복귀하기 위하여 그해 12월 말에 금정 역사를 떠나게 됩니다. 그의 후임으로 금정에 부임한 김이영(金履永 : 1755~1845년)이라는 관원은 그의 업적에 감탄하며 "정약용은 매우 윤리적인 벼슬아치로 청렴결백하게 일했다"고 칭찬하는 보고를 올렸다고 합니다.

한성에 돌아온 정약용은 규장각 교서校書로, 도서 편찬과 교정 등 산더미 같은 업무를 묵묵히 수행합니다. 그때 실학자인 박제가 등이 동료로 함께 일하고 있었습니다. 그러나 그를 적대시하던 공서파와 벽파의 공격은 멎을 줄 몰라 그를 나라에서 금한 천주교 신자라고 비난하면서 숨통을 끊으려고 하였습니다.

1797년 6월, 그는 재차 조정에서 쫓겨나 황해도 곡산谷山 도호부사都護府使에 임명되어 떠나게 됩니다. 일개 지방 목민관牧民官이 되었지만 그는 임지에 있던 2년 남짓 동안 혼신의 힘을 다하여 일하였고, 뒷날 그는 목민관 경험

을 토대로 지방 행정관이 지켜야 할 자세를 상세하게 쓰기도 합니다. 또한 후세의 사가들은 목민관으로서의 그의 업적을 높이 평가하고 있습니다.

지방 관청에서는 면포를 세금으로 거두었는데, 백성에게 거두어들일 때는 긴 자를 사용하고 정부에 상납할 때는 짧은 자를 사용하는 사기 행각을 저지르고 있었습니다. 또한 면포 대신 돈으로 걷는 경우도 있지만, 세금을 징수할 즈음이면 면포 값을 부당하게 높이 매겨 백성을 착취하였습니다. 부사였던 그는 이와 같은 부정 행위를 엄금하고, 정확한 자를 사용함과 동시에 가격 상승을 금지하였습니다. 또한 많은 관청이 백성에게 환자미를 빌려주지도 않고 수확기에 이자만 거두는 악랄한 행위를 저지르고 있었는데, 이에 정약용은 관내 창고에 있는 곡물을 정확히 조사하여 그와 같은 착취 행위를 일체 엄금하였습니다.

그러자 관의 수입이 격감하여 정부에 상납할 양도 줄고 말았고, 상부 관청에서는 그를 처벌하라는 보고를 왕에게 올립니다. 그래도 그는 상부의 못된 관원들과 싸우면서 착취로 고통 받는 백성들을 보호하고자 노력하였습니다. 또한 소송 사건을 공정하게 심리하여 죄인이 뇌물을 바치고 빠져나가거나 죄 없는 자가 가난 때문에 처벌을 받는 일이 없게 하였습니다. 사무적인 처리 역시 명확히 하여 호적과 토지 대장을 정확히 함과 동시에, 세금과 병역 관계 등에서 부정이 없도록 하였습니다.

특히 정약용은 천연두가 유행하자 서학에서 얻은 지식을 활용하여 적절한 치료책을 세우고, 이를 위해 『마과회통麻科會通』이라는 의학서를 편찬하여 보급합니다. 그때까지는 천연두에 대해 전혀 무방비였던 만큼 그의 치료책은 놀라운 효과를 거둬 금세 전국적으로 실시됩니다. 그는 이렇게 바쁜 업무 중에도 연구 활동을 게을리 하지 않아 『사기전주史記箋註』 등의 저서를 펴냅니다.

1799년 4월 왕은 그를 다시 조정으로 불러들여 병조참지(兵曹參知 : 정3품)에 앉힙니다. 그리고 그가 잇달아 요직을 제수받자, 정적들은 또다시 그를 천주교 신자라고 맹렬하게 공격하였습니다. 이를 참다못한 그는 마침내 「자명소自明疏」를 제출합니다. 그는 자명소에서 다음과 같이 실학자로서의 자기 본심을 토로합니다.

『마과회통麻科會通』과 『사기전주史記箋註』

제가 서학에 마음을 두었던 것은 서양의 학문, 특히 천문, 지리, 농정, 수리, 건축, 측량, 치료법 따위의 과학적 지식을 얻기 위함이지, 결코 천주교를 믿기 위함이 아니었습니다. 서양의 과학을 우리나라 현실에 적용하여 이바지하고자 서학을 공부한 것입니다. 그 공부를 위해 서학에 능통한 천주교 신부와 신자를 만났을 뿐입니다.

그는 해명서와 함께 사직서도 제출하자, 왕은 애써 그를 달래 머무르게 하였습니다. 그러나 그의 사의가 완고하여, 1800년 봄 한성의 살림을 정리하여 처자를 거느리고 고향인 마재로 돌아갑니다. 서른아홉 살 때의 일입니다.

그 후 정조의 강력한 재촉으로 부득이 다시 한성로 왔지만, 정조는 6월 28일 마흔아홉 살의 나이로 갑자기 죽고 맙니다. 이어 겨우 열한 살 소년이 왕위를 잇자 대왕대비인 정순왕후가 후견인이 되고 노론 벽파인 김씨 일파가 권력을 독점하게 됩니다. 이제 정약용을 돌봐줄 사람이 없어 그는 향리로 돌아갈 수밖에 없었습니다. 그러나 권력을 장악하고 있던 노론 벽파는 천주교 신자를 철저하게 단속한다는 구실을 내세우며 우수한 인재가 몰려 있는 시파와 남인을 일소할 계획을 세웁니다. 이때 1801년 2월 9일 이가환, 이승훈을 비롯하여 정약용의 삼형제(둘째 형 약전, 셋째 형 약종) 등 뛰어난 많은 학자들이 투옥됩니다. 이 사건을 '신유사옥辛酉邪獄'이라 부르는데, 이 대탄압은 소위 세도 정치勢道政治의 출현과 함께 우리나라가 어리석은 독재 세력에 의해 암흑으로 화하고 마침내 멸망에 이르게 되는 계기가 됩니다.

신유사옥辛酉邪獄

이가환과 정약용의 셋째 형 약종은 옥중에서 고문으로 죽고, 진작 투옥되어 있던 청나라 신부 주문모와 이승훈, 권철신權哲身, 홍교만洪敎萬 등은 즉시 사형에 처해졌습니다. 정조가 특별히 신임했던 정약용만은 석방하는 것이 좋겠다는 의견도 있었지만, 그를 평생의 적으로 증오하던 서용보의 강고한 반대로 그 역시 유배형에 처해집니다. 3월 9일 유배지에 도착한 정약용은 오로지 시작詩作과 독서에 몰두하다가, 10월 20일 다시 한성으로 압송됩니다.

노론 벽파의 폭압은 날로 흉포해져, 예전에 굶어 죽은 정조의 아버지 장헌세자(莊憲世子 : 사도세자)의 혈족이나 그 동정자들까지 잇달아 학살되거나 유배당합니다. 그리고 조금이라도 천주교 신자와 관계가 있는 자는 참혹한 탄압의 대상이었습니다. 이때 신자의 한 사람인 황사영(黃嗣永 : 1775~1801년)이 탄압 사실을 비단 천에 적어 북경의 천주교 주교主敎에게 보내려다가 발각되어 황사영은 즉시 죽임을 당하고 많은 사람이 관련자라는 죄목으로 처형되는 일이 벌어집니다.

벽파는 이 '황사영백서黃嗣永帛書' 사건을 구실로 유형중인 유력자들을 모두 사형시킬 계획을 세우고, 그들을 다시 체포하여 재심리하기로 합니다. 이때 정약전도 연행되었지만, 조정 내부에 이들 형제의 공적을 칭송하는 사람들이 있어서 권력파들도 감히 그들을 사형에 처할 수는 없었습니다. 그리하여 정약전은 전라도 흑산도黑山島로, 정약용은 강진康津으로 각각 유형지를 바꾸는 것으로 일단락됩니다.

정약용이 한성의 감옥에 도착한 것은 10월 27일, 새 유배지로 가기 위하여 감옥에서 나온 것은 11월 5일이었습니다. 그동안 그는 상황을 전혀 알지 못한 채 생사의 기로를 넘나들었던 것입니다. 형제는 관원들의 호송을 받으며 전라도로 향하여, 11월 21일 이른 아침에 나주羅州 근처의 율정栗亭이라는 곳에 도착합니다. 형은 여기에서 서해안으로 나가 멀리 흑산도로 향하고, 동생은 남쪽으로 길을 잡아 남해 끝으로 향합니다.

"흑산도는 저 하늘 저 바다의 끝에 있는 외딴 섬이오. 형님이 그런 곳에 유배되시다니……"

그는 형 정약전에게 목멘 소리로 이별을 고하였는데, 이 이별의 인사를 마지막으로 두 형제는 영원히 만날 수 없게 됩니다. 형은 1816년 흑산도 유배지에서 돌아올 수 없는 사람이 되고 말았기 때문입니다.

유배지에서 관리들의 악랄한 수탈상을 목놓아 읊다

형 정약전과 슬프게 이별한 뒤 홀로 유배지인 강진에 도착한 정약용은 읍 변두리에 노파가 운영하는 주막에 방 하나를 빌려 그곳에 머무르게 됩니다. 그곳에서 그는 조정의 화살을 피하기 위하여 아무도 만나려 하지 않고 방안에 틀어박혀 오로지 독서에만 열중합니다. 그는 허망한 심정을 「객중서회(客中書懷 : 나그네 신세타령)」라는 시로 표현합니다.

북풍에 흰 눈처럼 불어 날리어
남으로 강진땅 주막집에 이르렀네
작은 산이 바다를 가려줘서 다행이고
빽빽한 대나무가 꽃처럼 아름답네
장기(瘴氣 : 습하고 열기가 있는 땅에서 생기는 독기) 있는 땅이라 겨울 옷 벗어내고
근심이 많으니 밤술 더욱더 마시네
설 전에 동백꽃 붉게 피어서
나그네 수심을 그나마 풀어주네

北風吹我如飛雪 南抵康津賣飯家 북풍취아여비설 남저강진매반가
幸有殘山遮海色 好將叢竹作年華 행유잔산차해색 호장총죽작년화
衣緣地瘴冬還減 酒爲愁多夜更加 의연지장동환감 주위수다야갱가
一事繠能消客慮 山茶已吐臘前花 일사재능소객려 산다이토랍전화

그리고 어느 봄날 고향에서 보낸 편지를 유배지에서 처음 받고 느낀 복잡한 심경을 다음과 같이 읊기도 합니다.

「신년득가서(新年得家書 : 새해에 집에서 보낸 편지를 받고)」
봄이 와도 무심히 모르고 있었다가
새소리 날로 변해 웬일인가 하였다네
봄비 오니 고향 생각이 덩굴처럼 헝클어지고
겨울 지난 병든 몸은 대처럼 말랐구나
세상일 보기 싫어 늦게야 방문 열고
찾는 손님 없으니 이불 개기 늦어지네
고향의 집 아이가 쇄한법鎖閑法을 알았는지

의서에 맞춰 빚은 술 부대를 부쳐 왔군

천리 길 하인놈이 편지를 전해

주막집 등잔 아래 홀로 앉아 탄식하네

어린 놈 채소 심어 아비 징계할 만하고

병든 아내 옷 꿰매며 아직 나를 사랑하네

내 식성 알아서 찹쌀까지 보내면서

굶주림 면하려고 철투호鐵投壺를 팔았다니

그 자리서 답장 쓰며 무슨 말을 또 하리요

산뽕나무 수백 그루 심으라고 할밖에는

歲去春來漫不知　鳥聲日變此堪疑　세거춘래만부지　조성일변차감의

鄕愁値雨如藤蔓　瘦骨輕寒似竹枝　향수치우여등만　수골경한사죽지

厭與世看開戶晩　知無客到倦衾遲　염여세간개호만　지무객도권금지

兒曹也識鎖閒法　鈔取醫書付一鴟　아조야식쇄한법　초취의서부일치

千里傳書一小奴　短檠茅店獨長肝　천리전서일소노　단경모점독장우

稚兒學圃能懲父　病婦縫衣尙愛夫　치아학포능징부　병부봉의상애부

憶嗜遠投紅稬飯　救飢新賣鐵投壺　억기원투홍나반　구기신매철투호

旋裁答札無他語　飭種畦桑數百株　선재답찰무타어　칙종염상수백주

    그러나 그는 자기 감정에 빠져 헤어나지 못하는 사람은 아니었습니다. 규칙적인 생활 속에서 건강 회복에 힘쓰며 독서를 하고, 이웃 농촌을 산책하면서 농민들의 생활을 깊이 관찰하고 있었습니다. 그는 어떠한 처지에서도 백성의 행복을 생각하는 사람이었습니다. 그는 「탐진촌요耽津村謠」, 「탐진농가耽津農歌」, 「탐진어가耽津漁歌」 등의 장편시를 잇달아 썼는데, 그 가운데 몇 수를 소개하겠습니다.

「탐진촌요耽津村謠」 중에서

동백나무 잎사귀 싸늘하고 따박한데
눈 속에 핀 꽃이 학鶴 이마처럼 붉구나
갑인년(甲寅年 : 1794년) 어느 날 소금비 내린 뒤로
등자나무 유자나무 모조리 말랐다네

바닷가 왕대나무 키가 커서 백 자더니
요사이 같아선 상앗대도 못 구하네
원정(園丁 : 정원사)들 날마다 새 죽순 길러내어
죽력고(竹瀝膏 : 열병에 듣는 약) 만들어 주문(朱門 : 권력자의 집)에 바친 까닭

석제원 북쪽엔 갈림길도 많아라
예부터 아가씨들 이곳에서 이별했네
한 서린 문전에 수양버들은
풍상에 다 꺾이고 남은 가지 몇이더뇨

새로 짜낸 무명이 눈결같이 고왔는데
이방吏房 줄 돈이라고 황두(黃頭 : 이방의 부하)가 뺏어가네
누전(漏田 : 토지 대장에서 누락된 토지) 세금 독촉이 성화같이 급하구나
삼월 중순 세곡선歲穀船이 한성으로 떠난다고

어느 해 가시밭에 길이 열렸나
누런 잔디 참대가 꽃처럼 아름답네
형방刑房의 아전들 떠도는 걸 보아하니
한성에서 또 한 사람 귀양 온 모양이군

예부터 높은 사람 전복죽 좋아하고
동백 기름 머리 감는단 말 빈말이 아니구나

고을 아전 방마다
규장각 학사 글이 다 있네

山茶接葉洽童童　雪裏花開鶴頂紅　산다접엽령동동　설리화개학정홍
一自甲寅鹽雨後　朱欒黃柚盡枯叢　일자갑인염우후　주란황유진고총

海岸篔簹百尺高　如今不中釣船篙　해안운당백척고　여금불중조선고
園丁日日培新筍　留作朱門竹瀝膏　원정일일배신순　유작주문죽력고

石梯院北路多歧　終古娘娘此別離　석제원북로다기　종고낭낭차별리
恨殺門前楊柳樹　炎霜摧折少餘枝　한살문전양류수　염상최절소여지

棉布新治雪樣鮮　黃頭來博吏房錢　면포신치설양선　황두래박이방전
漏田督稅如星火　三月中旬道發船　누전독세여성화　삼월중순도발선

荊棘何年一路開　黃茅苦竹似珠雷　형극하년일로개　황모고죽사주뢰
形房小吏傳呼急　知是京城謫客來　형방소이전호급　지시경성적객래

自古漸臺嗜鰒魚　山茶濯膤語非虛　자고점대기복어　산다탁직어비허
城中小吏房櫳內　徧揷奎瀛學士書　성중소리방롱내　편삽규영학사서

　이 시는 모두 권력층에게 착취 받고 있는 농민의 실태를 묘사한 것입니다. 그리고 그는 생산에 힘쓰는 농민의 부지런함도 찬미하고 있습니다.

　「탐진농가耽津農歌」중에서
　벼논에 물 뺀 후에 보리를 심고
　보리 베면 곧 이어 모내기하세
　지력地力을 하루라도 놀릴 수 있으리요

푸른색 누런색 철따라 아름답네

김매고 북돋우기 호미를 쓰지 않고

잡초도 두 손으로 잠깐 동안 뽑아내네

맨다리에 방게 붙어 붉은 피 흐르는데

이 피로 그림 그려 은대(銀臺 : 승정원)에 바쳤으면

모내기철 모 품팔이 아낙네들 일손 바빠

보리 베는 반상(盤床 : 남편) 일도 도울 생각 전혀 않네

이서방넨 뒤에 가고 장서방네 먼저 가세

예로부터 돈모 심기 밥모보다 낫다 하네

넓고 넓은 연못 속에 고기 하나 살지 않네

아이들도 삼가서 연꽃일랑 심지 마라

연씨 열면 관가에 바칠 뿐만 아니라

관인官人들 일 없는 날 낚시할까 두렵네

稻田洩水須種麥 刈麥卽時還揷秧 도전설수수종맥 예맥즉시환삽앙

不肯一日休地力 四時嬗變色靑黃 불긍일일휴지력 사시선변색청황

穭葆從來不用鋤 手搴稂莠亦須除 표곤종래불용서 수건랑유역수제

那將赤脚蚑鍼血 添繪銀臺遞奏書 나장적각기침혈 첨회은대체주서

秧雇家家婦女狂 不曾刈麥助盤床 앙고가가부녀광 부증예맥조반상

輕違李約趨張召 自是錢秧勝飯秧 경위이약추장소 자시전앙승반앙

陂澤漫漫不養魚 兒童愼莫種芙蕖 피택만만불양어 아동신막종부거

豈惟蓮子輸官裏 兼怕官人暇日漁 기유연자수관리 겸파관인가일어

「탐진어가耽津漁歌」 중에서

아녀자들 옹기종기 물가에 모여 있네

오늘은 어린 딸들 새로 헤엄 배우는 날

그 중에도 물오리 같은 저 아가씨는

남포南浦의 새신랑이 혼수감 보낸다네

兒女脘脘簇水頭 아녀완완족수두

阿孃今日試新泅 아양금일시신수

就中那箇花㿽沒 취중나개화부몰

南浦新郎納綵紬 남포신랑납채주

　이처럼 백성들을 사랑한 그는 착취에 신음하는 농민의 생활을 묵시할 수 없었습니다. 1803년 정약용은 「애절양(哀絶陽 : 남근 자른 서러움)」이라는 시를 썼는데, 이 시를 쓴 동기에 대해서는 이렇게 적고 있습니다.

　강진 갈밭에 살던 한 농부가 아이를 낳은 지 사흘 만에 군보(軍保 : 군무에 복무하는 대신 군에 필요한 세금을 징수하는 것)에 등록되어, 이정里正에게 커다란 소를 빼앗겼다. 그러자 그 농부는 칼로 자기 생식기를 자르며 "이것 때문에 재앙을 입었다"고 하였다. 그 아내는 아직 핏방울이 떨어지는 생식기를 관가에 가지고 가 세금 징수의 가혹한 실태를 눈물로 호소하였지만 문지기는 박정하게 쫓아버렸다. 나는 그 이야기를 듣고 더 이상 견딜 수 없는 심정으로 이 시를 쓴다.

　갈밭 마을 젊은 여인 울음도 서러워라

　현문縣門 향해 울부짖다 하늘 보고 호소하네

　군인 남편 못 돌아옴은 있을 법도 한 일이나

　예부터 남절양男絶陽은 들어보지 못했노라

　시아비 죽어 상복 입었고 갓난애 배냇물도 안 말랐는데

　삼대三代의 이름이 군적에 실리다니

달려가 억울함 호소해도 범 같은 문지기 버티어 있고

이정이 호통하여 단벌 소만 끌려갔네

남편이 칼을 갈아 방에 들자 붉은 피 자리에 낭자하구나

스스로 한탄하네 "아이 낳은 죄로구나"

잠실궁형蠶室淫刑*이 또한 지나친 형벌이고

민閩** 땅 자식 거세함도 가엾은 일이거든

자식 낳고 사는 건 하늘이 내린 이치

하늘땅 어울려서 아들 되고 딸 되는 것

말·돼지 거세함도 가엾다 이르는데

하물며 뒤를 잇는 사람에 있어서랴

부자들은 한평생 풍악이나 즐기면서

한 알 쌀, 한 치 베도 바치는 일 없으니

다 같은 백성인데 이다지 불공한고

객창에서 거듭거듭 시구편鳲鳩篇***을 읊노라

蘆田少婦哭聲長 哭向縣門號穹蒼 노전소부곡성장 곡향현문호궁창

夫征不復尙可有 自古未聞男絶陽 부정불복상가유 자고미문남절양

舅喪已縞兒未澡 三代名簽在軍保 구상이호아미조 삼대명첨재군보

薄言往愬虎守閽 里正咆哮牛去皀 박언왕소호수혼 이정포효우거조

磨刀入房血滿席 自恨生兒遭窘厄 마도입방혈만석 자한생아조군액

蠶室淫刑豈有辜 閩囝去勢良亦慽 잠실음형기유고 민건거세양역척

生生之理天所予 乾道成男坤道女 생생지리천소여 건도성남곤도녀

騸馬豶豕猶云悲 況乃生民恩繼序 선마분시유운비 황내생민은계서

豪家終歲奏管弦 粒米寸帛無所捐 호가종세주관현 입미촌백무소연

* 남자는 거세시키고, 여자는 음부를 봉하는 형벌을 말한다.

** 지금의 중국 푸젠성福建省을 말한다. 당나라 때 민의 자손들을 환관으로 많이 채용하였는데, 그 결과 이곳에서는 자식을 낳아 거세하는 일이 많았다.

*** 『시경詩經』중에서 공평하고 사심없는 군자의 덕을 노래한 편을 말한다.

그는 계속해서 지방 관리들의 악랄한 수탈상을 풍자한「송충이」,「황옻칠」,「모기」등의 시를 썼습니다.

「송충이」는 선량한 농민들을 소나무에 비유한 시입니다. 소나무는 충성을 다하여 궁궐 건축의 자재가 되기도 하고, 침략자 일본 수군을 무찌르는 군선의 자재가 되기도 하여 나라를 지키는 밑바탕이 되었음에도 불구하고, 더없이 탐욕스러운 송충이에게 쏠아 먹혀 차마 눈 뜨고 볼 수 없을 정도로 여위어 피골이 상접하고 마침내 말라 비틀어져 가는 모습을 묘사하고 있습니다. 송충이는 말할 것도 없이 권력층과, 그 앞잡이가 되어 백성을 갉아먹는 지방 관청의 아전들을 가리킵니다. 〔송충이〕

「황옻칠」은 권력자들이 지방 특산물을 함부로 수탈하여 이윽고 자재가 고갈되고, 특산물을 만드는 공장工匠들은 도탄에 빠져 있는 현실을 폭로합니다. 마침내 견딜 수 없게 된 농민과 공장들이 이제 자재가 다 떨어졌다면서 공물 납부를 일체 거부합니다. 그래서 조정이 부득이하게 공납 면제 통고를 내리자 자취를 감추었던 종유동鐘乳洞의 종유석이 나오기 시작하고, 메말라 버렸던 옻나무에서 새싹이 움터 나오더라는 이야기를 덧붙이고 있습니다. 〔황옻칠〕

「모기」는 사람의 피를 빨아먹는 모기를 지방 관청의 아전들에 비유하여, 그 비열함과 잔인함과 집요함을 여러 각도에서 매우 신랄하게 비판하고 있습니다. 〔모기〕

사악한 정치 제도와 부패한 권력 계급, 비열한 관헌을 규탄하고 수탈로 고통 받는 백성을 구할 길을 모색하는 그의 사상의 전모가 잘 묘사된 것이 1804년 그가 마흔세 살 때 쓴「하일대주夏日對酒」, 즉 '여름날 술을 마시며'라는 뜻의 장편시입니다. 그는 이 시에서 당시 사회의 온갖 모순을 소리 높여 노래하고 있는데, 이 시는 그의 대표적인 문학 작품이기도 합니다.

「하일대주夏日對酒」

1

나라의 임금이 토지를 소유함은

비유컨대 부잣집 영감마님 같은 것

영감마님 가진 땅 일백 경頃이고

열 아들이 제각기 분가하여 산다면

한 집이 십 경씩 나누어 가져

먹고 사는 형편을 같게 해야 마땅한데

약은 놈이 팔구십 경 삼켜버리니

못난 놈 곳간은 언제나 비어 있네

약은 놈 비단옷 찬란히 빛나는데

못난 놈은 가난을 괴로워하네

영감마님 눈을 들어 이 지경 보자 하니

슬프고 괴로워 속마음이 쓰리지만

그대로 둘 수밖에 어쩔 수 없기에

못난 놈들 동서로 뿔뿔이 유랑하네

부모 밑에 뼈와 살 받은 바는 꼭 같은데

부모의 자애가 왜 이다지 불공한고

커다란 강령이 이미 무너졌으니

만사가 막혀서 통하지 않네

한밤중에 책상 치고 벌떡 일어나

높은 하늘 우러러 길이길이 탄식하네

后王有土田　譬如富家翁　후왕유토전　비여부가옹

翁有田百頃　十男各異宮　옹유전백경　십남각이궁

應須家十頃　飢飽使之同　응수가십경　기포사지동

黠男吞八九　癡男庫常空　힐남탄팔구　치남고상공

黠男粲錦服　癡男苦尫癃　힐남찬금복　치남고왕륭

翁眼苟一眒　惻怛酸其衷 옹안구일혜　측달산기충

任之不整理　宛轉流西東 임지불정리　완전유서동

骨肉均所受　慈惠何不公 골육균소수　자혜하불공

大綱旣饔扭　萬事窒不通 대강기휴비　만사질불통

中夜拍案起　歎息瞻高穹 중야박안기　탄식첨고궁

2

많고 많은 저 백성들

모두 같은 나라 사람

마땅히 징렴徵斂이 있어야 한다면

부자들은 그래도 괜찮겠지만

어찌하여 힘없는 백성들께만

가혹한 정사가 베풀어지나

군보란 이름이 무엇이기에

이다지 모질게도 법률을 만들었나

일 년 내내 힘들여 일을 해봐도

자기 한 몸 가릴 옷이 생기지 않네

어린아이 뱃속에서 태어나기 무섭게

죽어서 먼지 되고 티끌 되어도

아직도 그 몸에 요역徭役이 따라

가을 하늘 곳곳마다 울부짖는 그 소리

원통하고 혹독해 절양絶陽에까지 이르니

참으로 슬프고 쓰라린 일이로다

호포법(戶布法 : 양반에게도 군포를 징수한 제도) 논의가 있은 지 오래이고

그 뜻이 상당이 타당했는데

지난해 평양 감사 이 법 시행해봤지만

수십 일도 되지 않아 그만두었네

만인이 산에 올라 통곡해대니

어떻게 임금의 뜻을 펼 수 있으리
먼 곳에 이르려면 가까이서 시작하고
낯선 사람 다스림은 친척부터 하는 법
어찌하여 굴레와 고삐를 가지고서
들말부터 먼저 길들이려 하는가
펄펄 끓는 물 속에 손 넣는 격이니
어찌하여 계모計謀를 펼 수 있으리
서민(西民 : 평안도·황해도의 백성을 뜻함)들 오랫동안 억눌려 지내
열 대 동안 벼슬길 막혀버려서
겉모양 비록 공손하지만
가슴속엔 언제나 사무친 원한
지난번 일본놈들 쳐들어왔을 때
의병들 곳곳에서 일어났지만
서민 유독 팔짱 끼고 방관한 것은
진실로 그럴 만한 이유 있었지
생각하면 가슴속이 끓어오르네
술이나 들이켜고 진실로 돌아가자

芸芸首黔者 均爲邦之民 운운수검자 균위방지민
苟宜有徵斂 胥矣是富人 구의유징렴 가의시부인
胡爲剝割政 偏於傭丐倫 호위박할정 편어용개윤
軍保是何名 作法殊不仁 군보시하명 작법수불인
終年力作苦 曾莫庇其身 종년역작고 증막비기신
黃口出胚胎 白骨成灰塵 황구출배태 백골성회진
猶然身有徵 處處號秋旻 유연신유요 처처호추민
冤酷至絶陽 此事良悲辛 원혹지절양 차사양비신
戶布久有議 立意差停勻 호포구유의 입의차정균
往歲平壤司 薄試纔數旬 왕세평양사 박시재수순

萬人登山哭 何得布絲綸 만인등산곡 하득포사륜

格遠必自邇 制疏必自親 격원필자이 제소필자친

如何羈馽具 先就野馬馴 여하기칩구 선취야마순

探湯乃由沸 計謀那得伸 탐탕내유비 계모나득신

西民久掩抑 十世閡簪紳 서민구엄억 십세애잠신

外貌雖愿恭 腹中常輪囷 외모수원공 복중상윤균

漆齒昔食國 義兵起踆踆 칠치석식국 의병기준준

西民獨袖手 得反諒有因 서민독수수 득반량유인

拊念腸內沸 痛飮求反眞 부념장내비 통음구반진

3

농가엔 반드시 양식을 비축하여
삼 년 농사 지으면 일 년치 비축하고
구 년 농사 지으면 삼 년치 비축하여
검발檢發*하여 백성을 도우는 건데
사창법社倉法** 한번 문란해지자
만 목숨이 뒹굴며 구슬피 우네
빌려주고 빌리는 건 양쪽 다 원해야지
억지로 강제하면 불편해져서
온 땅을 통틀어도 고개만 저을 뿐
빌리겠단 사람은 하나도 없네
봄철에 좀먹은 쌀 한 말 받고서
가을엔 온전한 쌀 두 말 바치고
게다가 좀먹은 쌀값 돈으로 내라 하니
온전한 쌀 판 돈을 바칠 수밖에

* 풍년에는 정부에서 곡식을 비싸게 사들이고, 흉년에 곡식을 싸게 내놓는 상평창常平倉 제도를 말한다.

** 민간에 창고를 두어 백성들에게 곡식을 대여해주던 일종의 환곡 제도를 말한다.

이익으로 남는 것은 간활한 자 살을 찌워

한 번 벼슬길에 천 경(頃) 논이 생긴다네

쓰라린 고초는 가난한 자에 돌아가니

휘두르는 채찍질에 살점이 떨어진다

큰 가마, 작은 솥 모두 다 가져가고

자식은 팔려가고 송아지마저 끌려가네

군량미 대비한단 말도 말아라

이것은 오로지 겉으로만 하는 말

섣달 그믐 임박해서 창고문 닫아걸고

새봄도 되기 전에 창고 곡식 다 비우니

곡식 쌓인 기간은 몇 달밖에 되지 않고

일 년 내내 창고 속은 텅텅 비어 있는걸

군량미 조달할 일 불시에 생기는데

어찌하여 제때에 대비할 수 있겠는가

농가 양식 대준단 말도 말아라

너무도 자애로워 오히려 지나치네

자식들 이미 분가를 하면

부모도 자식들에 맡겨두는 법

사치와 절약은 자기들 맘인데

죽 먹어라 밥 먹어라 어이할 건가

모든 일 부부가 의논해서 결정하지

지나친 부모 간섭 원하지 않네

본래는 아름다운 상평(常平)의 법이

까닭 없이 버려지고 버림받았네

두어라, 말아라 술이나 마시자

백 병 술이 장차는 샘물같이 되리라

耕者必蓄食 三年蓄一年 경자필축식 삼년축일년

九年蓄三年 檢發以相天 경자필축식 검발이상천
社倉一濫觴 萬命哀顚連 사창일람상 만명애전연
債貸須兩願 强之斯不便 채대수량원 강지사불편
率土皆掉頭 一夫無流涎 솔토개도두 일부무유정
春盦受一斗 秋鑿二斗全 춘고수일두 추착이두전
況以錢代盦 豈非賣鑿錢 황이전대고 기비매착전
贏餘肥奸猾 一宦千頃田 영여비간활 일환천경전
楚毒歸圭華 割剝紛箠鞭 초독귀규필 할박분추편
鉅鍋旣盡出 拏粥犢亦牽 좌과기진출 노죽독역견
休言備軍儲 此語徒諞諞 휴언비군저 차어도편전
封庫逼歲除 傾困在春前 봉고핍세제 경균재춘전
庤稑僅數月 通歲常枵然 치축근수월 통세상효연
軍興本無時 何必巧無愆 군흥본무시 하필교무건
休言給農釀 慈念太勤宣 휴언급농양 자념태근선
兒女旣析産 父母許自專 아녀기석산 부모허자전
靡嗇各任性 何得察粥饘 미색각임성 하득찰죽전
願從夫婦議 不願父母憐 원종부부의 불원부모련
常平法本美 無故遭棄捐 상평법본미 무고조기연
已矣且飮酒 百壺將如泉 이의차음주 백호장여천

4

춘당(春塘 : 창경궁 안에 있는 누각)에서 해마다 선비들 과거 시험
만인이 한곳에서 서로 다투어
이루(離婁 : 눈이 특별히 밝은 사람) 같이 눈 밝은 자 백 명 있어도
낱낱이 감시하지 못하겠더라
되는 대로 적당히 채점해버려
당락은 오로지 시관 맘에 달려 있네
높고 높은 하늘에서 별똥 하나 떨어지니

만 명의 눈길이 똑같이 쳐다보네

법을 무너뜨리고 요행심만 길러주니

온 세상 모두 다 미친 것 같네

식자들 지금까지 따져 말하길

변계량(卞季良 : 과거 체제를 처음 정비한 사람) 허물을 아직도 탓하네

과시의 품격이 원래 비루해

끼친 해독 크고 넓어 엄청나구나

촌마다 마을마다 선생이 앉아

가르치는 내용은 한과 당漢唐의 것이 아니고

어디서 온 백련구(百聯句 : 초보적 시 교재)인지

읊는 소리 방안에 가득하구나

항우項羽와 패공沛公의 옛날 고사만

장마다 편마다 지루하게 연해 있네

강백姜柏*은 큰 주둥이 맘대로 놀리고

노긍盧兢**은 창자에서 묘한 말만 뽑아낸다

한평생 공부하여 성인을 닮자 하나

소동파蘇東坡 황정견黃庭堅도 엿보지 못해

한 마을의 우두머리 될지 몰라도

시체문詩體文도 어두워 캄캄하다네

대대로 이름 한 번 날리지 못하건만

그래도 농사일은 하지를 않네

과거에 뽑히는 건 고사하고도

문자도 아직까지 천황(天荒 : 미개한 단계)의 상태

어떡하면 일만 개 대나무 묶어다가

천 길 되는 빗자루 만들어내어

---

* 과시科詩에 능하고 호탕한 시풍으로 유명한 조선 시대 시인이다.

** 과시科詩에 능했던 조선 후기의 시인으로 문단의 이단아로 손꼽힌다.

쭉정이 티끌 먼지 싹싹 쓸어서
바람에 한꺼번에 날려버릴꼬

春塘歲試士 萬人爭一場 춘당세시사 만인쟁일장
縱有百離婁 鑑視諒未詳 종유백이루 감시량미상
任施紅勒帛 取準朱衣郎 임시홍륵백 취준주의랑
奔彴落九天 萬目同瞻昂 분박락구천 만목동첨앙
敗法啓倖心 擧世皆若狂 패법계행심 거세개약광
于今識者論 追咎卜季良 우금식자론 추구변계량
詩格本卑陋 流害浩茫洋 시격본비루 유해호망양
村村坐夫子 敎授非漢唐 촌촌좌부자 교수비한당
何來百聯句 吟誦方滿堂 하래백련구 음송방만당
項羽與沛公 支離連篇章 항우여패공 지리연편장
姜柏放豪嘴 盧兢抽巧腸 강백방호취 노긍추교장
終身學如聖 逝不窺蘇黃 종신학여성 서불규소황
縱爲閭里雄 又昧時世粧 종위려리웅 우매시세장
世世不成名 猶未歸農桑 세세불성명 유미귀농상
選擧且未論 文字尙天荒 선거차미론 문자상천황
那將萬箇竹 束箒千丈長 나장만개죽 속추천장장
盡掃秕穅塵 臨風一飛颺 진소비강진 임풍일비양

5
산악山嶽이 영재英才를 뭉쳐낼 때에
신분의 귀천을 가릴 리 없고
반드시 한 가닥 좋은 기운이
최씨崔氏 노씨(盧氏 : 최씨, 노씨는 모두 중국의 명문가名門家) 집만 찾진 않을 것
보정(寶鼎 : 귀한 솥)은 엎어짐을 귀히 여기고
방란芳蘭은 깊은 골에 자라난다네

위공(魏公 : 중국 송나라의 문신) 빈천한 집 출신이었고

범희문(范希文 : 중국 송나라의 문신)도 의붓아비 밑에서 자랐네

중심(仲深 : 중국 명나라의 문신)이 경해瓊海*의 출신이지만

재주와 지모가 남보다 빼어났거늘

어찌하여 현로(賢路 : 인재의 등용 길)가 그렇게 좁아

뭇사람이 움츠려 기를 못 펴나

오로지 제일골第一骨만 박탁해 쓰니

나머진 노예와 똑같은 신세

서북 사람 언제나 찡그린 얼굴

서얼들은 원통해 통곡 소리 드높네

위세도 당당한 수십가數十家에서

대대로 국록을 먹어 치우더니

그들끼리 붕당이 나누어져서

엎치락뒤치락 죽이고 물고 뜯어

약한 놈 몸뚱이 강한 놈 밥이라

대여섯 호문豪門이 살아남아서

이들만이 경상(卿相 : 재상)이 되고

이들만이 악목(岳牧 : 판서, 감사)이 되고

이들만이 후설(喉舌 : 승지)이 되고

이들만이 이목(耳目 : 대간)이 되고

이들만이 백관百官이 되고

이들만이 옥사獄事를 감독하네

가난한 촌민이 아들 하나 낳았는데

빼어난 기품이 난곡鸞鵠새 같아

그 아이 자라서 팔 구세 되니

의지와 기상이 가을 대 같구나

---

* 중국 하이난성海南省의 충하이瓊海이다. 여기에서는 변방을 뜻한다.

무릎 꿇고 아버지께 여쭙는 말이

"제가 이제 구경九經 읽어

천명千名에 으뜸가는 경술經術을 지녔으니

혹시라도 홍문록弘文錄에 오를 수 있나요?"

그 아비 하는 말 "원래 낮은 족속이라

너에게 계옥(啓沃 : 정승 등의 높은 벼슬)은 당치않은 일"

"제가 이제 오석궁五石弓 당길 만하고

무예 익히기를 극곡(郤穀 : 중국 전국 시대의 뛰어난 장군) 같이 하였으니

바라건대 오영五營의 대장이 되어

말 앞에 대장 깃발 꽂으렵니다"

그 아비 하는 말 "원래 낮은 족속이라

대장 수레 타는 건 꿈도 못 꿀 일"

"제가 이제 관리 일을 공부했으니

위로는 공수 황패 이어받아서

마땅히 군부軍符를 허리에 차고

종신토록 호의호식 해보렵니다"

그 아비 하는 말

"원래 낮은 족속이라

순리循吏 혹리酷吏 너에겐 상관없는 일"

이 말 듣고 그 아이 발끈 노하여

책이랑 활이랑 던져버리고

저포摴蒲놀이 강패江牌놀이

마조馬弔놀이 축국蹴鞠놀이에

허랑하고 방탕해 재목 되지 못하고

늙어선 촌구석에 묻혀버리네

권세 있는 가문에서 아들 하나 낳았는데

사납고 교만하기 기록(驥騄 : 주나라 목왕穆王의 천리마)과 같아

그 아이 자라서 팔 구세 되니

찬란하다 입고 있는 아름다운 옷

객이 말하길 "걱정하지 말아라

너의 집은 하늘이 복 내린 집이라

너의 관직 하늘이 정해놓은 것

청관 요직 맘대로 할 수 있는데

부질없이 힘들어 애쓸 것 없고

매일같이 글 읽는 일 할 필요 없네

때가 되면 저절로 좋은 벼슬 생기는데

편지 한 장 쓸 줄 알면 그로 족하리"

그 아이 이 말 듣고 뛸 듯이 기뻐하며

다시는 서책을 보지도 않네

마조놀이, 강패놀이,

장기두기, 쌍륙雙陸치기에

허랑하고 방탕하여 재목 되지 못하건만

높은 벼슬 차례로 밟아오르네

일찍이 먹줄 한 번 퉁기지 않았는데

어찌하여 큰 집 지을 재목이 될까 보냐

두 아이 모두 다 자포자기하고 마니

온 세상에 현숙賢淑한 자 누가 있을까

깊이깊이 생각하니 애간장이 타들어

부어라 다시 또 술이나 마시자

山嶽鍾英華　本不揀氏族 산악종영화　본불간씨족

未必一道氣　常抵崔盧腹 미필일도기　상저최노복

寶鼎貴顚趾　芳蘭生幽谷 보정귀전지　방난생유곡

魏公起叱嗟　希文河葛育 위공기질차　희문하갈육

仲深出瓊海　才猷拔流俗 중심출경해　재유발류속

如何賢路隘　萬夫受局促 여하현로애　만부수국촉

唯收第一骨　餘骨同隷僕　유수제일골　여골동예복

西北常摧眉　庶孽多痛哭　서얼다통곡

落落數十家　世世吞國祿　낙락수십가　세세탄국록

就中析邦朋　殺伐互翻覆　취중석방붕　살벌호번복

弱肉强之食　豪門餘五六　약육강지식　호문여오육

以玆爲卿相　以玆爲岳牧　이자위경상　이자위악목

以玆司喉舌　以玆寄耳目　이자사후설　이자기이목

以玆爲庶官　以玆監庶獄　이자위서관　이자감서옥

遐氓産一兒　俊邁停鸞鵠　하맹산일아　준매정란곡

兒生八九歲　氣志如秋竹　아생팔구세　기지여추죽

長跪問家翁　兒今九經讀　장궤문가옹　아금구경독

經術冠千人　儻入弘文錄　경술관천인　당입홍문록

翁云汝族卑　不令資啓沃　옹운여족비　불령자계옥

兒今挽五石　習戎如邰穀　아금만오석　습융여극곡

庶爲五營帥　馬前樹旗纛　서위오영수　마전수기독

翁云汝族卑　不許乘笠轂　옹운여족비　불허승립곡

兒今學吏事　上可龔黃續　아금학리사　상가공황속

應須佩郡符　終身厭粱肉　응수패군부　종신염량육

翁云汝族卑　不管循與酷　옹운여족비　불관순여혹

兒乃勃發怒　投書毁弓韣　아내발발로　투서훼궁독

摴蒲與江牌　馬弔將蹴鞠　저포여강패　마조장축국

荒嬉不成材　老悖沈鄕曲　황희불성재　노패침향곡

豪門産一兒　桀鶩如驥䮘　호문산일아　걸오여기록

兒生八九歲　粲粲被姣服　아생팔구세　찬찬피교복

客云汝勿憂　汝家天所福　객운여물우　여가천소복

汝爵天所定　淸要唯所欲　여작천소정　청요유소욕

不須枉勞苦　績文如課督　불수왕노고　적문여과독

時來自好官　札翰斯爲足　시래자호관　찰한사위족

兒乃躍然喜 不復窺書簏 아내약연희 불복규서록

馬弔將江牌 象棋與雙陸 마조장강패 상기여쌍륙

荒嬉不成材 節次躋金玉 황희불성재 절차제금옥

繩墨未曾施 寧爲大廈木 승묵미증시 영위대하목

兩兒俱自暴 擧世無賢淑 양아구자폭 거세무현숙

深念焦肺肝 且飮杯中醁 심념초폐간 차음배중록

우국지정을 『목민심서』 등의 저작으로 승화하다

『아학편훈의兒學篇訓義』 정약용은 이와 같은 우국시憂國詩를 짓는 한편, 국민 교육을 위하여 혼신의 힘을 쏟아 같은 해에 『아학편훈의兒學篇訓義』라는 뛰어난 교과서를 쓰기도 합니다.

그는 주로 유학 원전에 대한 연구 논문을 집필하는 데 전념하고 있었는데, 1805년부터는 고향을 떠나 멀리 아버지의 유배지를 찾아온 장남 학연學淵을 위해 근처 산사山寺에서 유학의 기본을 가르치기도 합니다. 자식은 이미 스물네 살이었지만 죄인의 아들이므로 과거 시험도 치를 수 없는 상태였습니다.

이러한 유배 생활이 지속되는 가운데, 1808년 봄 근처의 산속에 있는 윤박尹博이라는 선비의 별장을 빌려 지내게 됩니다. 그곳에 소장된 천여 권의 장서는 집필에 커다란 힘이 됩니다. 그곳이 마침 다산茶山이라 불렸으므로 정약용은 '다산'을 자신의 호로 삼게 됩니다.

이 무렵 그와 함께 천주교 신자라는 죄목으로 유배되었던 시파 가운데 권력자들과 연결이 닿아 유배형에서 풀려나 관직에 복귀한 사람들이 있었습니다. 그 중의 한 사람으로 그와 친밀했던 김이재(金履載 : 1767~1847년)는 1809년 특별히 그의 유배지로 편지를 보내 석방을 청원하는 절차를 가르쳐주고, 그에게 그 절차를 밟으라고 강력히 권유합니다. 정약용은 몇 차례나 김이재의 권유를 받았지만 이렇게 답장을 써 보냅니다.

이 몸이 살아 돌아갈 수 있을지 어떨지는 일신상의 작은 문제지만, 헤어날

길 없는 궁지에서 신음하고 있는 백성들을 구제하는 것이 가장 큰 문제가 아니겠소.

그리고 그가 유배지에서 목격한 백성의 현실 생활을 적나라하게 써 보내고 이렇게 덧붙입니다.

관리는 탐욕스럽고 백성들은 동요하고 있소. 이 백성들이 가장 염려스럽소. 백성들을 구하는 일이 나라를 위한 근본이 아니겠소.

그리고는 자신의 석방 문제에 관해서는 일체 언급도 하지 않았다고 합니다.

그는 어지러워질 대로 어지러워진 봉건 제도를 사실 그대로 정확하게 파악하고 분석하여 실현 가능한 개혁 방법을 연구해 나갑니다. 그리고 그렇게 다년간 연구한 것을 1817년 『경세유표經世遺表』 40권으로 정리합니다.

『경세유표經世遺表』

정약용은 이 저서에서 먼저 우리나라와 중국의 토지 제도를 역사적으로 상세히 고찰하고, 그 결점을 자세하게 지적합니다. 그리고 토지 조사, 과학적인 측량 방법, 토지 대장의 정비에 대해서도 구체적으로 기술합니다. 이 저서는 우리나라와 중국 역사에 정통하고 천문, 지리, 역학曆學에 뛰어난 학자들의 연구 성과를 종합한 것입니다.

게다가 그는 우리나라 세제의 역사적인 변천, 모든 경제 부문의 생산과 유통 상황, 세금의 징수 상황, 금융 제도의 실태 등을 상세히 분석하고 그 결점을 예리하게 지적하여, 어떻게 하면 합리적으로 징세하여 국가 재정을 안정시키고 백성의 생활을 안정시킬 수 있는가를 서술합니다. 이 역시 그가 경제사와 경제학 등 모든 분야에 걸쳐 깊이 연구하여 폭넓은 지식을 가지고 있었음을 증명합니다.

그리고 국가 행정의 기본에 대해서도, 국가 방위를 위한 군사 제도, 관리 등용 제도, 행정 기구의 개선 등 모든 부문을 언급하고 있습니다. 또한 과거 봉건 제도의 온갖 결함을 지적하고, 많지 않은 관리를 이용하여 어떻게 효과적인 행정을 시행할 것인가라는 방법을 서술한 것입니다. 정약용 역시 양반 출신이고 시대적인 제약이 있었기 때문에 봉건적 군주제를 유지하여야 한다는 생각에서 벗어날 수는 없었지만, 구제하기 어려운 봉건 제도의 모순을 예리하게 지적한 점에서 실로 혁명적이었습니다.

『목민심서牧民心書』

그는 계속해서 『목민심서牧民心書』 48권을 저술합니다. 이 책은 12강綱 72조條로 되어 있습니다. 지방 행정의 책임자로 부임하는 관리가 반드시 명심해야 할 사항들을 쓴 것으로, 그의 인생관과 사상을 집대성한 저작입니다.

올바른 인간이 아니면 올바른 정치는 시행될 수 없다.

그는 국가, 정치, 경제는 모두 인간이 다스리기 위한 것이며, 올바른 인간이 아니면 올바른 정치는 시행될 수 없다는 생각을 바탕에 깔고 있습니다. 그리고 인간인 백성을 사랑하고, 인간들을 존중하여야 한다는 사상을 강력하게 호소합니다.

우선 백성을 다스리는 관리들은 청렴하고 정의감이 강하며 한층 순수하고 숭고한 덕을 가지고 있어야 한다고 역설함과 동시에, 당시 봉건 사회의 지배층인 양반들의 추악함, 악랄함, 탐욕성, 잔인성을 하나하나 실례를 들어 폭로합니다. 그리고 당시 봉건 제도가 어지러워져 지방 관청의 아전들이 권력층과 결탁하여 얼마나 가혹한 방법으로 백성을 수탈하는가를 극명하게 묘사하고 있습니다. 또한 당시 봉건 제도가 모든 부문에 걸쳐 극도로 부패하여, 구제할 길 없는 늪 속에서 신음하고 있는 백성의 모습을 매우 사실적으로 기술하고 있습니다.

이것은 그가 오랜 유배 생활 속에서 양반 지배층과 이들에게 편승하는 지방 관청의 아전들 그리고 지방의 토호인 양반 귀족 지주들의 횡포를 직접 목격하고, 스스로 고통 받고 있는 백성의 처지에 서서 그들의 한탄과 분노를 자신의 슬픔과 분노로 토로한 것입니다. 그는 이러한 현실을 폭로하고 그 모순을 규탄하면서, 백성의 생활 안정과 국가 재정 확립을 위한 방법과 수단을 서술합니다. 그것은 역대 봉건 통치자들이 말하는 '이상론'에 가까운 것이며 그의 사상적 한계를 넘어서는 것은 아니었던 만큼, 나중에 조정에서도 『목민심서』를 지방관의 둘도 없는 필독서로 삼습니다.

뿐만 아니라 그의 『목민심서』는 결코 케케묵은 설교책이 아닙니다. 비애로 가득 찬 백성의 생활이 사실적으로 묘사되어 있어서 소설을 읽는 것보다 흥미로워 독자들을 흥분시키는 매력을 가지고 있으니, 그의 뛰어난 문학 작품 가운데 하나라고 할 수 있습니다.

유배지에서 풀려나 만년을 조용히 보내다

정약용이 무고하게 유배형에 처해진 것을 동정하여 석방 운동을 벌인 몇몇 사람들이 있었고, 장남인 정학연도 부친의 석방을 호소하는 탄원서를 조정에 제출합니다. 이에 당시 형조판서가 석방을 건의하였지만, 반대파에 의하여 거부되고 맙니다.

1814년에도 조정에서 그의 석방이 논의되었지만, 이때 역시 반대파들은 유배지에 있는 그를 철저하게 감시하여야 한다고 주장할 따름이었습니다. 그가 『목민심서』를 저술한 뒤인 1818년(순조 18년) 8월, 이태순(李泰淳 : 1759~1840년)이 왕에게 그의 석방을 건의하는 상소문을 올립니다. 이때 왕의 외척으로 절대적인 권력자였던 김조순(金祖淳 : 1765~1832년)이 찬성한 덕분에 정약용은 가까스로 유배가 풀려 강진을 떠나 고향 마재로 돌아올 수 있었습니다. 9월 14일의 일입니다.

그해 김조순의 부하인 김이교(金履喬 : 1764~1832년)가 문책을 받아 잠시 강진에 유배되었다가 풀려난 일이 있었습니다. 정약용과 친교가 있었던 그는 돌아가는 길에 그를 방문하여 하룻밤 이야기를 나누고 상경하면 석방 운동을 벌이겠노라고 약속하였습니다. 정약용은 그 말에 대꾸하지 않고 다만 부채에 석별의 시를 써주었습니다. 한성에 돌아온 김이교는 그 부채를 보물처럼 지니고 다녔고, 때마침 이 시를 읽은 김조순이 감동하여 나중에 반대 의견을 제시하지 않았다는 일화도 있습니다.

정약용은 향리에 돌아온 후에도 강진 시절과 다름없이 집필 활동을 계속하였습니다. 그리고 다음해인 1819년 가을에 『목민심서』의 속편이라고 할 수 있는 『흠흠신서欽欽新書』 30권을 완성합니다. 이 책은 우리나라의 재판 제도에 대한 역사적인 해명과 각 지방의 여러 가지 관습 등을 자세하게 기록하

『흠흠신서欽欽新書』

고 재판 제도의 결함과 공정한 법 제정 방법을 서술한 것으로, 그 자체가 우리나라의 사회사라고도 할 수 있는 귀중한 문헌입니다. 그는 또한 다년간 연구를 거듭하여 온 언어학에 관해서도 저서를 써냅니다.

정약용이 향리에 돌아온 것은 쉰일곱 살 때인데, 이처럼 뛰어난 재능을 가진 경세가를 그대로 재야에 방치한다는 것은 국가적으로 커다란 손실이었습니다. 그러나 당시 권력자 대부분이 그를 배척하는 벽파로 채워져 있었습니다. 그는 유형지 강진에서보다 오히려 감시가 더 엄해져 집필이 자유롭지 못하였는지 해가 갈수록 저서가 줄어들었습니다.

1827년 예순여섯 살 때에는 다시 서학을 선전하였다는 혐의로 그를 투옥하려는 음모가 있었으나, 다행히 헛소문이라고 밝혀져 무사할 수 있었습니다. 그러나 그는 거의 문 밖에도 나가지 못하고 묵묵히 독서에만 파묻혀 살게 됩니다.

이런 중에도 고통 받는 민중의 생활을 목도하는 정약용의 눈은 조금도 생기를 잃지 않았습니다. 그가 1883년 일흔두 살 때 쓴 「황작수촌춘사십수(荒作水村春詞十首 : 수촌의 흉년 십 수)」 가운데 그 일단이 엿보이는데, 그 가운데 네 수를 소개하겠습니다.

동풍이 건 듯 부니 풀잎이 흩날리고
꽃과 버들 그대로 옛날과 같은데
봄이 오니 더더욱 적막하기만
낡은 집에 찬 연기, 해는 더디 지는구나

번쩍번쩍 칼을 갈아 산 위로 올라가서
소나무 껍질 벗겨 한입 가득 먹는구나
묘지기 목타도록 말려도 할 수 없어
천 그루 소나무가 마릉馬陵* 땅 모습이네

---

* 지금의 중국 허베이성河北省 일대이다. 제나라 손빈이 전쟁 중 마릉의 소나무를 껍질을 깎아 위나라 방연의 죽음을 암시하는 글귀를 적었고, 실제로 방연은 그곳에서 죽게 된다.

뼈만 남아 여윈 소가 억지로 쟁기 끄니

채찍질 휘둘러도 깊이 갈지 못하누나

사람과 소가 함께 그늘에서 쉬엄쉬엄

석양 무렵 되어서야 논 한 두락 겨우 가네

황효(黃驍 : 한강 지류의 하나)의 물길 따라 고기 잡은 어선들은

보리 익는 시절이 일 년 중 제철인데

백사장에 말려놓은 저 그물 위엔

석양이면 백구白鷗가 와 잠잘 뿐이네

東風吹綠草離離 花柳依然似昔時 동풍취록초리리 화류의연사석시

只是寂寥春更甚 冷煙衰屋日華遲 지시적요춘경심 냉연쇠옥일화지

磨刀霍霍上山墟 劇取松皮滿口茹 마도곽곽상산허 이취송피만구여

冢戶脣焦那禁得 千株白立馬陵書 총호순초나금득 천주백립마릉서

牛骨崚嶒强服犁 百鞭那得曳深泥 우골릉증강복리 백편나득예심니

楡陰放歇人俱歇 恰到殘陽了一畦 유음방헐인구헐 흡도잔양료일휴

黃驍流水釣魚船 時勢年年養麥天 황효유수조어선 시세연연양맥천

沙上可憐晞網處 夕陽唯有白鷗眠 사상가련희망처 석양유유백구면

   찾아오는 사람도 없어 조용히 세월을 보내던 정약용은 1836년 2월 22
일, 향리의 집에서 잠든 듯이 숨을 거둡니다. 그의 나이 일흔다섯이었습니
다.

『여유당집與猶堂集』 외

---

* 지금의 중국 허베이성河北省 일대이다. 제나라 손빈이 전쟁 중 마릉의 소나무를 껍질을 깎아 위나라 방
  연의 죽음을 암시하는 글귀를 적었고, 실제로 방연은 그곳에서 죽게 된다.

그의 저서는 『여유당집與猶堂集』 250권, 『다산총서茶山叢書』 246권, 총 496권으로 되어 있습니다. 그러나 자신의 기록에 따르면 유학 연구서인 『경집經集』 232권, 『문집文集』 267권이 있고, 거기에 포함되지 않은 저서 9권을 합쳐 508권이라는 방대한 저작이 더 있었습니다. 그러나 대부분이 유실되어 오늘날까지 전해지는 것은 채 삼분의 일도 되지 않습니다.

그의 저서는 유학 연구인 철학을 비롯하여 천문학, 역사, 지리, 수학, 정치, 사회, 경제, 그리고 건축, 조선 등의 공학, 군사, 언어학 등 거의 모든 분야에 걸쳐 있고, 한결 같이 뛰어난 전문적 견해를 서술하고 있습니다. 그 가운데 『경세유표』, 『목민심서』, 『흠흠신서』 등이 대표적인 저작으로 평가되고 있으며, 우리 문학사에서 그의 시집은 대표적인 한문시 가운데 하나로 칭송받고 있습니다.

후세의 사가들은 입을 모아 다산 정약용을 실학을 집대성한 대학자로 평가하고 있습니다.

"정약용 한 사람에 대한 연구는 곧 우리 역사의 연구이며, 우리나라 근대 사상의 연구일 뿐만 아니라 우리 민족의 마음과 혼의 명암, 그리고 우리나라의 성쇠존망盛衰存亡에 대한 연구이다."

일제 시대에 일본 제국주의자들은 조선 연구를 위한 귀중한 자료로 '다산 정약용 연구'에 열을 올렸고, 그의 저서를 일본어로 번역 출판하기도 하였습니다. 또 『목민심서』 가운데 부정적인 부분만을 끄집어내어 조선 봉건 정치의 부패상을 대대적으로 선전하기도 하였습니다. 그러나 해방 후 우리 학자들은 그의 전모를 파악하였고, 그에 대한 연구는 해가 갈수록 늘어나 역사학을 배우는 모든 학생들이 그를 연구하는 데 관심을 보이게 됩니다. 이처럼 그는 모든 점에서 뛰어났던 위대한 학자였던 것입니다.

11. 타고난 혁명아 홍경래와 그의 투쟁

웅대한 뜻을 품다

홍경래(洪景來 : 1771~1812년)는 1780년 평안도 용강군龍岡郡 다미면多美面에서 태어났습니다. 그의 집안은 고려 시대 명문가였지만 조선조에 들어와 완전히 몰락하였다고 합니다. 가난한 집에서 자란 그는 어릴 때부터 뛰어난 재능을 보여, 평안도 중화中和에서 한학을 가르치는 이모 집에 보내져 한문 공부를 시작합니다.

그의 천재성을 보여주는 것으로, 그가 여덟 살 때 지었다고 하는 다음과 같은 시가 기록에 남아 있습니다.

> 해압산에 걸터앉아
> 요포강에 발을 씻노라
>
>
> 踞坐海鴨山 거좌해압산
> 洗足腰浦江 세족요포강

이렇게 장대한 꿈을 묘사하였던 그의 소질은 일상 생활에서도 나타나, 서당에서 함께 공부하는 아이들의 대장이 되어 소심한 그의 스승을 종종 놀라게 하곤 하였습니다. 그의 공부는 해가 갈수록 진전되어 이윽고 중국의 고전을 통독하게 됩니다. 그가 열세 살 때에는 다음과 같은 시를 짓기도 하였습니다.

> 추풍秋風에 속삭이는 대하大河를 건너는 장사壯士의 주먹으로
> 벌건 대낮에 함양 천자(咸陽天子 : 중국의 진시황을 뜻함)의 머리를 갈기려 하네
>
>
> 秋風易水壯士拳 추풍역수장사권

해압산에 걸터앉아
요포강에 발을 씻노라

白日咸陽天子頭 백일함양천자두

유학의 기본인 충효의 도를 가르치는 데 전념하였던 스승은 '천자의 머리를 갈긴다'는 문장을 아무렇지 않게 쓰는 소년의 비범함에 모골이 송연하여 그를 아버지에게 돌려냅니다. 어쩌면 스승은 이 천재아를 가르칠 능력이 없음을 자각하였기 때문인지도 모릅니다.

그의 아버지는 아들의 기질을 높이 사고 여러 가지로 격려한 듯합니다. 그러나 소년은 집에서 공부를 계속할 수 없었으므로, 가까운 유학자들을 찾아다니며 어렵게 면학에 힘썼습니다.

소년 시절 그는 가난한 집안을 일으키기 위하여 벼슬길에 올라 명성을 떨치겠다는 꿈을 품고 있었던 것 같습니다. 기록에 의하면 그는 1798년 평양에서 시행된 향시(鄕試 : 지방시)에 합격한 후, 원대한 희망을 품고 한성의 사마시(司馬試 : 생원·진사시)를 치릅니다. 그러나 그보다 훨씬 성적이 나쁜 명문가의 자제는 합격하였지만 우수한 답안을 제출한 그는 낙제하고 맙니다.

열아홉 살의 홍경래는 이렇게 차별의 벽에 부딪힙니다. 부패한 봉건 제도 안에서 권력을 가진 특권 귀족만이 지배권을 장악하고, 양반 출신이라도 서북 지방(평안도와 함경도) 사람에게는 일체 관직을 주지 않는 차별에 대해서는 그도 익히 알고 있었습니다. 하지만 과거라는 시험 제도가 있는 이상 역량만 뛰어나다면 반드시 제대로 평가받을 것이라고, 젊은이다운 순수함으로 믿어온 만큼 그의 실망과 분노는 헤아릴 수 없이 컸습니다.

홍경래는 처음 얼마 동안 실의를 달래기 위한 방랑이었는지 전국 각지를 돌아다녔습니다. 그는 여행을 통해 썩어문드러진 정치 제도를 몸으로 체험하였고, 정치가 일부 권력자에게 독점되고 백성은 도탄에 빠져 있다는 것도 구체적으로 목격할 수 있었습니다. 이에 그는 도처의 우국지사를 찾아가 국가의 장래를 이야기하며 현실을 타개할 방법을 논의합니다.

19세기 초는 정조가 죽고 어린 왕자가 왕위를 이어 순조가 되자 왕의 외척들이 권력을 장악하여 요직을 모두 일족으로 채우고, 그들의 안락을 위하여 국가를 멸망의 구렁텅이 속으로 빠뜨리는 학정을 자행할 무렵이었습니다.

우국의 대학자인 정약용이 남해 끝에 유배된 것도 1801년의 일입니다. 정의감 강한 청년이 장대한 뜻을 품고 부패한 권력자들을 타도하여 백성의 행복을 지켜주는 사회를 건설하겠다는 혁명적인 사상을 품게 된 것도 결코 우연한 일이 아니었던 것입니다.

혁명을 위해 동지를 모으다

홍경래가 누구에게 영향을 받았는지는 기록이 분명하지 않지만, 그는 개성이 강하고 포용력이 넓으며 판단력이 뛰어났습니다. 그는 장대한 이상을 실현하기 위하여 우선 동지를 모으는 일부터 시작하였습니다.

가난한 떠돌이에 지나지 않았던 젊은 홍경래는 사람들의 신뢰를 얻기 위하여 지관地官이 되어 세상을 떠돌아 다녔는데, 지관이란 이른바 풍수 사상에 따라 무덤이나 집터를 잡아주는 사람을 말합니다. 그는 지관 노릇을 훌륭하게 소화해내 사람들의 칭송이 자자했습니다. 그리하여 어디를 가도 부자들이나 명문 귀족들로부터 극진한 대접을 받았고, 능숙한 화술로 누구와도 재미있게 이야기할 수 있었습니다.

그가 가장 믿고 늘 행동을 함께 한 사람은 우군칙(禹君則 : 1776~1812년)이었습니다. 우군칙은 첩의 아들로 태어났는데, 차별과 멸시 속에서도 풍수 공부에 힘써서 지관으로 명성을 얻은 그는 돈을 모아 중국과 인삼 무역을 하는 한편 금광을 경영하는 등 이재에 밝았습니다. 그들은 의기투합하여 평북平北의 한 절에서 큰 뜻을 이루자고 서로 맹세를 합니다.

다음으로 그들의 친밀한 동지가 된 사람은 가산(嘉山 : 일설에는 곽산郭山이라고도 함) 출신의 이희저(李禧著 : ?~1812년)였습니다. 그는 유복한 상인 집안에서 태어나 지방의 역졸이 되었다가 무과 시험을 치러 하급 무관을 지낸 후, 장사에 뛰어들어 큰 부자가 된 사람입니다. 그러나 당시 정권에 반감을 품고 있던 그는 홍경래 일행의 적극적인 동지가 됩니다. 그 밖에 중심 인물로는 김사용金士用, 김창시金昌始, 이제초李濟初, 홍총각洪總角, 양소유楊少有 등이 있었습니다.

김사용은 태천泰川 출신으로 빈농 집안에서 태어나 광산 노동자로 일하였으며, 용맹하고 무술이 뛰어났습니다. 곽산 태생인 김창시는 과거 초급 시험에 합격한 양반으로 학식도 높고 문재가 빼어난 사람이었지만, 서북 출신이라는 이유로 차별을 받아 뜻을 이루지 못하였습니다. 이제초는 개천价川 출신으로, 가난한 선비 집안에서 태어나 향학심이 높고 정의감이 강한 사람이었습니다. 홍총각은 곽천郭川 출신으로 가난한 환경에서 태어나 고아로 자라 광산에서 일하기도 하였으며, 무예의 달인이었습니다. 그의 이름은 이팔二八이라고도 합니다. 양소유는 평양 출신으로 집안이 가난하여 사공 노릇을 하였으며, 매우 용맹한 젊은이였습니다.

홍경래와 우군칙은 이 동지들과 긴밀하게 연락을 취하면서 서북 지역은 물론이고 황해도와 한성 등에서도 동지를 모으는 한편, 멀리 국경까지 찾아가 압록강 건너편의 만주족들과도 연락을 취하였습니다.

그들은 정권 타도를 위하여 군사를 조직하고, 전국 각지에서 일제히 봉기의 햇불을 올려 단숨에 중앙 정권을 쓰러뜨리고 새로운 정권을 건설할 계획이었습니다. 이를 위해 수년간 준비를 하여 가산의 다복동多福洞에 근거지를 마련한 홍경래는 이곳에 많은 농민을 모아 군사 훈련을 실시하여 용맹한 군대로 키워냅니다. 그리고 전쟁에 대비하여 무기를 제작하는 한편, 대량의 군량미도 확보합니다. 자금을 모으기 위하여 평안도 일대의 부자들을 설득하여 무리에 가담시키고 대대적인 밀무역과 금광 개발로 막대한 자금을 벌어들입니다. 광산에는 빈궁의 밑바닥까지 몰린 농민들이 많이 모여 있었는데, 이 농민들도 군사 훈련을 받게 됩니다.

홍경래와 우군칙은 또 각지에 사람들을 보내 부패한 중앙 정권과 지방 관리의 악정을 공공연하게 폭로하고, 지방 관청의 아전으로 일하는 사람들도 무리로 끌어들입니다. 이리하여 그가 파견한 연락원들은 한성을 비롯하여 서북 일대의 지방 관청에 관한 정보를 모으고, 악덕 관리의 죄상을 폭로하는 격문을 관가에 붙여 권력자들을 불안에 떨게 하는 한편 백성의 분노를 돋우어 혁명의 기세를 떨칩니다. 수년에 걸쳐 봉기를 준비한 그들은 봉기군을 조직하고 편대와 지휘 계통도 정하였습니다.

서북 농민군을 이끌고 궐기하다

1811년 때마침 서북 일대에 대흉작이 들고 조정과 지방 관청의 실정이 더하자 농민들의 생활은 파탄에 이르렀고, 양반 지배층에 대한 원망의 목소리가 거리에 넘쳐흘렀습니다.

홍경래는 이 기회를 포착하여 스스로 평서대원수平西大元帥라는 이름을 내걸고 우군칙을 총참모에, 김사용을 부원수로, 이희저를 후방 사령관(도총都總)에 임명하고, 훈련된 정규군 약 천 명을 남진군, 북진군으로 나누어 12월 18일 진격을 개시합니다.

그들의 처음 계획은 평양성 중심에 있는 대동관大同館에 불을 질러 평양 거리를 불바다로 만들고 평양의 백성들을 궐기시켜 대폭동을 일으킨 후, 이에 호응하여 농민군을 진격시킬 예정이었습니다. 12월 14일 밤중에 평양에 잠입한 결사대가 예정대로 불을 질렀지만, 때마침 내린 비와 눈으로 화약이 젖어 폭발이 일어나지 않고 불은 곧 꺼져버립니다. 그리하여 평양 내의 민중 폭동은 실패로 돌아갔고 대원들이 체포되어 농민군의 궐기 계획이 탄로나고 맙니다.

이 때문에 근거지인 다복동에 관청의 수사가 미치게 되자 농민군은 예정을 이틀 앞당겨 18일에 진격을 개시하고, 당초 평양으로 직행하려던 작전 계획도 변경됩니다. 농민군은 진격에 앞서 환호 속에서 성대한 '출정식'을 거행하였는데, 이 자리에서 대원수 홍경래는 이렇게 명령을 내립니다.

"전투 중에 백성을 다치게 하거나 살상하는 일이 결코 있어서는 안 된다. 관가의 재물은 모두 몰수하여 가난한 백성들에게 분배해야 하며, 만일 이를 위반한 자는 농민군의 법에 따라 처단하겠다!"

남진군의 선두에 선 홍경래는 우군칙, 선봉 대장 홍총각과 함께 그날로 가산으로 진격하여 단숨에 성을 점령하고 군수 정시鄭蓍를 처단합니다. 한편 김사용을 지휘관으로 한 북진군은 김창시, 이제초와 함께 그날로 곽산으로 진격하여 단숨에 성을 점령합니다. 남진군은 가산에 이어 박천博川, 태천, 정주定州 등을 점령하였고, 북진군은 선천宣川, 철산鐵山, 용천龍川 등을 공략하며 진격을 개시하여 겨우 일주일 만에 평안도 청천강淸川江 이북의 주요 여덟 개 군을 완전히 제압합니다.

지방관 가운데 저항한 자들은 처형되었고, 도망치거나 농민군에게 투항한 자도 있었습니다. 지방 관청을 점령한 농민군은 창고를 열어 가난한 농민들에게 쌀과 물자를 나누어주고, 무기고를 탈취하여 새로 가담한 농민들을 무장시킵니다.

홍경래 대원수는 박천을 점령한 뒤인 12월 20일 다음과 같은 격문을 공표합니다.

무릇 관서關西는 예로부터 문무에 뛰어나 국란을 당하면 용감히 싸워 나라를 지켰다. 그런데 조정의 양반들은 평서 사람들을 평안도치(평한平漢)라 하면서 얕잡아보고 있다. 국가의 정치는 간악한 무리들에 의하여 제멋대로가 되고 지방 관청의 관리들도 포악한 수탈을 반복하여, 궁핍한 백성들은 길에 버려져 사지를 헤매고 있다. 이때 관서의 호걸들은 백성을 구하기 위해 군사를 일으켰다. 관서 사람들이여! 남녀노소 불문하고 궐기하라!

농민군의 승리에 고무된 백성들이 이 격문에 호응하여 속속 농민군의 진영에 가세하자, 불과 며칠 만에 농민군은 6~7천여 명의 대부대로 늘어나 그 기세가 하늘을 찌를 듯하였습니다.

남진 공격의 실패와 정주성 방어전에서 무너지다

앞서 언급하였듯이 농민군은 궐기와 동시에 남진하여 평양성을 공략할 계획이었지만, 평양 봉기에 차질이 생겨 작전이 변경되었습니다. 하지만 청천강 이북의 공격에서 알 수 있듯이 농민군은 정부군의 방어 태세가 갖추어지지 않은 틈을 이용하여 돌입하였고, 백성들의 호응을 얻어 단숨에 관청을 점령하고 성을 공략할 수 있었습니다. 만일 농민군이 질풍노도와 같은 기세로 남진하여 단시일 내에 잇달아 평양과 개성을 함락하고 한성을 공격하였다면, 부패하고 약체화된 정권을 붕괴시키는 것은 충분히 가능한 일이었습니다.

　12월 18일 가산에서 농민군이 봉기하였다는 소식이 한성의 조정에 도달한 것은 나흘 뒤인 12월 22일이었습니다. 조정의 고관들은 당황하여 부산을 떨다가 24일에야 가까스로 반군 토벌을 위한 선발대를 조직하고, 27일에 박기풍朴基豊을 선봉 대장으로 임명하여 5백여 명의 군사를 이끌고 한성을 출발하게 합니다. 또한 정주와 평양의 관영에서도 농민군이 봉기한 지 며칠이 지나서야 안주성安州城에 군사를 집결하여 반격 태세를 갖출 수 있었습니다.

　하지만 농민군의 선봉 대장 홍총각이 24일 밤 3백여 명의 군사를 이끌고 청천강변의 송림松林에 도착하였고, 다음날 청천강을 건너 공격해온 관군 천여 명에 맞서 격전을 전개하여 관군을 격퇴시킵니다.

　26일 밤에는 홍경래를 비롯하여 김창시, 우군칙 등이 이끄는 5백 명의 농민군 주력 부대가 송림에 도착합니다. 농민군은 일거에 강을 건너 서전에서 패해 사기가 떨어진 관군을 공격하려 하였는데, 갑자기 날씨가 풀려 청천강의 얼음이 녹기 시작하였습니다. 농민군은 어쩔 수 없이 도하를 멈추고 진지를 튼튼히 하는 데 전념합니다.

　29일, 관군은 2천 명의 군사를 이끌고 청천강을 건너 삼면에서 농민군을 포위하고 공격을 개시하였습니다. 이에 농민군 역시 세 개 편대로 나눠 관군과 격렬한 대치전을 벌였고, 선봉 대장 홍총각은 말을 타고 긴 칼을 휘두르며 관군의 대열을 어지럽혀 관군 주력 부대에 치명상을 입힙니다. 장시간에 걸친 사투 끝에 바야흐로 관군을 무너뜨릴 무렵, 무장한 5백여 명의 원병이 나타나 배후에서 농민군을 기습하자 전세가 급변합니다. 정규 훈련을 받지 않은 농민군은 사상자가 속출하는 것을 보고 두려워 도망치기에 바빴습니다. 홍총각은 깃발을 높이 내걸고 큰북을 두드리며 농민들을 격려하려고 애썼지만 이미 형세를 바로잡을 수 없었습니다. 농민군 지도부는 부대를 이끌고 부득이 정주성으로 철수하고 맙니다.

　송림전투에서의 패배는 북진군의 진격에도 커다란 영향을 주었습니다. 1812년 1월 3일 평안북도 용골산성龍骨山城을 점령하고 국경 지방인 의주로 향하던 농민군 선봉대는 남진군이 정주성으로 철수하고 가산, 박천 등을 관군에게 다시 빼앗겼다는 소식이 전해지자 서둘러 정주성으로 방향을 바꿀 수밖에 없었습니다.

농민군은 각 방면에서 공격해오는 관군을 격퇴하기 위하여 용전분투하였지만 계속 수세에 몰려 잇달아 진지를 빼앗겨, 1월 중순에는 청천강 이북의 모든 성을 잃고 최후의 거점인 정주성으로 들어가 농성을 벌이게 됩니다.

농민군은 견고한 성안에 진지를 정비하고 식량과 무기를 보급하며 병사훈련을 강화하였습니다. 하지만 성안의 농민군의 숫자가 2천 명인 데 반해, 정주성을 포위한 관군은 한성에서 파견한 군사 1천 명에, 각지에서 동원한 지방군 7천 명을 합하여 총 8천의 병력이었습니다.

1월 15일 관군은 한성에서 파견된 박기풍의 지휘로 3천의 군사를 동원하여 북문을 집중 공격하기 시작하였습니다. 이에 농민군은 적군을 성문 가까이 유인한 다음 철포와 활로 일제 공격을 하여 관군에게 심한 타격을 입힙니다. 1차 공격에 실패한 관군은 19일 이른 아침 병력을 총동원하여 짙은 안개가 깔린 틈을 노려 동문을 총공격하였습니다. 그러나 농민군의 완강한 저항에 부딪혀 50여 명의 사상자를 낸 채 도망쳐버립니다.

두 번째 패전으로 사기가 저하된 관군은 새로 부대를 증원하여, 화약으로 성을 공격하는 한편 '윤거輪車'라는 신병기 전차 네 대를 선두로 삼아 2월 4일 총공격을 개시합니다. 그러나 전차는 농민군의 정교한 사격으로 파괴되었고, 관군은 80여 명의 사상자를 내고 무력하게 물러서고 맙니다. 작전이 번번이 실패하는 데 애가 탄 관군은 패전의 책임을 박기풍에게 돌리는 추태를 연출하기도 합니다.

관군은 조기 결전을 포기하고 포위망을 좁히는 한편, 성안에 식량과 무기가 고갈되기를 기다리는 장기전으로 돌아섭니다. 병사뿐만 아니라 많은 부녀자와 노인이 포함되어 있던 농민군은 식량 보급이 끊기자 심상치 않은 곤경에 빠지게 됩니다.

농민군은 곤경을 타개하기 위하여 2월 19일부터 매일 성문을 열고 나가 관군의 진지를 기습하여 식량과 무기를 빼앗는 적극적인 작전을 전개하였는데, 이 작전으로 커다란 타격을 입은 관군도 2월 25일 동서남북에서 일제히 총공격을 시도합니다. 그러나 농민군은 철벽처럼 방어하여 적의 화약 전법에는 화약으로 대항하고, 적의 신병기인 윤거에는 백발백중의 맹공격을 가해 관군 56명을 살해하고 1백여 명에게 부상을 입힙니다. 연전연패한 관군의 손실이 막대해져 마침내 병력의 절반 이상을 잃자, 각지에서 병력을 급조하여 가까스로 8천 명의 공격군을 채우는 형편이었습니다.

한편 몇 차례의 전투에서 승리를 거둔 농민군은 점차 사기가 높아졌으나 포위망을 뚫지 못하여 식량이 점차 고갈되어 갔습니다. 그러나 홍경래는 "성을 군게 지키고 시간을 벌고 있으면 반드시 동지들이 원군을 끌고 와줄 것이다"라면서 농민군을 격려하였습니다.

당초에 홍경래의 농민군이 궐기하면 일부 동지들이 한성에서 폭동을 일으켜 권력파 양반들을 대거 암살하고 중앙 정권을 무너뜨릴 계획이었습니다. 함경도의 포수(砲手 : 사냥꾼)들이 군대를 조직하여 응원에 나서기로 되어 있었습니다. 또 홍경래가 궐기하면 국경 지역에 있는 만주족 호족들이 청나라 군에 부탁하여 원군을 동원해주기로 약속해 놓았습니다.

홍경래는 이러한 계획이 반드시 진행될 것으로 확신하고, 정주성에서 농민군을 온전히 유지한다면 언젠가는 한성으로 진격할 날이 올 것이라고 믿고 있었습니다.

그러나 한성의 폭동 계획은 예정대로 진행되지 못한 채 2월 중순에 동지들이 대부분 체포되었고, 포수군의 동원도 실패하여 정주성의 농민군은 완전히 고립무원의 상태가 되어버립니다. 연락이 두절되어 홍경래는 외부 정세를 알 수 없었습니다.

홍경래는 관군이 포위망을 군건히 한 채 성안의 농민군이 자멸하기를 기다리는 전법을 쓰는 것을 보고는, 3월 9일 동트기 전에 1천 명의 군사를 이끌고 성 밖의 군관 막사를 습격하여 적병 2백여 명을 살상하는 전과를 올립니다. 그리고 3월 15일에 관군의 포위망을 뚫기 위하여 대낮에 공격전을 전개합니다. 선봉에 선 김창시는 격전을 거듭하여 관군에게 커다란 타격을 입혔지만, 이 전투에서 장렬히 전사하고 맙니다.

농민군은 3월 20일과 22일에도 잇달아 성문을 열고 나가 돌격전을 전개하여 적진에 타격을 입혔지만, 목적을 달성하지 못하고 다시 성 안으로 돌아올 수밖에 없었습니다. 마침내 성 안의 식량이 바닥나자 농민군은 3월 23일에 3백 명의 부녀자를 내보내고, 26일에는 나머지 부녀자와 노약자를 성 밖으로 내보냅니다. 투항하는 자는 죽이지 않겠다는 관군의 약속을 믿었기 때문입니다.

성 안에 남은 농민군은 초근목피로 연명하면서도 강렬한 전의를 불태워, 4월 3일 관군의 총공격을 저지하고 관군의 전차를 전부 불태워 버립니다. 관군은 성 안에 식량이 전혀 없다고 생각하고 굶주린 농민군을 조금만 밀어붙이면 궤멸시킬 것으로 믿었지만, 의외로 대패를 당하자 전술을 바꾸기로 합니다. 그래서 성 밖에서 성문까지 땅굴을 파서 1,800근(1,155킬로그램)의 화약을 묻고, 4월 18일에 이 화약을 폭발시켜 성문을 부수고는 물밀 듯이 성안으로 치고 들어갑니다. 농민군은 사력을 다하여 싸웠지만 마침내 힘이 다하였고, 선두에서 지휘를 맡던 홍경래는 총탄을 맞아 장렬히 전사하고 맙니다. 그 밖의 주요 지도자들은 부상당한 채 포로가 되어 농민군은 마침내 패퇴하고 정주성은 함락됩니다.

이리하여 넉 달에 걸친 농민군의 투쟁은 실패로 끝나고, 최후까지 싸운 2천 명의 농민군도 지도자들과 함께 남김없이 학살당하고 맙니다.

영웅의 이름은 죽지 않는다

웅대한 뜻을 품고 일으킨 싸움은 허무하게 패배로 끝났지만, 홍경래가 일으킨 농민군 봉기는 역사를 뒤흔든 대사건이었습니다. 그가 이십대 때 전국을 돌아다니면서 각계각층에 걸친 동지를 모아 10년 동안 궐기를 준비하고, 다복동에 근거지를 만들어 많은 농민군을 양성한 것은 역사상 전에 없던 혁명적인 사건이었습니다.

그가 시대의 흐름을 정확히 파악하여 부패한 봉건 지배 제도를 무너뜨리고 고통 받는 백성을 위하여 새로운 이상 사회를 건설하고자 한 계획은 당시 사회에 불만을 품은 모든 백성의 요망에 부응하는 것이었습니다. 또한 지역 차별을 반대하는 그의 주장은 서북 지방의 모든 사람들의 심금을 울려 서북 일대의 양반과 부자들까지 그의 진영에 합세하게 만들었습니다. 이 점은 그가 정치적인 수완과 조직적인 역량이 뛰어난 사람이었음을 말해주는 것입니다.

그는 혁명가로서 뛰어난 소질을 유감없이 발휘하였지만 불운한 사건이 잇따르고, 궐기 초기에 연전연승하면서 타올랐던 혁명적인 기세를 단숨에 살려나가지 못한 작전상의 실패로, 장대한 꿈은 애석하게도 실현되지 못하였습니다. 그러나 그가 죽은 뒤에도 혁명적인 사상을 계승하는 인물이 계속 나타났습니다.

1813년 제주도에 사는 양제해(梁濟海 : 1770~1814년, 민중운동가)는 홍경래에 깊이 심취하여, 봉건 지배자들이 제주도 지역을 차별하는 것을 규탄하면서 동지를 널리 규합하여 12월 16일에 폭동을 일으킵니다. 그리하여 제주 목사牧使를 추방하고 악덕 관리를 처단하여 제주도의 자치를 꾀합니다.

1813년 제주도에 사는 양제해가 폭동을 일으키다.

1816년 10월 평안도 성천成川의 승려인 학상學相은 홍경래 부대의 재건을 외치며, 다수의 동지를 모아 반란을 일으키려고 하였습니다. 또한 1817년 전라도의 채수영(蔡壽永 : ?~1817년)은 동지들과 함께 "홍경래는 살아 있다"는 유언비어를 유포하여 농민군을 조직하고, 전라도와 충청도의 관청을 습격하여 한성으로 진격할 계획을 세웁니다(이 계획은 공모자 박충준朴忠俊의 밀고로 실패함).

1816년 10월 평안도 성천成川의 승려인 학상이, 1817년 전라도의 채수영이 반란계획을 세우다.

그리고 그가 죽고 14년이나 지난 1826년 5월에는 김치규金致奎라는 사람이, "홍경래 부대가 재기할 준비를 하고 있다. 이에 호응하여 궐기하자!"는 격문을 띄우고 유언비어를 퍼뜨리기도 하였습니다. 그가 유언비어를 퍼뜨린 곳은 평안도 중화中和이고 격문을 내건 곳은 충청도 청주였다는 것으로 보아, 그 유언비어는 전국적으로 유포되었던 것 같습니다.

이들은 모두 처형되었지만, 그 뒤에도 평안도에서는 오랫동안 홍경래가 살아 있다는 이야기가 끊임없이 유포되었습니다. 그가 일으킨 혁명이 성공할 가능성이 있었던 만큼 많은 백성들은 그의 죽음을 애석히 여기며 그를 언제까지나 영웅으로 떠받들었습니다. 그가 시도한 혁명이 언젠가 성취되리란 기대감 때문이었을 것입니다.

겨우 서른세 살의 젊은 나이로 쓰러진 혁명가 홍경래의 그림자는 언제까지나 백성의 심연에 강렬하게 남아 있었습니다.

12. 19세기 초에 활약한 학자들 : 서유구, 유희, 김정희

고구마를 퍼뜨린 서유구

19세기 초 우리나라의 대표적인 농정가로 평가받는 서유구(徐有榘 : 1764~1845년)는 영조 40년, 권좌에 있는 명문가에서 태어났습니다. 그의 할아버지 서명응(徐命膺 : 1716~1787년)은 1759년 『대악전보大樂前譜』, 『대악후보大樂後譜』라는 저서를 써서 우리나라의 악보를 집대성하고 우리나라 음악사에 커다란 공적을 남겼습니다. 그는 대제학大提學 자리에 있었으며, 게다가 권력을 가진 노론이었습니다.

유복한 가정에서 구김살 없이 자란 서유구는 일찍부터 실학에 마음을 두었는데, 그는 스물다섯 살 때에는 자신의 호인 '풍석楓石'을 따 『풍석고협집楓石鼓篋集』이라는 논설집을 발표하여 적극적인 정책론을 기술하였습니다. 그는 다른 양반들처럼 과거 시험 공부에 힘을 쏟아 1790년 문과에 합격하여 관직에 올라 지방관을 역임하면서 실현 가능한 농업 정책론을 서술하고자 진력합니다.

『풍석고협집』

서유구는 수리 사업의 중요성을 역설하였고, 도처에 마치 인체의 혈관과 같이 수로를 만들어 농작물의 수확 증대에 힘써야 한다고 주장하였습니다. 그리고 스스로 임지에서 수로 건설을 장려하는 한편, 농민들이 힘겹게 일하는 모습을 보고는 작업 능률을 높이기 위하여 농기구의 기계화를 주장하였습니다. 그는 또한 토지를 정비하고 바르게 측량하여 농민에게 실질적 이익이 돌아가도록, 농업을 지도하는 자에게 수학을 가르쳐야 한다고 하였습니다. 뿐만 아니라 각지의 황무지와 미개간지를 적극적으로 개척하여 땅이 없는 가난한 농민들을 정착시키고 생산을 높여 국가 재정의 기초를 튼튼히 하며, 양반이라는 이유로 노동을 하지 않는 악습을 고쳐 양반 출신이라도 농업과 상업 및 공업에 종사하여 노동에 힘써야 한다고 하였습니다.

서유구는 세제가 정비되지 못한 점 역시 지적하였는데, 염세鹽稅는 있는데 주세酒稅가 없는 것은 잘못이라고 주장하며 주세와 담배세, 그리고 시장의 상거래에도 세금을 매겨서 국가 재정의 수입을 늘릴 것을 서술하였습니다. 또한 압록강 북쪽에서는 목축이 성행하고 있는데 정작 우리나라에서는 목축이 거의 행하여지지 않는 것을 지적하였습니다. 즉 중국 북방에서 양을 대량으로 수입하여 지리적 조건이 비슷한 평안도와 함경도 서북 지방에서 목축을 장려하여 고기와 옷감 생산을 증대하여야 한다고 말하며, 중국의 질 좋은 뽕나무 묘목을 수입하여 양잠을 대대적으로 보급시키자고 주장하였습니다.

이와 같이 서유구는 19세기 초 우리나라의 산업 경제를 발전시키기 위한 여러 가지 구체적인 의견을 제시하였습니다. 이는 발전하는 사회 현실에 적합한 의견으로 매우 탁월한 농업 정책론이고, 그 시대에서는 선진적인 경제론이기도 하였습니다.

서유구는 이러한 연구 논문과 정책론을 『임원십육지林園十六志』라는 방대한 저서로 정리하였는데, 이 책은 백과사전이라 하여도 좋을 만큼 다종다양한 항목을 두루 다루고 있습니다. 서문에서 그는 다음과 같이 기술하고 있습니다.

『임원십육지林園十六志』

우리나라에는 교육적인 이론서와 도덕적인 저서는 많지만, 인간이 생활하는 데 가장 필요한 경제에 관한 저서는 매우 적다. 그래서 나는 많은 문헌을 뒤져 필요한 자료를 널리 모았다. 임원이라는 이름을 붙인 것은 예사 관리들의 경제론과는 다르다는 점을 나타낸 것이다. 모든 생산에 필요한 기구와 도구 등에 관하여 서술하였고, 문화와 의약에 관한 것도 모았다. 그리고 인간은 사는 지역에 따라 생활 양식이 다를진대, 중국을 모방한 것이 많은 점을 경계하여 우리나라에 적합한 것, 우리나라에 필요한 것을 수록하고자 애썼다.

이 글에서 서유구의 애국적인 자주 정신을 엿볼 수 있습니다. 그의 논설은 매우 이해하기가 쉽고 실용성이 높아 바로 실천할 수 있는 것이었습니다.

그러나 그는 명리를 위해 다른 사람과 대립하는 일은 하지 않았고, 자기 주장을 꼭 관철하려고 하지 않는 온후한 성격을 지니고 있었습니다. 그래서 당시 권력의 중추에 있던 노론파에 속하여 뛰어난 농업 정책론을 기회 있을 때마다 국왕에게 진언하였음에도 불구하고 그것을 적극적으로 실현시키지는 못하였습니다. 그 점에서 그는 책상물림으로 정치적 수완이 모자랐는지도 모릅니다. 하지만 서유구에게는 특기할 만한 공적이 있었으니, 바로 농촌에 고구마 재배를 보급한 일입니다.

1834년(순조 34년), 그는 일흔한 살의 고령에 호남 순찰사가 되어 전라도 일대를 돌아보게 됩니다. 이는 지방관이 아니라 왕의 대행자로서 민정을 조사하고 적당한 대책을 세우는 임시직이었습니다. 호남 지방은 1809년부터 1814년에 걸쳐 사상 유례가 없는 대흉작을 겪어, 수많은 사람들이 굶어 죽고 많은 농민들이 유랑을 시작한 적이 있었습니다. 그러나 구호 대책이 충분하지 못하여 농민들은 20년이란 세월이 지난 뒤에도 줄곧 굶주림에 시달리는 참혹한 형편이었습니다.

서유구는 이러한 참상을 목격하고 먼저 농민들을 배불리 먹이는 수단으로 고구마 재배를 대대적으로 보급합니다. 우리나라에서는 1763년(영조 39년) 통신사通信使 조엄(趙曮 : 1719~1777년)이 일본에서 고구마를 가져와 동래와 부산 등에서 재배한 일이 있었으나, 일반 백성이 식용으로 삼지 않아 자취를 감추고 말았습니다. 하지만 고구마의 유용성을 알고 있었던 그는 때마침 일본으로 가는 통신사에게 고구마 종자를 많이 사오도록 부탁합니다. 그리고 그 종자를 가난한 지역에 널리 나누어주고, 스스로 『종저보種藷譜』라는 고구마 재배법을 다룬 책을 써서 이를 대량으로 배포하여 고구마 재배를 장려한 것입니다.

서유구는 벼슬길에 오른 후 아무런 어려움 없이 순탄하게 출세 가도를 걸어 병조판서와 이조판서를 역임하고, 대제학이라는 고위직까지 올랐습니다. 그러나 그는 정치가로서 자신의 이상을 실현시키지 못하고, 늙은 몸으로 관직을 그만둔 후 시골에 내려가 자신이 고안한 경작법에 따라 농사를 지었습니다.

1845년, 그는 여든두 살로 조용히 삶을 마감합니다. 서유구가 우리 역사에 탁월한 농업 정책가가 아니라, 고구마를 보급한 학자로 이름을 남긴 것은

스스로 『종저보種藷譜』라는 고구마 재배법을 다룬 책을 써서 고구마 재배를 장려하다.

안타까운 일입니다. 그러나 굶주리는 민중들을 위하여 노력한 공적은 크게 평가하여야 할 것입니다.

특이한 생활 태도를 지닌 언어학자 유희

세계에서 가장 우수하다고 평가되는 훈민정음은 창제된(1443년, 세종 25년) 직후부터 양반 계급으로부터 '언문諺文'으로 불리며 배척되어, 올바른 민중 교육용 문자로 제 역할을 충실히 수행할 수 없었습니다. 이는 우리 민족 문화의 발전이라는 면에서 커다란 손실이었습니다.

그러나 민중을 사랑하는 많은 언어학자들이 위정자들의 압력을 받으면서도 훈민정음의 활용을 위한 연구를 계속하여 뛰어난 성과를 올립니다. 그 가운데서도 1824년(순조 24년) 『언문지諺文志』를 저술한 유희(柳僖 : 1773~1837년)의 공적은 매우 위대하다고 할 수 있습니다.

유희는 지방 현감을 지내고 있던 유한규柳漢奎의 아들로, 영조 49년 경기도 용인군에서 태어났습니다. 그의 어머니는 이씨李氏 또한 사주당師朱堂이라고 불리는 여류 시인이고 재원이었습니다.

그는 일찍이 갓난아이 시절부터 어른의 이야기를 정확히 알아들었다는 일화를 남겼을 만큼 천재적인 재능을 타고났는데, 안타깝게도 어린 시절에 천연두에 걸려 얼굴이 끔찍하게 망가지고 맙니다. 겨우 치료는 하였지만 얼굴에 온통 마마 자국이 남고, 걷는 것도 입을 떼는 것도 남들보다 늦었다고 합니다. 하지만 그는 아직 채 말을 배우기도 전에 어머니가 가르치는 글자를 모두 알아들었고, 아홉 살 때에는 『통감通鑑』과 『사기史記』 등 한문의 기본 고전을 전부 암송하는 신동다운 재능을 발휘하였다고 합니다.

유희가 11살이 되던 해, 그는 아버지를 여의고 소년 시절부터 가난과 고독에 시달리는 운명을 걸머지게 됩니다. 어머니 역시 가난에 시달려야 하였지만, 그녀는 아들의 면학을 위하여 뼈를 깎는 수고를 마다하지 않았습니다.

유희의 학문은 해가 갈수록 진전되어 천문학, 조류학에 이르기까지 광범위한 분야에 걸쳐 깊은 학식을 갖게 됩니다. 통찰력이 예리하고 정의감이 강한 그는 가난 속에서도 근엄한 생활 태도를 잃지 않고 언제나 의연하였습니다. 어머니는 이러한 아들에게 입버릇처럼 말했습니다.

"너는 천성이 속류에 어울리지 않아, 설령 과거에 합격하여도 벼슬자리에 오르기 힘들 것이다. 오히려 과거에 한눈팔지 말고 깊은 산속에 들어가 순수한 학문의 길로 나아가는 것이 나을지 모르겠다."

유희 역시 처음부터 과거 시험에는 흥미를 느끼지 않았던 듯합니다. 혹은 천연두로 흉하게 변한 얼굴을 권력자들 앞에 드러내는 것을 그의 자존심이 허락하지 않았는지도 모릅니다.

그래도 유희는 세상의 움직임에 민감하여, 1809년에 대기근이 일어나자 나라에서 시급히 대책을 세우지 않으면 머지않아 국가의 기본이 무너지는 대란이 틀림없이 일어날 것이라는 우국지정을 널리 호소합니다. 그러나 권좌에 있는 양반들은 그의 주장을 가난한 유생의 실없는 소리로 치부하며 누구 하나 귀 기울이려 하지 않았습니다. 그러다가 1811년 그가 예측한 대로 평안도에서 홍경래의 반란이 일어나자, 권력자들은 유희가 마치 반란군과 내통하고 있는 것처럼 중상하고 비난합니다.

그는 이러한 모략을 물리치며 학자로서 성실하게 연구를 계속하여 『문통文通』이라는 방대한 저서를 써냅니다. 이것은 정치, 경제, 문학, 자연 과학, 천문학 등 모든 분야에 걸친 연구를 정리한 것입니다. 그 가운데서도 그의 평생의 대작으로 평가되는 것은 『언문지』입니다.

『문통文通』

『언문지』를 통해 우리 문자의 우수성을 알기 쉽게 설명하다

유희는 언어학 연구에서도 과거의 학자들이 상상도 하지 못하였던 독자적인 연구를 진행합니다. 종래 언어학자들은 대부분 한자음 연구에 매달릴 뿐 우리 민족의 언어에는 거의 손을 대려하지 않았는데, 그는 깊은 학식과 다방면에 걸친 연구 성과를 바탕으로 우리 언어의 발전 과정과 독특한 음계를 분석하여 『언문지』에 「초성례初聲例」, 「중성례中聲例」, 「종성례終聲例」, 「전자례全字例」라는 네 항목을 들어 해설한 것입니다. 그는 이 저서를 저술한 동기를 다음과 같이 서술하고 있습니다.

나의 스승인 정동유(鄭東愈 : 1744~1808년, 실학자이며 언어학자) 선생은 "한문 문장은 간결하여 심오하고 미묘한 뜻을 표현할 수 있는 장점은 있지만, 자칫 해석의 오류를 범할 소지가 매우 높다. 그러나 우리 문자로 의미를 전하면 결코 잘못 해석할 일이 없다. 자네는 우리 문자를 부녀자들이나 배우는 하찮은 문자처럼 업신여겨서는 안 된다"라고 말씀하셨다. 그래서 나는 스승과 함께 우리 문자에 관하여 거듭 토론하며 몇 달 만에 한 권의 책으로 정리하여 '언문지'라는 이름을 붙였다.

내용은 우선 우리말의 초성, 중성, 종성에 관해 여러 사람들이 책에 쓴 유래를 밝히고, 이어서 나의 의견을 서술하고 마지막으로 전자篆字에 관한 고찰을 덧붙였다. 이렇게 저술한 책을 많은 사람들에게 보였으나 이해해주는 사람이 없어서 상자 속에 담아두었다.

십오륙 년이 지나는 사이에 그것이 없어진 것을 알고 홀로 낙담하고 있었는데, 때마침 최세진(崔世珍 : 1468~1542년, 조선 중기의 어문학자) 선생이 쓴 『사성통해四聲通解』를 읽고 재차 예전의 기억을 더듬어 써내려갔다. 그리고 곳곳에 새로운 견해를 제시하여 새로 한 권의 책으로 정리하였으니, 그간의 노고는 결코 가벼운 것이 아니다. 겨우 완성을 본 것은 갑신년(1824년) 5월 하순이었다.

이처럼 그는 중국 문화에 매몰되어 우리 언어의 연구까지 한자음에 의존하려고 한 종래 학자들의 사대주의적인 사고방식을 통렬하게 비판하였습니다. 그리고 그는 우리 문자가 중국의 한자보다 뛰어난 장점 두 가지를 거듭 강조합니다.

첫째, 한자는 글자체가 복잡하여 한 글자로 많은 것을 헤아려야 할 문자이지만, 우리 문자는 초성·중성·종성이 서로 질서 바르게 조화를 이루고 있어 틀릴 일이 없으므로 어린아이라도 쉽게 이해할 수 있다.

둘째, 한자는 역사가 지남에 따라 의미와 소리를 적는 문자의 수가 늘어만 가지만 우리 문자는 일정한 수로 정해져 있어서 언제나 새로운 의미와 소리를 적을 수 있게 되어 있다.

다만 우리 문자는 문장을 만들 때 한자만큼 복잡한 의미를 짧게 표현하지 못하는 것은 사실이다. 그러나 오늘날 사람들이 한문을 숭상하고 우리 문자를 멸시하는 것은 문장이 뛰어나기 때문이 아니라 한문을 맹신하고 있기 때문이다. 하물며 기억하기 어려운 것을 숭상하고 기억하기 쉬운 것을 비방하는 것은 언어도단이라 하지 않을 수 없다.

그는 이처럼 우리 문자의 우수성을 알기 쉽게 설명하였습니다.

조용하고 평범한 삶을 추구하다

1809년 대흉작을 맞아 온 나라의 민중들이 불안에 떨고 있을 무렵, 유희는 어머니와 함께 충청도 단양으로 이사를 하였습니다. 생계를 위하여 연고지를 찾아간 것으로 생각되는데, 한편으로는 주변의 공연한 중상과 비난을 피하여 조용한 산골에 파묻혀 지내고자 한 때문이었습니다. 그러나 산기슭을 일구어 자급자족하는 생활은 곤궁하기 그지없어서, 그는 이곳에서 지낸 10년 동안 온갖 고초를 겪어야 하였습니다. 1819년 마흔일곱 살의 그는 다시 어머니와 함께 고향 용인으로 돌아옵니다. 단양에서 겪은 고통스러운 생활 때문에 그도 늙은 어머니도 모두 지쳐 있었습니다. 그래서 병상에 몸져누운 어머니는 고향에 돌아온 지 2년 후인 1821년에 불귀의 객이 되고 맙니다.

그에게는 자애로운 어머니였을 뿐만 아니라 둘도 없는 스승이기도 하였습니다. 그는 온갖 정성을 다하여 간호하며, "내 목숨을 바쳐도 좋으니 부디 어머니의 목숨만은 살려주시오"라는 뜻의 혈서를 쓰고 사흘 동안 밤낮으로 빌었다고 합니다. 하지만 그 보람도 없이 어머니가 숨을 거두자, 비탄에 빠진 그는 식음을 전폐하고 스스로 죽음을 택하려 하였습니다. 어머니에 대한 그지없는 효행이라고 할 수도 있지만 이를 보다 못한 누이가 정색을 하며 동생을 나무랐습니다.

"어머니를 잃은 슬픔이 너에게만 있는 것은 아니다. 게다가 가족의 목숨이 모두 네게 달려 있지 않느냐. 그렇게 효성이 지극한 자식이라면 3년간 어머니의 묘를 지켜야 하는데도, 식음을 전폐하고 약도 먹지 않는 것은 처자와 가족을 죽이는 일이며, 이 누나도 죽으라는 것이 아니냐?"

누이의 이러한 질책으로 기운을 차린 그는 다시 학문에 몰두합니다.

그러나 『언문지』와 같은 명저를 냈음에도 불구하고 세상의 반응은 냉담하여, 아무도 그의 학문적 성과를 인정하지 않았습니다. 유희는 그러한 반응에 달관한 듯하지만, 그의 누이는 세상이 동생을 냉대하는 것은 과거 시험을 치러 벼슬자리에 오르지 않은 탓이라고 하면서 동생을 몰아세웁니다.

"양반 집안에서 태어난 사내가 공부를 하는 것은 과거를 치러 입신출세하고 조상의 명예를 빛내려 함이 아니냐. 또한 백성들을 바르게 다스리고 임금께 충성하여 명성을 후세에 떨쳐야 하지 않느냐? 과거를 치르지 않고서는 사내로서 능력을 발휘할 수 없다. 애써 공부를 하고 아무리 학문에 능통하여도 세상이 알아주지 않는 것은 과거를 치르지 않기 때문이다. 벼슬자리에 올라 높은 지위에 오를지 어떨지는 운명에 달린 것이지만, 학문을 하였다면 응당 과거를 치러야 하지 않느냐?"

누이의 이러한 말은 당시로서는 상식이었습니다. 그에게는 세속적인 이야기에 지나지 않았을 테지만, 무시받고 냉대받는 생활 속에서 참을 수 없는 무언가를 느꼈을 것입니다.

1825년 유희는 쉰세 살의 나이에 비로소 사마시司馬試 소과小科에 합격하여 생원이 되었고, 4년 뒤에는 문과에 합격하였지만 벼슬길에 오르지 않습니다. 그는 세속에 얽매이지 않고 자신이 믿는 길을 조용히 걸어가겠다는 신조로 일관하고 있었습니다.

자연을 사랑한 그는 스스로 농사를 지어 생계를 유지하며, 대지에 뿌리를 내린 생활을 지켜나갔습니다. 그리고 스스로 연구한 재배법에 따라 약초를 재배하여 생계에 보태기도 하였습니다. 그러나 그는 주위 사람들의 곤궁한 생활을 외면하는 사람이 아니어서 가난한 이웃들에게 아낌없이 물건을 나눠주었습니다. 그리고 자신은 변함없이 가난한 생활에 만족합니다.

사람은 누구나 각자의 이상을 펴기 위하여 뛰어다니고 격렬하게 싸웁니다. 그렇게 혹자는 승리하여 영화를 누리고 혹자는 패배하여 쓰러지기도 합니다. 재능을 타고난 사람일수록 자기 재능을 살리기 위하여 필사적으로 길을 찾는 만큼 파란만장한 삶을 살게 마련이지만, 유희는 남 못지않은 재능을 타고났으면서도 평범하게 살고자 하는 생활 신조를 완고하게 지킨 사람이었습니다. 그는 아무에게도 폐를 끼치지 않고 오로지 땅을 일구어 생계를 꾸려가면서 좋아하는 학문을 계속하였습니다. 그리하여 그가 집필한 책은 점점 늘어났습니다. 하지만 굳이 발표하고자 하는 의욕이 없었으므로 그는 종이가 있으면 쓰고 없으면 마는 식이었습니다. 그것도 대부분 정리가 되어 있지 않은 것뿐이었습니다.

예순 살이 넘어 몸이 쇠약해졌음을 느낀 유희는 그간 자신이 저술해온 글들을 정리하려는 의욕을 갖게 된 것 같습니다. 그러나 곧 병상에 눕게 되어, 1837년 예순다섯 살로 삶을 마감합니다.

그는 부모 무덤 앞에 훌륭한 비석을 세우고자 하는 소원을 품고 있었으나 가난한 생활 속에서 좀처럼 이루지 못하다가 죽기 직전에야 가까스로 그 소원을 이루었습니다. 또한 죽기 직전에는 금방이라도 무너질 듯한 초라한 집을 다시 지었습니다. 그는 임종을 맞이하면서도 "서둘러 정서해야 할 텐데……"라는 말을 남겼다고 하는데, 과연 학자다운 말이라고 하겠습니다.

유희는 애국적인 언어학자로 자신의 뛰어난 철학을 일상 생활에 그대로 실천한 사람이었으며, 지금까지도 『언문지』로 역사에 높이 평가받고 있습니다.

금석학의 태두泰斗 추사 김정희

19세기 초 우리나라의 금석학(金石學 : 동기나 철기, 비석 등에 씌어진 문자를 연구하는 학문) 연구에 위대한 공적을 남긴 김정희(金正喜 : 1786~1856년)는 정조 10년 6월 3일, 충청도 예산군 신암면 용궁리의 용산월궁龍山月宮에서 태어났습니다.

그의 집안은 대대로 내려온 명문가로, 그의 고조부 김흥경金興慶은 영의
정까지 올랐고, 김흥경의 아들 김한신金漢盡은 영조의 둘째 사위가 되어 예산
군에 광대한 토지를 하사받았습니다. 또한 김정희의 할아버지 김이주金頤柱
는 정2품의 지위에 올랐고, 아버지 김노경(金魯敬 : 1766~1837년)은 이조판서,
병조판서를 역임하였습니다. 김정희는 큰아버지 김노영金魯永의 양자로 들
어갔는데, 김노영도 대사헌으로 출세한 인물이었습니다.

그는 이처럼 혜택 받은 가문 출신이었습니다. 게다가 그의 생가는 증조
부가 국왕에게 하사받은 곳으로, 왕실에서 하사한 옛 도구와 미술품, 수많은
국내외의 서적이 갖추어져 있는 호화로운 저택이었습니다. 김정희는 이러한
환경 속에서 교양이 높은 어머니 유씨兪氏에게 학문의 기초를 배우면서 면학
의 길로 나섭니다.

"학문은 그 사람의 됨됨이를 잘 나타내주는 것임을 명심하여, 언제나 행
실을 삼가면서 성실하게 배워야 한다."

어머니는 아들에게 늘 이렇게 타이르면서 자상하게 키웠지만 서른다섯
살의 젊은 나이에 세상을 떠납니다. 당시 열여섯 살이었던 그는 어머니의 죽
음으로 비탄에 빠집니다. 그러자 아버지는 아들의 마음을 다잡기 위하여 당
시 실학의 대가로 인정받고 있던 박제가의 문하생으로 입문시킵니다.

스승 박제가는 어린 시절부터 주의를 놀라게 할 만큼 글씨를 잘 쓰고 학
문에서도 누구 못지않은 재능을 보여준 김정희를 성심껏 지도하였습니다.
실학 사상의 정수를 가르치고, 세 번의 중국 여행에서 얻은 견문을 이 애제
자에게 상세하게 들려주었습니다. 김정희는 스승의 지도를 받아 비약적으로
성장하였습니다. 또한 스승의 영향을 받아 해외 여행에 대한 열의도 대단해
서, 외국으로 나가서 배우고 싶은 열망을 다음과 같은 시로 표현합니다.

온갖 생각들이 들썩거리네
사해 널리 지기를 맺고
마음 나눌 수 있는 사람을 얻는다면

감히 죽음도 마다하지 않을 것을

세계에는 고명한 명사들도 많다네

우리 역시 선망의 생각을 금치 못하네

慨然起別想　四海結知己 개연기별상　사해결지기

如得契心人　可以爲一死 여득계심인　가이위일사

日下多名士　艶羨不自己 일하다명사　염선불자이

　　1809년(순조 9년), 그는 생원시에 합격하였습니다. 관직에 들어설 자격을
얻었으니 양반집 자손으로서 의무를 다한 셈이었습니다. 때마침 그해 중국
에 파견되는 사절단의 부사副使가 된 그의 아버지는 아들의 소망을 받아들여
아들을 수행원으로 삼아 북경에 데려갑니다.

　　희망에 부풀어 북경에 따라간 스물네 살의 김정희는 스승 박제가가 소
개하여준 청나라의 저명한 학자들을 찾아갑니다. 두 달에 걸친 짧은 체류 기
간이었지만, 그동안 김정희는 탐욕스러울 만큼 많은 학자들을 만나 여러 가
지를 배웁니다. 그 가운데서도 김정희에게 가장 지대한 영향을 준 인물은 일
흔여덟 살의 노학자 옹방강(翁方綱 : 1733~1818년)과 마흔일곱 살의 완원(阮元 :
1764~1849년)이었습니다.

　　옹방강은 당시 청나라를 대표하는 학자로 알려져 있었으며, 1810년 1월
이 노학자를 찾아간 김정희는 금석학에 대한 그의 깊은 학식에 크게 감동합
니다. 이 노학자의 서고는 금석 탁본의 보고라 하여도 좋을 만하였습니다.
금석학에 유달리 깊은 관심을 갖고 있던 김정희는 노학자의 서고에 흠뻑 빠
지고 맙니다. 완원 역시 외국에서 온 젊고 재능 있는 학자에 깊이 매료되어
자신의 저서를 여러 권 내주면서 환대합니다.

　　이 중국 여행은 김정희에게 매우 유익하였습니다. 그는 귀국한 뒤에도
중국 학자들과 계속 서신을 교류하며 학문 연구 면에서 중국 학자들에게 많
은 시사를 받을 뿐만 아니라, 우리나라의 금석학을 중국에 소개한 점에서도
커다란 역할을 수행합니다.

북한산에 올라 진흥왕 순수비를 발견, 연구하다

김정희는 중국에서 귀국한 후 동서고금의 경학을 계속 연구하여 몇 년 뒤에 「실사구시설實事求是說」이라는 논문을 써냅니다. 실사구시란 관념적인 이론을 비판하고 사실에 기초하여 학문을 연구하려는 실학 운동의 슬로건이 었습니다. 그는 여기서 역대 유학의 관념론을 철저히 부정합니다.

그의 학설은 중국 학자들에게 받은 영향이 커서 독창적이지 못하다는 비판도 있었지만, 그는 실학파다운 자세를 강조하기 위하여 자신의 별호別號 를 굳이 '실사구시재實事求是齋'로 명명하고 그림에 찍는 낙관에도 이 호를 새겼을 정도였습니다. 김정희는 사실에 기초하여 실제를 규명한다는 학문적 태도를 취하며, 역사 연구도 고증에 중점을 두게 되어 점차 금석학 연구에 몰두합니다.

1816년, 그는 친구와 함께 양주의 북한산에 올라 그때까지 버려져 있던 비석의 비문을 판독하는 데 성공합니다. 그때까지 이 비석은 조선 초기 태조 의 왕사였던 무학대사無學大師가 세운 것으로 전해져왔지만, 김정희는 이것 이 신라 진흥왕眞興王의 순수비巡守碑이며 진흥왕 29년(568년)에 북한산주北漢 山州를 남천주南川州로 고친 뒤에 세운 것이라고 밝혀냅니다.

이에 따라 그때까지 모호했던 신라의 변경이 분명해진 만큼, 이는 우리 역사 연구에 획기적인 발견이었습니다. 이것은 그의 저서 『예당금석과안록 禮堂金石過眼錄』의 「신라관경비고新羅管境碑攷」에 기술되어 있습니다.

이 빛나는 성과로 금석학자로서 그의 지위는 확고하게 됩니다.

『예당금석과안록禮堂金石過眼錄』

유배지에서 「세한도」를 비롯해 많은 수묵화를 그리다

학자로서 이미 정평이 난 김정희는 1819년 문과에 합격하였습니다. 당 연히 벼슬길에 오를 수 있었지만, 마음에 내키지 않는 관직에 제수된 것이 싫었는지 아니면 학자로서 연구 생활을 계속 하고 싶었기 때문인지는 모르 겠으나 관직에 부임하지는 않습니다.

1822년 김정희의 아버지 김노경이 사절단의 정사正使로 중국을 방문하고 귀국한 뒤 이조판서에 임명되자, 그는 아버지의 높은 지위 덕을 보았는지 규장각의 대제待制에 임명됩니다. 그 자리는 도서관의 사무관과 같은 위치로 금석학을 전공하려는 그에게 썩 어울리는 벼슬이었습니다. 김정희는 규장각에서 재능을 높이 평가받았고, 그 후 호서안찰사(湖西按察使 : 충청도의 각 지방 행정을 사찰하는 중요한 직책)를 맡게 됩니다. 이어서 그는 세자시강원世子侍講院에서 세자를 교육하는 필선弼善이라는 자리에 올라 정4품의 대우를 받습니다. 이렇게 엘리트 코스를 밟은 그는 1836년 쉰한 살 때 성균관 대사성大司成에 오릅니다. 이것은 국립대학의 총장과 같은 자리로 정3품의 높은 지위였습니다. 또한 곧 병조참판이 되고, 쉰네 살 때는 형조참판이 됩니다.

이제 판서 자리에 오르는 것은 시간 문제였으나 그의 신변에 예기치 못한 불운이 닥쳐옵니다. 이미 1830년에 그의 아버지가 간신들의 모략에 걸려 남해 끝에 있는 고금도古今島로 유배되는 불행한 사건이 있었는데, 1832년 김정희는 아버지의 무죄를 호소하며 아버지에게 죄를 뒤집어씌운 자들의 모략을 격렬하게 비판하였습니다. 하지만 김정희에게 지탄을 받은 무리들은 그에게 증오심을 품게 되었고, 결국 이것이 원인이 되어 1840년 그는 권력파들의 정권 쟁탈전의 소용돌이에 휘말려 제주도로 유배됩니다.

1834년 순조가 죽자 왕세손으로 있던 겨우 여덟 살의 소년이 왕위를 이어 헌종(憲宗 : 1827~1849년, 조선 제24대 왕)이 됩니다. 그리고 안동 김씨인 할머니인 대왕대비 순원왕후純元王后가 왕을 보좌하게 되어 실권을 김씨 일족이 장악합니다. 이에 대하여 헌종의 어머니 신정왕후神貞王后(풍양 조씨豊壤趙氏) 일족은 김씨 일족의 힘을 꺾어 실권을 잡으려고 끊임없이 암투를 벌입니다. 왕이 성장함에 따라 김씨를 배척하는 세력이 강해졌고, 김씨 일파도 권력을 유지하기 위하여 사력을 다합니다. 피비린내 나는 혈투 끝에 결국 조씨 일파가 세력을 장악하게 되자 김씨 일파의 중심 인물들은 잇달아 추방됩니다. 김씨 권력 아래서 최고 지위에 있던 윤상도(尹尙度 : 1768~1840년), 허성許晟 등이 처벌되자, 김정희를 증오하던 무리들은 그가 윤상도의 휘하라고 옭아매어 무고한 그를 유배형에 처합니다.

제주도로 가는 뱃길은 풍랑이 심하여 사공과 호송원들은 두려움에 벌벌

「세한도」

떨었지만, 김정희만은 태연하게 뱃머리에 앉아 시를 읊었다고 합니다. 그리고 사공이 당황하여 부산을 떨자 직접 뱃길을 가르쳐주기까지 하였습니다. 배는 바람을 타고 나는 듯이 달려 평소 항해 시간보다 훨씬 빨리 제주도에 도착합니다. 사람들은 입을 모아 "날아서 바다를 건넜다"고 하면서 김정희의 냉정함을 칭송하였다고 합니다.

섬에서의 유배 생활은 9년 동안이나 지속됩니다. 그동안 그는 가르침을 청해오는 사람들을 지도하면서 연구에 몰두합니다. 원래부터 절세의 명필로 소문난 그는 서호書號를 '추사秋史'로 정하고 사람들이 부탁하는 대로 글을 써주었습니다. 그리하여 그의 글씨는 도처에서 보물처럼 여겨졌습니다.

「세한도歲寒圖」

그는 유배지에서 수묵화水墨畵도 많이 그렸습니다. 그 가운데 「세한도歲寒圖」라는 작품은 그의 힘찬 기백과 품격이 가장 잘 드러난 대표작으로 평가되며 신품神品으로 격찬 받습니다. 뒤에 이 「세한도」는 중국에 소개되어 중국을 대표하는 열여섯 명의 명인들로부터 절찬을 받았다는 기록도 있습니다.

그러나 그는 오랜 유배 생활로 건강을 완전히 해치고 맙니다. 그는 한 친구에게 다음과 같은 편지를 써 보낸 적이 있습니다.

기력이 다 쇠하고, 몸은 야위어 피골이 상접하여 편히 앉아 있기도 힘들다네.

게다가 유배지로 사랑하는 아내의 부고가 도착합니다. 비탄에 잠긴 그는 이러한 심정을 다음과 같은 시로 써서 죽은 아내의 명복을 빌었다고 합니다.

어찌하면 저승에 가 월모 만나 애원하여
내세에는 당신과 나 처지 바꿔 태어나랴
나는 죽고 당신 살아 천리 밖에 와있으면
이내 마음 이내 슬픔 당신도 다 알 것이리

那將月姥訟冥司 나장월모송명사
來世夫妻易地爲 내세부처역지위
我死君生千里外 아사군생천리외
使君知我此心悲 사군지아차심비

1848년(헌종 14년) 12월, 조정은 예순세 살이 된 그를 석방하라고 명령하였습니다. 그는 이듬해가 되어서야 간신히 집으로 돌아올 수 있었습니다.

심신이 모두 지친 그는 조용히 여생을 보내고 싶었지만, 명화가인 그를 세상이 그냥 내버려두지 않았습니다. 특히 당시 영의정 권돈인(權敦仁 : 1783~1859년, 문신이며 서화가)이 그를 우대하였으므로, 정적들은 항상 김정희를 계략에 빠뜨리려는 기회를 노리고 있었습니다. 1851년 권돈인이 궁궐에서 있었던 제사를 두고 제시한 의견이 권력 탈취를 노리고 있던 일파로부터 불충한 행위라는 규탄을 받고 추방당하자, 김정희도 권돈인의 심복이라는 구실로 다시 함경도 북청으로 유배됩니다. 이번에도 역시 김정희에게 죄가 있을 리 없었습니다.

이미 예순여섯 살이 된 그였지만 어디를 가더라도 뭇사람들의 사랑을 받았으므로, 그의 처소에는 많은 사람들이 가르침을 청하러 찾아왔습니다. 그는 제자들과 더불어 서예와 시작을 즐겼습니다. 금석학의 대가인 그는 유배지에서도 제자들을 시켜 각지에 흩어져 있는 옛날의 석기를 모아 고대 문화를 연구하였습니다. 아무리 절망적인 환경 속에서도 자신이 믿는 길을 바라보며 최선을 다하는 그의 철학적인 삶이 상징되어 있는 것으로 보입니다.

　김정희는 제주도 유배 시절에 사람과 말에 짓밟히면서도 아름다운 꽃을 피우는 수선화를 기리는 시를 썼는데, 짓밟히고 또 짓밟혀도 아름답게 꽃피우는 수선화에서 자신의 삶을 찾아낸 듯합니다. 그리고 제주도 유배지에서도 애국심에 불타 우리나라 연안을 침략하는 외세를 배척하고자 호소하며 「해국도지海國圖志」라는 논문을 쓰기도 하였습니다.

　또한 북청에 유배되었을 때도 우리나라 역사 연구에 귀중한 유적인 '신라 진흥왕 순수비'를 보존하는 데 힘을 쏟아야 한다고 함경도 감영에 호소하였습니다. 이 점에서도 그의 애국적인 학자다운 면모를 엿볼 수 있습니다.

　김정희는 1852년 겨울이 되어서야 간신히 석방되어 집으로 돌아올 수 있었습니다. 그때 나이 이미 예순여덟 살로 몸이 병약해져, 여생을 아버지의 무덤 곁에서 조용히 보내고 싶어하였습니다. 그는 초가집에서 아침저녁으로 염불을 외웠으며, 일흔한 살에는 한성 근교에 있는 봉은사 한쪽 구석에 조그만 판잣집을 짓고 수행에 전념하였습니다. 실학자로서 불문佛門에 들어간 사람이 없었던 만큼 그가 변절하였다고 말하는 사람도 있었지만, 오랫동안 고독 속에서 고통받아온 그는 적극적으로 철학의 길을 모색한 것인지도 모릅니다.

　그러나 그가 찾고자 한 길을 끝내 찾을 수 없었던지 얼마 후 아버지의 무덤 곁으로 돌아왔습니다. 그리고 그해 10월 마침내 불귀의 객이 되었는데, 쇠약한 몸을 채찍질하듯 죽기 전날까지 집필에 열중하였다고 합니다.

고고학과 금석학을 새롭게 개척하다

　김정희는 우리나라의 고고학과 금석학을 새롭게 개척하였다는 점에서 위대한 공적을 남긴 사람으로 평가됩니다.

　그는 우리나라의 고고학 연구뿐만 아니라 중국의 은殷·주周의 고대 생활 도구를 비롯하여, 수많은 고대의 비석과 탁본, 옛 화폐, 진秦·한漢대의 기와, 한대의 벽돌, 무기, 불상, 거울, 도장, 고서화古書畵, 그리고 한대의 화상석

畵像石과 석각물 등에 이르기까지 손대지 않은 분야가 없을 정도였습니다.

고고 금석학적 연구에서 학계에 커다란 충격을 주었던 것은 그가 집필한 『석노가石砮歌』, 『신라진흥왕릉고新羅眞興王陵攷』, 『예당금석과안록』 등입니다.

『석노가』는 그가 북청에서 유배 생활을 보내던 중에 제자들과 함께 모았던 고대 석기에 대한 연구를 가사로 정리한 것입니다. 그때까지 사람들이 도깨비가 만든 것으로 여겼던 석기 도구와 무기에 대하여, 그는 '석부石斧', '석촉石鏃'이라는 근대적인 명칭을 붙였습니다. 그리고 이러한 석기 유물과 석기 유물이 출토된 고적지를 떼어놓지 말고 고찰하여야 한다는 매우 과학적인 견해를 제시하였습니다. 『석노가』

『신라진흥왕릉고』는 경주의 이른바 조산造山으로 불리던 것이 모두 예전의 신라의 왕과 대신들의 무덤이라고 단정하고, 그 기초 위에서 경주 서악리西岳里 태종 무열왕릉太宗武烈王陵 위쪽에 있는 4기의 커다란 무덤의 주인공들을 고증한 논문입니다. 그는 『삼국사기』와 그 밖의 고문헌에 나타난 왕릉의 위치와 실제 무덤의 위치를 대비 연구하여, 이를 각각 진흥·진지眞智·문성文聖·헌안憲安 왕릉이라고 고증하였습니다. 이처럼 이름도 알 수 없었던 유적의 주인공들을 현지 답사와 문헌 연구를 통하여 분명히 밝힌 것은 고고학적으로 커다란 성과였습니다. 『신라진흥왕릉고』

『예당금석과안록』 가운데는 이미 언급하였듯이 「신라관경비고」가 가장 우수한 논문입니다. 우리나라에서 가장 오래된 비석은 평안남도 용강군에 있는, 서기 83년에 세워진 점선현비秥蟬縣碑입니다. 이것을 제외하면, 삼국 시대에 가장 오래 전에 세워진 것은 네 개의 진흥왕 순수비입니다. '마운령비(摩雲嶺碑 : 함경남도 이원군利原郡)', '황초령비(黃草嶺碑 : 함경남도 함주군咸州郡)', '북한산비', '창녕비昌寧碑'가 그것입니다. 이 비석들은 진흥왕이 신라의 영토를 확장하고, 여러 신하들과 함께 변경을 순수巡狩하면서 건립한 기념비입니다. 『예당금석과안록』

이 4기의 비 가운데 황초령비와 북한산비는 김정희가 청년 시절에 발견하여 고증하였습니다. 그의 황초령비 발견으로, 신라의 영토가 함경도 지방까지 이르렀다는 것을 고증해냈습니다. 그러나 20세기에 일본 제국주의의 어용 학자들은 김정희의 이 고증을 부정하고, 고려 시대에 북방에 9성을 쌓았을 때 세운 기념비라고 주장하거나 또는 조선 초기에 동북 지방을 개척하였을 때 세운 기념비일 것이라고 주장하기도 하였습니다.

그러나 1929년 마운령비의 발견으로 김정희의 고증이 정확하였다는 사실이 명백히 입증되었고, 우리나라의 역사를 왜곡하려 한 일제의 범죄적인 음모가 만천하에 드러납니다. 이 사실로 인해 김정희의 애국적인 업적이 더욱 두드러지게 되어 우리 학계를 감동시켰습니다.

그는 고비석의 비문을 해석하는 작업을 진행하면서 이렇게 말하였다고 합니다.

"한 자 한 획에 이르기까지 고대 문자를 연구하고 자세히 분석한 결과 마침내 한 권의 논문을 짓게 되었다."

김정희는 북한산비를 해독하기 위하여 험난한 산속의 가시나무를 헤치면서 몇 번이나 오르내리며 거듭 탁본을 떴습니다. 그 노고도 예사로운 것이 아니었는데, 그는 또 비문의 한 글자 한 글자를 해독하기 위하여 홀로 서재에 틀어박혀 침식까지 잊는 채 연구를 거듭하였습니다. 이와 같이 진지한 연구가 결실을 맺어 그는 우리 고대사 연구에 커다란 기여를 할 수 있었습니다.

김정희는 실학자답게 비과학적인 것, 미신적인 것을 완강하게 배격하였습니다. 어느 해 가뭄이 들어 사람들이 기우제를 올리는 것을 보고 웃으면서 말했습니다.

"저수지를 만들 궁리를 하는 것이 더 시급하다. 우물을 파고 수차를 만들어 물을 길어내는 일부터 생각하여야 할 것이다."

대부분의 실학자가 그랬듯이 그는 침략의 첨병 역할을 하는 천주교의 본질은 예리하게 통찰하였던 듯하지만, 서양의 선진적인 과학에는 깊은 관심을 보였습니다. 이 밖에도 그는 정치, 교육, 과학 기술 문제에서도 선진적인 의견을 많이 제시하였는데, 그가 남긴 저서 가운데 그러한 논설이 그다지 많이 수록되어 있지 않은 것은 유감스러운 일입니다.

예술가로서의 길을 모색하다

우리나라에는 예로부터 서도의 명인이 많아, 중국의 명인들과 비견되는 인물도 적지 않았습니다. 김정희는 역대의 명인 중에서도 극치의 품격을 지닌 명필로 평가됩니다.

그는 서예를 연마하는 과정에서도 과거 국내외의 모든 명인들의 서법을 분석하여 장점을 취하고 이를 종합하여 완전히 독창적인 자신의 서법을 고안해냈습니다. 그러므로 그의 글씨는 결코 다른 사람의 글씨와는 비교할 수 없는 특유의 것이었습니다. 김정희가 이처럼 독창적인 서법을 고안하는 데 커다란 힘이 된 것은 그가 전념한 금석학 연구였다고 할 수 있습니다. 그는 비문을 해독하고 분석하는 작업을 계속하는 가운데, 고대에서 근대에 이르기까지 우리나라와 중국의 각 시대를 대표하는 서법을 확실히 파악할 수 있었습니다.

그는 중국의 학자에게 보낸 편지에서 "옛것을 배우되, 옛것에 빠져서는 안 된다"라고 쓰고, 이렇게 말하기도 하였습니다.

"가슴속에 청고淸高하고 고아古雅한 생각을 품지 않으면 훌륭한 글씨가 쓰여질 리 없으며, 가슴속의 청고하고 고아한 생각도 문자의 향좁과 용솟음치는 글씨의 기氣가 없다면 표현될 리 없다."

이와 같이 그는 당시 동방 세계에서 가장 뛰어난 서예가이며 또한 서법 이론가이기도 하였습니다. 당시까지 우리나라 최고의 서예가는 한석봉이었다고 하는데, 뭇사람들은 "추사의 글씨 앞에서는 석봉의 글씨도 무색할 것이다"라며 칭송하였다고 합니다.

그래서 권력자들과 부자들은 앞 다투어 추사의 글씨를 얻으려 하였고, 이 때문에 그는 저도 모르는 사이에 증오의 대상이 되어 많은 적을 만들기도 하였습니다. 하지만 그의 글씨를 얻은 사람은 둘도 없는 보물로 여기고 후대에 전하였습니다.

그는 또한 문인화의 대가이기도 하였습니다. 그림 공부를 한 적이 없었기 때문에 전문 영역이 아니라고 말하지만, 그가 그린 난, 대나무, 산수화 등은 매우 격조가 높았습니다. 사물을 철저히 관찰하고 그 진수를 상세하게 분석하는 금석학자다운 특성이 예술의 진수를 파악하는 데서도 그대로 살아났다고 말할 수 있습니다. 그가 그린 대나무와 꽃 그림은 형상도 훌륭하거니와 보는 이의 눈에 마치 생명이 있는 것처럼 비쳤습니다. 이는 고아한 것을 추구하는 그의 예술관이 그대로 작품에 표현되었기 때문입니다.

이처럼 뛰어난 예술가이기도 하였던 그는 이상하리만큼 매화를 사랑하였는데, 스스로를 '매화구주梅花舊主'라 일컬을 정도였습니다. 그는 서재에는 자신이 그린 매화 병풍을 세우고 매화 차를 마시며 「매화백영시梅花百詠詩」를 짓기도 하고, 자기 집을 '매화백영루梅花百詠樓'라 부르고, 매화 부채로 부치면서 담소할 정도로 매화를 애호하였습니다. 눈 속에서 피는 매화의 고고함을 한없이 사랑한 까닭일 것입니다. 그의 삶 역시 엄동설한에 피어 가혹한 박해를 받으면서도 고고함을 잃지 않는 매화 같았다고 할 수 있습니다.

명서예가인 그는 자기 글씨에 실로 수많은 호를 서명하였습니다. 대표적인 '추사' 외에도, '완당阮堂', '예당禮堂', '시암詩菴', '과파果波', '단파檀波', '노격老鬲', '노완老阮', '노과老果', '담연재覃硏齋', '실사구시재', '적고당積古堂' 등이 사용되었습니다. 마지막으로 불교에서 길을 찾고자 하였으나 끝내 찾지 못하였던 것처럼, 그는 끊임없이 자기 길을 모색한 사람이었는지도 모릅니다.

13. 비극적 삶을 살다 간 방랑 시인 김삿갓

기구한 운명에 처하다

19세기 중반에 전국을 방랑하던 특이한 시인이 있었습니다. 형색은 선비 차림이었지만, 그는 언제나 커다란 삿갓을 쓰고 다녔습니다. 상喪을 당한 사람들이 쓰는 삿갓이었는데, 상중에 있는 사람 같지는 않고 항상 이곳저곳을 떠돌아다녔기 때문에 옷차림새가 너덜너덜하여 흡사 거지 형상이었습니다. 그래서 가는 곳마다 쫓겨나기 일쑤였지만, 시를 훌륭하게 썼으므로 그 재능을 아끼는 사람들은 그를 정중하게 대접하였습니다.

그는 어디를 가더라도 자기 신분을 밝히지 않아 그의 본명을 아는 사람이 거의 없어서, 다만 그를 '김삿갓' 또는 '김립金笠'이라 불렀습니다. 그는 방랑 속에서 삶을 마친 사람이었습니다.

그의 본명은 김병연(金炳淵 : 1807~1863년), 자는 성심性深, 호는 난고蘭皐라 합니다. 그의 집안은 대대로 명문이어서, 그는 순조 7년 경기도 양주에서 장래를 축복받으며 태어났습니다. 그러나 그가 다섯 살인 1811년에 예기치 못한 재난이 그의 집안을 덮쳤습니다. 그의 할아버지 김익순(金益淳 : 1764~1812년)이 함흥咸興 중군(中軍 : 부사府使에 버금가는 지방 관직)에서 선천 부사宣川府使로 영전한 지 겨우 석 달 뒤, 홍경래의 난이 일어난 것입니다.

농민군이 선천을 공격한 것은 봉기 후 6일 뒤인 12월 24일이었습니다. 부사인 김익순은 농민군이 성난 파도와 같은 기세로 북진해온다는 통지를 받고 얼마 안 되는 수비군을 독려하여 방어를 튼튼히 하려 하였지만, 아전 가운데 농민군에 호의를 보이는 자가 많고 병사들도 크게 동요하여 도저히 싸울 기력이 없었습니다. 절망하였는지 아니면 울분을 어찌할 수 없었던지 부사는 술을 잔뜩 마시고 곯아떨어졌습니다. 이윽고 눈을 떠보니 몸은 칭칭 얽어매어 있고, 선천 거리는 완전히 농민군에게 점령되어 있었습니다(일설에는 도저히 싸울 힘이 없음을 안 부사가 농민군에게 항복 문서를 보내 투항했다는 설도 있음).

농민군이 정주성에서 농성하고 관군이 선천을 회복한 다음해 3월에 부사 김익순은 '역적과 싸우지도 않고서 항복한 의롭지 못하고 충성되지 못한 역신逆臣'이라는 죄목으로 처형당하고, 그의 일족도 '멸족'을 당하여 그의 아들과 손자들 역시 목숨을 잃게 됩니다.

그때 김익순의 신임을 받던 종복從僕 김성수金聖洙라는 사람이 여섯 살의 병연과 그의 형인 여덟 살의 병하炳河를 숨겨 자신의 고향인 황해도 곡산으로 데리고 가서 농민의 아들처럼 키웠습니다. 수년이 지나자 그의 일가는 죄가 '멸족'에서 '폐족(廢族 : 처벌하는 대신 자손이 관직에 오르는 것을 금함)'으로 한 등급 감해져, 그들 형제도 어머니가 있는 곳으로 돌아갈 수 있었습니다. 하지만 이미 그의 아버지 김안근金安根은 운명한 뒤였습니다. 어린 병호炳湖와 형제 셋을 키우게 된 어머니는 자식들에게 비극적인 운명을 알리지 않으려고 사람의 눈을 피하여 강원도 영월寧越의 산골로 이사를 하였습니다.

모자가 그곳에서 남들처럼 살 수 있었던 것은 그의 집안이 명문이어서 재산이 다소 있었기 때문이었을 것입니다. 어머니는 자식들에게 가문 내력에 대해서는 일체 말해주지 않고, 다만 이름 없는 양반의 자손이라고만 말하였습니다. 그러면서도 자식들의 교육을 위하여 서당에 보내 간단한 한문 공부를 시켰습니다. 그리하여 아들들은 아무것도 모르고 자라, 어머니가 시키는 대로 일찍 결혼하여 평온하고 행복하게 살았습니다.

그러나 김병연은 남보다 문재가 뛰어난 젊은이였습니다. 서당의 스승이 더 이상 가르칠 게 없을 만큼 한학 지식이 깊어져 유학의 고전에 정통하였을 뿐만 아니라, 그가 짓는 시는 뭇사람들을 놀라게 하였습니다. 그는 과거를 볼 수 없는 신분이라는 말을 귀에 못이 박히게 들어온 터였지만, 젊은 나이인 만큼 스스로 기대하는 바가 있었던 듯합니다. 그는 어떻게든 과거에 합격하여 관직에 올라 집안의 명예를 높이고, 살림을 꾸려나가느라 고생하는 어머니를 위로하고 집안 살림도 도울 수 있기를 바랐습니다.

그가 스무 살이 되던 해, 영월에서 백일장이 개최되었습니다. 백일장이란 유학 공부를 하는 서생들을 격려하고, 지방 서생들의 과거 시험을 돕기 위하여 시문 경연대회를 벌여 성적이 우수한 자를 표창하는 행사입니다. 말하자면 과거의 등용문과 같은 것이었기 때문에 뜻이 있는 자들이 다투어 참가하였습니다.

이때 출제된 시제는 '논정가산충절사論鄭嘉山忠節死 탄김익순죄통우천嘆金益淳罪通于天'이었습니다. 즉 1811년 홍경래의 난 때 목숨을 바쳐 역적과 싸운 가산 군수 정시鄭蓍를 기리고, 싸우지 않고 적에게 항복한 김익순의 죄를 밝히라는 문제였습니다.

고전에서 배운 대로 유교적인 충군애국 사상에 철저하였던 이 젊은이는 큰 뜻을 품고 시험에 참가한 만큼 감정이 치닫는 대로 달필을 휘둘렀습니다. 그래서 참가자들이 대부분 머리를 싸매고 여전히 손도 대지 못하고 있을 시간에 냉큼 장문의 시권試卷을 제출하고 시험장을 나올 수 있었습니다. 그는 동서고금의 문헌을 인용하여 충의를 위하여 장렬한 죽음을 택한 가산 군수 정시의 공훈을 기리는 한편, 김익순에 대해서는 다음과 같은 글로 혹독하게 비판하였습니다.

명문 태생으로 특별한 성은을 입은 사람이 뛰어난 군사와 무기를 갖고서도 흉적 앞에 무릎을 꿇었으니 그 혼은 죽어서도 저승에 가지 못하고, 임금을 거역하여 조상까지 더럽힌 몸은 만 번 죽어야 마땅할 것이다. 역사의 준엄한 심판을 아는가 모르는가. 그 치욕스러운 기록은 역사에 영원히 남을 것이로다.

모든 참가자의 답안지가 심사되어 해질 무렵에 관아 게시판에 시험 결과가 내걸렸습니다.

"장원壯元 김병연!"

그의 이름을 호명하는 소리와 함께 환호성에 떠밀려 단상에 오른 그는 주체하지 못할 만큼 많은 상품을 받았습니다. 시험관들이나 주최자인 지방관은 명문을 쓴 사람이 한창나이의 청년이라는 것에 놀라 물었습니다.

"어느 명문가 자제인가?"

"이름 없는 가난한 집의 자식이옵니다."

그는 어머니가 알려준 대로 대답하였습니다.

그는 흥분에 들떠 있었습니다. 재능을 인정받았으니 이제 곧 과거를 쳐서 출세와 영화를 누릴 것을 생각하면 몸이 하늘로 떠오르는 듯하였습니다. 그는 상품을 안고 서둘러 집으로 돌아와 만면에 웃음을 참지 못하고, 마중 나온 어머니와 가족들 앞에서 외쳐댔습니다.

"장원이에요. 장원입니다!"

산골 마을에는 그가 수석을 하였다는 소식이 벌써 전해져, 마을 어른들은 '마을이 생긴 이래의 경사'라고 하면서 밤새워 성대한 마을 잔치를 열기로 결정하였습니다. 그러나 흥분이 가라앉고, 백일장에 대해 상세한 설명을 들은 어머니는 이내 얼굴색이 변하며 대성통곡합니다. 어리둥절한 그와 형 앞에서 어머니는 비로소 진실을 들려주었습니다.

"너희들에게 숨겨온 것이 잘못이었다. 역적으로 처형된 어른이 바로 너희 친할아버지이시며, 폐족의 자식인 너희들은 과거를 볼 수 없단다."

그는 땅이 무너지는 듯한 충격을 받았습니다. 그 후로 그는 반년 동안 방에 틀어박혀 전혀 집 밖으로 나가려 하지 않았습니다. 물론 마을 사람들이 축하 잔치에 초대하여도 얼굴을 내밀지 않았습니다. 밤낮 머리를 쥐어짜며 고뇌하는 그를 보고서 어머니와 그의 아내가 술을 권하기도 하였습니다. 전에는 전혀 술을 입에 대지도 않던 그가 잔뜩 술을 마시고는 반미치광이가 되어 울어댔다고 합니다.

겨우 진정이 된 그는 다음과 같은 짧은 시를 씁니다.

> 만사는 모두 운명에 매여 있는데
> 떠서 사는 인생은 헛되이 헤매는구나

萬事皆有定 만사개유정
浮生空自忙 부생공자망

번민 끝에 겨우 도달한 체념의 경지였는지도 모릅니다.

김병연 여행에 나서다

어느 날 문득 김병연은 가족들에게 금강산을 구경하고 싶다며 집을 나서게 됩니다. 방안에 틀어박혀 병자처럼 창백하게 야위어 피골이 상접한 그의 건강을 염려하던 가족들은 기꺼이 찬성하였습니다. 여행에 나서 원기만 되찾을 수 있다면 곧 정상적인 생활로 돌아올 것이라는 희망을 가졌습니다. 그는 여장을 갖추었지만 선비답게 의관을 차려 입지 않고 커다란 삿갓을 쓰고 길을 나섰습니다.

"조상을 모욕한 자손이 어찌 감히 하늘 아래 얼굴을 들고 다닐 수 있겠습니까? 나는 평생을 복상服喪해도 다 씻지 못할 죄인입니다."

그는 가족에게 이렇게 말하고 길을 떠났습니다.

여행에 나선 그는 걸음에 지치면 주막에 들러 술을 마셨습니다. 주막에는 으레 나그네와 마을 사람들이 모여 이야기꽃을 피웠고, 때로는 그에게 스스럼없이 말을 거는 사람도 있었습니다. 그러나 그는 무뚝뚝하게 입을 다문 채 말상대를 하지 않았고 상대방이 자기를 소개하여도 이름을 밝히려 하지 않았습니다. 사람들은 이러한 그를 예의도 모르는 건방진 자 정도로 생각하고 상대하지 않았습니다. 이윽고 가족들이 어렵게 마련해준 노자도 바닥이 나고 말았습니다. 숙박비도 없고 술값도 떨어졌지만 그는 금강산에 가고 싶다는 일념으로 계속 걸어갔습니다.

나는 청산을 향하여 가거니와
녹수야 넌 어디서 흘러오느냐?

我向靑山去 아향청산거
綠水爾何來 녹수이하래

그래서 부득이 낯선 집 대문을 두드려 하룻밤 신세를 청하지 않을 수 없었습니다.

해가 저물어서 두어 집 문을 두드리지만
주인은 번번이 손을 휘둘러 쫓아내도다
두견새조차 이 고약한 인심을 알고서
숲 저편에서 집에 돌아가라 울어예누나

斜陽叩立兩柴扉 사양고립양시비
三被主人手却揮 삼피주인수각휘
杜宇亦知風俗薄 두우역지풍속박
隔林啼送不如歸 격림제송부여귀

이렇게 고생을 하며 때로는 노숙을 하고, 배가 고프면 체면도 없이 먹을 것을 구걸하는 것도 배우게 되었습니다. 무전 여행의 맛을 알게 된 그는 마침내 금강산에 이르렀고, 그 아름다운 경치에 감격하여 그 자리에서 시를 지어 노래하였습니다.

푸른 산길을 밟고 구름 속에 들어오니
숲속의 정자는 시인의 지팡이를 머물게 하도다
용의 조화를 눈 날리는 조화를 머금었고
칼의 정신은 하늘 높이 솟은 봉우리를 깎는다
신선의 새는 흰데 몇 천 년이나 된 학이뇨
물가의 소나무는 푸르러서 삼백 길이나 높구나
절에 있는 중은 내 봄에 취한 꿈을 알지 못하고
어쩌다 무심히 오정 종을 쳐서 내 낮잠을 깨우노라

綠靑碧路入雲中 樓使能詩客住筇 녹청벽로입운중 루사능시객주공
龍造化含飛雪瀑 劍精神削揷天峰 용조화함비설폭 검정신삭삽천봉
仙禽白幾千年鶴 澗樹靑三百丈松 선금백기천년학 간수청삼백장송
僧不知吾靑睡惱 忽無心打日邊鍾 승부지오청수뇌 홀무심타일변종

그는 평생 동안 금강산을 몇 차례나 올라 수많은 명시를 남겼습니다. 하루 종일 산행으로 지친 몸을 쉬려고 절을 찾은 어느 날, 그곳에는 한성에서 온 사대부 집안의 젊은이들이 시회詩會를 연다는 구실로 음주가무가 야단이었습니다. 오랫동안 술을 입에 대보지 못한 그는 생각할 것도 없이 그 자리에 끼워달라고 청하였습니다. 그러자 그의 초라한 행색을 업신여긴 한 젊은이가 깔보는 듯한 언사로 말했습니다.

"이곳은 시회의 자리라네. 시를 지을 수 있다면 동석시켜 주겠네."

그는 주변에 흩어져 있는 종이를 주워들고 단숨에 붓을 놀렸습니다.

강호에 떠돌던 몸이 또다시 가을을 만나
글을 하는 벗들과 절간 누각에 모였도다
좁은 굴 속에 들어서니 흐르는 물이 어두워지고
옛 절로 가는 중의 발길에는 백운이 떠도는구나
금강산에 놀고서 삼생의 소원을 조금 풀고
술을 맘껏 마시니 만 가지 수심이 사라지도다
이제 맑은 회포를 읊어 푸른 감나무 잎에 써놓고
누워서 들으니 서원의 비 나리는 소리만 구슬프구나

江湖浪跡又逢秋 約伴詩朋會寺樓 강호랑적우봉추 약반시붕회사루

小洞入來流水暗 古龕僧去白雲浮 소동입래류수암 고감승거백운부

薄遊少答三生願 豪飮能消萬種愁 박유소답삼생원 호음능소만종수

擬把淸懷靑柿葉 臥聽西園雨聲幽 의파청회청시엽 와청서원우성유

그가 이 시를 낭랑하게 읊조리자 젊은이들은 금세 얼굴색을 바꾸고 앞을 다투어 그에게 술을 권하고, 예의바르게 자기를 소개하였습니다. 하지만 그는 다만 "김삿갓이오"라고 대답하고는 그들과 함께 밤새도록 술을 마실 뿐이었습니다.

그는 넓은 금강산을 구석구석 돌아보자니 이 절 저 절에서 신세를 지지

않을 수 없었는데, 어떤 절에서는 그를 날파리 보듯 귀찮아하며 쫓아내려고 애썼습니다. 어느 날 그는 중과 말다툼을 하던 끝에 훌륭한 시를 지으면 묵어도 좋다는 말을 듣게 됩니다. 중은 심술궂게도 '타'라는 어려운 운을 띄웠습니다. 그는 기다렸다는 듯이 우리말로 시 한 구를 읊었습니다.

"사면 기둥 붉어타."

중은 다음 운도 '타'를 외쳤습니다. 잠시의 뜸도 들이지 않고 그는 다음 구를 읊었습니다.

"석양 행객 시장타."

이어서 다음 운도 '타'를 부르자 그는 중을 노려보며 쏘아댔습니다.

"네 절 인심 고약타!"

중은 그만 당황하여 안으로 물러났고, 그는 유유히 절에서 자고 먹었다고 합니다.

김병연은 방랑 여행을 계속하며 자신을 업신여기는 자들을 비꼬고, 허세를 부리는 양반들을 가차 없이 풍자하였습니다. 그는 굳이 솟을대문이 있는 저택을 찾아가 더불어 시작을 즐길 사람을 찾는다는 구실로 안으로 들어가서는 대우가 좋으면 며칠이고 식객 노릇을 하기도 하였습니다. 그의 시는 어느새 입에서 입으로 전해지고, 김삿갓이란 이름은 전국 팔도에 알려졌습니다.

금강산에서 나온 그는 북으로 여행을 계속하여 함경도 일대를 빠짐없이 돌아다니고, 멀리 국경인 두만강에 다다랐습니다. 그는 국경을 떠돌아다니면서 고독을 되새겼을 것이고, 여행의 피로를 느끼며 고향 생각도 사무쳤을 것입니다.

고향 생각에 잠시 돌아오다

「이십수하二十樹下」

김병연의 시 가운데 비애감이 담긴 것은 헤아릴 수 없이 많지만, 그의 시의 특색을 가장 잘 나타낸 「이십수하二十樹下」라는 시가 있습니다.

二十樹下三十客 이십수하삼십객

四十家中五十食 사십가중오십식

人間豈有七十事 인간기유칠십사

不如歸家三十食 불여귀가삼십식

　　그는 한시 속에도 우리말을 풍부하게 섞었습니다. 이 시는 그의 대표적인 작품으로, 이십이란 곧 스물이고 樹수는 나무이니 '스무나무'가 되는데, 이는 느릅나무과의 활엽수를 가리킵니다. 삼십은 서른이고, 슬프다는 뜻의 '설운'으로 사용되었습니다. 또 사십이란 마흔으로, '망할'이라는 의미로 사용되었습니다. 오십은 쉰이므로, 밥이 '쉬었다'는 뜻입니다. 칠십은 일흔이니, '이런'이라는 말입니다. 그리고 뒷구절의 삼십은 밥이 아직 다되지 않아서 설다는 의미의 '설은'을 말합니다. 따라서 이 시의 뜻은 다음과 같습니다.

　　스무나무 아래 설운 나그네가

　　망할 동네에서 쉰 밥을 얻어먹는구나

　　인간으로 어찌 이런 일이 있으리요

　　집에 돌아가 설은 밥 먹느니만 못하리라

　　이는 곧 학대받는 나그네의 비애감을 노래한 것으로 견디기 어려운 고향 생각도 담겨 있습니다. 그래서 그가 집을 나선 지 4년 만에 그리운 집으로 돌아가자, 온 가족이 눈물로 그를 환대하였습니다. 갓난아이였던 큰아들은 벌써 말을 또박또박 하는 튼튼한 아이로 자라 있었고, 기다리다 지친 젊은 아내와 깊은 정을 나누며 가정의 행복도 맛보았습니다.

　　그가 돌아오고 나서 아내는 바로 둘째 아이를 가졌습니다. 그는 아버지의 책무를 다할 작정으로 일 년 남짓 집안일에 몰두하였지만, 몸속 구석구석까지 방랑벽이 생긴 그는 더 이상 집안에 틀어박혀 있지 못하였습니다. 그는 집안 사람들에게 "한성에 볼일이 있어 잠시 다녀오겠소"라는 말을 남기고 도망치다시피 방랑길에 나섭니다.

그는 집에서 쓰고 나온 갓을 버리고 시장에서 커다란 삿갓을 사서 썼습니다. 이미 조상에 대한 죄의식은 없어졌고, 보고 싶지 않은 세상의 속되고 더러운 것에서 눈길을 피하는 데 편리하며 다른 사람에게 보이고 싶지 않은 자기 얼굴을 감추기에도 좋았기 때문입니다. 그리고 여행길에 비바람을 가리는 데도 이 이상 안성맞춤인 것이 없었습니다.

그는 한성에 올라가 금강산에서 사귄 시우詩友들의 집이나 명문 귀족의 집에 초대를 받아 흥이 나는 대로 해학을 담은 즉흥시를 지어 사람들을 웃기고 기쁘게 하면서 술독에 빠져 지냈습니다. 그러나 한성은 그의 생리에 맞지 않았습니다. 그는 사람의 만류를 뿌리치고 충청도에서 경상도로 느긋한 발걸음으로 여러 세상사와 경치를 구경하면서 여행을 계속합니다.

그렇게 몇 년의 세월이 흘러, 그는 안동에 있는 도산서원陶山書院 근처 마을에 머무르며 몇 년간 서당의 훈장 노릇을 하게 됩니다. 소년 시절에 동경하던 이퇴계의 유덕遺德을 연모한 탓인지도 모릅니다. 그러나 그는 봉건적인 풍습에 적응할 수 없었는지 아니면 무료한 생활에 지쳤는지, 제법 대우를 받던 훈장 자리를 미련 없이 버리고 다시 방랑길에 나섭니다.

경상도를 구석구석 걸어 다닌 그는 전라도로 발길을 옮기고, 충청도를 거쳐 다시 황해도, 평안도로 향하였습니다. 그는 홍경래의 난 전적지를 돌아보며 유년 시절 자신을 숨겨서 길러준 곡산의 김성수 집을 방문하였는데, 은인인 김성수는 이미 죽고 그의 아들이 대신 맞아주었습니다.

그는 그 집에 머무르며 서당을 차리고 훈장 노릇을 일 년 정도 하였습니다. 그로서는 은혜를 갚고 싶은 기분이었을 터이고, 그 집에서도 온 가족이 환대해주었습니다. 그는 따뜻한 가정적 온기 속에 잠길 수 있었지만, 서로 정이 두터워지면 질수록 강원도에 두고 온 처자식이 떠올라 가슴이 아팠습니다. 그는 점점 심해지는 고향 생각을 떨치려고 그 집을 떠나 다시 여행길에 나섭니다.

그가 두 번째로 집을 나선 지 벌써 20년의 세월이 흘렀습니다. 그가 충청도 계룡산 기슭에서 피로를 풀고 있던 어느 날, 그의 둘째 아들 익균翼均이 불쑥 찾아왔습니다. 김삿갓의 이름은 이미 온 나라에 널리 알려져 있었으므로 그 소문을 더듬어 행선지를 쫓으면 행방을 알아낼 수 있었습니다. 그는 갓 태어났을 때 보았던 둘째 아들이 훌륭하게 장성한 모습을 보고 눈물을 흘리며 기뻐하였습니다. 그러나 자기를 데리러온 아들과 함께 돌아갈 마음이 없어서, 아들을 잠자리에 들게 하고는 다시 행방을 감추었습니다.

그로부터 일 년 뒤 아들은 다시 경상북도의 어느 산골에서 아버지를 찾아냅니다. 그때는 아들에게 반드시 돌아가겠노라고 약속까지 하였지만, 그는 집으로 돌아가기 전에 아는 사람에게 연락할 필요가 있다면서 자식에게 편지를 주어 심부름을 보내고는 그대로 줄행랑을 쳤습니다.

3년 뒤에 경상도 진주의 어느 주막에서 고주망태가 되어 있던 그는 자식에게 세 번째 붙들렸습니다. 아버지를 찾아 오랫동안 떠돌아다닌 아들의 행색도 아버지 못지않게 초라하였습니다. 두 번의 실패를 거울삼아 자식은 잠시도 아버지의 곁을 떠나지 않았습니다. 그도 체념한 것처럼 집으로 돌아가겠다고 말하고, 아들과 함께 강원도를 향하여 사흘 동안이나 걸었습니다.

그는 길을 걷다가 갑자기 용변을 보고 싶다며 보리밭 옆에 지팡이를 세우고, 그 위에 삿갓을 씌워두고는 울창한 보리밭으로 들어갔습니다. 아들은 안심하고 보리밭 곁에서 기다리고 있었지만, 어찌 된 일인지 아버지가 나올 줄을 몰랐습니다. 뒤늦게 놀란 아들이 급히 보리밭 속으로 뛰어 들어가 구석구석 뒤져보았지만 용변 본 흔적도 없고 아버지의 그림자도 찾을 수 없었습니다. 아들은 그날을 마지막으로 생전에 아버지를 볼 수 없었습니다.

권력자를 미워하고 가난한 백성을 사랑하다

김병연은 특권을 휘두르는 양반들을 특히 싫어하였습니다. 그러한 양반들을 풍자한 시는 셀 수 없을 만큼 많지만, 그 가운데 대표적인 시를 소개해 보겠습니다.

이 양반 저 양반 하고 양반 타령을 하고 있으니
양반이란 도대체 무슨 반이 양반인지 모르겠구나

조선에는 세 가지 성이 그 중의 양반인데

가야 일국에서 제일가는 양반은 나의 김씨라

천리 길을 왔으매 이 달에는 내가 손님 양반이신데

너같이 팔자만 좋으면 이 시절의 부자 양반이로구나

그 따위 양반이 진짜 양반을 몰라보니

손님 양반이 주인 양반의 지위를 알 수 있겠도다

彼兩班此兩班　　班不知班何班　피양반차양반　　반부지반하반

朝鮮三姓其中班　駕洛一邦在上班　조선삼성기중반　가락일방재상반

來千里此月客班　好八字今時富班　래천리차월객반　호팔자금시부반

觀其兩班厭眞班　客班可知主人班　관기양반염진반　객반가지주인반

　　그는 방랑 속에서 가난한 서민이 더 따뜻한 인정을 가지고 있음을 알고 있었던 만큼, 가난한 생활을 슬프고 아름답게 묘사하기도 하였습니다. 몇 수를 소개하겠습니다.

굽은 기둥에 짜부라진 처마는 땅에 닿았고

그 가운데 방은 모말만해서 겨우 몸 가눌 만하다

평생에 긴 허리를 굽히지 않으려고 했더니

이 밤에는 다리 하나 못 펴고 잠을 잤노라

쥐구멍으로 그을음이 끼어 먹통같이 어둡고

창에는 쑥과 억새가 덮여 아침도 모를러라

비록 그러기는 했지만 옷이 젖음을 면하였으니

떠날 때는 은근히 주인에게 감사드렸노라

曲木歪椽簷着塵　其間如斗僅容身　곡목왜연첨착진　기간여두근용신

平生不欲長腰屈　此夜難謨一脚伸　평생부욕장요굴　차야난모일각신

鼠穴煙通渾似漆　蓬窓茅膈亦無晨 서혈연통혼사칠　봉창모격역무신

雖然免得衣冠濕　臨別慇懃謝主人 수연면득의관습　임별은근사주인

네 다리 소나무 소반에는 죽 한 그릇이 놓였는데

푸른 하늘과 하얀 구름 그림자가 어른거리도다

주인이여 조금도 미안하게 생각지 마시오

나는 청산이 거꾸로 물에 비추어오는 것을 사랑한다오

四脚松盤粥一器 사각송반죽일기

天光雲影共徘徊 천광운영공배회

主人莫道無顔色 주인막도무안색

吾愛靑山到水來 오애청산도수래

밥 속에는 고기가 없으매 권세가 채소에게 돌아가고

부엌에는 땔나무가 떨어졌으니 화가 울타리에 미치더라

시어미와 며느리가 한 그릇으로 밥을 먹고

나들이 갈 때면 아비와 아들이 서로 옷을 바꿔 입도다

盤中無肉權歸菜 반중무육권귀채

廚中乏薪禍及籬 주중핍신화급리

朝飯婦姑同器食 조반부고동기식

出門父子易行衣 출문부자역행의

거지와 같은 방랑 시인이었던 그는 도처에서 구박을 받고 냉대를 받았는데, 개성開城에서 겪었던 일을 이렇게 쓰고 있습니다.

읍 이름은 성을 연다고 하였는데 어찌 문을 닫았으며

산 이름은 소나무 산인데 어찌 땔감이 없다 하느냐

날이 저물었는데 손을 쫓으니 사람의 인사가 아니며

예의 동방국에서 이곳만이 진시황같이 흉악하노라

邑號開城何閉門 읍호개성하폐문

山名松嶽豈無薪 산명송악개무신

黃昏逐客非人事 황혼축객비인사

禮儀東邦子獨秦 예의동방자독진

그러나 김병연은 시인으로 명성이 높아서, 때로는 술자리에 초대를 받아 아름다운 기생들과 어울려 시를 주고받았습니다. 그는 부여의 기생과 정서가 풍부한 시를 함께 짓기도 하고, 평양 기생과 어울려 시를 짓기도 하였습니다.

(김삿갓) 평양 기생은 무엇을 제일 잘하느뇨

(기생) 노래 잘하고 춤도 잘 추고 또 글도 잘하오

(김삿갓) 잘하는 것 중에 특히 잘하는 게 무언고

(기생) 밝은 야밤에 서방 부르기를 잘하오

平壤妓生何所能 평양기생하소능

能歌能舞又能詩 능가능무우능시

能能其中別無能 능능기중별무능

月夜三更呼夫能 월야삼경호부능

이처럼 화려한 단면이 있기도 하였지만 그의 방랑은 고통에 찬 것이었습니다. 시골 서당을 찾아 하룻밤을 구걸할 때가 가장 많았지만 야숙도 잦았고, 때로는 끼니도 걸러서 길가 밭으로 들어가 무나 감자를 뽑아 굶주린 배를 채우기도 하였습니다. 그리고 병이 나 길에서 쓰러진 적도 있었습니다.

언젠가는 열이 올라 길바닥에 쓰러져 있는데, 마침 지나가던 전라도 동복(同福 : 지금의 전남 화순和順군 동복면)에 사는 한 선비가 이를 보고 자기 당나귀에 실어 집으로 데려갔습니다. 지극한 간호를 받고 회복한 그가 저 유명한 김삿갓이라는 것을 안 선비는 그를 극진히 대접하며 반년 남짓 자기 집에 머무르게 하며 서로 시작을 즐겼다고 합니다. 하지만 그는 곧 주인의 친절이 번거롭게 느껴져 그 집을 나와 지리산 일주를 시작합니다.

그로부터 3년 뒤인 어느 날 김삿갓은 쇠약해질 대로 쇠약해진 몸으로 겨우 그 선비의 집에 당도하였습니다. 주인은 깜짝 놀라 손닿는 데까지 극진히 간호를 하였지만 그는 다시는 일어나지 못하였습니다.

"저 등잔불을 꺼주시오."

이 한마디를 남기고 그는 쉰일곱 살의 생애를 마쳤습니다. 1863년의 일입니다.

그의 최후의 시라고 할 수 있는 「난고평생시蘭皐平生詩」에는 다음과 같은 구절이 있습니다.

새도 깃이 있고 짐승도 사는 곳이 있건만
내 평생은 집도 없이 외로운 나그네로 슬퍼했도다
짚신과 대지팡이로 천리 길을 돌아다녔으니
물과 구름이 내 집인 양 사방에 집이 있었노라
어찌 사람을 탓하며 하늘을 원망하리요
늙은 나이에 슬픈 회포만이 짧은 창자에 남았도다

팔도강산을 빌어먹던 소리는 천 집 문간에 익숙했고
풍월을 즐긴 행장에는 빈 주머니만 가볍도다
천금 가진 귀동자와 만석꾼의
후하고 박한 가풍을 골고루 맛보았도다
팔자가 궁해지니 언제나 속세의 냉정한 눈치를 받고
해가 갈수록 머리털만 희어지니 슬프기만 하구나
돌아가기도 어렵고 또한 머물기도 어려워서

얼마 동안이나 길가에서 방황하였던고

鳥巢獸穴皆有居 顧我平生獨自傷 조소수혈개유거 고아평생독자상
芒鞋竹杖路千里 水性雲心家四方 망혜죽장로천리 수성운심가사방
尤人不可怨天難 歲暮悲懷餘寸腸 우인부가원천난 세모비회여촌장

江山乞號慣千門 風月行裝空一囊 강산걸호관천문 풍월행장공일낭
千金之子萬石君 厚薄家風均試嘗 천금지자만석군 후박가풍균시상
身窮每遇俗眼白 歲去偏傷鬢髮蒼 신궁매우속안백 세거편상빈발창
歸兮亦難佇亦難 幾日彷徨中路傍 귀혜역난저역난 기일방황중로방

　　이렇게 고독과 절망으로 줄곧 고통을 받았던 그는 전설적인 시인으로 수많은 일화를 남기고 세상을 떠납니다. 그의 명성은 죽은 뒤에 점차 높아져, 그가 써서 남긴 시는 명문 대가의 보물처럼 귀하게 여겨졌습니다. 전국 도처에 그의 시가 남아 전해져 오고 있으며, 그의 시를 흉내 낸 작품과 가짜 김삿갓이 속출하였다는 이야기까지 전해지고 있습니다.

　　김삿갓이 죽은 뒤 아버지를 추적하던 둘째 아들 김익균은 동복 땅으로 찾아와 아버지의 유골을 들고 돌아가 가족들이 살고 있던 강원도 영월군의 태백산맥 기슭에 묻었습니다. 기인이라고도 하고 때로는 미치광이라고도 하던 김삿갓은 참으로 특이한 시인이었다고 할 수 있습니다.

14. 김정호의 비극적인 삶과 『대동여지도』

수수께끼 같은 생애

우리나라의 대표적인 지도학자인 김정호(金正浩 : ?~?년 혹은 1804~1866년)는 19세기 중엽에 활약한 사람입니다. 그의 출생과 삶과 죽음에 관한 기록이 전혀 없어 그의 생애는 여전히 수수께끼로 남아 있습니다. 다만 작업에 임하였던 그의 모습이 단편적으로 전해지고 있을 뿐, 그 위대한 업적에 비하면 기록이 지극히 적습니다. 그러나 전설 같은 일화가 많아, 현대에 와서 많은 문학가들이 그의 삶을 추측하여 작품으로 쓰고 있어 그의 이름은 해가 거듭될수록 널리 알려지게 되었습니다.

그는 황해도 출신이라고 하며, 젊은 시절에 군교(軍校 : 장교)였다고도 하고, 그의 집안이 대대로 군교였다는 설도 있습니다. 그러나 군교라면 양반 출신일 터인데, 양반 집안이라면 기록에 남아 있지 않을 리가 없으므로 어떤 사정이 있어서 집안이 파멸하였는지도 모릅니다. 일설에는 당시 지방의 군교는 양반이 아니었으며, 그는 이름 없는 서민 출신이라고도 합니다. 그가 면학에 힘써서 학자로 대성한 것으로 보아, 소년 시절부터 공부할 수 있을 만한 가정에서 자라고 재산도 상당히 있었을지 모릅니다.

1834년에 그가 만든 『청구도靑邱圖』라는 우리나라의 지도에 그의 친구였던 최한기崔漢綺가 다음과 같은 제언題言을 달았습니다.

"친우 김정호는 소년 시절부터 지지地志에 깊은 관심을 품고, 오랫동안 지지에 관한 자료를 모았다."

그때 최한기는 서른두 살이었습니다. 두 사람이 어른이 된 뒤에 서로 알게 되었는지 어떤지는 모르지만, 서로 학문상으로 큰 영향을 주었다고 하는 만큼 여기에 최한기의 경력을 소개하기로 하겠습니다.

지리학 연구를 통해 최한기를 만나다

최한기(1803~1877년)는 조선 초 집현전에서 훈민정음을 만든 학자로 명성을 떨치고 후에 영의정에 오른 최항(崔恒 : 1409~1474년)의 후손으로 태어났습니다. 그는 스물세 살 때 사마시(생원·진사시)에 합격하였지만, 영달의 길로 나서지 않고 오로지 학문 연구에 몰두하였습니다.

『명남루전집明南樓全集』외

그의 호는 동강東岡이며 천문학, 지리학, 물리학, 수학 등 자연 과학에 정통하였을 뿐만 아니라 성리학 연구에도 커다란 업적을 남겼고, 철학자로서 매우 진보적인 이론을 전개한 사람이었습니다. 그는 『명남루전집明南樓全集』이라는 천여 권의 방대한 저서를 남겼으며, 또한 『지구전요地球典要』, 『조선지리도朝鮮地理圖』 등 지리학에 관한 대표적인 저서를 쓰기도 하였습니다. 특히 『신기통神氣通』, 『추측록推測錄』 등 철학 이론서는 우리나라의 철학사에서 높이 평가되고 있습니다.

선악과 이해利害는 영원 불변한 것이 아니다.

자연 과학에도 조예가 깊었던 그는 봉건적인 관념론과 신분 차별을 철저하게 배격하였습니다. 그는 선악의 판단도 자연의 법칙과 대중의 토의에 의하여 이루어져야 한다고 말하고, 선악과 이해利害는 영원불변한 것이 아니며 사회의 진보와 환경의 변화에 따라 바뀌는 것이라고 주장하였습니다.

그는 부국강병을 이루는 길은 예의와 도덕과 재래의 풍속을 수호하는 데 있는 것이 아니라 실용에 힘을 쏟고 산업을 발전시켜서 백성의 생활을 안정시키는 데 있다고 말하였습니다. 그리고 이를 위하여 선진적인 과학 기술을 적극적으로 도입하여 응용할 것을 호소하였습니다. 또한 계급 차별을 타파하고, 인재를 널리 등용하여 적재적소에 배치하여야 한다고도 주장하였습니다.

이처럼 진보적인 사상 때문에 그가 평민 출신으로 추측되는 김정호와 신분의 차이를 극복하고 친하게 되었는지, 아니면 김정호가 그와 대등하게 상대할 수 있을 만한 지위와 처지에 있었는지는 분명하지 않습니다. 어쨌든 그는 지리학 연구에서 김정호를 둘도 없는 친구로 대하며 서로 협력하였고, 김정호의 작업을 적극적으로 도왔습니다.

김정호가 『청구도』를 만든 해에 최한기는 청나라에서 낸 『지구도地球

圖』를 중간重刊하였습니다. 그때 판목을 김정호가 새겼다고 하는데, 아마 최한기는 김정호에게 이 작업을 맡겨 그의 생활비를 대줌으로써 김정호의 작업을 거들어주었으리라고 추측됩니다.

최한기는 학자로서 오로지 연구에 전념하였습니다. 1872년 그의 아들 최병대崔炳大가 왕의 시종侍從이 되자 조정은 그의 업적을 인정하여 통정대부(通政大夫 : 정3품 당상관)의 지위와 함께 첨지중추부사僉知中樞府事라는 명예직을 내립니다. 이때 그는 일흔의 고령이었으며, 7년 뒤에 생애를 마칩니다. 그때 김정호가 생존해 있었는지는 분명하지 않습니다. 그러나 김정호와 최한기가 대략 같은 연배라는 것이 일반적인 통설로 되어 있습니다.

외곬으로 지도 제작에 전념하다

김정호의 자는 '백원伯元', 또는 '백온伯溫'이라 하며, 그의 호는 '고산자古山子'입니다.

그가 몇 살 때 한성에 왔는지는 분명하지 않습니다. 그의 집은 남대문 밖 만리재萬里峴라고도 하며, 공덕리孔德里였다고도 합니다. 어쨌든 중심가에서 떨어진 가난한 빈촌이었습니다.

그는 젊은 시절부터 우리나라의 지리를 현지에 가서 직접 확인하기 위하여 전국 각지를 샅샅이 걸어 다녔고, 백두산도 여러 차례 올랐다고 합니다. 그러나 이러한 설에 의문을 제기하는 사람도 있습니다. 당시 불편한 교통 사정을 감안하면 전국을 답사하거나 백두산에 오르기 위하여 상당한 여비가 필요하였을 터인데, 가난하였던 김정호로서는 감히 꿈꿀 수 없는 일이라는 것입니다. 그러나 그가 그린 지도는 매우 정확하여, 현지 답사를 하지 않고 문헌 지리학서만 연구하여서는 도저히 불가능한 일이었습니다.

김정호가 최초로 그린 우리나라의 지도는 앞에서 언급하였듯이 『청구도』입니다. 이 지도가 제작된 것은 최한기의 제언에 쓰여 있듯이, 1834년 8월이었습니다. 최한기는 김정호의 『청구도』에 관하여 다음과 같이 해설하고 있습니다.

친우 김정호는 과거 지도 제작법의 장단점을 상세히 분석하고 사색을 거듭하여 간단한 비람식比覽式을 발견하였다. 그리고 모눈금을 그리는 방법으로 산수와 주현州縣의 구획을 나타냈다.

우리나라의 역대 지리학자들은 정확한 지도를 만들기 위하여 많은 노력을 기울여왔습니다. 실학파의 지리학자 정상기는 백리척百里尺이라는 축척縮尺을 고안하여 거의 실측에 가까운 『동국지도』를 제작하여 큰 공을 세웠습니다. 그 뒤 1791년에는 왕명에 따라 '경위선표經緯線表'를 이용한 『팔도분첩도八道分帖圖』, 『주현분표도州縣分俵圖』가 제작됩니다.

김정호는 선인들의 이러한 노력의 결실을 참고하여 더욱 정확하고 정밀한 지도를 만들기 위하여 심혈을 기울였습니다. 그가 만든 모눈금은 선인들이 사용한 축척을 더욱 개량한 것입니다. 『청구도』에는 지도 제작법을 서술한 '지도식地圖式'이라는 문장이 덧붙여져 있는데, 선인들이 고안해내지 못하였던 여러 방법을 구사하여 더욱 정확한 지도를 제작하는 데 성공하였습니다.

『청구도』의 내용은 범례와 지도식을 서론으로 하고, 제1에 「본조팔도주현도총목本朝八道州縣圖總目」, 제2에 「도성전도都城全圖」, 제3에 「제주현도諸州縣圖」, 제4에 부록으로 「신라구주군현총도新羅九州郡縣總圖」, 「고려오도양계도高麗五道兩界圖」, 「본조팔도성경전도本朝八道盛京全圖」 등의 역사 지도를 담고 있습니다.

이 지도 가운데서도 가장 분량이 많은 것은 제3의 「제주현도」로, 그 안에는 산, 강, 바다, 섬, 항만, 도로, 주현의 읍, 면, 진영, 성곽, 창고, 역참驛站, 봉수烽燧, 진도(津渡 : 나루터), 목장, 제언(堤堰 : 저수지), 사원 능묘寺院陵墓 등을 기입하고, 고적시에는 간단한 설명을 붙인, 말하자면 지도와 지지를 합해놓은 듯한 느낌을 주고 있습니다.

그는 지도는 상세한 지지가 있어야 완전한 역할을 수행할 수 있다고 강조하고, 『청구도』의 범례 안에 주현의 중심지인 읍지邑志 편찬을 위한 항목 형식을 제시하였습니다. 그리고 다음과 같이 기술하였습니다.

지지는 지도의 부족한 점을 분명히 하기 위한 것이므로 여러 읍은 제시한 항목에 따라 그 항목에 드는 것을 그대로 기록하고 없는 것은 없는 것으로 빼놓아, 이 방식에 어긋나지 않도록 해야 할 것이다. 그렇게 해서 지지와 지도가 함께 사용할 수 있도록 해야 한다.

이와 같이 그는 지지 편찬을 국가적인 사업으로서 각 지방 관청이 의무적으로 수행할 것을 호소하였습니다. 그가 제시한 항목은 다음과 같이 39항목에 걸친 광범위한 것이었습니다.

각 읍의 건치 연혁建置沿革, 고읍古邑, 방면(坊面 : 소 행정구역), 물, 산, 진보鎭堡, 성곽, 창고, 역참, 봉수, 선척船隻, 다리, 고개, 도서島嶼, 목장, 호구戶口, 군병軍兵, 전부田賦, 전곡錢穀, 제언, 정리程里, 강계疆界, 토산土産, 장시場市, 궁실宮室, 공해(公廨 : 관청 소유 건물), 누정樓亭, 인물, 풍속, 공납, 단유(壇壝 : 제단 장소), 묘전(廟殿 : 역대 왕을 제사지내는 사당), 사원(祠院 : 유명한 사람을 제사지내는 장소), 능묘, 사찰, 비갈(碑碣 : 비석), 고적古跡 등으로 당시 지지로는 완벽한 것이었습니다.

심혈을 기울여 지지地志를 집대성하다

김정호는 이 지지의 편찬을 국가적인 사업으로 추진하도록 정부에 요청하였습니다. 그러나 이름 없는 지도학자고 아무런 지위도 없는 그의 제언을 귀 기울여 듣는 사람이 없었습니다. 결국 그는 자기 혼자의 힘으로 30년의 세월에 걸쳐 32권으로 된 『대동지지大東地志』의 편찬을 완성할 수밖에 없었습니다.

그는 참고 자료로 우리나라에서 가장 오래된 고전인 『삼국사기』의 지지를 비롯하여 『고려사』의 지지, 조선 시대에 간행된 『동국여지승람東國輿地勝覽』 등 모든 지지를 상세히 분석하고 검토하였습니다. 게다가 직접 전국 각지를 돌아다니면서 각 주현읍지를 빠짐없이 수집하였습니다. 또 외국의 지지서도 입수할 수 있는 것은 모두 비교 검토하였습니다.

『대동지지大東地志』

그가 자료를 수집하려고 전국을 직접 걸어 다닌 일은 필시 고통스러운 작업이었을 것입니다. 배를 곯고 노숙을 거듭하며, 누더기가 된 옷을 바꿀 돈도 없어서 때로는 거지 취급을 당하면서도 오로지 지지를 완성하겠다는 일념으로 견뎌냈습니다.

이렇게 완성한 『대동지지』 32권의 내용은, 경도 한성편(京都漢城篇 : 제1권), 경기도 주현편(제2~4권), 충청도 주현편(제5~6권), 경상도 주현편(제7~10권), 전라도 주현편(제11~14권), 강원도 주현편(제15~16권), 황해도 주현편(제17~18권), 함경도 주현편(제19~20권), 평안도 주현편(제21~24권), 산수고·변방고(山水考·邊防考 : 제25~26권), 정리고(程里考 : 제27~28권), 방여총지(方輿總誌 : 역대지歷代誌 제29~32권)로 되어 있습니다.

그는 그때까지 우리나라의 지지에 없었던 새로운 사실과 사실史實을 이 『대동지지』에 풍부하게 기술하여 우리나라 지리학의 발전에 크게 공헌하였습니다.

『대동여지도』를 완성하다

『대동여지도大東輿地圖』

김정호는 『대동지지』를 편찬하는 한편, 『청구도』를 더욱 완성시킨 『대동여지도大東輿地圖』를 만들어 냅니다.

이 지도를 마무리한 것은 1861년이라고 하는데, 자신이 직접 목판을 새기고 인쇄하여 세상에 보급하였다고 합니다. 그리고 3년 뒤인 1864년에 재판본을 발행하였습니다.

이 지도는 『청구도』와 마찬가지로 기본 방식은 십리척의 모눈금을 이용한 것으로, 전국의 산천, 해도海島, 도로, 영아營衙, 읍치邑治, 성지城池, 진보, 역참, 창고, 목장, 봉수, 능묘, 방리坊里, 고적 등을 나타내고 있습니다.

모눈금은 한 눈금이 10리이며, 도면의 도로선 표시에 10리 간격으로 점을 찍어서 도로의 거리는 물론이고 주위의 거리도 헤아릴 수 있도록 하였습니다. 이 지도는 한 장짜리 지도가 아니라 한 면 한 면에 지역도를 그리고, 그 지역도를 접어서 22면의 지도첩으로 만들었습니다. 이것을 펴서 순번대로

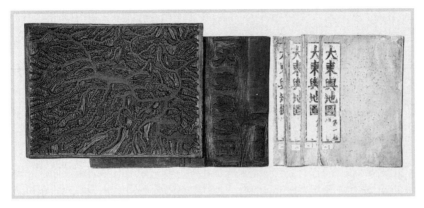

대동여지도와 목판(43×32cm, 1861년)

맞추면 33평방미터 크기의 전국 총도가 되는 매우 편리하고 실용적인 것입니다.

이 지도는 『청구도』보다 더욱 정교하여, 각지로 연결되는 도로망뿐만 아니라 꼬불꼬불한 산과 강의 본류 및 지류까지 상세히 그려져 있습니다. 도로망은 그야말로 그물눈 같이 종횡으로 그려져 있고, 그 위에 10리 간격으로 이정점里程點을 찍어서 원근 거리를 한눈에 헤아릴 수 있도록 되어 있습니다. 그리고 산천의 본류 및 지류가 종횡으로 꾸불꾸불하게 표시되고, 산봉우리와 연이어 겹쳐지는 산맥이 구체적으로 표시되어 일목요연한 입체적 도면이 되어 있습니다.

이것은 그전에 우리나라에서 만들어진 지도 가운데 가장 정교한 것으로, 오늘날의 근대적인 실측 지도에 비하여 거의 손색이 없는 솜씨였습니다. 그는 자신의 저서 『지도유설地圖類說』에서 이 지도를 제작한 의도를 밝히고 있습니다.

『지도유설地圖類說』

지도에 정통함은 군사 행동에 결정적인 영향을 주므로 국방을 위하여 정확한 지도는 절대적으로 필요하다. 또한 산천의 상황, 수리의 유무, 경지의 위치를 확인하면 생산을 증대하고 민생을 안정시키는 데 크게 도움이 될 것이다. 하지만 지방의 민심과 풍속을 잘 알지 못하면 올바른 정치를 시행할 수 없을 것이다. 국란을 맞을 때 지리와 민정에 밝다면 강적이라도 능히 물리칠 수 있으며, 평화로운 때에도 그 지식을 활용하여 백성을 잘 다스릴 수 있다.

그는 이러한 애국심으로 지도의 한 점 한 획도 소홀히 하지 않고 헌신적으로 정열을 쏟아 부었습니다. 구미 세력의 침략으로 나라의 운명이 위기에 처한 시기였던 만큼, 그는 나라를 위해서 하루라도 빨리 좋은 지도가 필요하다고 느꼈습니다. 이 『대동여지도』는 바로 그의 조국애의 결실입니다.

반역자로 몰려 비극적인 최후를 맞다

김정호의 삶에 대한 기록은 거의 없지만, 가난 속에서 모질게 고생하였다는 이야기는 여러 가지로 전해지고 있습니다.

그는 외동딸을 하나 두었다고 하는데, 그 딸이 매우 영리하여 아버지의 작업을 도와 목판에 글자를 쓰고 목판도 능숙하게 새겼으며, 지도 인쇄에서도 둘도 없는 조수 역할을 하였다고 합니다. 그리고 딸은 가난한 가계를 꾸리기 위하여 어머니와 함께 품삯 일을 하기도 하고 기름 행상도 하였다고 합니다. 이렇게 그의 일가는 가난과 고통을 견디면서 헌신적으로 지도 제작에 매달렸습니다.

그러나 조정은 이러한 그의 노력과 공적에 한 번도 보답하지 않았을 뿐만 아니라, 그의 지도가 우리나라의 상황을 엿보는 외국인의 손으로 넘어가 침략을 돕는 수단으로 사용되고 있다는 풍문을 구실로, 그가 국가의 기밀을 흘렸다는 혐의를 씌워 무자비하게 탄압하였습니다. 그의 집은 관헌의 수색을 받아 지도와 그의 저서, 그리고 지도의 판본이 모두 압수되어 불태워지고, 그는 반역자로 몰려 처형되고 말았습니다.

다만 이 일도 기록이 없이 전해져오는 이야기이기 때문에 사실인지는 명확하지 않습니다. 그러나 그가 평생을 걸고 저술한 논문이 많음에도 불구하고 『청구도』, 『대동지지』, 『대동여지도』, 그 밖에 몇 편의 소논문만 남아 있는 것을 보더라도, 그의 저작이 대개 원고 상태로 불살라진 것이 확실한 듯합니다.

또한 김정호에 관한 기록이 전혀 없는 것도, 조선 정부가 무고한 그를 사형에 처한 잘못을 숨기기 위하여 그에 관한 모든 기록을 없애버렸기 때문인지도 모릅니다. 그리고 그가 반역자로 몰려 처형당하였다고 한다면, 늘 그와 함께 하였던 아내와 딸도 당연히 노비가 되거나 해서 비참한 삶을 살았을 것이 틀림없습니다.

이처럼 우리나라에서 가장 탁월한 지도학자였던 김정호는 비극적인 최후를 맞이하였습니다. 그러나 김정호에 관한 단편적인 기록들이 조금 남아 있어 그의 행적을 전해주고 있습니다. 그 중에서도 유재건(劉在建 : 1793~1880년)이 쓴 『이향견문록里鄕見聞錄』에는 다음과 같은 기록이 있습니다.

김정호는 고산자라는 호를 가지고 있으며, 본래 재능이 풍부한 사람으로 특히 지리학에 열중하여 널리 자료를 수집하여 연구하였다. 일찍이 지구도를 만들고 『대동여지도』를 제작하였으며, 자기 손으로 지도를 그리고 직접 목판을 파고 인쇄하여 세상에 널리 배포하였다.

그 상세하고 정밀한 지도는 고금에 유례가 없었다. 나도 한 권을 입수하여 정성껏 베꼈는데 참으로 보물이 아닐 수 없다. 그는 또한 『동국여지고東國輿地考』 10권을 쓰기 시작하였지만 탈고하지 못한 채 사망하였다. 애석하기 그지없는 일이다.

또한 당시 박학하기로 정판이 난 학자 이규경(李圭景 : 1788~1856년)은 우리나라와 중국의 고전을 정리한 『오주연문장전산고五洲衍文長箋散稿』에서 이렇게 쓰고 있습니다.

근자에 김정호라는 사람이 『대동여지도』 20권을 지었다. 바둑판 모양의 특별한 종이에 번호를 매겨 팔도의 주현을 8책으로 만들고 번호에 맞춰 펼쳐볼 수 있게 되어 있으며, 참고하기에 편리하여 잠시 보았을 뿐인데도 환히 알 수 있게 되어 있어서 매우 편리하다. 그 착상이 선인들에 비해 분명히 우수하고,

그 정밀함은 이만저만하지 않다.

그는 또한 『방여고方輿考』 20권을 저술하였다. 『동국여지승람』의 단점을 수정하였으며, 시와 산문을 제외한 나머지 소홀한 곳을 보완한 저서이다. 이는 매우 정확하고 상세하며 내용도 풍부하다. 그의 지도와 지지는 꼭 세상에 전해져야 할 것이다.

이와 같이 이규경은 김정호를 격찬하였습니다.

그가 집필하고 있었다는 『동국여지고』가 어떤 내용이었는지는 그 원고가 흔적도 없이 사라져 알 수 없지만, 당시 뜻있는 사람들은 그가 걸출한 지도학자이며 학문 발달에 매우 크게 공헌한 사람임을 잘 알고 있었습니다.

조선 정부가 이처럼 헌신적이고 위대한 학자를 처형한 것은 참으로 안타까운 일입니다. 이러한 시대에 태어나 가난과 박해만을 당하고 제대로 보답도 받지 못한 채 수수께끼 같은 삶을 살다 갔지만, 그는 우리나라 지도학의 대표적 학자로서 역사의 발전과 더불어 영원히 빛나는 존재가 될 것입니다.

15. 판소리를 위해 태어난 듯 살다간 신재효

판소리와 광대

'판소리'는 1700년대부터 우리나라에서 성행하기 시작한 고전 예술이지만, 그 시초는 훨씬 옛날로 거슬러 올라갑니다. 그 기원은 분명하지 않지만 사람이 많이 모인 마당에서 음악에 맞추어 노래하고 춤추고 곡예, 줄타기 등을 하는 예인藝人들이 있었습니다. 이와 같은 예술을 두루 일컬어 '판노름'이라 하며, 곡예와 줄타기 등의 재주를 부리는 사람을 재인·광대, 노래를 부르는 사람을 '소리 광대(소리꾼)'라 불렀습니다.

특히 소리 광대는 17세기 말부터 판노름에서 분리되어 반주자인 고수鼓手와 함께 독립된 예인으로 노래를 보급하게 됩니다. 그들은 민요와 시조 같은 것도 불렀지만, 주로 대중 속에 널리 알려져 있는 '옛날이야기'나 고전 소설 등에 가락을 붙여 노래하였습니다. 이렇게 줄거리가 있는 이야기를 '사설辭說'이라 하는데, 긴 이야기는 몇 시간이나 걸리는 것도 있습니다. 이들은 몸짓, 손짓으로 연기를 하면서 북소리에 맞춰 다양한 가락을 붙여 노래하였습니다. 이러한 형식을 '판소리'라고 하며, 노래를 '창唱'이라고 부릅니다.

처음에는 일반 서민이 모인 장소에서 판노름의 일부로 노래하던 '소리 광대'들이 기예를 닦고 인기가 오르자 양반들과 부자들의 술자리에 불려가게 되었고, 그 이름도 '가객歌客'이라 하여 한 단계 높여 불리게 됩니다.

이 '판소리'는 전라도에서 발달하기 시작하였습니다. 초기의 유명한 '소리 광대'는 하한담(河漢潭 : 숙종 때, 즉 1674~1720년 즈음의 판소리명창), 최선달崔先達이 있었다고 하며, 이어서 권삼득權三得, 송흥록宋興祿, 염계달廉啓達, 모흥갑牟興甲, 고수관高壽寬, 박유전朴裕全, 임춘학林春鶴, 이날치李捺致 등의 명창이 속출하여 판소리의 전통을 이었다고 합니다.

'판소리'는 대중의 절대적인 인기를 얻게 되는데, 18세기 중반 무렵에는 '열두 마당'이라는 이름으로 열두 곡목이 나왔습니다.

춘향가, 심청가, 배비장타령(고전 소설의 하나로, 배씨 성을 가진 무관이 제주도

판소리의 역사

에 부임하여 아리따운 애랑이라는 기녀와 사랑하게 된다는 이야기), 가루지기타령(변강 쇠라는 남부 지방의 사내가 옹녀라는 북부 지방의 여자와 지리산에서 살다가 재난을 당한다는 이야기), 강릉매화전(이야기의 내용이 전해지지 않음), 가짜신선타령(내용이 분명치 않음), 흥부타령, 옹고집타령(고전 소설의 하나로 옹고집이라는 인색하고 욕심쟁이인 부자가 승려한테 호되게 혼쭐나는 이야기), 토끼타령, 무숙타령(내용이 전해지지 않음), 장끼타령(고전 소설의 하나로, 수꿩을 주인공으로 사회를 풍자하는 이야기), 적벽가(중국의 『삼국지연의』에서 따온 이야기)가 그것입니다.

이렇게 장편 가곡을 중심으로 공연되던 판소리는 신재효라는 대작가의 출현으로 비약적인 발전을 이루게 됩니다.

신재효의 성장과 인품

신재효(申在孝 : 1812~1884년)는 순조 12년 11월 6일 전라도 고창에서 태어 났습니다. 이해는 평안도에서 농민 전쟁을 일으킨 홍경래가 전사한 해로, 전 국적으로 흉작이 지속되어 민심이 불안한 무렵이었습니다.

그의 아버지 신광흡申光洽은 고창군의 아전으로, 이재에 밝았는지 상당한 재산을 모아 경주인(京主人 : 경저리京邸吏라고도 함)이라는 자리를 돈으로 사서 한때 한성에서 살기도 하였습니다. 경주인은 지방 관청의 한성 연락소의 책임자로 지방 관청에서 조정에 납부하는 곡물과 특산품을 받아서 상납하는 것이 주된 임무였습니다.

지방 관청에서 도착하는 물품이 부족할 때는 경주인이 대신 돈을 치러 한성 상인에게 물품을 사 조정에 내고, 지방 관청에 그 대금을 청구하였습니다. 또는 지방 관청에서 물품이 대량으로 올라오면 그것을 팔아 변통하였으므로 막대한 이익을 올릴 수 있었습니다. 이렇게 돈을 번 신광흡은 얼마 있다가 고창에 돌아와 관약방官藥房이 됩니다. 이 자리는 지방 관청에 소속된 약국 겸 의료원으로 전문 지식이 필요하였기 때문에 일반 아전보다 존경을 받는 지위였습니다.

따라서 신광흡은 어느 정도 학식이 있었다고 볼 수 있습니다. 신재효는 일곱 살 때부터 아버지에게 한학의 기초를 배웠는데, 곧 천재적인 소질을 보여 한 번 배운 것은 잊는 법이 없었으며 아무리 어려운 책이라도 금방 읽어 냈습니다. 양반이 아니어서 과거 시험을 치를 수는 없었지만, 장성함에 따라 그의 학문은 갈수록 깊어졌습니다. 특히 음악에 대해서 폭넓은 지식을 갖게 됩니다. 부자인 그의 아버지가 많은 광대들의 뒤를 돌봐줬기 때문에, 그는 어릴 때부터 광대들의 노래에 끌려 음악 전반에 흥미를 갖게 된 것입니다.

그는 아버지의 뒤를 이어 아전이 되어 관가에 들어갔습니다. 재산이 많아 주로 경리 관련 일을 보았고, 따라서 재산은 점점 더 늘어났습니다. 그러나 그는 제 역량을 펼 수 없는 신분이라는 사실에 항상 울분을 느끼고 있었던 듯, 다음과 같은 노래를 남겼습니다.

사나이로 조선에서 태어났지만
장상댁將相宅에서 나지 못해
명궁名弓이라도 관직에 들지 못하고
학문이 뛰어나도 과거에 들지 못하네

그는 울분을 서민 예술 영역에서 풀었다고 볼 수 있습니다.

우리나라에서 옛날부터 성행하였던 연극에는 산대극山臺劇이라 불리는 가면극과 꼭두각시극이라 불리는 인형극이 있습니다. 내용은 모두 특권 계급인 양반들과 특권적 지위에 있던 승려들을 신랄하게 풍자하는 것입니다. 그리고 '판소리'에도 특권 계급을 은근히 풍자하는 가사가 곳곳에 등장하는데, 따라서 이러한 연극과 노래는 민중의 사랑을 받았고 어느 시대 어느 곳에서도 절찬을 받았습니다.

그러나 정작 연기자인 광대들은 봉건 사회의 족쇄에 묶여 가장 멸시받는 천민 계급으로 분류되어 가난과 천대 속에서 살았습니다. 그래서 그들은 대대로 구전되어 내려오는 대사를 더 재미있게 연기하고 노래하였지만, 예술적인 고상한 향기는 찾아보기 어려웠습니다.

신재효는 이러한 광대들을 멸시받는 예인에서 긍지 높은 예술가의 지위로 끌어올릴 방법을 골똘히 생각하였습니다. 그리하여 재능 있는 광대들을 교육하기로 마음먹고, 그들이 연기하는 대사와 가사를 문학적으로 다듬는 데 전념하였습니다. 이러한 그의 됨됨이를 보여주는 일화가 몇 가지 전해오고 있습니다.

어느 날 밤, 부자인 그의 집안에 도둑이 들었습니다. 그는 도둑을 자상하게 타이르고 돈 백 냥을 주어 보냈습니다. 그 사내는 이 일을 크게 깨우쳤는지 곧 새 삶을 찾아서는 돈 백 냥을 들고 찾아와 깊이 사죄하며 돈을 돌려주려 하였습니다.

"진실한 사람이 되어서 온다면 그보다 나은 일이 없지 않은가. 그 돈은 빌려준 것이 아니라, 그냥 준 것이니 가지고 돌아가게."

그는 이렇게 말하면서 돈을 받지 않았습니다. 그 사내는 눈물만 흘릴 뿐이었습니다.

어느 날은 신재효가 친구와 함께 걸어가다가 삿갓을 만드는 장인匠人을 만났습니다. 그가 평소 낯이 익은 이 늙은 장인에게 정중하게 인사하는 것을 본 친구가 타일렀습니다.

"천한 신분을 가진 자에게 그렇게 정중하게 인사를 하다니 도무지 이해할 수 없네."

"세상 풍습이 우습지 않은가. 머리에 쓰는 삿갓을 만드는 귀한 일을 하는 사람을 어째서 멸시한단 말인가?"

그는 이렇게 대꾸하며, 도리어 친구의 속된 생각을 고치라고 충고하였다고 합니다.

이처럼 그는 저택에서 일하는 하인들에게도 결코 반말로 이름을 부르지 않았고, 나이 먹은 하인에게는 윗사람을 대하듯이 예절을 지켰습니다.

이와 같은 인품에 사람들은 모두 크게 감동하여, 하인들이나 주위의 아전들 그리고 그의 집에 출입하는 광대들은 항상 그를 따르고 존경하였습니다.

아내를 잃는 불행과 고독

물질적으로는 아무 부족함 없는 그였지만, 아내가 잇달아 죽는 불행을 겪어야 하였습니다.

첫 번째 아내 김씨는 그보다 한 살 아래였는데, 아이를 낳지 못한 채 스물여섯 살의 젊은 나이로 병사하고 맙니다. 부인은 마음씨가 고와서 부모를 잘 섬기고 남편에게도 상냥하며 친척들과도 원만하게 지내 양처良妻로 평판이 났던 만큼, 아내의 죽음은 그에게 커다란 충격을 주었습니다. 그는 남들의 강권에 못 이겨 박씨라는 여자를 후처로 맞이합니다. 하지만 그녀도 딸을 하나 낳고는 결혼한 지 두 해 만에 병으로 죽고 맙니다.

아직 서른 살도 안 된 그는 두 아내를 잇달아 잃고 운명적인 비극을 느꼈는지도 모르겠으나, 홀몸이 된 후에 항상 눈을 감고 명상에 잠기곤 하였다고 합니다. 또 이로 인한 충격 탓인지 그는 한동안 독신으로 지내게 됩니다.

그러나 아전이라는 직책상 광대들과 관계도 많아서 뻔질나게 기방을 출입하여야 하였고, 그 무렵 고창에서는 '날개타령'이라는 노래가 유행하고 있었습니다.

> 에헤에헤 나하에야
> 한량 중에 멋쟁이는
> 고창 신위장申衛將이 날개라네

여기서 날개란 멋쟁이를 뜻하며, 신재효가 당대에 으뜸가는 멋쟁이고 달인이라는 내용입니다.

신재효는 마흔 살 무렵부터 본격적으로 '판소리' 대본을 쓰기 시작하였으며, 광대들의 교육에도 열성을 다하였습니다. 이런 생활 속에서 활력을 되찾았는지, 그는 스물한 살이나 어린 젊은 처녀를 세 번째 아내로 맞이합니다. 그리고 그가 바라 마지않던 아들이 태어나고, 이어서 세 딸이 태어납니다. 그는 사십대부터 오십대에 걸쳐 정열적으로 살았고, 처세 면에서도 야심을 품기 시작한 듯합니다.

1863년 12월 철종(哲宗 : 1831~1863년, 조선 제25대 왕)이 세상을 떠났는데, 아들이 없어서 왕족의 한 사람인 열두 살 소년이 왕위를 계승하게 됩니다. 제26대 왕 고종(高宗 : 1852~1919년)이 바로 그입니다. 그러자 왕의 친아버지인 흥선대원군(興宣大院君 : 1820~1898년) 이하응李昰應이 권력을 장악하고 독재 정치를 실시합니다. 그는 먼저 왕권 과시를 위하여 1865년 경복궁 중건을 명하고, 그 건축비를 대기 위하여 '원납전願納錢'이라는 명목으로 기부금을 강제로 거두었습니다. 또 많은 액수를 기부하면 그에 상응하는 지위를 내렸습니다.

신재효는 자진해서 '원납전' 수천 냥을 내고, 그 대가로 '호장戶長'이라는 지위를 얻습니다. 호장이란 아전 가운데 가장 높은 지위로 지방 관청의 서무와 재정을 마음대로 조종할 수 있었습니다.

그리고 1867년 경복궁이 낙성되자, 그는 여러 장으로 구성된 '경축가'를 지어 제출합니다. 왕실에서는 빼어난 이 작품을 채택하고 작가인 신재효를 '절충장군折衝將軍'이라는 정3품 당상관에 상당하는 명예직을 하사합니다. 이는 실리가 없는 명목상의 사령辭令에 불과하였지만, 고창 군수와도 비길 수 있는 지위를 받은 것이므로 아전인 그로서는 큰 영광이었습니다. 이제 그는 고창군 관아에서 누구 눈치도 볼 것 없이 마음대로 관아의 재정을 주무를 수 있었습니다. 그러나 호사다마라고 하였던가, 그 다음해에 세 번째 아내와도 사별하고 맙니다. 쉰일곱 살의 신재효는 발랄하였던 젊은 아내를 잃고는 크게 낙담합니다.

그 뒤 그는 아전 일에서 물러나 광대의 교육과 창작에 모든 정력을 쏟습니다. 그리고 죽는 날까지 후처를 맞지 않습니다.

판소리 대본을 정리하고 창작하다

신재효의 자는 백원百源, 호는 동리桐里라고 하며, 스스로 호장戶長이라는 호를 사용하기도 하였습니다.

그는 점차 '판소리'의 기본인 열두 곡의 대본을 정리하고, 그 가운데 대표적인 고전 소설 여섯 편을 골라 고루한 표현을 사실적이고 품위 있는 가사로 고치고, 쓸데없는 것을 추려내 간결하고 아름다운 표현으로 바꾸는 노력을 하였습니다. 그가 고쳐 만든 여섯 곡의 대본은 「춘향가」, 「심청가」, 「박타령」, 「토별가」, 「적벽가」, 「변강쇠가」입니다.

「춘향가」

그는 대표적인 「춘향가」를 '동창童唱', '여창女唱', '남창男唱'용 등 세 종류로 나누는 새로운 시도를 선보였습니다. 기존의 춘향가에서는 열여섯 살 춘향과 몽룡을 마치 성숙한 남자와 여자로 그려, 농밀하게 애욕을 불태우는 장면을 묘사하였습니다. 그러나 그는 '동창'에서 춘향전 원작에 나오는 대로 열여섯 살 동갑내기 춘향과 몽룡, 그리고 몽룡이 부리는 방자房子를 사실적으로 그려 동심의 세계를 표현하려 하였습니다. 신재효는 '동창'에서 두 사람이 만나는 장면을 다음과 같이 묘사합니다.

순진한 도련님은 즐거움을 참지 못하였지만 수줍어서 입을 열지 못하고 얼굴이 새빨개졌다. 춘향은 부끄러운 나머지 돈을 빌리러온 사람처럼 우두커니 앉아 있는 모습이 흡사 입을 봉한 형상 같았다.

이와 같은 순정 이야기로 일관하며, 청순한 연애의 즐거움과 슬픔을 노래하고 있습니다. '여창'은 전해지지 않고 있지만, 대략 동창과 같은 표현을 취하였다고 합니다.

남창 「춘향가」는 매우 합리적으로 짜여져 있고 비판 정신이 두드러져 있으며, 가사가 원작을 충실히 재현하였기 때문에 학문이 모자랐던 당시의 광대로서는 노래하기가 어려웠습니다. 그러나 그런 만큼 문학적 예술성은 매우 높았습니다.

또한 그는 춘향이 곤장을 맞는 '십장가十杖歌'의 장면도 매우 사실적인 짧은 가사로 정리하였습니다. 또한 춘향의 어미 월매月梅도 예전 작품에서는 악착스럽게 묘사되었던 것을, 품격 있는 어머니상으로 묘사하여 합리성과 사실성을 표현하였습니다. 그러나 대중이 좋아하는 성적인 묘사도 적당하게 가미하여 가사 전체에 색기를 실어 오락성도 높이는 것도 잊지 않았습니다.

「적벽가」　　　　그는 또한 생활 감정을 풍부하게 담으려고 애썼습니다. 「적벽가」에서는 전쟁에 염증을 느끼는 병사들의 마음을 솔직하게 표현하고, 전쟁의 희생물이 되는 민중의 비탄을 노래하였습니다. 그가 고쳐 만든 작품의 가사에는 약자의 슬픔이 생생하게 묘사되어 민중의 절대적인 지지를 받았을 뿐만 아니라, 또 이러한 곡목 안에 당시 전라도에서 유행하던 많은 민요를 집어넣어 '판소리'가 어느 곳에서나 민중에게 사랑받는 예술이 될 수 있도록 노력하였습니다.

이는 당시 가객이라 불리던 뛰어난 소리 광대들이 서민들 앞에서 노래하기를 그만두고 양반과 부자의 잔치에 초대되어 높은 보수를 받으면서 노래하려는 경향에 반대하며, '판소리'가 본래 민중을 위한 가곡으로 민중과 함께 발전하여야 하는 예술임을 강조하고자 하였기 때문입니다.

「허두가虛頭歌」 외　　　　이 여섯 곡목 외에도 그의 창작 가사로는 「허두가虛頭歌」, 「성조가成造歌」, 「도리화가桃李花歌」, 「광대가廣大歌」, 「오섬가烏蟾歌」, 「방아타령」, 「자서가自敍歌」, 「어부사漁夫詞」, 「괘씸한 서양 되놈」 등이 있고, 그 밖에도 많은 시조와 한시를 지었습니다.

이처럼 그가 '판소리'의 뛰어난 가곡 대본을 쓰고 광대 교육에 힘을 쏟았으므로, 당시 뛰어난 소리 광대치고 그의 가르침을 받지 않은 자는 한 사람도 없었다고 합니다.

물론 그는 소리꾼은 아니었으므로 노래로 제자를 가르칠 수는 없었지만 판소리를 이론적으로 체계화하고 가사의 인물을 분명히 파악하는 것, 사설의 내용을 명확히 이해하여 가사를 정확히 기억하는 것, 운율을 바르게 익히는 것, 판소리 전체 구성의 조화를 파악하는 것 등을 광대들에게 알기 쉽게 설명해주어 그들의 가창의 질을 높이는 데 이바지하였습니다. 이리하여 그는 많은 명창을 길러냈는데, 그의 제자는 남자뿐만 아니라 기생 소리꾼도 많아서 그 수가 무려 80명에 달하였다고 합니다.

그는 쉰일곱 살에 셋째 아내를 잃고 고독하게 지내왔지만, 젊고 아름답고 재능 있는 여제자들에게 마음이 끌리지 않았을 리 없었을 것입니다. 그 가운데 채선彩仙이라는 기생이 있었는데, 그는 이 제자에게 정열을 쏟아 붓

고는 1870년 쉰아홉 살 때 스물네 살인 그녀를 위해 「도리화가」라는 가사를
씁니다.

> 스물네 번 바람 불어 만화방창 봄이 되니
> 구경 가세 구경 가세 도리화 구경 가세
> 도화는 곱게 붉고 희도 흴사 오얏꽃이
> 향기 쫓는 벌 뒤에는 나팔과 북이 따라가고
> 보기 좋은 범나비는 너푼너푼 날아든다
> 붉은 꽃이 빛을 믿고 흰 꽃을 조롱하여
> 바람 앞에 반만 웃고 향인하여 자랑하니
> 요요하고 작작하여 그 아니 경치일런가
> 꽃 중에 꽃이 피니 그 꽃이 무슨 꽃이냐
> 웃으며 말을 하는 것은 용궁 속의 해어화(解語花 : 말하는 꽃, 즉 기생을 가리킴)
> 인가
>
> 강산 누대 절승 경개 두루 돌아 노니다가
> 장안 화류 봄빛 속에 공자 왕손 고운 손 아래
> 은비녀로 장단 치고 비단 치마 술 엎질러
> 봄놀이에 밤을 새워 어을씨고 좋을씨고
> 즐거운데 괴롭기는 몸 있으면 그림자라
> 비취 당상 산호발을 어이하여 마다하고
> 일진광풍 건듯 불어 벽항궁촌 무슨 일인고
> 수간부옥 척박한데 추위 더위 지낼 적에
> 나가나 들어오나 빈 방안에 햇빛 가고 밤빛 온다
> 일점 전등 밝혔는데 이야기책으로 벗을 삼아
> 잠 못 들어 근심이요 꿈 못 이뤄 뒤척인다

또 그는 아름다운 채선이 화려한 도성 생활을 뒤로 한 채 자신이 사는

시골 마을로 내려와 가난을 견디며 고통스러운 수업 생활을 지속하는 모습을 묘사하고, 그녀의 아름다움을 제비에 비유하여 노래하고 있습니다.

유막의 꾀꼬리는 아리땁게 울고 있고
만년지 앵무새는 무슨 말을 전하는고
산속에 저문 날에 뭇 새가 지저귄다
들보 위에 먼지 일고 흰구름이 소소하구나
가는 목 굵은 목이 가는 비에 큰 비 섞이듯
소상반죽 큰 떨기가 찬바람에 떨어지듯
가고 오고 묘한 걸음 안고 서는 고운 태도
금홍새 장막 속에 나드나니 제비로다

그에 반해 늙어가는 자신의 추한 모습을 솔직하게 그리고 있습니다.

그 늙은이 거동 보소 남 웃기 전 제가 웃네
전에 없던 저 얼굴의 검은 점은 어이 나며
아침에 푸른 실이 흰 눈이 흩어지니
 훈풍이 열 번 분들 반점이 녹을쏘냐
눈앞에 오는 사람 건너 산을 어이 보며
어쩌다 남 괴롭게 묻던 말을 다시 묻나
편싸움 맞았는가 아야 아야 무슨 일인고
누우면 눈을 감고 일어나다 도로 앉네
고기 씹는 모양 보면 전대 속에 뭇 쥐 든 듯
힘이 전혀 없고 병조차 깊이 드니
무정 세월 한을 마소 인간공도 어이하리

신재효는 이처럼 정념情念을 불태우면서도 늙어가는 자기 모습을 냉정하게 돌아보고, 그녀에게 아무것도 요구하지 않았습니다.

이전에 그는 경복궁 경회루 낙성식 때, 특별히 채선을 데리고 가서 대원군 앞에서 그가 지은 「조성가」를 부르게 한 적이 있습니다. 이 노래는 장대한 궁전을 건축하는 과정을 묘사한 장편시인데, 채선의 노래에 감동한 대원군은 그녀에게 「방아타령」도 부르도록 합니다.

채선은 경상도 합천陜川 출신이며, 소녀 시절에 고창에 와서 동기童妓가 되어 그의 지도로 명창으로 자랐습니다. 그녀는 판소리 「춘향가」와 「심청가」를 자유자재로 불렀으며, 그 중에서도 「춘향가」의 기생 점고點考 장면은 따라갈 사람이 없었다고 합니다. 그녀는 스물한두 살 때 대원군의 총애를 받았는데, 아마도 경회루 낙성식에서 노래한 직후였다고 생각됩니다. 따라서 그녀가 화려한 한성 생활을 뿌리치고 고창에 돌아온 것은 스물네 살 무렵이었음에 틀림없습니다. 그 뒤 그녀는 명창으로 성장하여 일세를 풍미하게 됩니다.

만년의 생활, 양반 행세를 하지 않고 광대들 교육에 힘쓰다

1876년 때마침 대흉작이 들자, 신재효는 굶주린 백성을 위하여 아낌없이 사재를 털어 구호 활동을 벌입니다. 그리고 그는 공짜로 동냥을 주면 받는 사람이 굴욕감과 부담감을 느낄 것을 염려하여, 어떠한 물건이라도 좋으니 곡물을 받는 대신에 물건을 가져오도록 하였습니다. 그것은 걸레 한 장이어도 좋고 망가진 농기구여도 좋았습니다. 그는 그러한 물건을 하나씩 받고 쌀 한 자루씩 건네주었습니다.

이는 신재효가 대단한 부자였기 때문에 이와 같은 일도 가능하였겠지만, 조정에서는 그의 선행을 높이 사 이듬해인 1877년 왕명으로 통정대부(정3품 당상관)의 지위를 내리고, 가선대부(嘉善大夫 : 종2품) 호조참판 겸 동지중추부사에 임명합니다. 물론 이것은 명색뿐인 임관이었지만, 양반으로서 고관 대우를 약속한 것이므로 그도 명문 귀족 무리에 들게 된 것입니다. 그러나 그는 조금도 양반 행세를 하지 않고 변함없이 광대들의 교육에 힘을 쏟습니다.

바로 뒤에 암행어사 어윤중(魚允中 : 1848~1896년, 뒤에 재상이 되었지만, 친일파로 지목되어 1896년에 암살됨)이 호남 지방에 왔을 때, 그를 떠보기 위해 일부러 신분을 감추고는 마패를 더러운 보따리 속에 넣어서 잠시 맡아달라고 건네줍니다. 그러자 신재효는 보따리를 훌륭한 상자 속에 정중하게 챙겨 넣고 자물쇠를 채웠습니다. 어윤중은 당황하여 그를 말렸습니다.

"그런 하찮은 보따리를 그렇게 소중하게 챙길 필요는 없습니다."

그러자 그가 대답하였습니다.

"다른 사람의 물건은 펼쳐볼 수 없는 이상 무엇이 들어 있는지 모르지 않습니까? 저는 손을 댈 수 없으니 이 열쇠를 가지고 계시다가 필요할 때 상자를 열어 가지고 가시지요."

그러면서 그에게 열쇠를 내밀었습니다. 어윤중은 그 모습에 크게 감복하였습니다.

"나는 이번에 남쪽 여행에서 비로소 선생다운 선생을 만났습니다."

그는 이렇게 말하고는 그를 스승으로 받들었다고 합니다.

이러한 신재효에게 교육받은 광대들은 어느 곳에 가서도 "역시 신동리申桐里의 제자다"라는 칭찬을 들었습니다.

이렇게 '판소리'의 발전을 위하여 평생을 바쳐, 우리 문학사와 연극·음악사에 커다란 공적을 남긴 그는 1884년 11월 6일(음력) 하얀 눈이 쌓인 날, 아들 석경錫卿과 여러 제자들이 지켜보는 가운데 잠들 듯이 삶을 마감합니다. 향년 일흔셋이었습니다.

훗날 그의 제자로 명성을 떨친 김세종金世宗, 정춘풍鄭春風을 비롯하여 많은 남성 소리꾼과 채선, 허금파許金波 등의 여성 소리꾼들에 의하여 우리 판소리는 크게 융성합니다. 또 이 전통은 그 후 1900년대에는 송만갑宋滿甲, 이동백李東伯 등에 계승되어 판소리는 창극으로, 또 화려한 가무극으로 대극장 무대에서 성연됩니다.

오늘날에도 국창國唱이라 불리는 명창들에 의해서 노래되고 있는 판소리는 그 명맥을 그대로 계승한 것이라고 할 수 있습니다.

역시 신동리申桐里의 제자다.

16. 글을 알지 못한 천재 화가 장승업

고아로 자라다

오원吾園 장승업(張承業 : 1843~1897년)의 이름은 19세기 우리 화단의 대가로 널리 알려져 있습니다. 그러나 그의 삶에 대한 기록은 거의 없고, 다만 오세창(吳世昌 : 1864~1953년)이 지은 『근역서화징槿域書畵徵』(한국의 역대 왕조의 서화가 인명사전)이라는 저서에 다음과 같은 짧은 소개가 남아 있을 뿐입니다.

> 장승업의 본관은 대원大元, 자는 경유景猷, 호는 오원이다. 그는 화원으로서 감찰이라는 관직에 올랐다. 그는 모든 그림에 빼어났고, 자기 그림이 완성되면 크게 도취되어 "마치 살아 있는 듯 약동하는 솜씨로다" 라고 부르짖었는데, 이는 참으로 정확한 표현이라고 할 수 있다.
>
> 어릴 때부터 글자를 읽지 못하였으나 기억력은 뛰어나 오래 전에 본 것이라도 매우 정확하게 기억해냈다. 성격이 호방하여 술을 즐겼다. 그리고 누구든 술을 내밀며 그림을 부탁하면 어디서든 흔쾌히 저고리를 벗고 주저앉아 즉석에서 새와 꽃과 과실과 문방구 등을 그려주었다. 그 밖에 산수화, 인물화 등 정교하고 박력 있는 그림이 많았다.

오세창은 3·1독립선언서에 서명한 명사로 서예가로서도 뛰어나 1926년 역대 명서예가와 명화가들의 행적을 앞서 소개한 책에 정리한 사람입니다. 그 후 역사가들은 장승업의 행적을 여러 가지로 조사하여 어슴푸레하게나마 그의 성장 과정을 밝혔습니다.

장승업이 1843년에 태어났다는 것은 그에게 직접 나이를 들은 사람들이 전해준 것이지만, 그가 어디에서 태어나고, 부모가 어떤 사람이며 그의 집안은 어떻게 살았는지는 전혀 알려지지 않습니다. 그는 어릴 때 고아가 되었고, 겨우 세상 물정을 알게 될 무렵에는 하인이 되어 도성 안의 이 집 저 집을 옮겨 다녔다고 합니다. 그러다가 이응헌李應憲이라는 사람의 지물포에서 하인으로 일하게 됩니다. 당시 한성의 지물포들은 벽에 거는 그림을 그려서 싸게 팔고 있었고, 이응헌은 가업으로 자식들에게 그림을 가르쳤습니다. 장승업은 다른 아이들이 그림을 배우고 있는 것을 부러운 눈길로 구경하였습니다.

그러던 어느 날 밤, 아이들이 그리다 만 그림을 방안에 어질러놓은 채 잠이 들어버립니다. 소년 장승업은 그 틈에 방안에 몰래 들어가 종이 몇 장에 생각나는 대로 그림을 그렸습니다. 다음날 집주인이 제자들이 그린 그림을 보다가 낯선 그림을 몇 장 발견하고는 묻습니다.

"이 그림은 누가 그렸느냐?"

소년 장승업은 다른 아이들이 주인에게 혼쭐이 날 거라고 생각하고는 정직하게 자기가 그렸다고 털어놓습니다. 주인은 훌륭한 그림 솜씨에 감탄하고 있었던 만큼, 심부름하는 하인이 그렸다는 말을 듣고 깜짝 놀랍니다. 그리하여 다음날 밤, 주인은 소년 장승업에게 그림을 배울 수 있도록 허락합니다.

이 이야기도 전해오는 이야기일 뿐이지만, 장승업이 글을 전혀 모르면서도 그림만은 잘 그렸으므로 이러한 이야기가 전해 내려왔으리라 생각됩니다.

어쨌든 그는 당시 도화서圖畵署 화원畵員의 한 사람인 유숙(劉淑 : 1827~1873년)에게 정식으로 그림을 배우게 됩니다. 화원은 대부분 중인 계급이었지만 생활은 보장되고 있었습니다. 아마도 화원 유숙이 그림을 잘 그리는 지물포 하인이 있다는 소문을 듣고 장승업을 발탁한 것으로 보입니다.

소년의 그림 실력은 금세 스승을 능가하였고, 그의 그림은 장안에 소문이 자자하였습니다. 그러나 그는 일가 친척 하나 없는 하인으로 주위의 냉대를 받으며 자란 아이였습니다. 천재적인 재능을 타고난 만큼 그를 조금만 이끌어주는 사람이 있었더라면 그도 글을 배울 수 있었을 것입니다. 하지만 그는 화필을 잡으면 그 어떤 유명한 화원에게도 뒤지지 않는 뛰어난 솜씨를 보였습니다. 뛰어난 재능이 있었던 만큼, 절대적인 자부심과 아무에게도 구애받지 않는 강한 개성을 드러내기 시작합니다.

내 그림은 신품입니다!

장승업이라는 이름을 스스로 지었는지 아니면 누가 붙여준 것인지는 알수 없지만, 그는 이제 화필 한 자루로 살아가는 사람이 되었습니다.

조선 사회에서 권력 있는 양반들과 부자들은 명필가와 명화가를 크게 환대하였습니다. 서예에 빼어난 명필가는 대부분 양반 출신이었으며, 어릴 때부터 한문을 배우고 붓글씨를 쓴 만큼 어렵지 않게 서예를 배울 수 있었습니다. 그러나 화가 중에는 양반 출신이 극히 드물고 대개는 중인 계급 출신이었습니다.

중인 계급은 양반은 아니라도 농민과 상인, 장인 같은 일반 서민들보다는 상위 신분이었기 때문에, 서민을 대하는 그들의 태도는 거만하기 짝이 없었습니다. 게다가 하인은 서민들한테도 차별을 받는 천민이었으므로, 중인 계급 출신의 화원들이 천민 출신으로 알려진 장승업을 어떻게 대우하였을지는 능히 상상할 수 있습니다. 같이 그림을 그리는 처지였지만 장승업은 화원들로부터 항상 천대를 받았습니다. 그러나 그는 자기 그림에 절대적인 자신감을 가지고 있던 사람입니다.

장승업은 역대의 명화가가 그린 그림을 빠짐없이 살펴보고, 그들의 화풍에서 장점을 배우고자 각 화가들의 그림을 정확하게 베껴보기도 하였습니다. 그리하여 때로는 원래 그림보다 더 뛰어나다는 칭찬을 듣기도 하였습니다. 그러나 그는 남의 그림을 흉내 내는 데 만족할 인물이 아니었습니다. 그는 혼신의 힘을 쏟아 그림에 살아 있는 혼을 불어넣고자 노력하였고, 정말로 스스로 만족할 만한 그림을 그리고 나면 이렇게 소리치곤 하였습니다.

"내 그림은 신품神品이다!"

주위 사람들은 그의 거만한 태도를 보고 크게 비웃었습니다. 하지만 그는 스스로 만족할 만한 그림을 그리고자 번민하였으며, 훌륭한 작품이 나와도 터무니없이 비아냥거리는 자들에 대한 분노를 억누르려고 애를 썼습니다. 장승업은 이러한 괴로움을 달래기 위하여 술을 마셨고, 술기운을 빌려 자기 생각을 표출하였습니다. 그리하여 손에서 술병을 놓은 적이 없으며, 술 대접만 받으면 언제라도 그림을 그려주었다고 합니다.

그는 화가로서의 자부심도 가히 절대적이어서, 불멸의 명화가라는 '단원' 김홍도와 '혜원' 신윤복의 그림을 보고는 명화가들의 호에 '원園'자가 붙어 있으므로 나름도 원園이라는 호가 어울리는 사람이라고 하면서, 스스로 '오원吾園'이라는 호를 지었다는 이야기도 전해지고 있습니다.

궁정 화가 자리를 뿌리치다

명문 귀족 양반들과 부자들이 장승업에게 그림을 얻기 위하여 그의 비위를 맞추면서 성대하게 술상을 차리고 대접하였기 때문에, 만약 그가 예사 사람 같았다면 벌써 훌륭한 집도 마련하고 남 못지않은 가정도 꾸릴 수 있었을 것입니다. 하지만 그는 평생 자기 집이라는 걸 가져본 적이 없습니다. 술에 취하면 아무데서나 쓰러져 자고, 돈이 생기면 무일푼이 될 때까지 술집에 틀어박혀 살았습니다.

그러다가도 그는 술이 깨면 왕성한 창작욕에 사로잡혀 그림을 그릴 수 있는 집으로 달려갔습니다. 그리고 어떤 재료가 주어지건 간에 자기가 그리고 싶은 것을 혼신의 힘을 다하여 그렸습니다. 그래서 때로는 병풍 그림이기도 하고 때로는 비단 화폭이기도 하며, 또는 종이 두루마리이기도 하며 판화이기도 하며 벽화이기도 하였습니다.

조금이라도 감상안이 있는 사람은 그의 그림을 보고 경탄을 금치 못하였고, 이렇게 그의 명성은 날로 높아져갔습니다. 권력 있는 양반들이 종종 그를 초대하려 하였지만 마음에 들지 않는 사람의 집에는 아무리 조건이 좋아도 결코 응하지 않았습니다.

그가 화가로서 명성을 얻기 시작한 것은 서른 살 이후라고 합니다. 그가 만 서른 살이 되던 1873년의 상황을 보면, 그때까지 강경한 대외 정책을 취하여 우리나라 영토를 엿보는 외국 세력을 무력으로 격퇴하고 국내적으로 독재를 행사하던 대원군이 왕비인 명성황후(明成皇后 : 1851~1895년) 일파의 모략으로 추방되고, 정권이 민씨 일파의 수중으로 들어가 대외적으로 유화한 외교 노선으로 급선회하고 있었습니다.

1875년에는 일본군이 강화도를 공격하고, 이듬해인 1876년에는 조선 정부가 일본의 무력에 굴복하여 굴욕적인 '강화도조약江華島條約'*을 맺게 됩니다. 우국충정을 품고 있는 사람들은 민씨 일파의 매국적인 정책을 격렬하게 규탄하였고, 권좌에 있는 양반들을 공격하는 목소리가 장안에 들끓었습니다. 게다가 민씨 일파의 문란한 정치로 고통을 겪게 된 민중들이 떼 지어 한성 내외의 권력자나 부자들의 집을 습격하는 사건이 잇달아 발생하였습니다. 사회의 밑바닥에서 고초를 겪으며 살아온 장승업이 백성들의 분노에 공명하지 않을 리 없었습니다. 그는 호방한 성격의 소유자로, 권좌에 책상다리를 하고 앉은 인간들을 매우 싫어하였습니다.

한편 운명은 그를 자유인으로 내버려두지 않았습니다. 당시의 왕 고종은 풍류를 즐길 줄 아는 명필가로 그의 그림에 마음이 끌려 그를 궁정 화가로 맞아들이려 하였습니다. 봉건 사회의 제도에 비추어볼 때 지위도 관직도 없는 자를 궁궐로 불러들일 수는 없었기 때문에, 왕명을 받은 관원들은 우선 그를 화원으로 등용하는 것부터 시작하였습니다. 장승업도 화가로서 그림을 그리는 조건을 보장받는 화원이 되었다는 것에 만족하였습니다. 그러나 무관無冠의 화원 자격만으로는 궁정 화가가 될 수 없었으므로, 그에게 '감찰監察'이라는 정6품 상당의 관직을 내립니다. 그리고 양반처럼 꾸미기 위하여 본관이라는 것도 정하였습니다. 결국 그를 양반의 지위로 올리고 정6품의 관리로 만들어 궁궐에 출입할 자격을 주게 된 것입니다.

하지만 장승업은 궁정 화가가 된다는 것이 무엇을 의미하는지 전혀 이해하지 못하였습니다. 다만 항상 자신을 멸시하던 화원들이 갑자기 자기 앞에서 공손한 태도를 취하는 것을 보고 어느 정도는 통쾌한 기분이었을 것입니다. 마침내 궁궐에 들어갈 날이 정해지자, 궁궐에서 나온 자들이 달라붙어서 짐짓 양반답게 상투를 틀어주고 정6품 관리에 걸맞은 위엄 있는 관복을 입히고 관을 씌워주자 장승업은 몹시 놀랐습니다. 그는 어떻게든 도망치려

---

* 1876년(고종 13) 조선과 일본 간에 체결된 수호조약으로 일본의 강압으로 맺어진 최초의 불평등조약이기도 하다.

고 하였지만 왕명을 받은 자들이 그를 놓아줄 리 없었습니다. 겉으로는 정중한 대우를 받는 듯하였지만, 그의 입장에서 보면 붙잡힌 죄인과 같은 꼴로 궁궐에 끌려들어간 것입니다.

왕은 그가 당도하자 크게 기뻐하며 환대하며 준비해둔 호화로운 병풍에 그림을 그려줄 것을 청하였습니다. 그러나 그는 인간으로서 참기 어려운 굴욕과 분노를 느꼈습니다. 그에게 궁궐 안은 그림을 그릴 적합한 장소가 아니었습니다. 하지만 위압하는 듯한 삼엄한 분위기에서 무턱대고 자리에서 일어나 걸어 나갈 수도 없는 노릇이었습니다. 그래서 이리저리 궁리한 끝에 일단 그림을 그리다가, "실은 여기에 어울리는 물감을 가지고 오지 않았습니다"라며 구실을 대고 교묘하게 궁궐을 빠져나갑니다.

그는 그 길로 유흥가에 몸을 숨겼지만 며칠 지나지 않아 발각되어 다시 궁궐 안으로 끌려들어가 여러 사람이 감시하는 가운데 억지로 그림을 그리게 됩니다. 그러나 그림은 전혀 진척되지 않은 채 날짜만 바뀔 뿐이었습니다. 때로는 붓에 물감을 적시고 화면을 응시한 채 하루를 보낸 적도 있었습니다. 감시하는 사람들도 지루함을 못 이겨 모두 잠이 들어버린 날 밤, 그는 몰래 궁궐을 빠져나와 다시 행방을 감춥니다.

격노한 왕은 그를 찾아내라는 엄명을 내렸고, 이번에는 그를 벌거벗겨서 그림을 그리게 하고 옆에 감시원을 붙여두었습니다. 그러자 그도 얌전하게 그림을 그리기 시작하는 듯하였지만, 한 획을 긋고 나서는 생각에 잠기고 또 한 획을 긋고서는 지쳤다고 하면서 붓을 들려고 하지 않았습니다. 그리고 감시가 허술한 틈을 타 벌거벗은 채로 또다시 궁궐을 도망쳐 나옵니다.

이렇게 몇 번이나 궁궐에서 도망친 그는 어느 날 주막에서 잠을 자고 있다가 붙들려 즉시 궁중으로 끌려갑니다. 왕은 아직 술이 깨지 않은 그를 보고, "웬 놈이 술 냄새를 풍기고 있느냐!"면서 내쫓아 버립니다. 그리고 그는 왕명을 거역한 죄로 옥에 갇히게 됩니다. 이를 보다 못한 한 대신이 건의를 하였습니다.

"오원은 스스로 그릴 기분이 나지 않으면 설사 죽인다고 하여도 그리지 않을 것이니, 제멋대로 하게 놔두었다가 그림 그릴 기분이 날 때를 기다리는 것이 어떻겠습니까?"

장승업은 이 대신의 건의로 옥에서 풀려나 궁궐에 불려가지 않고 지낼
수 있었습니다. 이렇게 그는 왕명을 받고도 끝내 병풍 그림을 그리지 않았
고, 목숨을 걸고 권력을 거부하였습니다.

혼이 약동하는 그림을 그리다

「매화원梅花園」

지금도 서울의 국립중앙박물관에는 장승업의 대표작 중 하나로 평가되
는 열 첩의 큰 병풍에 그려진 「매화원梅花園」이 소장되어 있습니다. 그가 기
법적으로 가장 원숙하였던 서른네다섯 살부터 마흔 살 사이에 그린 작품으
로 보이는데, 원래 중앙박물관의 전신인 '이왕가李王家 미술관'의 소장품이
었습니다. 그가 어디에서 이 그림을 그렸는지는 명확하지 않지만, 궁궐 안에
서는 끝까지 그림을 그리지 않았다는 이야기가 전해지는 것으로 보아 아마
누군가가 그를 속여서 그리게 한 후 왕에게 헌상한 것으로 보입니다.

열 첩의 커다란 병풍에 그려진 매화 그림은 조선 후기를 대표하는 걸작
으로 평가되며, 이렇게 대담하고 박력 있는 화풍은 고금에 예를 다시 찾아볼
수 없습니다. 이 그림을 보면 누구나 그의 천재적인 조형 재능과 노련하고
활달한 필법에 감탄하지 않을 수 없습니다. 또한 마디진 검은 매화 가지에서
작가의 절규하는 영혼 같은 것이 느껴지는 듯하여, 저도 모르게 팽팽한 긴장
감마저 감돕니다. 이는 장승업이라는 천재의 재능을 통하여 상징되는 역사
적인 울부짖음 같기도 하고, 혹은 시대의 흐름 속에서 괴로워 발버둥치는 민
족의 노여움을 격하게 토로하는 것처럼 받아들여지기도 합니다.

그가 이 그림을 그린 것으로 추측되는 1885년 무렵에는 이미 일본 상인
들이 한성의 '진고개(현재의 충무로)'에 상점을 내기 시작하여, 새로운 사치품
에 눈이 끌렸던 시민들이 줄을 서서 기다리는 소동이 벌어지고 있었습니다.
그는 조국이 침략 세력에게 마구 짓밟히는 것에 격한 분노를 느껴, 단 한 번
도 그 거리에 발을 들여놓은 적이 없다고 합니다. 이와 같은 울분이 매화 그
림 속에 담겼는지도 모릅니다.

「화조도」

장승업은 또 매鷹를 즐겨 그렸다고 합니다. 그는 흥이 나면 여러 가지 새와 물고기, 꽃, 도자기, 문방구류 등 일상 생활에 친숙하되 당시 화가들은 거의 돌아보지 않던 소재를 그렸습니다. 그리고 때로는 인물과 산수화 등도 그렸습니다. 그가 그린 새와 물고기는 마치 살아서 움직이는 것처럼 생기가 흘러넘쳤고, 풍경화의 산수나 꽃, 나무는 자연 상태보다 더 생기가 넘치는 것처럼 묘사되어 있습니다. 이처럼 그의 작품에는 아무리 사소한 것이라도 약동하는 작가의 생명력이 깃들여 있습니다.그런 만큼 그의 작품은 매우 개성적이어서 아무도 흉내 낼 수 없는 독창적인 것이 번뜩이고 있습니다.

그가 그린 소품 가운데 비 오는 여름날에 소에 걸터앉은 삿갓 쓴 인물화가 있습니다. 얼굴이 보이지 않아 나이를 알 수 없는 그 인물은 가난한 농민의 초라한 옷차림새입니다. 후세의 한 평론가는 화면 전체에 어두운 고독이 감돌고 있는 이 그림을 순간적인 착상에 따라 그린 것으로 보고 있는데, 며칠 동안 술에 취하여 있던 그가 어느 비 오는 날 동구 밖 길을 소를 타고 터덜터덜 가고 있는 사람을 보고 바로 그렸을 것이라고 말합니다. 그 평론가는 이 그림에서 평생 타협을 모르고 고고한 길을 걸은 그의 인간상을 찾아낸 듯합니다.

장승업은 글을 몰랐으므로 자기 그림에 서명할 수도 없었고, 그림에 제목을 붙이지도 못하였습니다. 이 천재 화가 주변에는 항상 그림에 뜻을 둔 젊은이들이 몰려들어 시중을 들었으나 때로는 인간 자체가 성가시고, 살아 있다는 것조차 귀찮게 여기는 구석도 있었습니다. 그는 오직 그림만으로 살아간 사람이며, 오직 그림 그리는 것에서 삶의 보람을 찾은 사람이었습니다. 그는 자기 그림이 어떤 평가를 받고 어떻게 취급되든 그다지 관심을 두지 않았던 것이 틀림없습니다. 그래서 주변 사람들이 장승업의 그림에 대신 제자題字를 써주기도 하고, 그의 제자라고 자처하는 후대의 화가들이 그의 그림을 찾아내 그림의 제목을 붙이기도 하였다고 합니다.

그는 방탕한 세월을 보내다가 1897년 어느 마을 밖 논길 위에서 쓰러져 죽었다는 이야기가 있습니다.

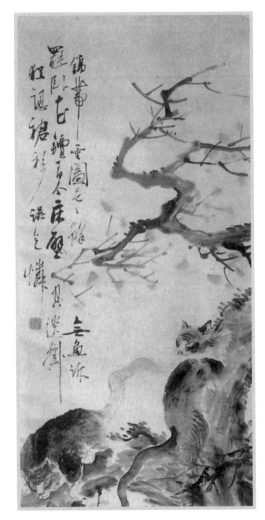

「묘도(猫圖)」

이처럼 그가 어디서 어떻게 죽었는지도 분명하지 않습니다. 1897년이라면, 1894년의 동학농민운동(東學農民運動 : 갑오농민전쟁)이 일본군에게 진압된 뒤 일본의 강압 아래 친일 정부가 들어서고, 이듬해인 1895년에는 일본의 무뢰한들이 명성황후를 시해하였으며, 1896년에는 고종이 러시아 공사관으로 옮겨 러시아의 힘을 빌려 일본의 침략을 막으려고 할 때였습니다. 이렇게 나라의 운명이 나날이 기울어가고 있을 때, 그는 모든 것에 절망하여 객사한 것

「영모도(翎毛圖)」

입니다. 향년 쉰넷, 극적인 일생이었습니다.

천재 화가였던 장승업의 걸작은 그가 죽은 뒤에도 계속 발견되어 위대한 화가다운 업적이 새삼스레 야기되곤 하였습니다. 그는 진정 조선 왕조의 최후를 장식하는 '조선화'의 빛나는 대가이고, 수수께끼에 둘러싸인 반골 정신의 화신처럼 산 사람이기도 합니다. 그런 만큼 오늘날도 여전히 긍지 높은 예술가로 민중의 한없는 사랑을 받고 있습니다.

17. 개화 운동의 지도자 김옥균과 그의 한계

1884년 10월(음력), 봉건 제도의 모순으로 사회의 발전이 지체되고 있던 우리나라를 문명 개화가 이루어진 새로운 나라로 바꾸어보자는 위대한 이상을 품은 청년들이 쿠데타를 일으켰습니다. 이 사건을 '갑신정변甲申政變'이라고 하는데, 중심 인물은 탁월한 개혁자로 평가받는 김옥균金玉均이었습니다.

진보적인 사상을 지닌 지식인들을 사귀다

김옥균(1851~1894년)은 철종 2년, 김병태金炳台의 큰아들로 충청도 공주에서 태어납니다. 그의 집안은 명문가였는데 그가 두 살 때 천안으로 이사를 하였습니다. 그의 아버지는 관직에 오르지 않고 '호군護軍'이라는 관명만을 갖고 있었으므로, 그다지 유복한 가정은 아니었던 듯합니다(아마도 '호군'은 김옥균이 출세함에 따라 아버지에게 내린 증직으로 보임).

그는 여섯 살 때 아버지의 사촌에 해당하는 김병기(金炳基 : 1814~1891년)의 양자로 들어가게 됩니다. 아들이 없는 사람은 같은 집안의 자손을 양자로 들이는 것이 양반들의 관례였습니다. 하지만 보통 큰아들은 양자로 내지 않는 것이 통례였음에도 불구하고 그를 양자로 준 것은, 김병기가 일문 안에서 가장 권세가 있고 김옥균이 아주 어릴 때부터 영리한 아이로 소문이 났기 때문이라 생각됩니다. 한성의 양자로 보내진 그는 얼마 있다가 양아버지가 강릉 부사에 임명되자, 양아버지를 따라 강원도 동해안의 큰 고을로 가서 소년 시절을 보냅니다. 강릉은 우리나라의 대표적인 학자였던 이율곡이 태어나 자란 곳으로, 그의 생가인 '오죽헌烏竹軒'은 학문의 명소였습니다. 소년은 여기에서도 두각을 나타내기 시작합니다.

김옥균이 열여섯 살 때 양아버지가 조정의 고관으로 전임하게 되어 그도 한성으로 돌아옵니다. 그는 과거 시험을 치르기 위하여 면학에 열중하였고, 1872년 2월 문과에 장원으로 합격합니다. 스물두 살의 젊은 나이에 화려한 영광을 차지한 것입니다. 그가 처음 임관된 곳은 성균관 전적典籍이었습니다. 말하자면 국립대학의 학생 지도관 같은 자리였는데, 전적은 정6품의 지위였으므로 스물두 살의 젊은이로서는 대단한 출세였다고 할 수 있습니다. 그는 임관과 동시에 청나라의 수도인 북경에 파견됩니다. 어떤 역할이 주어졌는지는 분명하지 않지만 그는 첫 외국 여행에서 서양 문화를 접한 것이 확실하며, 중국어 역관인 오경석(吳慶錫 : 1831~1879년)과도 친교를 맺게 됩니다.

오경석은 중인 계급 출신의 역관이었지만 학식이 높고, 업무차 중국 왕래가 잦아서 북경에 가면 언제나 서양 문화에 관한 새로운 서적을 구입하여 친구인 유대치(劉大致 : ?~?년)와 연구를 거듭하였습니다. 유대치 역시 중인 출신으로 집안 대대로 의원이었는데, 그 역시 학문이 뛰어나 사람들은 그를 '백의정승白衣政丞'이라 부르며 존경하였습니다. 매우 진보적인 사상을 가지고 있던 이 두 사람은 좌의정을 역임한 적이 있는 박규수(朴珪壽 : 1807~1877년, 연암 박지원의 손자)라는 유력자와 친하였기 때문에, 박규수의 사랑방은 언제나 진보적인 학자들이 모이는 장소처럼 되었습니다.

김옥균은 성균관 전적에서 사간원 정언正言으로 자리를 옮겼습니다. 그는 보수적이고 봉건적인 선배 관리들이 자신의 의견을 받아들이지 않는 데 크게 낙담하고, 역관인 오경석한테서 서양 문화에 관한 새로운 지식을 배우는 데 열을 올리게 됩니다. 오경석의 소개로 유대치와 알게 된 김옥균은 유대치의 혁신적인 사상과 그의 높은 학식에 감동하여 유대치를 둘도 없는 스승으로 존경합니다. 그리하여 김옥균도 박규수의 사랑방에 모이는 일행에 끼어들게 됩니다.

서면호 사건　　　박규수는 실학파의 대가요 유명한 문학자인 박지원의 손자뻘로 실학 사상을 계승하여 애국적인 개혁 사상을 가진 사람입니다. 그리고 그가 평안도 관찰사를 역임하던 1866년, 미국의 해적선 '서면호General Sherman'가 침입하자 대동강에서 이 해적선을 불살라버린 단호한 인물이기도 합니다. 그렇지만 그는 결코 쇄국주의자가 아니었습니다. 오히려 당시 정권을 쥐고 있는 대원군의 대외 정책에 비판적이어서, 외국과 국교를 열어 선진 문화를 수입할 것을 주장하였습니다.

서면호는 무역을 구실로(사실은 평양의 고분을 파헤쳐 금은재보를 훔쳐낼 목적이었음), 1866년 7월 조선 관헌의 제지를 뿌리치고 대동강을 거슬러 올라가 평양 근처에 정박합니다. 그리고 12일부터 열흘 남짓 동안 살인과 약탈을 자행하다가, 7월 24일에 궐기한 백성들에 의하여 배가 불타고 선원 모두가 죽고 맙니다. 이때 그는 조정에 다음과 같은 보고문을 올립니다.

미국 해적들의 악랄한 짓에 평양성 내외의 군대와 백성은 한결같이 격분하여, 명령이 있지 않아도 모이고, 진격 신호가 없어도 싸우며 전진하였습니다. 죽음을 무릅쓰고 위험을 돌보지 않으며, 다만 침략자를 격퇴하겠다는 일념으로 화살을 쏘고 철포를 쏘았습니다. 그렇게 성을 지키고, 화공 전법을 써서 적을 산산조각 내버렸습니다. 이것은 용맹한 군인과 민중의 용솟음치는 정의감에 의한 것이지, 애초에 본관의 지휘와 결정이 정확하였기 때문은 아닙니다.

이처럼 민중의 애국심을 믿었던 사람인만큼 봉건 지배 세력의 독선을 증오하였던 그는, 1873년 대원군이 추방되었을 때 국정이 조금은 개혁될 수 있을 것으로 기대하였습니다. 하지만 민씨 일파가 대원군을 대신하여 세력을 장악한 후 영의정이 된 이유원(李裕元 : 1814~1888년)이 백성은 전혀 돌아보지 않고 보신에만 급급하는 데 화가 나 좌의정 자리를 던져 버립니다. 따라서 그의 사랑방은 진보적 사상을 갖고서 국정 개혁을 주장하는 지식인들의 거점이 된 것입니다.

김옥균은 여기에서 박영효(朴泳孝 : 1861~1939년), 홍영식(洪英植 : 1855~1884년), 서광범(徐光範 : 1859~1897년), 서재필(徐載弼 : 1864~1951년) 등 기예가 넘치는 친구들을 알게 됩니다. 김옥균은 그 가운데에서 탁월한 웅변가로 두각을 나타내, 모두들로부터 재기 넘치는 영재라고 칭찬을 들었습니다.

혁신 정권을 세울 개화파를 조직하다

김옥균은 임무에 충실해 얼마 후 홍문관 교리(校理 : 궁궐 안의 문서를 담당하는 서기관 같은 자리로 정5품)가 됩니다. 그는 여기에서 재능을 발휘하여 고종의 신임을 얻을 수 있었고, 궁궐에서 일하는 여관女官들과 환관들 사이에서도 인기가 높아 모두 그를 열렬히 지지하였습니다. 그는 다시 승정원 우부승지(右副承旨 : 정3품의 당상관)에 올라 상인과 군인들, 사회의 최하층에서 고통 받고 있는 천민층과도 교류를 맺습니다. 그리고 계속 출세 가도를 달려 형조참의에 오릅니다. 이십대 청년이 정3품 당상관에 오른 것은 극히 이례적인 일이었습니다.

그는 명문장가에 달필이었으며, 미술과 음악에서도 뛰어난 재능을 보였습니다. 거문고를 능숙하게 연주하고, 노래 솜씨가 좋았을 뿐만 아니라 한량들 무리에 섞여서 노름을 해도 놀라운 기량으로 판을 휩쓸었다고 합니다.

김옥균의 이러한 일면을 전해주는 다음과 같은 일화가 있습니다.

그가 아직 벼슬을 하지 않았던 젊은 시절, 종자 하나를 데리고 충청도 옥천沃川에 가서 백 냥의 돈을 마련하여 한성으로 올라온 일이 있었습니다. 도중에 주막에서 하룻밤을 묵다가 밤중에 시끄러운 소리에 눈을 떴습니다. 종자가 그의 허락도 없이 골패(骨牌 : 노름의 일종)를 해서 백 냥을 전부 잃고 울고 있었던 것입니다. 김옥균은 별말 없이 종자 대신 그 자리에 끼어들어 골패를 시작하여 판돈을 다 긁어버립니다. 그리고 돈을 잃은 사람들에게 일일이 돈을 건네주면서, "백 냥은 내 노잣돈으로 필요하니 이 돈만 갖겠소"라고 하여 건달 노름꾼들을 아연실색케 만들었습니다. 이러한 인품 때문에 그는 사회의 하층민과도 친구처럼 어울릴 수 있었습니다. 이는 그가 개혁 운동의 지도자로 뛰어난 자질을 가지고 있었음을 잘 말해주는 부분입니다.

강화도 조약

1860년대 후반부터 구미 열강이 호시탐탐 조선을 넘보는 가운데, 대원군은 강고한 쇄국 정책을 펴 침략자들을 물리쳤습니다. 하지만 1873년 대원군을 몰아내고 권력을 쥔 민씨 일파는 굴욕적인 외교를 맺기 시작합니다. 일본이 1875년 무력으로 조선을 공격하여 마침내 강화도 조약을 체결(1876년, 고종 13년)하였는데, 이는 일본이 예전에 미국의 위협에 굴복하여 맺은 굴욕적인 조약과 완전히 똑같았습니다. 물론 많은 우국지사들은 민씨 일파의 굴욕 외교에 반대하며 저항 운동을 벌였지만 봉건적인 권력 지배를 타파할 만한 힘은 되지 못하였습니다.

이런 상황 속에서 김옥균을 비롯하여 국정 개혁을 꿈꾸는 이들은 개화 사상에 눈뜬 사람들을 결속시키고, 그 힘을 강화해 보수적인 봉건 세력을 무너뜨리고 새로운 혁신 정권을 세울 계획을 세우게 됩니다. 김옥균은 먼저 선진 사상을 가진 관리들을 상대로 적극적으로 설득하여 김홍집(金弘集 : 1842~1896년), 김윤식(金允植 : 1835~1922년), 어윤중(魚允中 : 1848~1896년) 등을 동지로 끌어들이는 데 성공하고, 그들을 통해 국왕과 측근을 설득하여 개화 운동의 필요성을 호소하였습니다.

김옥균은 조선을 근대적인 국가로 만들려면 새로운 지식과 기술을 도입하여 정부와 일반 사회의 낡은 인습을 근본적으로 바꿔야 한다고 주장하였습니다. 그리고 국가의 정치, 경제, 사상 및 문화, 생활 등 모든 것을 근대적인 기초 위에서 변혁하여 부국강병을 이루어 국가의 독립을 수호하는 것이 개화 운동의 근본 임무라는 점을 강조하였습니다.

이처럼 그는 선배격인 중견 관료들을 설득하는 한편, 자기보다 연하인 홍영식, 박영효, 서광범, 서재필 등 젊은 청년들과 개화 운동을 위하여 생사를 함께하겠다는 굳은 동지적 맹세를 나눕니다. 김옥균은 이러한 동지들과 함께 개화파의 영향력을 넓히기 위하여 사회 각층의 사람들에게 호소하는 한편, 운동의 중심이 될 동지들을 모아 '충의계忠義契'라는 비밀 조직을 만듭니다.

'계'란 옛날부터 대대로 전해져온 것으로, 이해 관계를 같이하는 사람들이 지역적 또는 혈연적으로 상호 부조하기 위하여 만든 협동 조직입니다. 각자 돈이나 곡물 등을 내고 그것을 지속적으로 운용하였는데, 이것이 사회의 각층에 깊이 스며들어 여러 가지 형태와 명칭의 계가 만들어졌으며 정치적인 결속을 위하여 만들어진 계도 있었습니다.

이렇게 조직명이 봉건색이 강하였던 이유는 당시 운동가들이 봉건 국왕의 존재를 인정하면서 개혁 운동을 전개하려는 생각을 떨쳐버리지 못한 때

충의계忠義契

개화파

문이고, 또 완고한 봉건 권력의 탄압의 눈을 피하기 위한 것이기도 하며, 나아가서는 개화 사상을 아직 잘 이해하지 못하는 사람들에게 반감을 주지 않으려 하였기 때문입니다. 충분하지는 못하더라도, 1870년대 조선에 매우 진보적인 '개화파'라는 정치 집단이 생겨났고, 그 중심에 선 김옥균은 위대한 근대 정치가로서 중대한 임무를 걸머진 인물이 됩니다.

개화파의 활동과 임오군란

1876년 일본과 맺은 수호조약에 따라 부산이 개항되었습니다. 일본은 여기에 그치지 않고, 약속한 함경남도 원산元山의 개항을 강요하고 부산 세관의 과세 철폐를 요구하는 등 침략적인 본색을 드러냅니다. 정권을 장악한 민씨 일파는 청나라의 힘을 믿고 일본의 이런 요구를 거절합니다. 그러나 1878년에 일본의 요구에 굴복하여 부산 세관의 관세 부과를 중지하고, 1880년에는 원산 개항을 인정합니다. 이에 일본은 요구를 더욱 강화하여 인천 개항을 강요하기에 이릅니다.

제2차 수신사

이때 개화파는 먼저 국내 체제를 정비한 뒤에 개항하지 않으면 국내 시장을 지킬 수 없다고 판단하여, 인천의 조기 개항에 극력 반대합니다. 그리고 1880년 7월 제2차 수신사修信使로 일본에 간 개화파의 김홍집은 일본과 1876년에 체결한 불평등 통상 조약을 개정하여 부산 세관의 관세 폐지를 취소하고 다시 관세를 부과할 것을 강력히 요구합니다. 그러나 침략 정책을 강행하려는 일본의 반대에 부딪혀 회담은 결렬됩니다.

개화파는 침략을 저지하기 위하여 먼저 선진 문화를 배울 필요가 있고, 특히 1868년의 메이지 유신(明治維新 : 막부시대를 종식시키고 왕정복고王政復古와 함께 시작된 일본의 근대화운동) 이래 급속히 진보한 일본의 현실을 정확히 파악하는 것이 급선무라고 여겼습니다. 그래서 1881년 1월에 정부 내부에 있는 개화파를 대거 일본에 파견할 계획을 세우고, 4월에 홍영식, 어윤중을 비롯한 37명의 대규모 시찰단을 일본에 보냅니다.

이와는 별도로 김옥균도 같은 해 12월에 홀로 일본 시찰에 나섭니다. 그는 먼저 나가사키長崎에 상륙하여 조선소, 탄광, 제련소 등을 방문하고, 또 오사카大阪의 병기 공장과 조폐국을 둘러보았으며, 교토京都를 방문한 뒤 고베神戶에서 배를 타고 도쿄東京로 향합니다. 그는 부국강병의 기치 아래 성장을 거듭하는 일본의 새로운 산업 시설을 시찰하고, 한성의 부호에게 빌린 2만 엔으로 당장 필요한 생산용 기계를 구입하기도 하였습니다.

도쿄에 도착한 그는 일본에 유학중인 개화파 동지들의 보고를 받고, 유학생을 도와준 일본의 계몽가 후쿠자와 유키치福澤諭吉를 만나 그의 별저에 머무르며 4개월에 걸쳐 일본의 정계, 재계의 대표적인 인물들과 접촉합니다. 그리고 일본의 발전상을 자세히 관찰하고, 일본의 대조선 정책의 진의를 탐지해내려고 노력합니다.

한편 개화파의 한 사람인 김윤식은 1881년 7월 영선사(領選使 : 청나라에 파견된 사절)에 임명된 것을 기회로 69명의 유학생과 실습생을 데리고 북경으로 향합니다. 유학생들은 청나라에서 근대적인 군사 훈련과 외국어 습득에 힘쓰고, 실습생들은 물리·수학·화학·기계 공학 등을 배우면서 무기 제조법을 지도받습니다. 또한 그들은 각종 근대적인 과학 서적과 무기 제조를 위한 공작 기계 및 실험 기구, 신식 무기 등을 구입해 돌아옵니다.

이와 같이 선진 과학과 기술을 도입하려고 애쓴 개화파들은 외국을 여행하며 구경한 것과 외국의 선진 과학과 기술을 소개한 출판물을 잇달아 간행하여 계몽 선전에 매진합니다. 이러한 출판물은 전국의 지식층에게 커다란 영향을 주었고, 개화 사상이 확대되고 개화파를 지지하는 세력이 급속히 늘기 시작합니다. 또 이러한 움직임 때문에 보수적인 조정 안에서도 비능률적이고 봉건적인 기구를 개편하여 더욱 합리적인 행정 기구를 만들려는 운동이 일어나, 1880년 12월에는 청나라의 새로운 관청 기구를 본뜬 '통리기무아문統理機務衙門'이라는 기구가 설치되기에 이릅니다(이듬해에는 다시 그 기구를 간소화하였음). 1881년에는 번잡한 군사 조직을 2영營으로 줄이고 근대적인 군사 훈련을 실시하는 새로운 군대를 만들려는 노력도 이루어집니다.

이렇게 개화파는 서서히 국가 제도를 근대적으로 개편하는 운동을 진행시켜 어느 정도 효과를 보고 있었습니다. 그러나 개혁 운동은 권력을 가진

통리기무아문과 2영

수구파에 의해 바로 무산되어 버리고, 처음에는 개혁 운동을 적극 지원할 것 같았던 일본의 침략 세력도 조선의 근대화를 방해하기 위하여 악랄한 음모를 꾸미기 시작합니다. 그 음모가 가장 잘 나타난 것이 바로 군대 조직의 개혁 부문에서였습니다.

일본 침략자는 뒤로 수구파와 손을 잡고 근대적인 군사 훈련을 위한 별기군別技軍의 교관에 일본의 공병工兵 소위 호리모토 레이조堀本禮造를 추천합니다. 호리모토는 엉터리 군사 훈련을 시키면서 친일 사상을 고취하는 데 열중하여 군대 안에 파벌과 대립을 일으켰고, 별기군 병사만을 우대하고 다른 군인들은 심하게 차별하고 학대합니다. 그리하여 1882년 6월, 불만을 품은 다른 2영의 군대가 반란을 일으켜 일본 공사관을 습격하였는데, 일본의 공사(정식 공사가 아닌 변리공사辨理公使) 하나부사 요시타다花房義質는 제 손으로 공사관에 불을 지르고 어둠을 틈타 인천으로 도망칩니다.

별기군의 군관 호리모토 등을 때려죽이고 기세를 올린 군인들 일부는 곧바로 궁궐로 난입합니다. 그리고 일본과 손을 잡은 수구파를 죽이고, 끊임없이 암약한 명성황후를 찾아내려고 하였지만, 그녀는 남장한 채 이미 궁궐을 빠져나간 뒤였습니다. 국왕인 고종은 군인들을 진정시키기 위하여 그들의 요구대로 다시 대원군에게 정권을 넘겨주기로 하였지만, 한성을 벗어나 충주로 도망간 명성황후는 몰래 청나라에 원병을 요청합니다. 한성에 진격한 청나라 대군은 곳곳에서 우리 군인들을 학살하였고, 정권을 장악하고 있던 대원군을 붙잡아 청나라로 연행해 버립니다. 청나라의 이러한 행동은 일본 침략자들과 이면 교섭을 거쳐 이루어진 것으로, 일본은 청나라 군대의 행동을 묵인하는 대신 조선에 대한 이권을 보장받기로 하였던 것입니다.

임오군란壬午軍亂 이 군인 폭동을 '임오군란壬午軍亂'(1882년, 즉 고종 19년인 임오년)이라 하는데, 한때는 한성의 모든 백성을 열광시킨 이 애국적인 궐기도 결과적으로는 청나라와 일본의 침략자들에게 '어부지리'를 제공한 셈이 된 것입니다. 그리고 민씨 일파는 한때 세력을 잃기는 하였지만 청나라와 일본의 비호를 받아 정적인 대원군의 잔존 세력을 일소하고 다시 수구파의 영수로 군림하게 됩니다.

세 번째 방문한 일본에서 빈손으로 돌아오다

군인 폭동은 민씨 일파의 수구 세력을 쓰러뜨리고 개화파가 정권을 잡을 절호의 기회였습니다. 하지만 개화파 지도자들과 군인들 사이에 조직적인 연계가 없었기 때문에 모처럼 일어난 군인들의 봉기는 도리어 개화파 운동에 큰 타격을 주었습니다.

김옥균은 갑작스런 군인들의 봉기를 전혀 예측하지 못한 듯합니다. 그는 도쿄를 출발한 직후에 이 사변을 알고 서둘러 귀국하려 하였지만, 배편이 없어 시모노세키下關에서 겨우 인천행 배를 탈 수 있었습니다. 그러나 이 배에는 전에 한성에서 일본으로 도망쳤던 하나부사 공사 일행이 일본 정부로부터 새로 훈령을 받고 많은 일본 병사를 데리고 승선해 있었습니다.

군란 직후에 다시 정권을 잡은 대원군은 김옥균이 일본 공사들과 함께 인천에 도착하였다는 소식을 듣고 화를 내며, 김옥균이 한성에 들어오면 즉시 체포하라는 명령을 내립니다. 이를 안 개화파 동지들이 인천으로 급히 달려가 김옥균의 입경을 막으려고 하는 중에 청나라에 의한 대원군 납치 사건이 일어납니다. 설령 신변의 위험이 있어도 대원군을 만나 심정을 토로하면 반드시 이해해줄 것이라 믿었던 김옥균은 청나라의 무례한 횡포와 민씨 일파의 매국적인 책동에 격앙하여 청나라와 수구파에 대한 적개심이 점점 커져갔습니다.

민씨 일파는 일본의 항의에 굴복하여 일본이 군란으로 입은 피해를 보상하기로 약속하고 '제물포 조약(濟物浦條約 : 1882년 8월 30일 맺은 일본의 야심을 드러낸 불평등조약)'을 맺었고, 이 조약에 따라 일본에 수신사를 파견하게 됩니다. 사죄라는 굴욕적인 역할을 떠맡고 싶지 않은 민씨 일파는 사절단 대부분을 개화파로 채웠는데, 이는 일본 측의 요구에 따른 것이기도 하였습니다. 일본 측은 청나라와 결탁한 수구파에 대항하기 위하여 개화파를 조종하여 친일 세력으로 만들려 하였습니다.

일본에 파견된 수신사의 정사에는 선왕 철종哲宗의 사위인 스물두 살의 박영효가 임명되었지만, 사실상의 지휘자는 수행원의 한 사람인 김옥균이었습니다. 그들은 비록 사죄를 위한 수신사라 하여도 국위를 선양하여야 하는

제물포 조약

만큼, 일본으로 향하는 배 안에서 '태극기'를 고안하여 내걸었다고 합니다.

　　일본은 그들을 국빈으로 대접하고 도처에서 크게 환영하였을 뿐만 아니라, 외무경外務卿 이노우에 카오루(井上馨 : 1836~1915년)는 17만 엔의 돈까지 빌려주었습니다. 하지만 그 돈은 모두 배상금의 연부금年賦金과 선물 값, 일행의 여비로 일본에서 사용되고 맙니다. 이노우에 등은 왕의 신임장을 가지고 온다면 국정 개혁에 필요한 재원을 위하여 얼마든지 차관을 내주겠다고 하면서, 조선이 훌륭한 독립 국가가 되도록 모든 원조를 아끼지 않겠다는 등 온갖 구변을 동원하여 그들의 분투를 촉구하였습니다. 젊은 정사 박영효 등은 일본 측의 구변에 놀아나 일본을 무조건 신뢰한 것은 있을 수도 있는 일이라 생각되지만, 사려 깊은 김옥균도 외교 경험이 일천한 탓에 일본의 진의를 꿰뚫어보지 못하고 이노우에의 약속을 굳게 믿어 버립니다.

　　7월에 일본으로 향하였던 박영효 등의 사절단 일행은 11월 신임 일본 공사 다케소에 신이치로竹添進一郎 등과 함께 같은 배로 귀국합니다. 박영효는 우선 세력을 확대하기 위하여 신식 군대를 양성하는 데 착수하기로 하였고, 김옥균은 여전히 일본에 머무르면서 각계의 일본인들과 교섭을 거듭하다가 이듬해인 1883년 3월에 귀국합니다. 한편 수신사 일행이 일본에 가 있는 동안 완전히 체제를 굳힌 수구파는 개화파 세력을 철저히 내몰기 위한 책략을 짜고 있었습니다.

박문국과 『한성순보』　　이를 눈치 채지 못한 개화파는 일본에서 구입한 신식 인쇄기로 '박문국博文局'이라는 출판소를 설치하고, 『한성순보漢城旬報』(1883년)라는 우리나라 최초의 근대 신문을 발행하여 신문화 운동을 일으키는 한편, 많은 우수한 청년을 선발하여 일본에 유학을 보냅니다. 그러나 수구파는 먼저 박영효를 궁궐에서 내쫓아 한성부윤漢城府尹이라는 한성 시장직에 임명하였다가, 바로 다시 광주 유수廣州留守라는 지방관으로 쫓아냅니다. 김옥균이 귀국하자 그 역시 '포경사 겸 동남제도 개척사捕鯨使兼東南諸島開拓使'라는 한직으로 쫓아냅니다. 그렇지만 김옥균은 외아문外衙門 참의參議라는 명목으로 한성에 머무를 수 있었습니다.

　　1882년 11월 수구파는 청나라 정부의 소개로 중국에 있던 독일인 묄렌도르프Paul George von Möllendorff를 정부의 고문으로 맞아들입니다. 그는 권력파에 빌붙어 망국적인 정책에 앞장서서 찬성하는 등 파렴치한 짓을 서슴없이 저지르는 교활한 자로, 수구파의 재정 책임자가 재정 부족을 메우기 위하여 당오전(當五錢 : 1전의 가치도 없는 동화를 5전으로 통용케 한 것)을 발행하려 할 때도 무조건 찬성합니다. 하지만 때마침 그 회의에 참가한 김옥균은 이를 극력 반대합니다.

"당오전은 경제를 혼란시켜 인민의 생활을 극도로 고통스럽게 할 것이오."

이 계획은 왕이 김옥균의 충고를 받아들인 탓에 중단되었지만, 묄렌도르프는 수구파 권력자들에게 김옥균의 추방을 부추기는 한편 사사건건 김옥균을 모함하는 비열한 짓을 저지릅니다.

김옥균은 왕에게 국가 재정을 바로잡을 것을 역설하고, 일본에서 삼백만 엔의 차관을 들여오기 위한 신용장을 받아내는 데 성공합니다. 하지만 이 사실을 안 묄렌도르프는 일본 공사 다케소에에게 김옥균이 왕한테 받은 신용장은 위조라고 중상 모략하였고, 다케소에는 사실을 뻔히 알면서도 묄렌도르프에게 들은 내용까지 그대로 일본 정부에 보고합니다.

박영효가 추진하던 신식 군대의 양성도 자금난으로 어려움을 겪고 있었고, 박해를 받고 있는 개화파 운동도 자금이 공급되지 않으면 도저히 진척될 수 없는 처지였습니다. 김옥균은 전에 일본이 약속한 대로 차관을 얻는 데 성공하였다면 국가 재정의 결정권을 장악할 터이므로 개혁 운동도 마음 놓고 진행할 수 있을 것이라 확신하고 있었습니다. 김옥균은 이노우에의 약속을 굳게 믿고 있었던 만큼, 1883년 6월 왕의 신임장을 받자마자 세 번째 일본 방문에 나섭니다. 이때에도 역시 50명의 유학생들을 데려갑니다.

하지만 이미 보고서를 통하여 누구보다도 내막을 잘 알고 있는 이노우에는 전에 한 약속을 저버리고 김옥균을 냉대하며 차관 이야기를 거절하고 아예 만나주지도 않습니다. 일본의 침략자들은 조선에 유력한 개화파 정부가 들어서면 일본이 진출하는 데 방해가 될 것으로 판단하여 개화파에게 돈을 빌려주기보다 그 돈으로 군비 확장에 힘을 쏟아 조선에 주둔한 청나라 군을 무력으로 몰아내는 것이 침략의 지름길이라는 계산을 하고 있었던 것입니다.

그제야 일본 정부의 속셈을 간파한 김옥균은 일본 주재 미국 공사와 요코하마橫浜에 있는 외국 상사 등으로부터 차관을 얻어낼 방법을 찾아보려 하였지만 그것마저 실패로 돌아갑니다. 그럼에도 불구하고 김옥균은 희망을 버리지 않고 후쿠자와 등 재야 인사에게 부탁하여 재계로부터 얼마라도 돈을 빌리려 하였으나, 일본 정부의 보증 없는 돈을 빌릴 곳이 없었습니다. 김옥균은 반년 동안이나 피 마르게 노력한 보람도 없이 1884년 2월, 만신창이가 되어 빈손으로 귀국합니다. 또한 광주에서 신식 군대를 양성하는 데 온 힘을 기울이던 박영효도 자금난을 이기지 못하여, 신식 군대는 그 전해 11월에 수구파가 지배하는 정부군 속에 편입되고 맙니다.

이에 개화파에 대한 수구파의 공격은 점차 거세졌습니다. 개화파 운동의 거점이었던 박문국도 수구파가 차지하게 되었고, 『한성순보』의 기사 내용도 일일이 수구파의 간섭을 받게 됩니다. 이런 상황에서 1884년 4월 민영익(閔泳翊 : 1860~1914년)이 개화파인 홍영식, 서재필 등과 함께 구미 시찰을 마치고 귀국합니다. 그는 일찍이 김옥균 등과 친교가 있어서 개화 사상에 공명하는 태도를 보인 적이 있었습니다. 그러나 귀국한 민영익은 김옥균 등의 기대를 저버리고 수구파의 영수에 추대되어 무슨 일이든 묄렌도르프의 의견을 수용하였으며, 개화파 탄압의 선두에 서서 맹렬한 공격을 개시하였습니다. 그들은 공공연히 "김옥균을 죽여라!"라고 부르짖으며 개화파의 유력자들에게 위해를 가하려 하였습니다.

그해 9월 17일 김옥균은 동지들을 모아 이렇게 역설합니다.

"우리는 수년 동안 모든 고초를 견디면서 평화적인 수단으로 국정을 개혁하고자 온 힘을 다하였지만 이렇다 할 성과를 올리지 못하였을 뿐만 아니라 이제 죽음에 직면하게 되었소. 이렇게 된 바에야 앉아서 죽음을 기다리기보다 우리가 먼저 적을 타도하는 것이 나을 것이오. 따라서 우리는 오로지 거사에 나서서 우리 결의를 관철하여야만 하여야겠소."

갑신정변을 일으키다

개화파는 절망적인 상태에 처하여 죽음까지 결심하였지만, 국내외의 정세 변화는 그들에게 큰 희망을 주었습니다. 1883년 봄부터 전국 각지의 농민들이 통치 권력에 저항하기 시작하여 권력을 쥐고 있는 수구파에게 커다란 불안감을 조성하였습니다. 그리고 대외적으로는 프랑스와 청나라가 베트남 문제를 두고 대립하여, 조선에 주둔하던 청나라 군의 세력이 급속히 약화되었습니다.

1883년 프랑스군이 베트남에 침입하자, 청나라군은 베트남 구원에 나섰지만 프랑스군에게 패퇴하여 베트남은 프랑스의 보호국이 됩니다. 청나라는 일단 프랑스군과 평화 교섭을 벌였지만, 1884년 6월부터 다시 전쟁이 벌어져 청나라군은 프랑스군의 공격을 받고 광동廣東과 대만臺灣에서 커다란 피해를 입고 맙니다. 청나라는 프랑스군의 침입에 대비하기 위하여 1884년 4월, 조선에 주둔하고 있던 병력의 절반인 1,500명을 남방으로 파병하였기 때문에 힘이 약화되어 있는데다가, 잇달아 들려오는 패전 소식으로 청나라 군의 사기는 크게 떨어져 있었습니다.

김옥균은 이 기회를 포착하여 정권 탈취를 위한 다음과 같은 세 가지 방책을 세웁니다.

첫째, '충의계'를 중심으로 개화파의 단결을 공고히 하고 비밀리에 쿠데타 준비를 진행한다.

둘째, 군대와 수구파의 동요를 최대한 이용하여 국왕을 설득하여 정변을 승인받아, 결정적인 승리를 쟁취하기 위한 명분을 강화한다.

셋째, 적극적인 외교 활동을 전개하여 일본군을 이용하여 청나라의 움직임을 견제한다.

이 계획에 따라 동지를 결속하고 준비를 진행해 온 김옥균은 9월 29일 동지들과의 모임에서, 신축되는 우정국郵政局 낙성식 날에 거사를 벌이기로 결의합니다. 그는 10월 17일의 우정국 낙성식의 거사를 앞두고, 10월 12일에

우정국 낙성식 날에 거사를 벌이기로 결의하다.

왕과 비밀리에 만나 세계 정세의 변화와 청나라 군과 손을 잡고 있는 수구파의 매국적 행동을 설명하고는 이 기회에 민심을 일신하여 부국강병의 길을 열고 새로운 정부를 수립할 필요가 있다는 점을 역설합니다. 그의 정열에 감동한 고종은 김옥균에게 밀칙密勅을 내립니다.

"국가의 대계가 위태로운 이때 모든 조치를 경의 지모智謀에 일임한다."

고종은 1852년생으로 김옥균보다 한 살 아래인 만큼 젊은이다운 열정에 공감하였으리라 생각되지만, 우유부단한 왕에게서 이러한 결의를 이끌어낸 것은 역시 김옥균의 혁명적인 신념의 힘이 작용한 때문입니다.

김옥균에게 비협조적이었던 일본의 다케소에 공사가 1883년 12월 본국에 소환되었다가 9월 12일에 다시 한성으로 돌아옵니다. 그리고 돌연 태도를 바꾸어 김옥균에게 접근하여 개화파 운동에 협력하고 싶다는 말을 전합니다. 김옥균은 일본 정부가 청불전쟁淸佛戰爭으로 청나라 세력이 약화된 틈을 타 수구파와 개화파를 대립하게 만들고, 그 기회를 이용하려 한다는 사실을 간파하고 있었습니다. 그러나 김옥균은 정변을 일으키면 청나라의 공격이 예측되므로 일본군을 동원하여 그들을 막게 하고 왕궁을 지키는 것이 유리하다고 판단하여, 일본군에게 대담하게 정변 계획을 털어놓고 응원을 요청합니다.

다케소에는 즉시 승낙하였지만 본국의 훈령을 받아야 한다면서 9월 25일 본국 정부에 문의 서신을 보냈는데, 당시 전신 사정으로 그 답신은 10월 20일이나 되어야 한성 공사관에 도착할 터였습니다. 그러나 김옥균은 답신이 도착하길 기다리지 않고 10월 17일에 거사를 결행하기로 결심합니다. 결행 직전에는 미국 공사와 만나 정변이 일어날 경우 협력해달라고 요청을 하였습니다.

1884년 10월 17일(양력 12월 4일) 오후 여섯 시, 한성 전동(典洞 : 지금의 종로 일대)의 신축 우정국에서는 책임자로 임명된 홍영식의 초대로 수구파 인사들을 비롯하여 개화파의 일부 인사와 각국의 외교관 등 20여 명이 초청되어 낙성식이 거행됩니다. 김옥균은 잔치가 한창일 무렵을 엿보아 조금 떨어진 별궁에 불을 지를 계획이었습니다. 불이 나면 수구파 요인들이 별궁으로 급히 달려올 터이므로, 장사들을 매복시켜 놓았다가 전원 처단할 예정이었습니다. 그러나 경계가 엄중하여 별궁에 불을 지르기가 여의치 않자 김옥균은 근처에 있는 집에 불을 지르도록 지시합니다. 이에 수구파의 영수 민영익이 불난리에 놀라 밖으로 뛰어나갔다가 매복해 있던 장사에게 칼을 맞았는데, 피를 흘리면서도 연회장으로 돌아와 겨우 목숨을 부지할 수 있었습니다.

연회석은 갑자기 혼란에 빠졌고, 당초 계획대로 수구파의 요인들을 살해하지 못하여 계획은 중대한 차질을 빚게 됩니다. 하지만 김옥균은 냉정하게 잇달아 다음 행동을 지시합니다. 우선 왕궁에 달려가 이변을 보고하고, 국왕과 왕비 등을 수비하기가 쉬운 경우궁景祐宮으로 옮기는 데 성공합니다. 그리고 일본군 2백 명에게 경비를 서게 하고, 왕명을 받고 호출되어 온 수구파 요인 여섯 명을 잇달아 살해합니다.

이렇게 정권을 빼앗은 개화파는 10월 18일 아침 왕족의 한 사람인 이재원(李載元 : 1831~1891년)을 영의정, 홍영식을 좌의정에 앉혀 새 정부를 구성하고 김옥균은 사실상의 실무 책임자로서 호조참판이 됩니다. 김옥균 등의 영단에 의해 우리나라에도 비로소 근대적인 문명 개화를 목표로 한 국가 체제가 성립된 것입니다.

새로운 정부의 정강

새로운 정부를 세운 개화파는 즉시 자신들이 이상으로 생각해 온 정강政綱을 발표합니다.

1. 청나라에 잡혀간 대원군을 즉시 돌아오게 하고, 이제까지 청나라에 행하던 조공朝貢의 허례를 폐지한다(이는 완전한 자주 독립 국가로 나아가겠다는 선언임).
2. 문벌을 폐지하여 평등권을 실시하고, 사람의 능력에 따라 인재를 등용한다.
3. 전국적으로 조세 제도를 개혁하여 관리의 부정을 막고 가난한 백성을 보호하며 국가 재정을 넉넉하게 한다.

4. 내시부內侍府를 없애고, 그 중에 재능이 우수한 자는 등용한다.

5. 부정을 저지른 관리 중에 그 죄가 명백한 자는 처단한다.

6. 백성들에게 빌려주고 이자를 받던 정부 소유의 환자미는 영구히 받지 않는다.

7. 규장각을 폐지한다.

8. 빠른 시일 안에 순검을 두어 도둑을 막는다.

9. 혜상공국惠商公局*을 폐지한다.

10. 귀양살이를 하고 있는 자와 감옥살이를 하는 자는 정상을 참작하여 적당히 감형한다.

11. 4영營을 합하여 1영으로 하되, 영 중에서 장정을 뽑아 근위대近衛隊를 급히 설치한다.

12. 국내의 모든 재정은 호조에서 통할하고 기타의 모든 재부아문(材簿衙門 : 재무 관청)은 폐지한다.

13. 대신과 참찬은 매일 합문閤門 안의 의정소議政所에 모여 정령을 의정하고 반포한다.

14. 정부 기관 중 6조 이외의 모든 불필요한 기관을 없애되 대신과 참찬으로 하여금 이를 결정하고 처리하게 한다.

그 밖에도 새 정부는 다음과 같은 개혁안을 발표합니다.

1. 전 국민은 단발할 것.

2. 유능한 청소년들을 선발하여 외국에 유학생으로 파견할 것.

3. 궁내성宮內省을 별도로 설치하여 일반 국무와 구분할 것.

4. 국왕을 '전하殿下'가 아니라 '폐하陛下'로 불러 열국의 황제와 동등하게 예우하여 대조선국의 군주로서 존엄을 유지할 것.

---

* 보상補商과 부상負商을 다스리던 관청官廳이다. 개항 이후 밀려온 외국 상인으로부터 보부상을 보호할 목적으로 설치되었다.

5. 재래의 관제를 폐지하고, 내각에 여섯 개의 부서를 둘 것.

6. 과거 제도를 폐지할 것.

7. 내외의 공채公債를 모집하여 산업, 운수, 교육, 군비의 충실을 기할 것.

이렇게 근대적인 자유 평등으로 나라를 급속히 발전시키려는 개화파의 새로운 정책이 발표됩니다. 하지만 이 정책이 민중에게 널리 알려지고 국가 기구가 새로이 조직될 틈도 없이 갓 태어난 새로운 정부는 이내 중대한 위기에 봉착하게 됩니다.

수구파와 청나라 군의 역습

김옥균은 신정부 발족과 동시에 한성의 열국 공사관에 이 사실을 통고하고, 외부의 무력 침공으로부터 신정부를 지키기 위하여 군대 조직을 정비하여 무력을 강화하는 일에 착수합니다. 개화파의 영향을 받은 사관학교 출신의 우수한 군인들이 각 영에 합류하여 병기 점검을 실시하였는데, 총기 따위는 거의 녹슬어 실전에는 도움이 되지 않았기 때문에 우선 무기 수리와 총신 청소부터 시작하였습니다.

신정부 수립을 통고받은 직후 미국 공사 푸트Lucius Harwood Foote와 영국 총영사 애스턴William George Aston이 왕궁에 찾아와 신정부 발족을 축하하는 인사를 건넸습니다. 그러나 수구파 가운데 한 사람이 이날 아침 일찍 개화파의 신정부 발족을 축하하는 척하면서, 틈을 엿보아 왕비에게 민씨 일파의 요인들이 암살되었다고 밀고를 합니다. 그러자 왕비는 시녀들을 닦달하여 "이런 협소한 경우궁景祐宮에는 있을 수 없다"며 소란을 피우고는 첩자를 시켜 수구파 가운데 살아남은 자들과 연락을 취하여 청나라군의 원조를 요청합니다. 이를 눈치 채지 못한 신정부 요인들은 부득이 왕과 왕비 일행을 가까운 계동궁(桂洞宮 : 새 영의정인 이재원의 저택)으로 옮겼는데, 왕비는 또다시 창덕궁昌德宮으로 돌아갈 것을 강력히 주장합니다.

김옥균이 긴급한 재정 문제를 해결하려고 분주하게 뛰어다니는 사이에,

수비를 담당하던 일본 공사 다케소에 신이치로는 김옥균의 양해도 없이 왕과 왕비를 창덕궁으로 돌아갈 것을 승낙합니다. 나중에 이를 안 김옥균은 격노하였지만 다케소에는 "왕궁에 돌아가도 수비는 책임을 질 것이니 염려하지 마시오"라고 하면서 왕 일행을 창덕궁으로 데려간 것입니다.

그러나 해질 무렵이 되어 왕궁의 문을 잠그려 할 때, 청나라군의 일개 부대가 달려와 문을 닫는 것을 방해하였습니다. 이에 김옥균은 은인자중하며 청나라군에게 성문 밖의 경계를 맡기고, 궁궐 안의 수비를 단단히 하고서 불안한 하룻밤을 보냅니다. 궐기 사흘째인 19일 아침 다케소에가 찾아와 뜻밖의 통고를 합니다.

"일본군은 더 이상 왕궁을 수비할 수 없으니 이만 철수하겠소."

비겁한 배신 행위에 김옥균은 애써 냉정을 지키며 다케소에를 설득합니다. 그러자 다케소에는 다소 누그러진 태도를 보입니다.

"철병은 3일간 연기하겠소. 그리고 일본 정부에 3백만 엔의 차관을 의뢰하겠소."

그러나 청나라 공사 원세개(袁世凱, 위안스카이 : 1859~1916년)는 6백 명의 군사를 이끌고 와서 왕을 면회하겠다고 윽박질렀습니다. 김옥균 등은 이들을 저지하려고 필사적으로 입씨름을 벌였지만, 오후 세 시 무렵 청나라군의 군사는 천오백 명으로 불어났고 여기에 수구파 병사들과 수구파의 선동에 넘어간 일반 시민들까지 모여들어 소리쳤습니다.

"친일파 개화당을 때려죽여라!"

군중들은 곧 왕궁을 포위하고 공격을 시작하였습니다. 수비를 맡았던 일본군 2백 명은 일전도 겨루려하지 않고 도망쳐 버리고, 무기를 갖지 못한 신정부의 병사 8백 명도 기세가 꺾여 뿔뿔이 흩어지고 말았습니다.

신정부 요인들은 왕 일행과 함께 궁궐을 벗어났지만, 도중에 온건파인 홍영식 등은 왕의 뒤를 따르고 김옥균과 박영효 등은 재기를 꾀하기 위하여 일본군의 뒤를 따라가게 됩니다. 이리하여 개화파의 신정부는 궐기 사흘 만에 무력하게 붕괴되고, 생사를 맹세한 동지들은 국왕 앞에서 비장한 이별을 고하여야 하였습니다. 홍영식은 원세개와 친교도 있고 수구파 안에도 친구들이 많았으므로 왕을 따라가면 최악의 사태는 면할 수 있을 것으로 기대하였지만, 청나라군과 수구파는 그들 여덟 명을 붙잡아 그 자리에서 참혹하게 처형하고 맙니다.

한편 일본군의 뒤를 쫓아간 김옥균 일행은 왕궁 뒷산 기슭에 다다라 마지막으로 행동을 지시합니다.

"이대로 일본 공사 다케소에를 따라가다가 비열한 그 자의 함정에 빠져 몰살을 당할지도 모르오. 그보다는 여기에서 흩어져 몸을 숨기고 각자 인천이나 원산, 부산으로 향한다면 우리 가운데 한두 사람은 살아남을 수도 있소. 그래서 재기를 꾀해야 하지 않겠소?"

김옥균의 말에 모두 대답 없이 있는데, 마침 다케소에가 통역관 아사야마 겐조淺山顯藏를 보내 재촉합니다.

"즉시 인천으로 철수하여 일본으로 갈 터이니 어서 서두르시오."

운명을 하늘에 맡길 수밖에 없는 김옥균 일행은 일본 공사관으로 향합니다.

이미 일본의 거류민들이 피난해 있던 공사관은 외부와 연락도 되지 않고, 병사를 포함한 3백 명의 식량도 곧 바닥날 상태였습니다. 외교 문제로 발전할까봐 두려웠던 일본 공사는 청나라군이 망설이는 틈을 노려 10월 20일 오후에 한성을 탈출하여 인천으로 향하였고, 21일 아침 인천에 도착한 일행은 때마침 인천항에 입항해 있던 일본 기선 '치도세마루千歲丸'에 올라탈 수 있었습니다.

수구파는 청나라군의 진영으로 도망가 있던 왕과 왕비에게 연락을 취하여 바로 수구파 내각을 구성하고, 개화파 요원들을 역적으로 규정하고 인천의 다케소에에게 관원을 보내 배 안의 개화파 요인들의 신병을 인도하라고 요구합니다. 배 안에는 김옥균과 숙적인 독일인 고문 묄렌도르프도 있었습니다. 그는 다케소에를 협박하였습니다.

"김옥균과 그 일당의 신병을 인도하지 않으면 중대한 국제 문제로 확대될 것이오."

다케소에는 당황하여 김옥균들에게 배에서 내려줄 것을 요구합니다.

"개화파를 선동하여 반란을 일으킨 것은 좋지만, 청나라군을 완전히 누를 만한 군비가 갖추어지기 전에는 국제 문제로 확대되지 않도록 하라"는 일본 정부의 훈령을 충실히 지키려는 다케소에 공사는 어떠한 비열한 행위도 서슴지 않는 인간이었습니다.

김옥균 등은 다케소에의 배신 행위를 격렬하게 비난하였지만, 그런 다케소에를 따라온 자신들의 불찰을 자책하였습니다. 이제 배에서 내려 적의 손에 잡혀 비참하게 죽느니 차라리 배 위에서 깨끗하게 자결하는 것이 낫다고 생각하고 있을 때, 곁에서 사태를 지켜보고 있던 치도세마루의 선장이 다케소에에게 격렬하게 따지고 들었습니다.

"이 배에 조선의 요인들을 태운 것은 공사의 체면을 존중하였기 때문이오. 이 사람들은 공사를 믿고 거사를 일으켰다가 사태가 이렇게 된 듯한데, 뻔히 사지에 빠질 줄을 알면서도 어찌 요인들을 내리게 할 수 있겠소? 이를 어찌 사람의 도리라고 할 수 있겠소? 설령 공사가 요구한다 하더라도 일단 이 배에 탔으니 모든 일은 선장인 내 책임이오. 인도적으로 그들을 도저히 배에서 내리게 할 수 없소."

선장인 츠지辻勝三郎는 이렇게 말하고는 김옥균 일행을 선창의 식당 마루 밑에 숨기고, 인도를 요구하러온 자들에게 "이 배에는 그런 사람들은 타지 않았소"라면서 버텼습니다.

이에 수구파들은 추적을 포기하고 한성로 철수하였고, 하역을 마친 치도세마루는 10월 24일 인천항을 출발하여 사흘 뒤에 나가사키에 도착할 수 있었습니다. 이렇게 간신히 목숨을 건진 김옥균 일행은 일본으로 망명을 합니다.

일본에서의 망명 생활

선장은 배 안에서 김옥균들을 정중하게 대접하였습니다.

"승선 명부에 본명을 기입할 수도 없는 노릇이고, 일본에서 생활하더라도 본명을 사용하면 위험하기도 하고 불편함도 많을 터이니, 일본 이름을 붙여드리지요.”

　이렇게 말한 선장은 김옥균에게 ‘이와다 슈우사쿠岩田周作’라는 이름을 지어주며, 자갈투성이인 밭을 경작하는 것처럼 고난의 길을 걷는 혁명가에게 썩 어울리는 이름이라고 말하였습니다. 김옥균은 선장의 제의를 웃음 띤 얼굴로 받아들이고, 망명 생활을 하면서 필요한 때에는 이와다라는 이름을 사용하기로 합니다.

　도쿄에 도착한 그들 일행 13명을 맞이해준 것은 후쿠자와 유키치였습니다. 그러나 그의 집에 계속 머물러 있을 수도 없었기 때문에 도쿄 교바시구京橋區에 셋집을 얻어서 생활하기 시작합니다.

　그들은 근대 개혁 운동에 실패한 비극적 영웅으로 일본의 야당과 무사들로부터 인기를 얻은 듯합니다. 후쿠자와 외에도 고토 쇼지로後藤象二郎, 도야마 미쓰루頭山滿, 당시 아직 청년이었던 이누카이 쓰요시(犬養毅 : 훗날의 일본 총리)와 오자키 유키오尾崎行雄 등이 김옥균과 친밀하게 사귀었고, 특히 고토의 부하인 이시이石井信는 사재를 털어서 김옥균들을 도왔다고 합니다.

　그러나 일본 정부는 다케소에 공사가 철수하자 본격적으로 조선을 침략할 대책을 세우고, 이노우에 카오루를 특사로 하여 수천 명의 대군을 이끌고 한성으로 쳐들어갑니다. 그리고 갑신정변에서 일본의 공사관을 불사르고 일본인 거류민 40여 명을 살해한 것을 따지며, “일본에 사죄사謝罪使를 보낼 것, 일본인 사망자의 유족에게 10만 엔의 배상금을 지불할 것, 일본 공사관의 건축비 2만 엔을 지불할 것, 일본인 살해범을 엄벌할 것, 일본군의 막사를 공사관 옆에 세울 것” 등을 요구합니다.

　이 담판에 미국 공사까지 가담하여 일본을 응원하자 수구파 정부는 일본의 요구에 굴복하고, 사태가 벌어진 지 한 달도 지나지 않아 ‘한성조약漢城條約’을 맺고 맙니다(1885년 1월 9일, 고종 22년에 갑신정변의 뒤처리를 마무리 짓기 위하여 맺은 조약).

한성조약漢城條約

　일본은 막대한 배상금을 차지하고 일본군의 상시 주둔을 묵인 받아, 조선 침략의 발판을 한층 강화할 수 있었습니다. 결국 일본은 개화파의 혁신 정권 수립을 실패하게 만듦으로써 더 적극적으로 침략 정책을 수행할 수 있었던 것입니다.

이 조약에 따라 다음 달 수구파는 사죄사를 일본에 파견하였고, 그 일행에 참여한 묄렌도르프는 김옥균 등의 신병을 인도하라고 강경하게 요구합니다. 일본 정부는 정치범은 송환하지 않는다는 국제법을 들어 송환을 거절하면서도, 조선 정부가 자객을 보내 그들을 처단하는 것은 묵인하겠다는 파렴치한 밀약을 맺습니다.

김옥균은 망명 직후부터 이노우에에게 면담을 요청하였지만, 이노우에는 김옥균 일행을 피하기만 하였습니다. 이미 김옥균 등을 이용하여 침략 확대의 목적을 달성한 이상 이들의 이용 가치가 없어졌기 때문입니다. 이노우에는 한성조약을 맺은 뒤에는 김옥균 일행을 노골적으로 무시하였습니다. 이 배신에 분노한 김옥균은 갑신정변의 경위를 자세히 기록하고 "일본 정부가 끝까지 배신적인 태도를 취한다면 우리는 이 진실을 천하에 공표할 수밖에 없다"는 항의문을 이노우에에게 보냈지만, 이노우에는 이를 묵살하는 한편 뒤에서 손을 써서 그 발표를 저지시킵니다.

천진조약天津條約으로 자신감을 얻은 일본 정부는 1885년 3월 청나라에 대표를 파견하여 조선 문제를 토의하고, 4월 18일 '천진조약天津條約'(1885년, 고종 22년에 조선에서 세력균형을 위해 청나라와 일본이 맺은 '톈진조약')을 체결합니다. 이 조약은 4개월 이내에 조선에서 청나라군과 일본군이 모두 철수하고 이후 양국은 파병하지 않을 것, 만일 파병을 요할 때는 양국이 사전에 서로 연락할 것 등을 규정한 것이었습니다. 이 조약에 따라 청나라군과 일본군은 조선에서 철병하였지만, 일본의 침략 세력은 청나라에 거리낄 것 없이 조선에 대한 경제적 침략을 대대적으로 추진할 수 있었습니다. 그리하여 겨우 5, 6년 만에 조선의 대외 무역의 80퍼센트까지 독점하여 사실상 조선의 경제권을 독점하게 됩니다.

자객과 싸우다

이처럼 일본 정부는 개화파를 이용하여 침략의 목적을 최대한 달성할 수 있었습니다. 그러나 김옥균 일행에 대한 대우는 매우 냉정했고, 일본 정부의 이러한 홀대로 인해 김옥균 등을 찾는 인사들도 격감하여 그들은 나날이 궁핍해져 갔습니다. 또 김옥균의 처자들이 역적의 혈육이라 하여 수구파에게 학살당하였다는 소식이 1885년 5월 그의 귀에 들려옵니다. 이에 그는 초라한 집에 틀어박혀 개화 운동을 회고하는 『갑신일록甲申日錄』이라는 회상기를 쓰기 시작합니다.

1885년 말 김옥균의 처소를 자주 출입하던 자유당 계의 무사들이 오사카에 모여서 "조선 토벌을 위하여 무장 집단을 파견하자"는 음모를 꾸미다가 발각됩니다. 이 일은 일본 침략 세력의 선봉대가 기도한 음모로 김옥균은 전혀 알 리가 없었지만, '오사카 사건'은 그를 배척하려는 무리들의 악의에찬 선전에 좋은 구실을 제공합니다.

"김옥균이 일본인 장사대壯士隊를 이끌고 조선에 침공할 계획을 세우고 있다."

이 이야기가 일본은 물론 청나라까지 전해졌고, 청나라의 이홍장(李鴻章: 1823~1901년)은 김옥균 일행을 단단히 구속해두라고 일본 정부에 요구합니다. 이 사건을 계기로 일본 정부는 은근히 김옥균에게 일본에서 떠날 것을 종용합니다.

이 이야기를 퍼뜨린 것은 수구파가 일본에 파견한 자객 장은규(張殷奎: 일명 장갑복 또는 장응규)의 소행이었습니다. 하지만 장은규는 뜻을 이루지 못하고 일본에 머물러 있지 못하게 되자 돌아가게 됩니다. 이듬해 봄 제2의 자객으로 왕의 전권 위임장까지 가진 지운영(池雲英 : 1852~1935년)이 일본에 도착합니다. 유람을 구실로 일본을 찾은 지운영은 세 달이나 일본의 명소를 돌아다닌 끝에 도쿄에 도착하여, 전에 관청에서 자신의 상관이었던 김옥균을 면회하고 싶다는 편지를 보냅니다. 하지만 그의 정체에 의혹을 느낀 김옥균은 거절하는 답신을 보냅니다.

나는 국사범이므로 만나면 도리어 귀찮아질 것이네.

그리고 함께 있는 동지 유혁로柳赫魯, 신응희申應熙, 정난교鄭蘭敎 등에게 지운영한테 접근하여 그가 공작비로 가져온 5만 엔의 돈을 빼앗자고 제안합니다. 세 사람은 지운영을 만나 불평을 늘어놓습니다.

"김옥균은 원조자가 많아서 호화롭게 지내지만, 우리는 버림받아 변변히 먹지도 못하고 있다네. 이제 그런 인간은 따라다니지 않기로 했네."

김옥균에게 접근할 기회가 없어 낙담하고 있던 지운영은 기꺼이 세 사람을 환대합니다. 그들을 이용하여 김옥균을 암살할 계획을 세우고, 세 사람에게 자신이 자객의 밀명을 받고 왔다는 것을 털어놓습니다.

세 사람이 "목숨이 걸린 일이므로 증거를 보이라"고 조르자, 지운영은 가지고 있는 위임장을 보여줍니다. 그러자 세 사람은 다시 계략을 바꾸어 지운영에게 이렇게 권유합니다.

"일본의 관헌이 외국인을 불심검문한다는 이야기가 있으니, 자네의 귀중품과 비밀 문서를 우리들에게 맡기는 쪽이 안전하네."

그러나 지운영은 "대사를 도와준다면 귀국하여 세 사람의 구명을 보장하겠소. 거사를 치른 뒤 닷새 안에 5천 엔의 보수를 주겠소"라는 서약서를 써주었을 뿐, 귀중품은 없다고 고백합니다. 지운영이 5만 엔의 공작비를 갖고 있지 않다는 사실을 안 세 사람은 틈을 엿보아 지운영의 신임장과 단도를 훔쳐내 이를 증거품으로 경시청警視廳에 고발합니다.

지운영은 일본 경찰에 붙잡히고, 김옥균은 일본 외무대신 이노우에 앞으로 이 사실을 첨부하여 신변 보호를 요청하는 서신을 보냅니다. 이 사실이 일본 신문에 보도되자 일본 정부는 지운영을 본국에 송환하는 한편, "김옥균이 일본과 조선의 우호에 방해가 되고 일본 외교의 장애가 된다"는 구실 아래 야마가타 아리토모山縣有朋 내무대신의 명령으로 국외 퇴거를 명합니다.

김옥균은 이에 항의하여 이노우에를 상대로 문서를 공표하고, 7월 9일 일본 신문에 조선 국왕에게 보내는 장문의 상소문을 발표함과 동시에 7월 15일 다시 청나라의 이홍장 앞으로 장문의 서한도 보냅니다. 이는 그의 애국적인 신념과 조국의 현실을 염려하는 절절한 심정을 토로한 것으로, 자주 독립을 위해서는 침략 세력과 절대 타협하여서는 안 된다는 점을 강조한 것이었습니다. 또 이것은 침략적인 일본의 정책에 대한 통렬한 비판이기도 하였습니다.

이러한 그를 국외로 퇴거시켜 미국에라도 인도된다면 일본에게 불리하다고 생각한 일본 정부는 서둘러 방침을 바꾸어 7월 26일 그를 일단 구속하고, 8월 9일 멀리 오가사와라小笠原 섬에 유배를 보냅니다.

고독과 질병으로 고통 받다

김옥균과 함께 오가사와라에 간 동지는 이윤과李允果라는 사람뿐이었습니다. 일본 정부는 오가사와라로 가는 도중에 김옥균을 동정하는 사람들이 그를 구해줄까 염려되어 30명의 경관이 호위할 정도로 삼엄하게 경계하였습니다.

오가사와라 생활은 비참함 그 자체였습니다. 그가 도착할 무렵 마침 태풍이 불어 닥쳤고, 집안은 습기로 숨이 막힐 듯하였으며, 음식이 입에 맞지 않아 먹으면 이내 설사로 고생하였습니다. 단둘이 생활하다 보니 곧 화제도 떨어져서, 추적이는 비를 바라보며 지루한 나날을 보낼 수밖에 없었습니다.

그를 위로해주는 것은 섬 아이들이었습니다. 김옥균은 맑은 날이면 아이들과 더불어 바다에 나가 고기를 잡거나 해안을 걷기도 하였으며, 자신을 따르는 아이들에게 한자와 일본글을 가르쳤습니다. 그 아이들 가운데 연고자가 없는 와다 엔지로和田延次郎라는 소년이 있었습니다. 김옥균은 이 소년을 마치 친자식처럼 귀여워하였고, 소년도 그에게 배운 한국말로 '아버지'라고 부르며 따랐다고 합니다. 소년은 장성함에 따라 세심하게 그의 시중을 들었고, 김옥균 역시 훗날 상해에서 암살되기까지 8년 동안 항상 소년을 곁에 데리고 다녔습니다.

절해의 외딴 섬에서 보내는 유형 생활에 견디다 못한 그는 일 년 남짓 지난 어느 날, 자신을 이곳으로 추방한 일본 내무대신 야마켄 앞으로 고충을 적어 보내고 전지轉地를 요청합니다. 일본 정부는 받아들이지 않았지만 김옥균이 유형지에서 비참하게 생활한다는 소식이 전해지자, 일본 내에서 그를 동정하는 사람들은 차라리 그를 미국으로 보내자는 운동을 벌이고 그 여비를 마련하기 위하여 모금을 시작합니다.

김옥균을 미국으로 보내는 것은 일본 정부에게 득이 될 게 없다고 판단한 야마켄과 이노우에 등은 김옥균의 거듭된 전지 탄원을 받아들인다는 명목으로 1888년 7월 그를 홋카이도北海島로 옮깁니다.

이리하여 김옥균은 2년 만에 오가사와라의 유형지에서 벗어날 수 있었지만, 홋카이도 생활도 여전히 유형 생활일 따름이었습니다. 다만 홋카이도에서는 그가 서예의 달인이라는 사실이 알려져 그의 글씨를 청하는 사람이 많았고, 그 사례금으로 다소 여유 있는 생활을 보낼 수 있었습니다. 그래서 그는 중단하였던 『갑신일록』을 계속 쓰기로 마음먹게 됩니다.

일본의 모든 것에 실망하다

1890년이 되어서야 김옥균은 석방되어 도쿄로 돌아오게 됩니다. 하지만 그는 홋카이도에서 보낸 2년을 포함한 4년의 유형 생활 가운데 일본을 속속들이 다시 볼 수 있었습니다.

이노우에 카오루를 비롯한 일본 정부의 권력자들이 입으로는 조선의 독립을 위하여 협력하겠노라고 맹세하면서도 줄곧 약속을 저버리고 배신을 거듭한 것은 조선을 침략하려는 목적이었기 때문이며, 이에 자신을 이용하였다는 사실을 분명히 깨닫습니다. 그리고 망명객을 친절하게 대접하고 도와줬던 친구인 후쿠자와 등이 펼친 이론도 조선을 진정으로 대등한 입장에서 존중하고 경애하였던 것이 아니라, 우월한 입장에 서서 조선인 망명객을 동정하고 도우려는 것 이외에 아무것도 아니었다는 것을 뼈저리게 느낄 수 있었습니다.

이런 생각으로 도쿄로 돌아온 김옥균은 완전히 다른 사람처럼 주색에 빠졌고, 그의 풍모를 흠모하여 접근하는 여성들과 애욕에 빠져 하루하루를 방탕하게 보냅니다. 유형지로 향하기 전까지만 해도 혁명의 지도자답게 의연하였던 김옥균을 흠모하며 희생적으로 원조를 계속해온 이시이는 김옥균의 이러한 모습을 보다 못해, 어느 날 사이토齊藤라는 성을 가진 일본 친구와 함께 술자리에서 노닥거리고 있는 그의 면전에 다가가 단도를 들이밀었습니다.

"주둥이로는 조선의 앞날과 동양의 장래를 근심하면서 이렇게 방탕한 생활에 빠져 사람들을 기만하는 짓은 용서할 수 없다. 그렇게 썩은 인간이라면 내가 죽여주마."

김옥균은 태연하게 그 칼을 받아들고서 말했습니다.

"과연 사무라이 정신이 깃든 명도名刀로다."

이윽고 김옥균은 안색을 바르게 하고서, 기만에 찬 일본의 정책, 좀먹어 가는 조국의 현실, 식민지화되어 가는 동양의 여러 민족의 비참한 모습을 설명하였습니다. 그의 열변에는 힘이 실려 있었고, 비분강개한 나머지 눈물을 흘리며 피를 토하듯 소리를 높였습니다. 그리고 동양 여러 민족이 어떻게 진정한 협력을 이룰 것인지를 자세히 설명하였습니다.

두 사람은 그의 진정에 감동하여 새삼 그에게 깊이 머리를 숙였습니다. 그는 그 자리에서 이시이의 단도 집에 한시 한 수를 써주었습니다.

> 해마다 먹을 팔며 병주(竝州 : 중국의 지명으로 고향을 뜻함) 땅 지나노니
> 괜히 지부(知府 : 저승)는 사연을 묻는구나
> 내 집은 저 북두칠성 아래
> 칼은 남쪽 창 햇살 드는 귀퉁이 머리에 걸렸어라

> 賣墨年年過竝州 매묵년년과병주
> 無端知府問從由 무단지부문종유
> 家在北斗杓星下 가재북두표성하
> 劍掛南窓日角頭 검괘남창일각두

그는 명확하게 설명하기 어려운 복잡한 심경을 추상적으로 노래한 것입니다.

아무튼 일본 정부가 김옥균을 냉랭하게 대함에 따라 그를 돕는 사람들도 점점 사라져 생활이 매우 궁핍해졌습니다. 그저 일본의 호사가들의 요청에 따라 글을 써주고 그 사례금으로 생계를 잇는 나날이 계속되었습니다.

그때 도쿄 간다 스루가다이神田駿河台에 있는 러시아의 니콜라이 교주가 그에게 원조를 제의합니다. 그는 마음이 동하였지만, 그 원조를 받기 전에 지금까지 원조해준 사람들과 상담할 필요가 있다고 생각하고 그들에게 의견을 묻습니다. 그런데 일본인들은 한결같이 반대하였습니다. 뒤에 러시아 정부의 손길이 있다는 것이었습니다. 그 무렵(1892년 7월) 권동수權東壽라는 자객이 그를 노리며 도카이도東海道의 여관에 머물러 있다는 소문도 돌고 있었습니다. 그러나 이제 그는 자객을 피하려 하지 않았습니다. 설령 자객이라 하더라도 고국에서 온 사람을 만나 우국지정을 호소하고 싶었고, 그 자객이 귀국하여 조금이라도 나라에 도움이 되는 일을 한다면 그보다 좋은 일은 없다고 생각하였습니다.

그는 이제 일본에는 기대할 만한 게 전혀 없다는 것을 뼈저리게 자각하고, 일본에 머물 필요도 없다고 생각하였습니다. 그러던 차에 마침 청나라의 주일 공사로 일본에 와 있던 이홍장의 아들 이경방李經方이 아버지로부터 부탁받았다고 하면서 한 통의 편지를 김옥균에게 건넵니다. 그 편지에는 다음과 같이 쓰여 있었습니다.

동양의 장래는 조선, 청나라, 일본의 세 나라가 협력하지 않으면 달리 길이 없습니다. 그 길을 모색하기 위하여 당신과 충분하게 이야기를 나누고 싶으니 모쪼록 청나라로 와주었으면 합니다.

김옥균은 원세개가 자신을 유인하기 위하여 이홍장을 내세워 쓴 편지인지도 모른다고 의심하였지만, 동양의 대정치가로 알려진 이홍장을 만나 진정을 토로하고 싶은 의욕에 사로잡혔습니다. 설령 헛수고로 끝나 목숨을 빼앗기는 일이 있더라도 일본에서 허송세월을 보내는 것보다 낫다고 생각한 그는 청나라 행을 결심하고, 1893년 말부터 청나라로 떠날 준비를 시작하니다. 아직 도쿄에 머물러 있던 동지들은 호랑이굴에 들어가는 짓이라며 김옥균을 만류하였지만, 그의 결심을 되돌릴 수는 없었습니다.

이때 그 앞에 나타난 사람이 이일식李逸植과 홍종우洪鐘宇입니다. 이일식은 1892년 수구파의 지령을 받고 일본에 온 자객이며, 홍종우는 프랑스에서 유학하고 귀국하던 도중 일본에 체류하다가 이일식에게 매수되어 자객으로 나선 자였습니다. 청·일 두 나라를 상대로 약재 무역을 하며 돈을 벌고 있다는 말을 퍼뜨려 김옥균에게 접근한 이일식은 여비를 제공하겠다고 제의합니다. 김옥균은 이일식과 홍종우의 언동을 보고 자객이라는 것을 알아챘지만, 그는 오히려 두 사람을 설득하여 자신에게 협력하도록 만듭니다.

그는 동지들에게 옆방에 있는 이일식과 홍종우를 가리키며, "저기 나를 죽이러온 자들이 있다. 그러나 쥐새끼 같은 그들이 무엇을 할 수 있겠는가?"라면서 웃었다고 합니다.

1894년 3월 10일, 도쿄를 출발한 김옥균은 여비를 마련하기 위하여 2주일 동안이나 오사카에 머무릅니다. 그런데 이일식이 상해上海에만 가면 자신의 거래선에서 돈을 대줄 거라고 하며 자기 대신에 홍종우와 동행하라고 권유를 합니다. 그래서 그는 안내자로 청나라 주일 공사관 서기, 와다 엔지로, 홍종우와 함께 3월 25일 고베 항에서 '사이쿄마루西京丸'호에 올라타게 됩니다.

김옥균, 자객에게 살해되다

김옥균은 상해로 향하는 배 안에서 홍종우의 행동에 위협을 느껴 곁에 있는 와다에게 항상 홍종우를 경계하라고 일러두고, 침실도 홍종우와 와다가 함께 쓰도록 합니다.

3월 27일, 양복 차림으로 상해에 도착한 그들은 바로 미국 조계租界에 있는 호텔 동화양행東和洋行에 숙소를 정합니다. 그날 밤은 아무 일도 없이 지나갔고, 다음날 그들은 오후부터 조계를 구경한다면서 마차 세 대를 예약해 놓습니다. 김옥균은 오전에 용무를 보러 외출하였고, 홍종우는 한복으로 갈아 입고 은행에 간다면서 나가고, 중국인 서기관은 김옥균을 위하여 중국옷을 사러나갑니다.

얼마 있다가 돌아온 김옥균은 피곤하다면서 이층 방으로 올라가 침대에 누웠습니다. 뒤를 쫓듯이 돌아온 홍종우는 자기 방에 들어가지 않고 김옥균의 방에 들어가 뭔가 생각에 잠긴 듯 창가에 우두커니 서 있었습니다. 김옥균은 문득 생각났다는 듯이 다시 일어나 곁에 있던 와다에게 심부름을 부탁하였고, 와다가 방을 나간 뒤 안약을 넣고 다시 침대에 누웠습니다.

와다의 발소리가 계단에서 사라진 직후, 홍종우는 숨겨두었던 권총을 꺼내 누워 있는 김옥균의 얼굴을 쏘았습니다. 총탄은 김옥균의 뺨을 스쳤습니다. 총을 맞은 김옥균은 비호처럼 빠르게 일어나 홍종우에게 덤벼들었지만, 그 순간 홍종우가 다시 쏜 총탄이 배에 명중합니다. 김옥균은 복도까지 나가서 쓰러졌는데, 홍종우는 다시 그의 등에 세 발째 발사합니다. 일층 복도를 나는 듯이 빠져나가는 홍종우의 모습을 본 와다가 불길한 느낌에 이층으로 뛰어올라가 복도에 쓰러져 있는 김옥균을 안아 일으켰을 때는 이미 숨이 끊어져 있었습니다.

다음날 와다는 김옥균의 사체를 관에 넣어 사이쿄마루로 옮기려하였지만, 조계 경찰의 제지를 받아 사체는 청나라 관헌에 인도됩니다. 그리고 김옥균의 사체와 범인 홍종우는 청나라의 군함 '위원威遠'호에 실려 조선으로 압송됩니다.

1894년 4월 14일 한성 교외의 한강 나루터인 양화진楊花津에는 사지가 찢긴 김옥균의 사체가 흩어져 있었고, 그의 머리에는 "모반한 대역무도한 죄인 김옥균을 오늘 양화진에서 즉시 능지처참하다謀叛大逆不道罪人玉均, 當日楊花津頭不待時陵遲處斬"라고 크게 쓰인 천이 걸려 있었습니다. 이렇게 김옥균은 파란만장한 비극적인 생애를 마칩니다. 아직 마흔네 살의 한창나이였습니다.

삼일천하로 끝난 개화파 혁명이 실패한 원인에 대해서는 사가들에 따라 여러 각도에서 평가되고 있습니다. 분명한 것은 개화파 사람들이 진보적인 사고를 가지고 있었다 하더라도, 그들 역시 양반이었기 때문에 농민과 상인들의 힘을 조직할 줄 몰랐고 다만 왕권을 이용하여 위로부터 개혁하려고 하였다는 점입니다. 게다가 충분한 준비도 없이 서둘러 행동에 옮긴 것도 한 가지 원인이었습니다. 또한 김옥균 스스로도 나중에 뼈저리게 반성하였듯이, 일본의 메이지 유신이 성공한 것에 현혹되어 일본의 침략적 본질을 바로보지 못하고 함부로 일본의 힘을 이용하려고 한 것도 커다란 잘못이었습니다.

갑오농민전쟁

　한편 그가 죽은 1894년 봄에는 새로운 나라를 목표로 한 갑오농민전쟁(甲午農民戰爭 : 동학 농민 운동)이 타오르고 있었습니다. 만일 김옥균의 개화파 투쟁이 이 농민들의 투쟁과 연계되었다면 우리나라의 역사는 찬란한 방향으로 발전해갔을지도 모릅니다.

　비록 혁명은 실패하였지만 조국을 부강한 나라로 일으켜 세워서 백성이 행복하게 살 수 있는 나라로 만들고자 하였던 그들의 애국심은 결코 사라지지 않을 것입니다.

18. 혁명적인 갑오농민전쟁의 지도자 전봉준

1894년 갑오농민전쟁(甲午農民戰爭 : 동학 농민 운동)*은 근대화를 목표로 한 장엄한 투쟁이었는데, 이 전쟁을 지도한 이가 바로 전봉준(全琫準 : 1855~1895년, 일명 녹두장군綠豆將軍)입니다.

명확하지 않은 출생

불굴의 영웅으로 기려지는 전봉준이지만 그의 출생은 분명하지 않습니다. 다만 철종 5년에 태어났다고 되어 있을 뿐이며, 출생일도 기록에 남아 있지 않습니다. 태어난 곳도 고창군 덕정면 당촌(堂村 : 현재의 고창읍 덕정리)이라는 설과 고부군 궁동면 양교리(陽橋里 : 현재의 정읍군 이평면 장내리)라는 설이 있으나 고부군古阜郡이라는 설이 가장 유력합니다.

그의 선조에 관해서도 무관이 많았다는 설도 있지만 그가 태어날 때는 평민 집안이었다는 설도 있고, 그의 아버지가 고부읍의 향리였다는 설도 있습니다. 또한 향교의 장의(掌議 : 책임자)를 지냈다는 설도 있고, 시골 서당의 훈장을 지냈다는 설도 있습니다.

어쨌든 전봉준은 어릴 때부터 서당에 다니기 시작하여 뛰어난 재능을 보였는데, 열세 살 때는 「백구시白鷗詩」라는 시를 지어 세상 사람들을 놀라게 합니다.

스스로 하얀 모래밭에 놀매 그 뜻이 한가롭고
흰 날개, 가는 다리는 홀로이 청추淸秋롭다

---

* 1893년~1888년 전봉준을 비롯한 동학 지도자들과 동학 교도 및 농민들에 의해 일어난 민중의 혁명을 말한다. 이 과정을 크게 나누면, 고종 31년인 1894년 1월의 고부 봉기(제1차), 4월의 전주성 봉기(제2차), 그리고 9월의 전주·광주 봉기(제3차)로 나뉜다. 그러나 동학 농민군을 진압하기 위해 민씨 정권은 청나라와 일본군을 끌어들임으로써 청일전쟁의 직접적인 원인이 되었다.

소소한 찬비 내릴 때 꿈속에 잠기고

고기잡이 돌아간 뒤면 언덕에 오른다

허다한 수석水石은 처음 보는 것이 아닌데

얼마나 풍상을 겪었던가 머리는 이미 희어졌도다

비록 번거로이 마시고 쪼으나 분수를 알지니

강호의 물고기들이여, 깊이 근심치 말지어다

自在沙鄕得意遊　雪翔瘦脚獨淸秋　자재사향득의유　설상수각독청추

蕭蕭寒雨來時夢　往往漁人去後邱　소소한우내시몽　왕왕어인거후구

許多水石非生面　閱幾風霜已白頭　허다수석비생면　열기풍상이백두

飮啄雖煩無過分　江湖魚族莫深愁　음탁수번무과분　강호어족막심수

　　이렇게 재능을 타고나서 학문에 몰두하였지만, 권력가 집안에서 태어나지 못하여 벼슬길에는 오를 수 없었습니다. 그래서 그는 삶의 목표를 찾아 각지를 전전하였던 것 같습니다.

　　그는 젊었을 때 같은 처지의 무리들과 전주에서 생활한 적이 있습니다. 그 후 태인(泰仁 : 지금의 정읍, 지금의 정읍시는 옛 정읍현井邑縣·고부군古阜郡·태인현泰仁縣이 합쳐짐)의 산외리山外里 동곡東谷으로 거처를 옮겨, 그곳에서 여섯 명의 가족을 거느리며 조그만 토지를 갈면서 겨우 생계를 꾸려나갔습니다. 그는 생활비를 벌기 위해서 한때는 지관 일이나 의원 노릇을 하였다고 합니다. 그러나 시골 구석에서 조용히 사는 데 만족하지 못한 듯, 그는 항상 만족할 만한 삶의 길을 찾아 각지를 헤매었습니다. 때로는 한성에 가서 우국지사들과 어울리고, 권좌에서 쫓겨난 대원군의 부름을 받고 운현궁雲峴宮을 찾아간 적도 있습니다.

　　그가 어느 무렵부터 동학(천도교) 교도가 되었는지도 분명하지 않습니다. 원래 천도교는 서양의 천주교가 유입되어 일부 선진적인 사람들이 그 영향을 받아 동요하고 있을 때, 경주 출신의 학자 최제우(崔濟愚 : 1824~1864년, 동학의 창시자)가 민족의 전통적인 사상을 바탕으로 한 민족 종교 동학을 제창하

천도교와 인내천

면서 탄생하였습니다. 1860년 그가 서른일곱 살 때 포교하기 시작한 동학의 기본 이념은 '인내천人乃天'입니다. 이는 인간이 도에 통하면 하느님의 도에 통한다는 의미로, 인간과 하느님을 일체화하는 사상입니다.

간단한 주문만 외우면 현실 속에서 이상 사회를 만들 수 있다는 천도교의 교리는 부패한 권력층의 압정과 착취에 신음하고 있던 농민들에게 매우 매력적이었습니다. 그리하여 천도교의 교세는 삽시간에 경상도와 전라도의 농민 사이로 퍼져나갑니다. 하지만 당시 봉건 정부는 천도교를 국가의 권위에 도전하는 이단으로 탄압하여, 1864년 3월 교주 최제우를 사형에 처하고 포교를 금지합니다.

그러나 그의 제자들이 비밀리에 포교를 계속하였으며, 민중들이 이해하기 쉽게 교리를 설명하였을 뿐만 아니라, 기초적인 위생 관념을 보급하고 병자를 치료해주어 절대적인 지지를 얻게 됩니다. 교세의 확장에 용기를 얻은 동학의 일부 간부들은 농민의 생활고를 타개하려면 부패한 권력층을 타파하여야 한다고 호소하였습니다. 또한 조선을 식민지로 만들려는 외세를 배격하자고 부르짖으며, 포교의 자유를 강력히 주장하였습니다. 이러한 동학 운동은 1884년 갑신정변이 실패한 뒤 애국적인 사람들로부터 폭넓은 지지를 받았고, 1890년대가 되자 동학 운동은 정부에 대한 공공연한 시위 행동으로 발전합니다.

척왜양창의

1892년 12월에는 수천 명의 동학 교도가 전라도 삼례역(參禮驛 : 지금의 전북 완주군 삼례읍)에 모여 교조 최제우의 신원伸寃을 주장하고, 교도들에 대한 박해를 중지하라며 대대적인 시위를 벌였습니다. 이듬해인 1893년 3월에는 많은 교도들이 한성의 궁궐 앞에 모여앉아 농성을 벌이기도 하였습니다. 그리고 수만 명의 교도들이 충청도 보은報恩에 모여 '척왜양창의(斥倭洋倡義 : 일본과 서양의 침략을 배격하자)'라는 애국적인 기치를 내걸고, 외세에 대하여 굴욕적인 타협을 거듭하고 있는 봉건 정부를 격렬하게 규탄하였습니다. 이처럼 동학 운동은 사회를 개혁하고 나라의 독립을 수호하려는 애국 운동의 중심 세력이 되어갔습니다.

일설에 따르면 그는 서른 살 무렵부터 교도가 되어 제2대 교주인 최시형

(崔時亨 : 1827~1898년)에게 직접 가르침을 받았다는 설도 있지만, 이는 일부 사람들의 가설에 지나지 않습니다. 또 일설에 따르면 그가 1888년 동지 손화중孫和中의 권유로 입도하였다고도 하며, 1890년 무렵에 입도하였다는 설도 있습니다. 또 종교가로서의 신앙 생활은 겨우 몇 년에 지나지 않는다는 설도 있습니다. 사실이 무엇이든 고통 받는 민중의 행복을 위하여 모든 것을 바쳐 싸우겠다는 이상에 불타던 전봉준이 동학 운동의 지도자 가운데 한 사람이 된 것은 매우 자연스러운 결과였는지도 모릅니다.

전봉준의 인품

전봉준은 대단한 효자였다고 합니다. 그의 아버지 전창혁全彰爀이 고부 읍에서 가혹한 조세로 고통 받는 민중들을 위하여 관청에 면세를 신청하는 탄원서를 제출하였다가 사형당하였다고도 하고, 관청에서 심하게 곤장을 맞아 병사하였다는 설도 전해집니다. 어쨌든 아버지가 농민들을 도우려다가 희생되었을 때, 그는 아버지 곁에서 살고 있지 않았던 것 같습니다. 게다가 그가 태인의 주거지에서 언제 고부군의 옛 집으로 옮겨갔는지도 확실하지 않습니다. 다만 1892년 무렵 그는 동학의 접주(接主 : 한 교구의 책임자)가 되어, 집에서 5리 정도 떨어진 마항馬項이라는 장터에서 민중들을 포교하며 병자들을 고치는 일을 하였다고 합니다. 그 무렵 그의 모습을 소개한 기록이 있습니다.

전봉준은 체구는 작지만 낯이 희고 눈빛이 형형하여 사람을 쏘아보는 듯했다. 그는 평소 집에 머물 때는 동네 소년들을 모아 『동몽선습童蒙先習』을 읽어 주거나 『천자문』을 가르쳐주었다. 동네 어른들이 찾아오면 옛 현자들의 사적 史蹟을 들어 얘기할 뿐 세상사에 대해서는 말하지 않았다. 사람들이 찾아오지 않을 때면 종일토록 묵묵히 앉았다 드러누웠다 하였으며, 부모를 지극한 효성 으로 봉양하였다.
집안은 가난하였으나 농사를 지을 줄 몰랐다. 때때로 먼 곳에서 손님이 찾아와 며칠씩 묵어가는 일이 있었지만 동네 사람들과는 별로 어울리지 않았다. 다만 동네에 경조사가 있으면 먼저 찾아가 축하하고 조문하였다. 마을 사람들은 모두 그가 심상치 않은 인물임을 알고 마음속 깊이 그를 존경하였다.

그의 처가 오랫동안 병상에서 누워 있다가 죽었을 때 그는 삼가 애도하며 무덤을 짓고, 당시 풍습에 처의 묘살이를 하는 일은 없었는데도 어린 자식의 손을 이끌고 처의 묘살이를 하며 묵도를 올렸다.

마흔 살 직전의 그가 얼마나 냉정하고 침착한 인격자였던가가 잘 그려져 있는 글입니다.

전봉준은 이십 호 정도 되는 작은 마을에 살았으며, 그 마을에서 가장 작은, 방 두 칸에 부엌만 딸린 옹색한 초가집에 살았다고 합니다. 그가 고결한 인덕의 소유자였을 뿐만 아니라 일상 생활에서도 매우 진보적인 사상을 몸소 실천하였음을 엿볼 수 있는 대목입니다.

동학 농민군, 궐기하다

1890년 무렵 조선은 명성황후 일파의 권세 아래 놓여 있었습니다. 이들이 전국적으로 수탈을 자행하였기 때문에 민중의 생활은 도탄에 빠졌고, 일본과 청나라가 사사건건 조선의 내정에 간섭하고 그들의 상품이 밀물처럼 몰려들어와 조선의 수공업과 경제적 기반이 파괴되었으며, 조선의 농산물과 광산물이 그들 국가로 유출되고 있었습니다.

이러한 상황에서 1892년에 고부군 군수가 된 조병갑趙秉甲은 가장 전형적인 악덕 관리였습니다. 그는 농민들에게 미간지를 개간하면 세금을 받지 않겠다고 약속하고서, 농민들이 사력을 다하여 토지를 개간하고 곡물을 수확하자 이내 무거운 전세田稅를 매겼습니다. 또한 국세인 대동미를 1결(結 : 대략 2헥타르 정도의 면적)당 12두斗의 쌀을 거두게 되어 있는 것을 16두로 계산하여 돈을 거두고, 그 돈으로 질 나쁜 쌀을 사서 상납하고 차액을 착복하였습니다.

뿐만 아니라 죽은 자기 아버지의 비각碑閣을 세운다는 명목으로 군내의 농민들로부터 천 냥이나 되는 돈을 강제적으로 긁어모았고, 더욱이 부모에 효도하지 않았다는 '불효죄不孝罪', 이웃 사람들과 사이좋게 지내지 않았다는 '불목죄不睦罪' 등 터무니없는 죄명을 부호들에게 씌워 2만 냥이라는 어마어마한 벌금을 털어내기도 하였습니다. 게다가 만석보萬石洑라는 저수지에 별 필요도 없는 새로운 둑을 농민의 부담으로 만들어 놓고, 윗논은 마지기당 2두, 아랫논은 마지기당 1두의 물세를 거두어 7백 섬을 착복하였습니다.

무거운 세금에 견디다 못한 군내의 농민들은 1893년 11월, 12월 두 차례에 걸쳐 군수에게 감세 탄원서를 제출합니다. 하지만 군수는 진정하러온 농민 대표들을 붙들어 투옥하고 고문만 할 뿐 전혀 받아들이지 않았습니다. 탄원과 진정으로는 아무 효과도 없음을 깨달은 농민들은 폭력으로 군수를 쫓아낼 것을 결심합니다. 그리하여 19세기 후반, 횡포한 관리를 추방하려는 농민 폭동이 각지에서 일어나게 됩니다.

이 계획은 전봉준을 중심으로 진행되었으며, 농민들의 궐기를 촉구하는 '사발통문沙鉢通文'이 고부군 일대의 농민들에게 돌려졌습니다. 사발통문이란 주모자가 누구인지 알지 못하도록 서명자의 이름을 둥근 사발과 같은 형태로 빙 둘러 적은 격문을 가리킵니다. 1893년 11월, 20인의 서명으로 발행된 '사발통문'이 1972년에 발견되었는데 그 가운데 다음과 같은 내용이 적혀 있습니다.

위와 같이 격문을 사방에 돌리니 여론이 비등하였다. 매일 난망亂亡을 구가하던 민중들은 곳곳에 모여서 말하되 "났네 났네 난리가 났어", "에이 참 잘되었지, 그냥 이대로 지내서야 백성이 한 사람이나 어디 남아 있겠나" 하며 기일이 오기만을 기다리더라.

이때에 도인道人들은 선후책을 토의 결정하기 위하여 고부 서부면西部面 죽산리竹山里 송두호宋斗浩의 집에 도소都所를 정하고 매일 운집하여 차서次序를 결정하니, 그 결의된 내용은 아래와 같다.

1. 고부성을 격파하고 군수 조병갑을 효수할 것.

2. 군기창과 화약고를 점령할 것.

3. 군수에게 빌붙어 인민을 침탈한 탐오한 아전을 격징할 것.

4. 전주영을 함락하고 한성으로 직행할 것.

서명한 20인은 전봉준을 비롯하여 모두 동학 교도였고, 그들은 처음부터 고부 군수의 추방뿐만 아니라 도의 장관이 있는 전주를 점령하고 조정을 타도하기 위하여 한성으로 직행할 계획을 세우고 있었습니다. 이 계획은 전봉준의 지도로 그의 동지인 정익서鄭益瑞, 김도삼(金道三 : 1856~1895년, 전봉준, 정익서와 함께 '삼장두三狀頭'라 일컬음) 등에 의해 실행에 옮겨집니다.

1894년 1월 10일(음력) 이른 아침, 1천여 명의 농민 말목 장터에 모이다.

1894년 1월 10일(음력) 이른 아침, 계획대로 1천여 명의 농민(동학 교도들이 중심이었음)이 이마에 흰 띠를 두르고 죽창과 농기구를 손에 쥔 채 말목 장터에 모였습니다. 전봉준은 전날 밤 태인의 동지 최경선(崔景善 : 1859~1895년)과 함께 3백 명의 용사를 이끌고 40리 밤길을 행군하여 말목 장터에 당도하여 군중이 모이기를 기다리고 있었습니다. 전봉준은 궐기한 군중들의 사기를 높이기 위하여 피끓는 연설을 하였고, 이에 농민들은 환호성을 지르며 2개 대열로 나눠 고부 군청으로 진격하였습니다. 고부 읍내에 돌입한 농민들은 군청의 삼문을 두들겨 부수고 먼저 군수 조병갑(趙秉甲 : 1844~1911년)의 침실을 덮치게 됩니다. 하지만 조병갑은 농민들이 습격한다는 급보를 듣고 담을 넘어 도망친 후였습니다.

고부읍에 무혈 입성한 농민들은 전봉준의 지휘에 따라 먼저 감옥에 갇혀 있던 농민들을 풀어주고 무기고를 열어 무장을 강화합니다. 그리고 군청의 아전들을 불러내 죄상을 물은 뒤 창고를 열어 백성에게 부당하게 징수한 쌀을 모두 농민들에게 돌려주고, 농민들의 일부는 새로 쌓은 만석보의 둑을 무너뜨렸습니다.

농민군의 고부 점령 소식이 전해지자 근처의 농민들이 동학 교도를 선두로 하여 잇달아 고부성으로 모여들었습니다. 고창, 무장, 홍덕, 정읍, 태인, 김제, 금구의 각 군에서 모인 농민군은 금세 일만을 넘었습니다. 전봉준은 고부에 새로운 자치 체제를 만들고 일부 농민군을 배치하여 수비를 굳건히 하고, 농민 주력군을 말목 장터로 옮깁니다. 그러나 그곳은 대부대가 머물기에 적당치 않아 배를 이용하기 좋은 백산(白山 : 전북 부안에 위치)에 근거지를 만들고 그곳에서 농민군을 편성하여 훈련을 강화합니다.

한편 변장을 하고 도망친 조병갑은 1월 15일에 전주 감영에 도착하여 관찰사 김문현金文鉉에게 토벌군 파견을 요청합니다. 이에 관찰사 김문현은 50명의 관군을 전봉준이 있는 말목 장터로 파견하여 전원 체포하라고 명령합니다. 그러나 변장하고 농민군 진영에 잠입한 관군들은 금방 농민군에게 발각되어 전원 그 자리에서 처형되고 맙니다.

관찰사는 조정에 토벌군 파견을 요청할 뿐 아무런 대책도 세우지 못하고 당황하고 있었습니다. 조정에서는 고부 군수 조병갑을 파면하고 그 자리에 용안 현감 박원명朴源明을 임명하고, 장흥 부사 이용태李容泰를 안무사按撫使*로 임명하여 고부민란古阜民亂을 수습하도록 명합니다. 서둘러 고부에 부임한 박원명은 고부읍을 지키고 있던 농민군과 먼저 연락을 취하여 농민군의 요구를 모두 들어주고, 군청의 일도 농민군이 추천한 사람들을 쓰기로 약속합니다. 그러자 농민군은 마음을 풀었고, 고부를 지키던 농민군도 박원명의 권유에 따라 해산하여 뿔뿔이 집으로 돌아가 농사일에 힘을 쏟습니다.

그러나 민란을 수습하기 위하여 파견된 이용태는 악덕 양반의 본성을 드러내, 민란에 참가한 농민을 색출하여 투옥하고 조병갑에 못지않게 농민들을 수탈합니다. 게다가 전운사轉運使 조필영趙弼永, 균전사均田使 김창석金昌錫의 포학한 행위도 민중을 격분시킵니다.

전운사란 국세로 거둔 쌀을 한성으로 운반하는 책임자로 조필영은 운반 도중에 줄어드는 쌀을 보충한다는 명목으로 지역의 군수들과 짜고 규정된 선가미(船價米 : 수수료) 외에 몇 배의 부가세를 더 거둔 것입니다. 균전사란 농지를 조사하여 세금을 공평하게 부과하기 위해서 조정에서 직접 파견하는 관리로 이들은 직책을 이용하여 제멋대로 세금을 거두고 중간에서 착복하기

---

* 지방에 전쟁이나 반란이 일어났을 때, 왕명으로 파견되어 백성들을 위로하는 일을 맡았던 임시관직을 말한다.

일쑤였습니다. 그래서 백성들은 균전사를 독사처럼 여기고 있었습니다.

　호남 평야의 중심에 자리 잡은 곡창 지대를 담당한 조필영과 김창석은 서로 짜고 김제, 부안, 고부, 정읍, 태인 등 각 군의 농민들로부터 무거운 세금을 거두고, 안무사 이용태와 함께 전주에 모여 기생들을 불러다가 향락에 빠져 있었습니다. 특히 이용태의 혹독한 행각은 다음과 같이 기록되어 있습니다.

　　안핵사按覈使* 이용태는 군중들이 해산한 지 열흘도 안 돼 역졸驛卒 8백을 이끌고 고부에 들이닥쳐 새로 부임한 군수 박원명에게 민란의 주모자들을 찾아내라고 닦달하였다. 그리하여 고부 군내에 역졸을 풀어 마을을 뒤지고 다니며 부녀자를 강간하고 재산을 약탈하였으며, 백성들을 마구 구타하고 고기 꿰듯 사람들을 얽어갔다.

　백성의 원성은 나날이 높아갔고, 마침내 농민군은 다시 총궐기하기로 맹세합니다. 전봉준은 백성이 안심하고 살 수 있는 새로운 사회를 만들기 위해서는 사회 제도와 정치를 근본적으로 개혁하여야 함을 새삼스레 통감합니다. 그는 곧 농민군을 지휘하여 3월 1일에 줄포(茁浦 : 전북 부안에 위치)항에 있는 세곡 창고를 습격하여 그곳에 쌓아둔 수천 섬의 쌀을 빼앗아 농민군의 군량미로 충당합니다.

　먼저 고부에서 이용태를 추방하여 기세를 올린 농민군은 태인 현감을 체포하고 무기를 빼앗습니다. 그리고 백산을 근거지로 삼아 다시 농민군을 집결시킵니다. 그리고 3월 21일에는 '동도대장東徒大將' '보국안민輔國安民'이라는 깃발을 높이 내걸고, 27일에는 농민군이 궐기한 목적을 분명히 밝힌 다음과 같은 격문을 천하에 공표합니다.

---

* 지방에 어떤 사건이 일어났을 때, 조사를 위하여 파견되었던 임시관직을 말한다.

우리가 의義를 들어 이에 이름은 그 본의가 결코 다른 데 있지 아니하고 창생蒼生을 도탄 속에서 건지고 국가를 반석 위에다 두고자 함이다. 안으로는 탐학한 관리의 머리를 베고 밖으로는 횡포한 강적의 무리를 구축하고자 함이다. 양반과 부호 앞에서 고통을 받는 민중들과, 방백(方伯 : 관찰사)과 수령 밑에서 굴욕을 당하는 소리小吏들은 우리와 같이 원한이 깊은 자라, 조금도 주저하지 말고 이 시각으로 일어서라. 만일 기회를 잃으면 후회해도 돌이키지 못하리라.

갑오 3월 27일
호남창의대장소湖南倡義大將所 재백산在白山

이에 앞서 3월 25일 모두의 뜻에 따라 전봉준이 대장이 되고, 손화중, 김개남金開南이 총관령總管領, 김덕명金德明과 오시영吳時泳이 총참모總參謀, 최경선이 총솔장總率將, 송희옥宋喜玉과 정백현鄭伯賢이 비서秘書가 되었습니다.

이곳에 집결한 농민군은 본래 전봉준이 이끌고 온 4천 명을 포함하여 총수가 1만 명에 달하였습니다. 대장 전봉준은 민중을 위하여 싸우는 군대로 다음과 같은 행동 강령을 제시합니다.

1. 사람을 죽이거나 재물을 손상하지 말 것.
2. 충효를 다하여 세상을 구하고 백성을 편안히 할 것.
3. 일본 오랑캐를 내쫓아 성도聖道를 밝힐 것.
4. 군사를 거느리고 입경하여 권귀權貴를 모두 죽일 것.

대장 전봉준은 또한 군대의 규율을 바로잡기 위하여 12조로 된 규범을 만들고, 군사 훈련도 강화합니다. 그는 또한 각지의 농민을 조직하는 데 힘을 쏟아 직접 전라도 각지를 돌아다니며 동지들을 규합합니다. 그래서 어느새 전국 각지에 다음과 같은 소문이 퍼져나갑니다.

"전全대장은 진짜 영웅으로, 신출귀몰하는 도술을 몸에 지녀 바람과 구름을 타는 신묘한 재주를 자유자재로 구사한다. 총검을 맞아도 죽지 않고,

적의 총구에서 물이 쏟아지게 하는 묘술을 익힌 영걸이다."

이에 호응하듯 전국 각지의 농민들이 궐기하여 지방 관청을 습격하는 사건이 잇달아 일어납니다.

동학 농민군, 거침없이 진격하다

태세를 갖춘 농민군은 4월 3일 행동을 개시합니다. 한 부대는 태인 방면으로 진출하여 다음날 금구를 습격하여 군수를 사로잡고, 무기고를 점령하여 무장을 굳게 합니다. 또 다른 한 부대는 부안을 습격하여 군수를 결박하고 무기와 식량과 금품을 거둡니다.

전봉준은 여세를 몰아 일거에 전주를 칠 계획이었지만, 전주 감영에서 토벌군을 보낸다는 정보를 듣고 일단 고부로 철수하여 도교산(道橋山 : 지금의 정읍에 위치)에 진을 치는 한편, 다시 각지에 두 통의 통고문을 발송합니다. 한 통은 농민군의 정의로운 싸움에 호응하여 각지의 민중은 떨쳐 일어나라는 격문이었고, 다른 한 통은 "백성의 고혈을 쥐어짜 거둬들인 쌀을 외국에 밀매하는 탐관오리와 소금까지 세금을 매기는 악덕 관리를 때려눕자"는 격문이었습니다. 이 통고문에 호응하여 군산포郡山浦, 법성포法聖浦 등 전라도 서해안 포구에서도 궐기가 일어나 한성으로 향하는 운반선이 일체 멈춰 서는 지경이 됩니다.

전라도 관찰사 김문현은 4월 3일이 되어서야 겨우 농민군 토벌을 위하여 감영의 3백 명의 관군과 돈으로 매수한 보부상 1천 명으로 구성된 부대를 편성하여 고부로 진격시킵니다. 4월 6일 고부의 황토현黃土峴에 도착한 관군은 야영 진지를 만들고, 사기를 높이기 위하여 술잔치를 열었습니다. 전봉준은 보부상으로 가장한 척후병을 적진에 잠입시켜 적정을 탐색하였고, 그날 밤에 주력 부대를 이끌고 단숨에 적진으로 돌격합니다. 이 전투에서 관군 측 780명이 죽고 나머지 수백 명은 무기를 내던지고 달아납니다.

이렇게 지방 관청의 무기고에서 노획한 구식 화승총과 백산 진영의 대장간에서 만든 칼과 창, 죽창 등 빈약한 무기밖에 갖추지 못한 농민군은 전봉준의 교묘한 전술로 한 사람의 사상자도 없이 우수한 무기를 지닌 관군을 전멸하는 대승리를 거두게 됩니다. 황토현 전투의 승리로 농민군의 사기는 한층 드높아졌고, 권력층은 공포의 도가니에 빠지게 됩니다.

관군으로부터 6백 정의 신식 총을 노획하여 무장을 더욱 강화한 농민군은 전라도를 완전히 장악하기 위하여 7일 새벽부터 바로 남진을 개시하여 그날로 정읍을 점령합니다. 8일에는 흥덕, 고창을 점령하고, 9일에는 무장(茂長 : 현재의 고창군 일대)을 점령합니다. 농민군은 각 관아로 무혈 입성하여 무기고에서 무기를 빼앗아 무장을 더욱 강화하고 옥에 갇혀 있던 백성들을 풀어 주었으며, 관의 창고에서 쌀을 풀어 빈민에게 나누어주고 민중을 괴롭히던 세금 장부 등을 불태워 버립니다. 특히 무장은 동학 교도에 대한 탄압이 혹심한 지역이었던 만큼 해방된 농민들의 감동은 특별히 컸습니다.

전봉준 대장은 직접 작성한 창의문倡義文을 이곳에서 발표합니다.

세상에서 사람을 귀하다고 여기는 것은 인륜이 있기 때문이다. 임금이 어질고 신하가 곧으며 아비가 사랑하고 아들이 효도한 뒤에야 나라가 무강無疆의 역域에 미쳐 가는 것이다.

지금 우리 성상聖上은 어질고 효성스럽고 자상하고 자애로우며 정신이 밝아 총명하고 지혜가 있으니, 현량하고 방정한 신하가 있어서 그 총명을 보좌한다면 요순의 덕화와 문경文景의 다스림을 바랄 수 있으리라. 그러나 오늘의 신하 된 자들은 보국輔國을 생각지 아니하고 한갓 녹위祿位만 도적질하여 총명을 가리고, 아부와 아첨만을 일삼아 충성되이 간하는 말을 요언妖言이라 이르고, 정직한 사람을 비도匪徒라 하여 안으로는 보국의 인재가 없고 밖으로는 백성을 탐학하는 관리가 많도다.

인민의 마음은 날로 변하여 생업을 즐길 수 없고 나아가 몸을 보전할 계책마저 없다. 학정이 날로 심하고 원성은 그치지 아니하니 군신의 의리와 부자의 윤리와 상하의 명분은 무너지고 말았다. 관자管子가 말하길 "사유(四維 : 예禮, 의義, 염廉, 치恥)가 펴지지 못하면 나라가 멸망하고 만다"고 하였는데 오늘의 형세는 옛날보다 더욱 심하다.

공경부터 방백 수령까지 모두 국가의 위태로움은 생각지 아니하고 한갓 자신을 살찌우는 것과 가문을 빛내는 데에만 급급하여 사람 선발하는 문을 돈벌이로 볼 뿐이며, 응시의 장소를 물건을 사고파는 시장으로 만들었다. 허다한 돈과 뇌물은 국고로 들어가지 않고 도리어 개인의 배만 채우고 있다. 국가에는 누적된 빚이 있으나 갚을 생각은 아니하고 교만과 사치와 음란과 더러운 일만을 거리낌 없이 자행하니 팔도는 어육魚肉이 되고 만민은 도탄에 빠졌다.

백성은 나라의 근본

수재守宰의 탐학에 백성이 어찌 곤궁치 아니하랴. 백성은 나라의 근본이라. 근본이 쇠잔하면 나라도 망하는 것이다. 보국안민의 방책은 생각하지 아니하고 오로지 제 몸만을 위하고 부질없이 국록만을 도적질하는 것이 어찌 옳은 일이라고 하겠는가.

우리는 비록 초야의 유민이지만 임금의 토지를 부쳐 먹고 임금의 옷을 입고 사니 어찌 국가의 존망을 앉아서 보기만 하겠는가. 팔도가 마음을 합치고 수많은 백성이 뜻을 모아 이제 의로운 깃발을 들어 보국안민으로써 사생의 맹세를 하노니, 금일의 광경은 비록 놀랄 만한 일이기는 하나 경동하지 말고 각자 생업에 편안히 하여 함께 태평 세월을 빌고 임금의 덕화를 누리게 되면 천만다행이겠노라.

갑오 4월
호남창의소
전봉준 손화중 김개남

장성 황룡촌에서 크게 승리한 후 전주를 점령하다

동학 농민군이 고부 일대를 점령하였다는 보고를 들은 조정은 크게 놀라 전라 병사(병마절도사의 약칭, 종2품) 홍계훈(洪啓薰 : 1842~1895년)을 양호초토사兩湖招討使에 임명하고, 군영의 병사 8백 명에 야포 2문, 기관포 2문을 주어 출동시킵니다.

인천을 출발하여 4월 5일 군산에 상륙한 홍계훈의 토벌군은 7일 전주에 입성합니다. 그러나 도중에 농민군이 파죽지세로 진격을 계속하고 있다는 소식이 전해지자 한성에서 온 병사의 절반 가까이가 도주해버려, 전주에 입성할 때에는 470명이 남았을 뿐입니다. 홍계훈은 사기가 떨어진 병사를 이끌고 농민군을 추격할 자신이 없어 전주성에 틀어박힌 채 조정에 증원군 파견을 요청하는 한편, 정부군만으로는 토벌할 길이 없으므로 청나라에 원군을 요청해달라는 탄원을 되풀이합니다. 당황하여 부산을 떨던 조정은 4월 15일, 8백 명의 중앙군을 인천항에서 법성포로 출동시킵니다.

그동안 무장에서 농민군 편성을 강화한 전봉준 대장은 4월 12일 다시 진격을 개시하여 13일에 영광靈光을 점령하고 일부 반항하는 자들을 전멸시킵니다. 여기에서 전봉준은 부대를 나눠 일부는 영광에 머물게 하고, 일부는 함평咸平으로, 일부는 무안務安으로 진격하게 합니다. 그리고 4월 18일, 또 한 부대는 나주羅州를 점령하게 합니다.

전라도의 각 읍에서 전주의 홍계훈에게 토벌군을 급파해달라는 재촉이 잇따르게 됩니다. 홍계훈은 4월 18일에 정부의 증원군이 출발하였다는 소식을 듣고서야 전주를 출발하여 농민군의 뒤를 쫓아 남하하기 시작하였는데, 이마저도 농민군의 기세를 두려워하여 애써 느릿느릿 진군하였습니다. 결국 4월 21일이 되어서야 겨우 동학군의 본거지가 있다는 영광에 당도하였으나, 이미 농민군의 주력 부대는 함평으로 이동한 뒤였습니다. 한편 4월 18일, 나주를 점령한 농민군은 정부군이 전주성을 출발하였다는 정보를 듣고 남진을 중지합니다. 그리고 정부군을 맞이하여 싸우기 위하여 북진을 시작하여 장성(長城 : 전남 장성군)으로 향합니다.

3백의 병사를 이끈 정부군의 선봉대장 이학승李學承은 22일 낮 장성의 황룡촌黃龍村에서 마침 점심 식사중인 동학군 부대를 발견하고 야포 2문을 기습적으로 발사합니다. 불의의 습격을 당한 농민군 중 40~50명이 쓰러졌으나, 그들은 죽음을 두려워하지 않는 용감함을 발휘하여 1킬로미터 정도를 달려가 단숨에 정부군과 격돌합니다. 백병전이 되자 정부군의 대포가 소용없게 되었습니다. 정부군은 농민군의 압도적인 힘에 밀려서 야포, 기관포 각 1문 외에 많은 탄약을 내버리고 겨우 목숨만 건져서 정부군의 주력이 있는 영광으로 도망쳤고, 이학승 이하 대부분은 그곳에서 전사합니다.

　　정부가 파견한 증원군은 4월 23일, 법성포에 상륙하여 영광에 있는 주력 부대와 합류합니다. 그러나 장성에 진출한 선봉대가 대패한 것에 두려움을 느낀 초토사 홍계훈은 농민군을 공격할 기력도 없어서, 농민군에게 발각되지 않도록 은밀하게 이동하는 형편이었습니다. 정부군의 규율은 극도로 해이해졌으며, 행군 도중에 약탈과 폭행을 자행하여 민중의 원성을 샀습니다. 반면 농민군의 규율은 매우 엄격하여 민중의 폭넓은 지지를 받았으므로 정부군은 싸우기 전부터 이미 농민군에 지고 있었던 셈입니다. 당시 일본의 한 신문 기자는 동학군이 규율의 엄격하다는 풍문을 다음과 같이 전하였습니다.

　　동학군은 주색에 빠지지 않고 끽연도 하지 않는다. 군율을 잘 지켜 백성들에게 아무런 해를 끼치지 않는다. 모든 병사들이 정부의 악정을 개혁하고 외적을 몰아내며 백성의 행복을 위하여 싸운다는 신념을 가지고 있었다. 그들은 자신이 말한 대로 실천하였다. 동학군이 진격할 때면 많은 주민들이 길가로 몰려나와 환영하였는데, 열광한 군중이 길가에 있는 밭작물을 짓밟으면 동학군은 공포를 쏘아 군중에게 작물을 손상하지 말라고 주의를 주었다. 그들은 아무리 작은 물건이라도 돈을 주고 구입하였다. 민중은 어떠한 위해도 당하지 않았기 때문에 모두들 그들을 칭송하였다.

　　동학군의 복장은 잘 정돈되어 있었고, 군율의 엄격함은 경탄할 수밖에 없었다. 만일 한 병사라도 양민의 재산을 훔치거나 부녀자를 겁탈하면 즉시 여러 병사와 주민들 앞에서 사형에 처하였다. 대오는 항상 정돈되어 있고, 우두머리의 명령에 수족과 같이 움직였다. 민중은 관군을 독사와 같이 미워하고 동학군을 스승처럼 사랑하였다. 그 차이는 하늘과 땅과 같았다.

　　동학군은 관의 무기와 양곡은 빼앗았지만 민가에는 조금도 해를 끼치지 않았다. 백성들로부터 원성을 사고 있는 부호의 재산을 가끔 빼앗을 뿐이어서, 중류 이하의 민중은 동학군의 궐기를 대환영하였다. 따라서 평소 백성들로부터 증오를 받고 있는 부호는 동학군이 다가온다는 소리만 들리면 부리나케 도망하였다.

장성에서 정부군과 첫 전투를 벌여 결정적인 승리를 거둔 농민군은 4월 24일, 당초 계획한 대로 곧장 북상하여 전주성 공략에 나섭니다. 조정에서 파견한 토벌군은 그림자도 드러내려 하지 않았으므로 농민군은 아무런 저항도 받지 않고 민중의 열광적인 환영을 받으며 진격을 계속할 수 있었습니다. 25일 태인에서 묵은 농민군은 28일 원평院坪에서 정부군의 군자금 1만 냥을 운반하던 선전관宣傳官* 이주호李周鎬와 그의 부하 두 명을 사로잡아 처형하고, 행보를 빨리하여 27일 전주 교외인 삼천三川에 도착하여 즉시 전주성 공략에 나섭니다. 동학의 지도자 가운데 한 사람인 오지영은 뒤에 『동학사東學史』라는 기록에서 전주성 점령 상황을 다음과 같이 서술하고 있습니다.

> 동학군은 장성 싸움에서 노획한 대포와 양총으로 무장을 강화하고 전주로 향하였다. 이때는 4월 27일 전주 서문 밖 장날이라 무장, 영광 등지로부터 사방에서 샛길로 흩어져오던 동학군은 장꾼들과 함께 휩싸여 미리 약속한 이날에 수천 명의 사람이 이미 다 시장 안에 들어와 있었다. 오시午時쯤 되자 장터 건너편 용머리 고개에서 대포 소리를 신호로 수천 발의 총소리가 일시에 장판을 뒤엎었다.
>
> 별안간 어지러운 포 소리에 놀란 장꾼들은 정신을 잃었고 뒤죽박죽이 되어 흩어져 달아났다. 서문으로, 남문으로 물밀듯이 들이닥치는 바람에 동학군들은 장꾼들과 같이 섞여 성문 안으로 들어서며 한편 고함을 지르고 한편 총질을 하였다. 서문에서 파수 보는 병정들은 어찌 된 영문인지 몰라 엎어지며 자빠지며 도망질을 치고 말았다.
>
> 삽시간에 성의 안과 밖은 동학군으로 꽉 차게 되었다. 이때 전全대장은 유유히 대군을 거느리고 서문으로 들어가 좌座를 선화당(宣化堂 : 전주 감영의 본당)에 정하였다. 드디어 전주성은 함락되었다.

* 주로 형명刑名, 전명傳命, 부신符信 등의 출납을 맡아 보던 무관직武官職을 말한다.

반면 이 낙성 기록을 관의 『전주부사全州府史』에서는 이렇게 쓰고 있습니다.

4월 27일(서문 밖 장날) 전주 교외의 삼주에 진을 친 동학군은 정오경 부서와 완산을 점거하고 나팔을 불면서 부내에 소총을 난사하였다. 시장 부근에 극심한 혼란이 일어나 서민들이 앞을 다투어 피난하였다. 동학군의 포성은 뇌성처럼 진동하고, 완산 정상에 도착한 수만 명의 동학군은 일자 형태로 진을 치고 고각을 불고 환성을 올리며 이내 서문으로 밀려와 성내의 부민과 충돌하니, 그 싸우는 소리가 천지를 진동하였다.

성내에서는 활을 쏘고 돌을 던져서 밀려드는 동학군을 막으려 하고, 또 남문의 성벽에 인접한 2, 30호의 민가가 방해된다 하여 병사 스스로 이를 불태우는 등 방위에 애썼지만, 영부의 관속 중에 남몰래 적과 내통하는 자가 나타나 마침내 동학군을 막을 방도가 없어 가까스로 대포 몇 발을 응사할 뿐 기력이 다하여 궤멸하고 동학군 3천 명이 밀물처럼 남문을 통하여 성내로 쇄도하였다.

각자 다른 입장에서 서술하였지만, 어쨌든 수비가 허술한 전주성은 동학군의 일격에 궤멸하였습니다. 거의 맨손으로 궐기한 농민들이 겨우 한 달 남짓 만에 관의 무기를 빼앗아 무장을 강화하여 강력한 무기를 가진 관군과 조정 파견군을 두 차례에 걸쳐 격멸하고, 결국 전라도의 도읍지인 전주성을 점령한 것은 우리 역사상 유례없는 일이었습니다. 이는 전봉준의 뛰어난 군사 전략과 통솔력에 따른 것으로, 오합지졸인 농민들을 이처럼 강력한 군대로 만들어낸 그의 역량에 감탄할 수밖에 없습니다.

전주 완산의 싸움과 청나라와 일본의 출병

농민군이 전주성을 점령한 다음날인 4월 28일(음력)에야 정부군은 완산完山에 도착하여 전주 성내를 내려다볼 수 있는 고지에 대포를 설치하고 공격 진지를 마련합니다.

농민군이 성안의 방비를 굳게 하자, 5월 1일 정부군은 완산의 진지에서 성안을 향하여 일제히 포격을 개시하였습니다. 이 포격으로 성안의 민가가 부서지고 화재가 일어나 불타며 많은 사상자가 나오게 되었고, 정부군의 행동에 격분한 농민군은 정부군의 포격 진지를 단숨에 두들겨 부수기 위하여 즉시 성을 나와 완산의 고지로 돌격합니다.

농민군은 용감하기는 하였지만 산 위에서 우수한 총포를 쏘는 정부군과 한낮에 죽창과 칼만을 들고 정면으로 맞서는 것은 작전상 무리였습니다. 여러 시간에 걸쳐 백병전을 전개하였으나 농민군은 많은 사상자를 내고 해가 저물자 성안으로 퇴각할 수밖에 없었습니다. 정부군은 농민군을 추격하지 않고 다음날 다시 성안에 포격을 가하여 선조들을 모신 역사적인 건물인 경기전慶基殿을 파괴합니다.

농민군은 정부군의 진지를 공격하는 작전을 수정하여, 5월 3일 부대를 넷으로 나누어 정부군의 진지를 포위 공격합니다. 진지의 전면에 나와 있던 일부 정부군은 농민군의 돌격에 당황하여 무기를 버리고 꽁무니를 빼자, 농민군은 정부군의 진지를 잇달아 돌파하면서 산 위에 있는 본영으로 육박해 갔습니다. 그러나 또다시 포격에 맞아 용감한 병사들이 연달아 쓰러졌습니다. 격전은 종일 전개되었지만 농민군은 정부군 진지를 깨뜨리지 못한 채 성으로 철수할 수밖에 없었습니다.

이날 전투에서 농민군은 정부군에 커다란 타격을 주기는 하였지만 5백여 명의 전사자를 냈고, 봉기 직후부터 수많은 전적을 쌓아 용장으로 영예가 높았던 김순명金順明과 '동장자童壯子'라 불리던 소년 영웅 이복용(李福用 : 당시 14세)을 잃게 됩니다. 한편 이때 조선을 둘러싼 정세가 급변하고 있었습니다.

농민군이 전주성을 점령하였다는 소식에 놀란 민씨 일파는 중신들의 반대에도 불구하고 청나라에 동학 농민군을 토벌하기 위한 군대를 파병해달라고 요청합니다. 그 요청에 따라 청나라는 즉시 조선 파병을 결정하고 군함두 척과 2,500명의 육군을 기선에 실어 5월 5일부터 충청도 아산에 상륙하기 시작합니다. 그리고 청나라는 전에 일본과 체결한 '천진 조약'에 따라 조선 출병을 일본에 통지합니다. 청나라는 일본이 관례상 1백 명 정도의 군대를 조선에 상륙시킬 것으로 계산하고 있었습니다.

그러나 조선의 완전 지배를 노리고 있던 일본은 청나라 세력을 일소하기 위하여 청나라와 전쟁을 벌일 계획을 착착 진행하여 준비를 거의 완료해 둔 단계였습니다. 일본은 조선 각지에 들여보낸 첩보망을 동원하여 동학 농민군의 봉기를 관찰하면서 이 기회를 이용하여 대대적으로 침략할 구실을 찾고 있었습니다. 청나라군이 조선에 파병할 것이라는 비밀 정보를 일찍부터 파악한 일본 정부는 청나라군의 출병에 앞서 전쟁을 개시할 방침을 정하고, 5월 2일에 히로시마廣島에 대본영大本營을 설치하고 조선 출병을 지시합니다.

하지만 일본의 이러한 야망을 전혀 눈치 채지 못한 민씨 일파는 급변하는 사태에 당황하여 완산의 진지에 있는 정부군의 책임자 홍계훈에게 지시하여 농민군을 달래 화평 교섭을 진행하도록 합니다.

전주화약全州和約으로 집강소를 설치하다

농민군의 대장 전봉준은 정세의 동향을 정확히 파악하여 화평 교섭에서 주도권을 장악합니다. 그는 "순순히 해산하면 안심하고 돌아갈 수 있도록 통행증을 써주겠다"는 홍계훈의 제안을 단호히 거절하고, 백성에 대한 정부군의 범죄적인 폭력 행위를 엄히 나무라면서 우국의 정열을 토로합니다.

"우리는 외세를 몰아내고, 나라를 멸망의 벼랑으로 밀어내려는 권력자들을 반성하게 하고, 백성의 행복을 지키기 위하여 군사를 다스리려고 한 것이다."

'27개의 폐정개혁안'과 '전주화약'

그리고 농민군의 구체적인 화평 조건을 제시합니다. 이에 어쨌든 화평 교섭이라도 성립되면 체면이 설 것으로 생각한 조정의 권력파와 홍계훈은 논리 정연한 전봉준 장군의 주장을 받아들이고 농민군이 제시한 '27개의 폐정개혁안'을 무조건 수용하여, 5월 8일 '전주화약全州和約'이 성립됩니다. 그 요점은 다음과 같습니다.

1. 민중을 괴롭히는 전운소(轉運所 : 조세로 납부한 물품의 운송을 맡아보던 관
   아)를 혁파할 것

2. 진결세陳結稅를 혁파할 것

3. 보부상의 작폐作弊를 금할 것

4. 전임 감사가 거둔 환곡은 다시 징수하지 말 것

5. 각 포구의 미곡 밀수를 일체 금단할 것

6. 군전軍錢은 봄·가을 매호에 2냥씩으로 할 것

7. 천민을 침학하는 탐관오리는 일일이 파출할 것

8. 매관매직을 일삼으며 국권을 농락하는 자들은 모두 쫓아낼 것

9. 수령은 관할 지역에 묘를 쓰거나 논을 사지 못하게 할 것

10. 전세田稅는 규정대로 거둘 것

11. 연호세烟戶稅를 따로 분할하여 거두어들이는 일은 일체 없앨 것

12. 각 포浦의 어염세전魚鹽稅錢은 거두지 말 것

13. 보세洑稅 및 궁방宮房에서 거두는 전세를 없앨 것

14. 수령이 민간 소유의 산지를 멋대로 점유하지 못하게 할 것

이러한 것들은 모두 농민들이 절실하게 요망하던 것이었습니다.

농민군은 이러한 화약 조건을 완벽히 실현하기 위하여 전라도 각 군에 집강소執綱所
관청과는 별도로 '집강소執綱所'라는 자치 기관을 설치하고, 농민 대표가 성
원이 되어 전주 화약에서 약속한 개혁안을 추진하기로 하였습니다. 이 화약
에 따라 농민군은 12일 동안 점령하던 전주성에서 보무도 당당하게 철수하
고 이튿날 정부군의 일부가 입성합니다.

신임 전라도 관찰사는 도내의 각 관청에 농민군과 협정한 사항을 준수
하도록 통지함과 아울러 각 군에 집강소 설치를 지시합니다. 이에 농민군은
일단 해산하여 각자 출신지로 돌아갔고, 농민군 지도자들은 각 지방의 집강
소 설치에서 중심적인 역할을 합니다.

집강소의 폐정 조약으로는 다음과 같은 12조가 제시되었습니다.

1. 동학 도인과 정부 사이에 묵은 혐오감을 씻어버리고 서정庶政을 개혁하는 데 협력할 것

2. 탐관오리는 그 죄상을 조사하여 일일이 엄벌할 것

3. 횡포한 부호들은 엄하게 다스릴 것

4. 불량한 유림과 양반배는 엄징할 것

5. 노비 문서는 소각할 것

6. 칠반 천인七般賤人의 대우를 개선하고, 백정의 머리에 씌우는 평량립平凉笠을 없앨 것

7. 청춘 과부의 개가를 허락할 것

8. 무명 잡세는 일체 시행하지 말 것

9. 관리 채용은 지벌地閥을 타파하고 인재를 등용할 것

10. 왜적과 통하는 자는 엄징할 것

11. 공사채를 불문하고 과거 백성에게 부과된 부채는 모두 탕감할 것

12. 토지는 농민에게 균등하게 경작케 할 것

이는 봉건적인 특권층 중심의 양반 사회를 근본적으로 부수고 신분 차별을 없애며, 인습에 갇혀 있는 여성들을 해방하고 일하는 농민의 생활을 풍족하게 하려는 혁명적인 것이었습니다. 17세기 이래 진보적인 실학자들이 주장한 개혁안과 1884년 김옥균 등이 갑신정변 직후에 내걸었던 정책보다 확실히 진전된 정책으로, 전봉준을 중심으로 한 동학 농민군 지도자들의 애국적이고 혁명적인 기백이 흘러넘쳤습니다.

대도소大都所　농민군이 해산한 직후, 전봉준은 20여 명의 동지들과 전라도 내 각지를 순회하면서 집강소 설치를 지도하고 개혁 정책의 실시 상황을 점검합니다. 전라도 관찰사 김학진(金鶴鎭 : 1838~1917년)은 집강소의 원만한 운영을 협의하기 위하여 5월 말 전봉준을 전주성으로 초청하고, 도내 53군의 집강소를 통솔하기 위하여 전주 감영 안에 '대도소大都所'라는 중앙 본부를 설치하기로 합니다. 전봉준의 위세에 눌린 감사는 자신의 집무소인 선화당宣化堂을 대도소로 내주고, 자신은 그 곁의 작은 건물로 옮겼다고 합니다.

개혁안을 실시하기 위해 애쓰다

전라도 각 군에 집강소를 만들고 개혁안을 실시하는 것은 결코 간단한 일이 아니었습니다. 민중을 제멋대로 억누르고 특권을 누려온 관리와 양반, 부호들이 "빈부의 차를 없앤다'든지 "상전과 노비의 구별을 없앤다'든지 '양반과 유림의 방자함을 허락하지 않는다'는 혁명적인 개혁안에 찬성할 리가 없었습니다. 그들은 '집강소는 인륜을 저버리는 것이므로 양반과 유교의 적'이라고 비난하면서 공공연하게 집강소 설치에 반대하였고, 설령 집강소가 설치되어도 제대로 활동을 할 수 없도록 심하게 방해하였습니다.

그로 인해 전라도 53군 가운데, 나주, 남원南原, 운봉雲峰의 3군은 좀처럼 집강소를 설치하지 못하였습니다. 전봉준이 전주 대도소에서 엄한 통지를 냈음에도 불구하고 이 군에서는 들으려 하지 않았습니다. 그러자 전봉준은 농민군을 동원하여 이 3군을 토벌하여 실력으로 집강소를 설치하기로 결정하고, 나주에는 최경선의 부대를, 남원에는 김개남의 부대를, 운봉에는 김봉득金鳳得의 부대를 보냅니다.

나주는 전라도 남쪽의 대읍으로 양반들의 세력이 매우 강하며, 특히 동학에 대한 탄압이 심하여 수백 명의 교도들이 투옥되었던 곳입니다. 최경선은 3천의 군대를 이끌고 나주를 포위하였지만, 그들은 천연의 요새에 굳게 버티며 쉽게 굴복하려 하지 않았습니다. 공격을 강행하면 성안의 백성들에게 커다란 손실을 끼칠 뿐만 아니라 옥에 갇힌 동학 교도들이 몰살당할 수밖에 없으므로, 최경선 부대는 어찌할 바를 모르고 있었습니다.

이 보고를 들은 전봉준은 즉시 나주로 향하여 농민군을 일단 뒤로 물리고 홀로 성으로 들어가 완강하게 저항하는 나주 목사를 설득합니다. 목사는 전봉준의 위풍과 담력에 두려움을 느껴 투옥중인 교도들을 즉시 석방하고 집강소 설치에 찬성합니다. 이리하여 나주성은 한 사람의 희생자도 내지 않고 농민군의 지배 아래 놓이게 됩니다.

남원으로 향한 김개남의 3천 농민군은 단숨에 남원성을 점령하고, 최후까지 저항한 부사 이용헌李容憲의 목을 잘라 성안에 내걸어 양반들을 떨게 하였습니다. 운봉으로 향한 김봉득은 겨우 열일곱 살의 젊은이였지만 검술에 뛰어난 용맹한 자였습니다. 운봉성에서 굳게 버티고 있던 관군은 농민군의 질풍노도와 같은 공격에 즉시 궤멸되고 맙니다.

이리하여 전라도의 모든 군에 집강소가 설치됩니다. 집강소에는 집강, 서기書記, 성찰省察, 집사執事, 동몽童蒙 등의 자리를 설치하여 개혁안을 실시하였습니다.

학대받는 사람들을 돕고, 가난한 사람들의 생계를 개선하려는 이 개혁안에 백성들이 환영하지 않을 리 없었습니다. 민중들은 크게 기뻐하며 앞 다투어 집강소에 달려와 모든 일을 상담하였습니다. 따라서 관청은 유명무실해지고 집강소가 행정 기관처럼 되어 권력은 이곳으로 집중되었습니다.

농민군의 주력은 동학 교도들이었기 때문에 집강소의 임원이 된 자들도 동학도들이 중심이 되었으므로 동학도는 눈덩이처럼 불어났습니다. 이렇게 되자 어떤 지역에서는 관리와 양반들도 동학 교도가 되고, 관청의 아전들 대부분도 동학도로 가세하였습니다. 뿐만 아니라 부정하게 이권을 챙기려는 자들까지 대거 동학 교도가 되었습니다.

동학 농민군은 이상에 불타 집강소를 설치하였지만, 전봉준처럼 학식이 있고 식견이 높은 인재가 극히 드물었습니다. 당시 사회적 조건 때문에 농민군의 주력은 대부분 전혀 배우지 못하고 실무 능력이 없는 소박한 농민이었습니다. 따라서 집강소의 실무는 졸지에 동학 교도가 된 아전들과, 학력 있고 이권을 탐하는 불량한 양반들이 담당하게 됩니다. 게다가 개혁안도 이상은 내걸었지만 구체적인 대책이 분명하지 않아 개혁안을 실시하는 것이 쉽지 않았습니다. "토지는 농민에게 공평하게 경작케 한다"는 조항만 보더라도, 지주의 토지를 어떻게 몰수하며 경작하는 농민들에게는 어떻게 분배할 것인가가 전혀 규정되지 않았기 때문에 집강소의 실무를 보는 사람들이 마음대로 처리하였습니다.

이리하여 집강소에 숨어든 교활한 아전과 부정한 양반들로 인해 집강소라는 이름 아래 공공연하게 비행이 자행됩니다. 지역에 따라서는 관청의 양반들이 저지르는 비행보다 더 심한 짓을 저지르는 자도 있었습니다. 관리와 양반과 부호들이 "동학군은 유학 도덕의 파괴자이며, 국가의 역적이고, 돼

먹지 못한 자들의 강도 집단이다"라고 비난하는 악선전이 그대로 증명되는 듯한 상황이 되자, 집강소의 운영에 실망한 민중이 도리어 집강소를 비난하기에 이릅니다.

물론 전봉준이 이와 같은 사태를 방임할 리 없었습니다. 부정을 저지른 자들을 엄히 단속하여 처벌하고, 집강소에 잠입한 불량분자를 추방하며 집강소가 올바르게 일처리를 할 수 있도록 임원들을 교육하는 데에도 전력을 기울였습니다. 한편 전봉준을 비롯한 동학 농민군의 지도자들이 이상을 실현하기 위하여 이렇게 여러 가지 난감한 싸움을 계속하고 있을 때, 일본군이 침략하여 조선 전토가 전쟁터로 화하여 유린당하고 나라가 중대한 위기에 봉착합니다.

농민군, 다시 봉기하다

5월 8일 5천의 대병력을 이끌고 인천과 한성을 점령한 일본군은 5월 16일 청나라군에게 "함께 동학군을 토벌하고 조선의 내정을 개혁하자"는 조선의 주권을 전혀 무시한 제안을 합니다.

조선 정부는 농민군과 전주 화약이 성립되었으므로 청·일 두 나라의 군대는 모두 철수해달라고 요청하였습니다. 이에 청나라군은 일본군에게 동시 철수를 요구하였지만, 일본군은 단독으로라도 내정 개혁을 단행하겠다며 계속해서 눌러앉았습니다. 그리고 영국과 미국의 후원 아래 6월 21일(양력 7월 23일) 왕궁을 기습하여 국왕을 포로로 하고, 정권을 장악하고 있던 민씨 일파를 추방하는 포악한 만행을 저지릅니다.

일본군은 이틀 뒤 청나라 해군을 기습하여 청나라에 싸움을 걸어왔습니다. 그리고 전쟁을 치르며 조선 국토를 멋대로 유린하고, 전쟁에 필요한 물자를 강제적으로 후려냈습니다. 일본군은 연전연승을 거듭하여 겨우 한 달 만에 평양에서 청나라군을 격멸하고 조선에 군림하게 됩니다.

농민군이 전주 화약을 맺은 것은 우리나라에서 외국의 침략 세력을 몰아내려는 것이 주요 목적 가운데 하나였습니다. 그러나 일본군이 무력으로 우리 국토를 짓밟는데도 일본군에 의해 만들어진 괴뢰 정부와 국왕이 저들에게 무조건 굴복하는 것을 보고, 전봉준을 비롯한 동학 농민군의 지도자들은 격분하였습니다. 그래서 침략자 일본군을 쫓아내고 나라의 독립을 지키기 위하여 다시 무기를 들고 일어서기로 결심하게 됩니다.

전에 농민군이 궐기하여 전라도 각지를 점령하였을 때, 일본의 침략 세력은 농민군을 침략의 첨병으로 이용하기 위하여 첩자를 잠입시켜 공작한 일이 있었습니다. 그리고 일본군이 조선에 대군을 상륙시킨 직후에도 동학 농민군의 실정을 염탐하여 농민군의 진의를 확인하기 위하여 전주 대도소에 첩자를 잠입시킨 일도 있었습니다. 전봉준은 이러한 첩자들의 언동을 통하여 조선을 완전한 식민지로 만들려는 일본 침략군의 의도를 분명히 파악하였습니다. 그리고 무력으로 일본군을 무찌르는 길 외에는 나라의 독립을 지킬 수 없다는 것을 뼈저리게 자각합니다. 또한 일본군도 첩자의 정보를 통하여 동학 농민군을 이용하는 것은 불가능하며, 농민군을 무너뜨리지 않고서는 조선을 지배할 수 없다는 것을 감지하고 있었습니다.

9월이 되자 전봉준은 대도소를 교통의 요충지인 삼례로 옮기고, 각지의 농민군에게 격문을 띄워 구국을 위하여 다시 봉기할 것을 촉구합니다.

전주 화약과 집강소 설치 이후 전국 각지의 농민들은 서로 호응하여 들고일어나 악덕 관리와 관청을 습격하고 무기와 식량을 빼앗아 각자 농민군을 편성하였습니다. 경상도, 충청도 도처에서 농민군이 조직되고, 경기도, 황해도, 강원, 평안도 일부에서도 봉기가 일어나 농민의 투쟁은 전국적인 규모로 확대되어 갔습니다. 전봉준의 부름에 따라 전라도 각지의 농민군은 잇달아 삼례에 집결하였고, 9월 말에는 그 수가 대략 10만에 달하는 대부대가 되었습니다.

남접과 북접 그 무렵 동학 운동의 상층부라고도 할 수 있는 동학 2대 교주 최시형을 비롯한 그 추종자들은 동학을 종교로 포교하는 데 중점을 두었기 때문에, 교도들을 무장시켜 전투에 참가시키는 데 완강하게 반대하였습니다. 그리하여 무력 투쟁을 주장하는 전봉준을 따르는 동학 교도를 남접南接, 교주 최시형을 따른 교도를 북접北接이라 불렀습니다. 그러나 전라도를 제외한 다른 지방의 교도들은 주로 북접의 영향 아래 있었습니다.

　전봉준은 북접의 지도자들을 설득하여 전국의 농민군의 통일을 이루기 위하여, 9월 12일과 13일 양일에 걸쳐 삼례에서 '남북접회의'를 개최합니다. 그러나 의견은 모아지지 못하고 북접의 교주파는 "남접의 주전론主戰論에 빠져서는 안 된다"는 통고를 전국 각지의 교도들에게 보냅니다. 남접의 농민군이 분노하였고 북접의 농민 부대 안에서도 혼란이 일기 시작합니다. 이에 전봉준은 북접 측과 깊은 관계를 맺고 있는 사람들을 교주가 있는 보은에 보내 대의를 위한 의견 통일을 구함과 아울러, 남접의 전군에게 동학 교도간의 싸움을 엄금하도록 통지합니다.

　북접 내부에서도 궐기를 촉구하는 세력이 있어서, 절대 평화주의를 주장하던 교주 측은 마지못하여 통일 전선 결성을 승낙하게 됩니다. 이는 일본군과 정부군이 침략 전쟁에 협력하는 데 반대하여 싸우는 동학 농민군을 남북접에 관계없이 학살하고 탄압하자, 결국 일본군과 싸울 수밖에 없다고 결의한 때문이기도 합니다.

공주 우금치에서 최대의 결전을 치르다

　전봉준의 노력으로 결성된 동학 연합군은 10월 중순 대부대를 논산의 전진 기지에 집결시켜, 공주公州를 일거에 점령하고 한성으로 북상하는 작전 계획을 세웁니다. 그러나 남북접의 연합을 이루기 위하여 한 달이나 허비한 탓에 작전을 진행하는 데 커다란 차질이 생긴 것은 동학 농민군에게 커다란 손실이었습니다. 농민군이 점령하려고 한 공주성에는 이미 정부군과 일본의 연합 부대에 의해 견고한 진지가 구축되어 있었습니다.

　그러나 동학 연합군의 총지휘자 전봉준은 남접의 주력 부대를 중심으로 한 10만 대군으로 공주성을 포위하고 10월 23일 대공격전을 전개합니다. 경상도, 충청도 각지에 주둔해 있던 일본군 소부대를 연파하고, 공주성 주변에서도 적을 물리쳐 크게 사기를 올린 농민군은 정부군의 방위 부대에 커다란 타격을 입히고 승리의 확신에 불타올라 본거지인 공주성으로 돌격합니다.

하지만 그곳에는 최신 무기를 갖추고 근대적인 전투 훈련을 거듭해온 일본군이 기다리고 있었습니다. 일본군의 속사포가 토해내는 총알이 비 내리듯 쏟아져 내렸습니다.

"나라를 지키고 우리의 행복을 위해서 침략자 일본군을 반드시 몰아내야 한다"는 신념에 불타오른 농민군은 동지들의 시체로 골짜기를 메우면서도 돌격에 돌격을 거듭하여 3일간에 걸쳐 대격전을 지속합니다. 그러나 농민군의 피해가 너무 커서 공격을 일시 중지하고 진영을 정비할 수밖에 없었습니다.

농민군은 반격에 나서려는 정부군·일본군과 전투를 계속하면서 부대 재편성에 힘썼습니다. 그리고 일본군의 남쪽 상륙을 경계하여 멀리 전라도 후방을 수비하던 역전의 용장 김개남이 이끄는 5천 명의 부대를 전선에 불러들여 공격의 선봉에 가담시켰습니다. 한편 새로 세운 탄환 공장에서는 병사들이 밤새 탄환을 만들어 무력도 한 단계 강화시켰습니다.

우금치 전투

11월 8일 농민군은 그동안 정부군이 만든 방위 진지를 일거에 부수고, 11월 9일을 기해 제2차 총공격을 개시합니다. 그러나 공주성에 들어박혀 버티고 있는 일본군의 대포는 격렬하기 그지없었고, 특히 '우금치牛禁峙'라는 고지에서 발사되는 대포의 위력으로 농민군은 커다란 타격을 받습니다. 그러나 농민군은 이에 지지 않고 맹렬하게 돌격을 거듭합니다. 그 무렵 정부군에 참가하였던 한 장교는 다음과 같은 기록을 남깁니다.

아, 수만이나 되는 비도匪徒가 4, 50리에 걸쳐 길을 쟁탈하고 산봉우리를 점거하여 성동추서聲東趨西, 섬좌홀우閃左忽右하면서 깃발을 흔들고 북을 치고 죽음을 무릅쓰며 앞을 다투어 올라오니 저들은 무슨 의리이고 무슨 담략인가.

「선봉진일기先鋒陣日記」

농민군의 저돌적인 공격은 사흘간이나 지속되었으나, 주력이 대부분 쓰러지고 말아 11월 11일 마침내 공격을 중단하고 후방 진지로 철수합니다. 농민군은 제2차 공격에 앞선 11월 2일, 정부군의 장교 앞으로 애국적 정열이 담긴 통고문을 보냅니다.

조국을 침략한 외적을 몰아내기 위하여 우리는 정의의 투쟁을 일으켰다. 그런데도 같은 민족이 적으로 나뉘어 피를 흘려서 좋을 것이 있겠는가? 설령 도는 다르나 조국을 염려하는 뜻은 일반이라, 척왜척화하여 조선을 왜국이 되지 않게 하고 동심합력하여 대사를 이루게 하올세라.

그리고 제2차 공격을 중단한 11월 12일에도 다음과 같은 통고문을 보냅니다.

경군영병京軍營兵에 고시한다
두 차례의 교전을 함에도 후회됨이 이를 데 없다. 당초의 의거는 척사원왜斥邪遠倭뿐이어늘 경군이 사邪를 돕는 것이 어찌 제 뜻에서 나온 것이리오. 필경에는 천리天理로 돌아가는 것이니 이제부터는 서로 싸우지 말고, 부질없이 인명을 상해하지 말고, 민가를 불태우지 말고, 같이 대의大義를 도와 위로는 국가를 돕고 아래로는 백성을 편안하게 할 일뿐이다. 우리가 만일 기만하면 반드시 천죄天罪가 있을 것이요, 임금의 마음을 속일 것 같으면 반드시 자멸할 것이라. 원컨대 하늘을 우러러 해님에게 맹세하여 다시는 상해가 없게 할지어다.

갑오 11월 12일

그러나 농민군의 이와 같은 애국 지성에도 보람없이, 농민군의 주력은 이미 조직적인 싸움을 전개할 여력조차 없었습니다. 농민군은 추격해오는 정부군과 일본군에게 논산 부근, 전주 부근, 금구 부근에서 커다란 타격을 입었고, 그 뒤에는 분산하여 유격 활동을 전개하게 됩니다.

전봉준, 밀고로 붙잡혀 죽다

일본군의 신식 무기로 싸움에서는 패배하였지만, 전봉준은 조금도 기가 꺾이지 않고 재기를 꾀하며 동지들과 함께 남쪽으로 내려갔습니다. 그리고 11월 28일 순창 산골에 머무르며 동지들과 은밀하게 연락을 취할 계획을 세우고 있었습니다.

그러나 정부군은 일본군과 함께 동학 농민군의 잔당을 소탕하는 데 혈안이 되어 전봉준을 생포한 자에게는 막대한 상금을 주겠다고 포고합니다. 그리고 동료를 판 자는 특별히 우대해주겠다는 선전에 현혹된 일부 농민군은 욕망에 눈이 멀어, 도주하여 숨어 있는 농민군을 밀고하여 상금을 타려고 하였습니다.

전봉준도 밀고자의 고발 때문에 동지들과 함께 12월 2일 밤 관헌에 포박되어 즉시 한성으로 압송됩니다. 농민군이 전봉준을 빼돌릴지도 모른다고 우려한 전라도 관찰사는 특별히 일본군에 호송을 부탁하기까지 합니다. 한성으로 호송된 전봉준은 일본 공사관의 감방에 수감됩니다. 전봉준을 구출하기 위한 농민군의 습격을 일본군에게 막게 한 것입니다. 게다가 일본군은 그를 최대의 적으로 간주하고 있었습니다.

그런 만큼 전봉준을 회유하면 백만 대군을 얻는 것과 같았습니다. 일본 공사는 미사여구를 늘어놓으며 그를 회유하려 하였지만, 그는 일본인에게는 한마디도 하지 않았습니다. 그래서 일본 공사는 부득이 그의 신병을 조선 정부에 인도하게 됩니다.

그를 재판하는 법정은 다섯 차례에 걸쳐 열렸지만, 언제나 일본 영사가 배석하여 심문하는 변칙적인 재판이었습니다. 그러나 그는 의연한 태도로 일본 영사를 꾸짖었습니다.

"너는 나의 적이요 나는 너의 적이라. 내 너희를 쳐 없애고 나랏일을 바로잡으려다가 너희 손에 잡혔으니, 너희는 나를 죽이면 될 뿐이니 다른 말은 묻지 말라. 내 적의 손에 죽기는 할지언정 적의 법은 받지 아니하리라."

그는 또한 정부의 법관이 죄인 취급하며 다루려하자 준엄하게 법관을 꾸짖었습니다.

"동학은 잘못된 세상을 바로잡고자 하는 것이니, 탐학한 관리를 없애고 그릇된 정치를 바로잡는 것이 무엇이 잘못이며, 조상의 뼈를 우려 잘못을 저지르며 백성의 피를 빨아먹는 자를 없애는 것이 무엇이 그렇게 잘못이며, 사람으로서 사람을 매매하는 것과 국토를 우롱하여 사복을 채우는 자를 치는 것이 무엇이 잘못이냐. 너희는 외적을 이용하여 제 나라를 해치는 무리이다. 그 죄가 중대하거늘 어찌 도리어 나를 죄인이라 하느냐!"

그는 최후까지 의연하여 주위 사람들을 감동시켰습니다. 하지만 전봉준은 1895년 3월 29일 동지인 손화중, 최경선, 김덕명, 성두한成斗漢들과 함께 사형에 처해집니다.

그는 죽기 직전에 다음과 같은 유시遺詩를 짓습니다.

> 때를 만나서는 천지가 모두 힘을 합치더니
> 운이 다하니 영웅도 스스로 어쩔 수 없구나
> 백성을 사랑하고 정의를 위한 길이 무슨 허물일까만
> 나라를 위한 일편단심 그 누가 알랴

> 時來天地皆同力 시래천지개동력
> 運去英雄不自謀 운거영웅부자모
> 愛民正義我無失 애민정의아무실
> 爲國丹心誰有知 위국단심수유지

그는 사형당하기 직전에 법관이 "가족에게 남길 말이 있으면 말하라"고 하자 다음과 같이 답변하였다고 합니다.

"나는 다른 말은 없다. 나를 죽일진대 종로 네거리에서 목을 베어, 오고 가는 사람들에게 내 피를 뿌려주는 것이 옳거늘 어찌 컴컴한 적굴 속에서 남 모르게 죽이느냐."

이렇게 그는 마흔두 살의 생애를 마칩니다.

침략자 일본 제국주의의 무력에 눌려 동학 농민군의 성스러운 전쟁은 패배하였지만, 전봉준은 우리 농민의 힘을 결집하여 우리 역사에 없었던, 백성을 위한 혁신적인 정부를 세우고자 한 인물이었습니다. 그의 탁월한 지도력에 따라 맨손으로 일어선 농민이 정부군을 쳐부수고 백성들의 오랜 꿈이었던 이상 사회를 실현하기 위하여 집강소를 설치한 것은, 우리 역사에 영원히 빛나는 위대한 업적이었습니다.

그리고 그 뒤에도 계속된 농민군의 항일 투쟁은 곧 항일 의병 운동으로 이어져, 1919년 3·1운동에도 동학의 흐름인 천도교가 커다란 역할을 수행하여 항일 민족 운동의 커다란 토대가 됩니다.

전봉준의 웅지는 헛되이 형장의 이슬로 사라졌지만 백성들의 가슴에 자리 잡은 전봉준에 대한 애정은 사라질 줄 몰랐습니다. 그가 사형 당하자 그를 그리는 동요가 삽시간에 전국으로 퍼져나갔습니다.

새야 새야 파랑새야
녹두밭에 앉지 마라
녹두꽃이 떨어지면
청포 장수 울고 간다

키가 작아서 녹두라고 불린 전봉준을 기리는 이 노래는 지방에 따라 가사를 바꾸어 다양하게 노래되어 왔습니다. 또한 전봉준과는 다른 장소에서 사형당한 김개남을 비롯한 동학 농민군의 젊은 영웅들을 기리는 이야기도 끊이지 않고 전해져 내려오고 있으며, 지금도 많은 문학 작품으로 묘사되고 있습니다.

19. 나라를 구하기 위한 투쟁에서 산화한 사람들

1880년대부터 1910년에 이르기까지, 우리나라를 식민지로 만들려는 일본 제국주의자들의 침략 행위는 극악하기 이를 데 없었습니다. 쓰러져가는 나라의 운명을 구하기 위하여 수많은 애국지사들이 목숨을 걸고 싸웠지만, 그렇게 싸운 보람도 없이 장렬하게 죽음을 당한 사람들은 헤아릴 수 없이 많았습니다. 여러 계층의 사람들이 다양한 싸움을 전개하였는데, 여기에 몇 사람의 전형적인 인물들의 활약상을 엮어보겠습니다.

갑오개혁을 주도한 책임자 김홍집

김홍집(金弘集 : 1842~1896년)은 1894년 조선 정부가 처음 개혁 정책을 시작할 때 총리대신總理大臣을 역임하였지만, 2년 뒤에 그만 비참한 최후를 맞이한 인물입니다.

그는 당시 참판이었던 김영작(金永爵 : 1802~1868년)의 셋째 아들로 태어났습니다. 조정의 고관 집안에서 태어났으므로 어렸을 때부터 과거 공부에 몰두하였고, 1867년(고종 4년) 스물여섯 살에 문과 시험에 합격하여 곧바로 벼슬살이를 하게 됩니다.

그가 벼슬에 오르는 날 그의 아버지는 이렇게 훈계합니다.

"오늘부터 너는 국록을 먹게 되었으니, 책임이 막중하다는 것을 잊어서는 안 된다. 예로부터 국록을 먹는 자는 항상 국사에 심혈을 기울여 국록에 대한 책임을 완수해야 한다."

이는 곧 그의 가문이 당시 권력을 쥔 양반들처럼 사복을 채우는 데 급급하지 않았다는 것을 보여주는 일화입니다.

김홍집은 순조롭게 관직 생활을 지냈습니다. 그가 관직에 든 무렵은 대원군이 독재를 휘두르며 쇄국 정책을 강행하던 때로 1866년 프랑스군과 미국의 해적선이 잇달아 내습하고, 1871년에는 미국의 해군이 내습하여 국제적으로 시끄러울 때였습니다. 또한 1868년의 메이지 유신에 성공한 일본이 1869년부터 우리나라에 새로운 외교 관계를 맺을 것을 강요하고, 일본 국내에서도 조선 침략을 주장하는 '정한론征韓論'이 들끓기 시작한 때입니다. 1875년에는 일본 군함 운요오雲揚가 강화도에 내습하여 소란을 일으키기도 합니다.

이러한 가운데 국내에서는 왕의 아버지 대원군과 왕비인 명성황후(明成皇后 : 1851~1895년, 조선 제26대 왕 고종의 비) 일파의 권력 투쟁이 극도로 치열해져, 1875년 대원군은 마침내 권력을 민씨 일파에게 빼앗기고 맙니다. 젊은 김홍집은 이러한 파벌 투쟁에 휩싸이지 않으려고 조심하면서 직무에 임합니다. 한때는 지방관으로 파견되기도 하였고, 조정의 요직에 임명된 후에는 유능한 행정관으로 인정받게 됩니다. 그가 정계에서 각광을 받게 된 것은 1880년 수신사라는 대임을 띠고 일본에 파견되었을 때부터입니다.

강화도 조약

정권을 장악한 왕비의 일파는 대원군의 강고한 쇄국 정책을 버리고 문호 개방을 내세웠지만, 이는 나약한 굴욕 외교일 뿐이었습니다. 1876년 일본군이 위협하자 애국지사들의 맹렬한 반대에도 불구하고 일본과 '강화도 조약'을 체결합니다. 외교적으로 무지한 왕비와 민씨 일파는 조약 제1조의 "조선은 자주 독립국이며, 일본과 평등한 권리를 가진다"는 조항에 현혹되어 일본의 요구대로 부산 이외에 두 개의 항구를 개항하고, 일본 상품과 조선의 대일 수출품에 관세를 매기지 않으며, 일본 영사관을 설치하고, 일본인 거류민의 재판권은 영사관에 맡긴다는 것을 인정한 것입니다. 이는 도쿠가와德川 막부가 미국 군대의 요구대로 조약을 맺은 것과 완전히 똑같은 굴욕적인 불평등 조약이었습니다.

이 조약에 따라 민씨 일파는 1879년 원산항을 개항하였고, 일본은 또다시 인천항 개항을 강요합니다. 이 조약으로 일본 상품이 노도怒濤와 같은 기세로 유입되며 일본의 침략 의도가 분명해지자 조선에서는 나날이 일본을 배격하는 목소리가 높아졌고, 인천 개항을 반대하는 소리가 온 나라에 가득하였습니다. 궁지에 몰린 민씨 일파는 조약 내용의 개정과 인천 개항을 연기하는 교섭을 위하여 적임자라고 생각한 김홍집을 발탁하게 됩니다.

김홍집은 1880년 6월 25일, 58명의 수행원을 데리고 일본으로 출발하여 7월 6일에 도쿄에 도착합니다. 일본 정부는 겉으로는 크게 환영하는 척하며, 먼저 일왕을 만나는 것부터 시작하여 연일 환영회를 개최하는 일정표를 만들어 현안의 회담을 회피하려 들었습니다.

일본의 각 신문은 이 사절 일행의 내방에 각별한 흥미를 보였습니다.

"일본이 미국과의 불평등 조약으로 고통 받고 그 개정 때문에 고초를 겪은 만큼 조선의 주장은 당연한 것이다."

그리고 김홍집 개인에 대해서도 이렇게 칭송합니다.

"수신사 김씨는 매우 침착한 인물로 학문이 뛰어나고, 달필이며 문장도 참으로 뛰어나다. 침착한 용모에 인품이 온화하고, 이목구비가 수려한 귀공자이다."

일본 정부의 불성실한 태도에 화가 난 김홍집은 일본 정부의 예정표에 전혀 따르려 하지 않았고, 이에 당황한 일본 정부는 그를 달래려고 애를 씁니다. 하지만 그는 7월 16일에 일본 측의 안내 일정에 없는 '공자묘孔子廟'에 참배하고, 청나라 공사관을 방문한 뒤 비로소 다음날부터 일본 정부의 요인들을 만나고 26일에야 겨우 일왕을 만나러 갑니다.

이렇게 김홍집은 위엄을 과시하였지만, 조약 개정을 일체 다루려고 하지 않는 일본 정부의 처사로 외교적으로 아무런 성과도 거두지 못한 채 한 달 만에 빈손으로 귀국할 수밖에 없었습니다. 그들이 일본 방문에서 얻은 성과라면 일본의 근대화에 따른 눈부신 성장 모습과 일본 백성의 의욕에 찬 근로 태도를 상세히 관찰한 것, 수행원으로 함께 간 의원이 새로운 종두법種痘法을 견학하고 돌아온 것 등이었습니다.

「사의조선책략私擬朝鮮策略」

그리고 김홍집은 도쿄에 머무는 동안 친숙해진 청나라 공사관의 참사관 參事官 황준헌(黃遵憲, 황쭌셴 : 1848~1905년)으로부터 일본이 벌이고 있는 구미와의 불평등 조약을 개정하기 위한 방책의 내막, 러시아 제국의 남하 정책 이야기 등을 상세히 듣고 황준헌이 저술한 「사의조선책략私擬朝鮮策略」이라는 논문을 받아옵니다. 이 논문은 조선을 둘러싼 외교 정세와 향후 조선이 취해야 할 외교 정책의 개략을 저술한 것으로, 그 뒤 우리나라의 외교 정책에 커다란 영향을 끼칩니다.

이 논문은 "중국과 친교하고 일본과 화평하며 미국과 관계를 맺어야 한다"는 내용이 담겨 있습니다. 이는 당시 권력을 장악하고 있던 민씨 일파의 외교 정책과 일치하므로 그들은 이 논문을 대대적으로 보급하고, 이 논문을 가지고 돌아온 김홍집을 참의에서 일약 참판으로 승진시킵니다.

이해 11월 일본의 하나부사 공사가 파견되어 인천 개항을 요구하자 정부는 김홍집을 책임자로 보내 교섭을 맡깁니다. 그러나 이때 쇄국론을 주장하는 대원군의 영향 아래 있던 양반들과 전국의 유림들이 일제히 인천 개항을 반대하고 나서며, 「사의조선책략」과 김홍집을 거세게 공격합니다. 집중 공격을 받은 정부는 그 책임을 교섭을 담당한 예조에 뒤집어씌워 예조판서를 잇달아 갈아치웠지만, 교섭 책임자인 김홍집을 대신할 인재를 찾아내지 못하였습니다. 김홍집은 하나부사와의 교섭을 지루하게 끌어 인천 개항을 계속 지연시켰습니다. 하지만 비난이 거세게 일자, 더 이상 견디지 못하고 몇 차례 사표를 제출하였으나 민씨 일파는 이를 수리해주지 않았습니다.

통리기무아문統理機務衙門

전국의 많은 애국지사들이 '위정척사衛正斥邪', '척양척왜斥洋斥倭'를 외치며 한성으로 모여들어 시위에 나서자, 정부는 이에 대응하여 1881년 외교 전문 기관인 '통리기무아문統理機務衙門'을 설치하고 김홍집을 외교 통상 부문의 책임자로 임명합니다. 또한 일본에 많은 유학생을 보내는 한편, 청나라에도 많은 연수생을 보냅니다. 이는 김옥균을 중심으로 한 젊은 관리들의 개화파 운동이 열매를 맺기 시작한 덕분이었습니다.

물론 김홍집은 개화 운동의 지도적 입장에 있었고 개화 운동에 공명하고 있었지만, 과격한 행동을 좋아하지 않는 그는 김옥균 등의 격한 주장에 언제나 거리를 두고 방관하는 듯한 태도를 취하였습니다.

김홍집, 개혁의 바깥에 서다

유림들의 격렬한 항의에 견디다 못한 민씨 정권은 1881년 8월 음모를 꾸미며 대원군의 서자 이재선(李載先 : 1842~1881년, 완은군完恩君)이 유림들과 짜고 왕위 찬탈을 모의하였다는 소문을 퍼뜨리고, 이를 구실로 대량 검거에 나섭니다. 그리고 11월에 이재선을 비롯한 많은 유림들을 역적으로 몰아 처형해버립니다. 이리하여 대원군을 지지하는 유림들의 정부 항의 운동은 철저한 탄압을 받았고, 민씨 일파는 아무 거리낌 없이 외세를 끌어들일 수 있었습니다.

1882년 3월 조선은 미국과 수교 조약을 맺고 영국·독일 등 구미의 여러 나라와도 속속 조약을 체결합니다. 이러한 조약 체결에 따르는 외교적인 실무는 모두 김홍집이 담당하였으며, 조선의 문호 개방 정책의 수행에서 가장 큰 역할을 맡았습니다. 하지만 김홍집은 대원군파와 민씨 일파의 치열한 정쟁에 가담하려 하지 않고 묵묵히 실무에 종사하였습니다. 그런데 독일과의 조약이 체결된 직후인 1882년 6월, 민씨 일파의 정권에 치명적인 타격을 주는 임오군란이 일어납니다.

군인들은 궁궐에 난입하여 민씨 일파의 고관을 살해하고, 일본 공사관을 습격한 것입니다. 일본 공사 하나부사는 허둥지둥 도망치고, 왕비는 변장한 채 궁궐을 빠져나가 잠시 피신하게 됩니다. 군인들의 요망에 따라 다시 정권을 잡은 대원군은 처음 얼마 동안은 김홍집을 상대하지 않았지만, 조선을 탈출한 일본 공사 하나부사가 다시 군함을 이끌고 인천항 밖에 정박하고서 손해 배상을 강력하게 요구하자 부득이 김홍집을 불러내 일본과의 교섭 자리에 앉힙니다.

대원군이 사태 수습에 여념이 없을 동안, 충청도에 숨어 있던 왕비는 민씨 일파와 은밀한 연락을 취하여 청나라군을 궁궐로 끌어들입니다. 그리고는 대원군을 감금하여 다시 청나라로 연행하게 합니다. 이렇게 민씨 일파는 다시 정권 탈환에 성공하였으며, 일본과의 교섭에는 또 다시 김홍집을 내세웁니다. 이로 인해 김홍집은 민씨 일파를 대표하는 전권대신全權大臣 이유원李裕元의 부관으로 굴욕적인 '제물포 조약'에 조인해야 하였습니다.

민씨 일파는 다시 그를 청나라 사절단의 부사로 임명하여 청나라와 무역에 관한 조약을 맺게 합니다. 그는 이때 청나라의 중신에게 대원군의 석방과 귀환을 요구하기도 하였습니다. 청나라에서 돌아온 뒤 한때 경기도 관찰사가 되기도 하고, 1884년에는 예조판서에서 외무독판(外務督辦 : 외무부 장관)

1882년 3월 미국과 수교 조약을 맺고 영국·독일 등 구미의 여러 나라와도 조약을 체결하다.

임오군란

제물포 조약

으로 승진합니다.

갑신정변 그해 10월 개화파에 의해 갑신정변이 일어났지만, 그는 처음부터 이 정변에 가담하지 않았습니다. 또한 수구파 무리에도 가담하지 않으며 중립적 자세를 유지하였습니다. 개화파의 쿠데타는 결국 삼일천하로 끝나고, 김옥균 일행은 일본으로 망명하게 됩니다. 이 혼란으로 일본 공사관이 불타고 일본인 사망자가 나왔다는 이유로 일본의 특파대사 이노우에 카오루가 배상 조건을 내밀러왔을 때, 다시 정권을 잡은 민씨 일파는 김홍집을 내세워 교섭을 진행시킵니다.

한성 조약 이리하여 '한성 조약'이 체결됩니다. 1882년 임오군란 뒤의 '제물포 조약'과 갑신정변 뒤의 '한성 조약'을 통해 일본의 노골적인 야망을 간파한 김홍집은 쓰라린 단장斷腸의 고통을 느끼게 됩니다. 게다가 이 조약도 민씨 일파의 정권을 옹호하는 것일 뿐, 나라에는 도저히 용인될 수 없는 치욕적인 조약이었던 만큼 그는 절망적인 허무감에 빠집니다.

천진 조약 그 뒤 청나라와 일본은 '천진 조약'을 맺고 조선에 파견하였던 군대를 동시에 철수시켰지만, 양국은 걸핏하면 조선의 내정에 간섭하여 심지어 조정의 인사까지 참견하는 형편이었습니다. 그는 마침내 조정의 고관 지위를 버리고 지방의 일개 행정관으로 백성의 생활을 향상시키는 데 도움이 되는 일에 전념하기로 하고, 1889년에 수원부 유수留守가 됩니다. 그러나 고종은 곧 그를 한성에 불러들여 판중추부사判中樞府事에 임명합니다. 이 자리는 정1품 고관이지만 실제적인 책임은 별로 없는 한직이었습니다.

1894년 1월 전라도 고부에서 농민 봉기가 일어났고, 3월에는 농민군이 전국에 격문을 띄워 국가 개혁을 위한 혁명군으로 행동에 나섰습니다. 이에 민씨 일파의 요청으로 5월에 청나라군이 조선에 진주하였는데, 일본도 대군을 이끌고 조선에 침입하여 바로 인천과 한성을 점령하고는 조선 정부에 친일 정부를 구성하고 국정의 개혁을 강요하기에 이릅니다. 그리고 6월 21일에는 궁궐을 점령하여 민씨 일파를 추방하고 대원군을 데려다가 친일 정부를 만들 것을 명하고, 6월 23일에는 청나라와 전쟁을 개시한 것입니다.

결국 갑오개혁의 책임자가 되다

갑오개혁(甲午改革 : 1894년, 고종 31년에 개화당이 집권한 후 종래의 문물제도를 서양의 제도를 본받아 근대적으로 고친 일)은 조선을 완전히 지배하려는 일본 제국주의자들의 야망에 의해 제시된 개혁안인데, 일본의 무력으로 민씨 일파가 추방되기는 하였지만 다년간 국정 개혁을 꿈꿔온 혁신적인 관리들은 이 기회를 노려 우리 민족의 자주적인 혁신 정부를 만들기 위하여 온 힘을 기울입니다.

고종은 일본의 강요로 전권을 대원군에게 양도한다고 선포하였지만, 1882년의 임오군란으로 청나라에 연행된 대원군은 1885년 8월 귀국 후, 은거 상태에 있었습니다. 이미 독자적 정치력을 갖지 못한 대원군은 지도 능력이 없어서 국사는 혁신적인 관리들에게 모든 것을 맡길 수밖에 없었습니다. 혁신적인 관리들은 국왕과 왕비, 그리고 대원군 등의 간섭을 배제하고 과도적인 개혁안이 담긴 법률을 협의하는 '군국기무처軍國機務處'를 설치하고, 6월 25일 김홍집을 영의정으로 하는 신정부를 수립합니다. 학식으로 보나 경험으로 보나 김홍집은 모든 혁신 관리들의 지지를 받는 중심적인 존재였습니다.

신정부는 즉시 새로운 관제를 마련하고 혁신적인 정책을 발표합니다. 6월 28일 군국기무처에서 협의되어 결정된 개혁안은 다음과 같습니다.

1. 지금부터 국내외의 모든 문서에는 개국기년開國紀年을 사용할 것(즉 1894년은 개국 503년이 된다).
2. 청국 정부와 맺은 조약을 개정하고, 열강에 특별 전권공사를 파견할 것.
3. 문벌과 양반 상민의 계급을 타파하고, 귀천에 관계없이 인재를 뽑아 등용할 것.
4. 문무존비文武尊卑의 차별을 폐지하고, 다만 품계에 따라 상견 의례를 규정할 것.
5. 죄인 자신 외의 일체 연좌제를 폐지할 것.
6. 본처와 첩에 모두 자식이 없을 경우 양자들임을 허용할 것.
7. 남녀의 조혼을 엄금하여 남자는 20세, 여자는 16세에 이르러 결혼을 허

군국기무처와 제1차 김홍집 내각

락할 것.

8. 과부의 재혼은 귀천을 막론하고 자유에 맡길 것.

9. 공사 노비법은 일체 혁파하고 인신의 매매는 금할 것.

10. 비록 평민이라도 나라를 이롭게 하고 인민을 편안하게 할 수 있으면 군 국기무처에 글을 올리도록 하여 회의에 붙일 것.

11. 각 아문의 조예(隷 : 하인)는 그 수를 조절하여 상시적으로 두도록 할 것.

12. 조관朝官 이하의 의제衣制를 간소화하고, 사서인士庶人의 복장은 개선하며, 무반의 의제는 근례대로 준행하되 장관將官과 병졸의 구별을 명백히 할 것.

이리하여 이날 이후 정치, 경제, 사회, 문화 등 모든 영역에서 개혁이 추진됩니다.

관제의 개혁과 함께 관리의 급료를 현금으로 지불하기로 하고, 관리 등용에 봉건적인 과거제를 폐지하여 모든 국민이 등용 시험에 참가할 수 있도록 하며, 실무에 필요한 '국문, 한문, 습자, 산수, 국내 정치, 외국 정세' 등의 시험 과목을 두었습니다. 또한 봉건적인 억압의 도구였던 관직을 부르주아적 국가 관리 체제로 바꾸고, 엄격한 '관원 복무 규정'을 발표합니다.

또한 정치 개혁 가운데 궁내부宮內府를 신설하여 정부 사무와 왕실을 분리하고, 궁중의 낭비로 국가 재정을 축내는 것을 엄금한 것은 봉건 관리의 민중 수탈을 근절하고 착취에 신음하는 민중의 요구에 부응하며 국가 재정의 기본을 확립하는 정책이기도 하였습니다.

지방에는 민중의 자치 기관으로 각 면에 '향회鄕會'를 두었습니다(새로 설치한 것은 아니고, 조선 후기 이래 유지되어 오던 것을 법적·제도적으로 추인한 것). 또한 국내의 토지, 산림, 광산은 외국인의 점유나 매매를 일체 금지하여 외국 침략 세력으로부터 국토를 보전하고 국민의 이익을 지키고자 하였습니다.

한편 세제 개혁도 추진하여 세금은 모두 화폐로 거두기로 하고, 번잡한 세제를 없앴으며, 공평하게 과세하여 농민의 생활 안정을 이룩하고, 통화 개혁을 수행하여 무질서한 '도량형'을 통일하였습니다.

이러한 것들은 근대적인 경제 제도를 확립하는 데 더할 나위 없이 중요한 것이었습니다.

교육 면에서도 근대 교육을 추진하기 위하여 많은 청년을 외국에 유학을 보내 근대 지식을 습득케 하고, 국내에 많은 교육 기관을 설치하였으며, 교과서 편찬과 출판을 준비하였습니다. 또한 계급 차별을 철폐하고, 인권을 보장하기 위한 법령을 발표하고, 복장과 형식적인 의식을 간소화하였으며, 모든 주민이 집 앞에 주소, 성명, 직업 등을 기입한 표찰을 걸도록 하고, 아편과 같은 유해물 유입을 일체 엄금하였습니다. 군사 면에서도 독립 국가에 걸맞은 근대적인 군사 조직을 만들 계획을 추진하였습니다.

이와 같이 신정부가 발표한 개혁안은 1884년 갑신정변에서 개화파가 이루려고 한 국정 개혁의 이상을 더욱 구체화한 것으로 백성의 생활을 근본적으로 개선하고 차별과 억압과 착취로 고통받아온 백성을 해방하며, 근대적인 부강한 독립 국가로 만들려는 애국적 정열이 담겨 있었습니다.

그럼에도 불구하고 김홍집을 비롯하여 이 이상적인 개혁안을 추진하던 혁신 관료들 대부분이 양반 출신이었기 때문에 궐기한 동학 농민군의 실태를 파악하지 못하고 농민의 마음을 알 수도 없다는 치명적인 한계를 가지고 있었습니다. 아직 유교 사상으로부터 완전히 벗어나지 못한 그들은 동학을 단지 미신적인 종교로만 생각하고, 농민군의 혁명적인 행동을 사회 질서를 어지럽히는 폭도들의 위험한 폭력 행위로 간주하며 농민군에 대하여 혐오감과 공포감을 품고 있었습니다.

그리하여 국가를 개혁하려는 동지로 함께 싸우자는 동학 농민군의 절규를 겸허하게 받아들일 수 없었으며, 변함없이 수구파인 민씨 일파의 처지에서 농민군 토벌로 기울고 있었습니다. 또한 혁신 관료들은 일본군의 근대적인 장비와 훈련된 강력한 무력을 목격하고 무서워 떨며, 만약 농민군과 동맹하여 일본군에 대항하면 일본군에게 단숨에 격멸되어 모처럼 세운 혁신 정부도 금세 궤멸해버릴 것으로 생각하였습니다.

이 때문에 일본군이 청나라군과의 전쟁에 몰두하느라 다른 것을 돌아볼 틈도 없었을 때, 농민군과 힘을 합쳐 조국의 독립을 보전할 길을 생각해 볼 기회가 있었음에도 그 기회를 놓치고 스스로 무덤을 파는 형세로 빠지고 맙니다.

갑오개혁의 파탄과 김홍집 등의 죽음

청나라 군에 연전연승하던 일본군은 1894년 8월 16일 평양 전투에서 승리를 거두어 조선 내의 청나라군을 일소하고, 9월 24일에는 여순항(旅順港 : 지금의 중국 랴오닝성遼寧省 다롄大連에 속함)을 함락시켜 요서遼西 동쪽 지역과 요동반도遼東半島를 점령합니다.

이제 조선을 완전히 지배할 수 있다고 확신한 일본은 동학 농민군이 일본군 격멸을 기치로 재궐기하여 10만 대군을 충청도에 집결시키자 크게 경악합니다. 일본군은 우선 동학 농민군 토벌에 전력을 기울여, 10월 말 공주 대공방전에서 농민군의 주력을 격파하고 내처 추격을 거듭하여 마침내 농민군을 패퇴시킵니다. 한편 일본 침략자들은 자기들이 전쟁에 몰두하고 있는 사이에 조선의 신정부가 급속하게 개혁을 밀고 나가는 것을 보고 몹시 놀랍니다. 그들은 개혁안을 강요하기는 하였지만 그것은 친일 괴뢰 정부를 만들기 위한 구실이었을 뿐, 조선의 정치가들이 제대로 개혁할 수 없다고 치부하고 있었기 때문입니다.

그러나 짧은 시간에 진전된 개혁 상황을 보니 이대로 진행된다면 조선 사회는 급진적으로 근대화가 진행되어 자주적인 발전의 길을 걸을 것이 분명했습니다. 그렇게 된다면 조선 지배를 꿈꿔온 그들의 야망은 물거품이 되고 말 터였습니다. 당황한 일본은 군국기무처의 해산을 결의하고, 감시를 소홀히 한 책임을 물어 9월 상순 오오토리 케이스케(大鳥圭介 : 1833~1911년) 공사를 파면하고 그 대신 내무대신 이노우에 카오루를 임명합니다. 이노우에는 강화도 조약을 비롯하여 조선 침략에서 항상 선두에 섰던 원흉의 한 사람이었습니다.

이노우에는 고종을 협박하여 자신을 고종의 고문으로 삼게 하고, 군국기무처 개혁 사업에도 트집을 잡습니다.

"결정이 아무리 이상적이라 하여도 세 달이 지나도록 아무 실적도 올리지 못한다면 아예 없는 것과 매한가지다."

이렇게 매도하며 10월 23일부터 24일에 걸쳐 국왕이 참가한 대신들의 회의에서 '20개조'의 개혁안을 강요합니다. 이는 기무처의 협의로 결정하는 정부 구성원과 관리의 인사권을 국왕의 권한으로 되돌린다는 명목으로 이노우에 자신이 모든 인사권을 장악하려는 의도였습니다. 그리하여 기무처를 사실상 유명무실한 것으로 만들어 버립니다. '20개조'

또 이노우에는 평양을 수비하던 청나라군을 격려하는 대원군의 밀서가 평양의 청나라군의 진영에서 발견된 것을 구실로 대원군을 배신자로 규정하여 추방시킵니다. 그리고 청나라군이 패한 후 친일파로 급변한 민씨 일파를 회유하고, 갑신정변 후 일본에 망명하여 친일 주구로 전락한 박영효 이하 변절자들을 기무처에 복귀시켜 권력 쟁탈전을 연출케 하여 개혁 사업을 내부로부터 붕괴시키려는 전술을 취합니다. 이어서 11월 1일 조선 정부가 이노우에의 양해 없이 네 명의 법관을 채용한 것을 트집 잡아, 11월 2일 국왕의 고문인 자신을 무시하였으니 개혁안을 철회하고 무력 간섭을 하겠다는 '항의각서抗議覺書'를 들이밀게 됩니다. 항의각서抗議覺書

고종이 이런 이노우에의 압력에 굴복하자, 이노우에는 11월 10일 고종과 정부 대신들로부터 "20개조 개혁안을 책임지고 수행한다"는 서약서를 받고, 11월 12일에는 박영효를 비롯한 친일 분자에게 새로운 정부를 만든다는 내각 개편안을 강요합니다. 이리하여 박영효, 서광범 등을 포함한 제2차 김홍집 내각이 성립됩니다. 김홍집은 고종의 설득 때문에 총리대신직을 사퇴하지 못하고 마지못하여 타협하게 됩니다. 제2차 김홍집 내각

이노우에의 강요에 의해 11월 21일 군국기무처는 해산되고 국왕이 전제하는 봉건적 기구로 되돌려져, 갑오개혁은 좌절되고 맙니다. 이노우에는 일본의 간섭으로 개혁 사업이 실패한 것을 숨기기 위하여 12월에 국왕 명의로 '홍범14조洪範十四條'(고종 31년, 1894년 12월 제정)를 제정합니다. 이것은 이노우에가 내놓은 '20개조 개혁안'의 내용을 그대로 재탕한 것으로, 정부가 하는 일에 모두 일본의 침략자가 간섭한다는 사실상의 '내정 간섭안'에 지나지 않 홍범14조

았습니다.

　　또한 대원군을 아주 싫어한 이노우에는 "대원군은 동학 농민군과 내통하고 있었다"는 허위 사실을 유포합니다. 이에 김홍집은 애써 사실무근이라며 대원군을 두둔합니다. 그런데 이전에는 민씨 일파에게 국적國敵으로 지목되어 목숨이 위태로웠던 박영효가 이노우에의 조종으로 민씨 일파와 손을 잡고, 민씨 일파와 한 몸이 되어 대원군을 공격하기 시작합니다. 김홍집은 대원군을 옹호하다가 궁지에 몰려 1895년 5월 5일에 사직하고, 박영효를 중심으로 새로운 내각이 성립됩니다(총리대신은 박정양朴定陽임).

삼국간섭

　　1895년, 일본군은 다시 산동 반도山東半島의 위해위威海衛를 점령하는 한편 대만도 점령합니다. 이에 청나라는 3월 시모노세키下關에서 청일 강화 조약을 맺게 되었고,* 일본은 청나라로부터 요동 반도와 대만, 그리고 배상금 2억 엔을 받는 데 성공합니다. 그런데 그 직후인 4월에 러시아, 프랑스, 독일 등의 삼국이 일본에 "요동 반도를 청나라에 반환하라"고 강요합니다. 일본은 이 삼국간섭에 굴복하여 요동 반도를 청나라에 돌려주게 됩니다.

　　이 삼국간섭은 조선에도 영향을 미쳤습니다. 한때 친일로 기울던 민씨 일파는 태도를 바꾸어 러시아에 접근합니다. 그리하여 일본 침략자의 내정 간섭에 저항하고, 같은 해 윤5월(양력 7월)에 박영효를 비롯한 많은 친일파를 몰아냅니다. 박영효 등은 다시 일본으로 망명하였고, 이노우에는 사태에 책임을 지고 일본으로 소환됩니다. 박영효 등이 떠나자 김홍집은 다시 왕의 부름을 받고 7월에 총리대신으로 복귀하여 활약합니다.

을미사변 그리고 제3차 김홍집 내각

　　하지만 이노우에를 대신하여 일본 공사로 부임한 미우라 고로오三浦梧樓는 이노우에보다 더욱 흉포한 인간이었습니다. 그는 부임 직후인 8월 19일 밤부터 일본병과 일본의 불량배를 동원하여 왕궁을 침입하여 왕비를 시해하고 불을 지르는 포학한 행위를 저지릅니다. '을미사변乙未事變'(1895년)이라고 불리는 이 사건은 우리 국민을 극도로 격분시켜 항일 운동을 불러일으켰고,

---

* 이를 시모노세키조약이라고 하는데, 청·일전쟁의 전후처리를 위해 1895년 4월 17일 청국과 일본이 일본 시모노세키에서 체결한 강화조약을 말한다. 이를 하관조약下關條約 또는 마관조약馬關條約이라고도 한다.

미우라는 이에 책임을 지고 일본에 소환됩니다. 이러한 와중에 내각 개편이 단행되고 김홍집의 제3차 내각이 성립됩니다.

그러나 내외 정세가 매우 혼란스러워, 10월 11일에는 미국인 군사 고문 등이 음모를 꾸며 국왕을 미국 공사관으로 납치하려는 계획을 세우기도 합니다. 이 계획은 실패하고 이 사건에 가담한 사람들은 처형되고 말았지만, 피비린내 나는 사건이 잇따릅니다. 그리고 1895년의 11월 17일, 정부는 '개국 505년 1월 1일'로 하여 이후 양력을 사용하기로 결정합니다.

1896년 1월 초부터 강원도를 비롯한 전국 각지에서 항일 의병 운동이 일어나고, 친일파로 지목된 관리들이 도처에서 살해됩니다. 이렇게 시끄러운 정세 속에서 2월 10일 러시아 공사는 음모를 꾸며 국왕 부자를 러시아 공사관으로 납치 감금하고,* 국왕에게 친로 내각親露內閣 구성을 강요합니다. 정적들의 계략을 전혀 눈치 채지 못하고 내각 사무실에 앉아 있던 김홍집은 왕이 러시아 공사관에 가 있다는 소식을 듣고 당황하여 국왕이 있는 곳으로 급히 달려가려고 궁궐을 나왔다가 광화문 앞 길거리에서 친로파 테러단에게 참살되고 맙니다. 함께 가던 농상공부대신農商工部大臣 정병하(鄭秉夏 : 1849~1896년)도 그 자리에서 살해됩니다. 그리고 대신의 한 사람인 어윤중도 귀향 도중에 병사의 손에 죽고, 몇몇 대신은 일본으로 망명합니다.

김홍집이 광화문 앞에서 테러단에 포위되었을 때, 수행하고 있던 부하가 길 맞은편의 일본 수비대로 도망칠 것을 권유하였지만, 그는 침통한 표정으로 이를 거절합니다. 그는 "나라가 이 지경에 처하였는데 헛되이 도망쳐 살아난들 무슨 소용이겠느냐"며 의연하게 죽음을 맞이하였다고 합니다.

그는 '친일 반역자'라는 오명으로 살해되어, 후세 역사가 중에는 그를 친일파의 거두로 비난하는 사람도 있습니다. 하지만 근대사 연구가 가운데는 그를 다음과 같이 새롭게 평가하는 사람들도 있습니다.

"그는 결코 친일파가 아니며, 일본 침략자들의 정체를 간파하고 근대적

---

* 이를 아관파천俄館播遷이라고 한다. 명성황후가 시해된 을미사변乙未事變 이후, 1896년 2월 친로 세력과 러시아 공사가 공모하여 비밀리에 고종을 러시아 공사관으로 옮긴 사건을 말한다.

인 혁신 정부를 만들기 위하여 노력을 거듭하였으며, 갑오개혁으로 최대의 실적을 쌓아올린 애국자이다."

언제나 냉정하고 침착하였던 그는 물욕에 연연하지 않는 청결한 선비였습니다. 그는 후배 김옥균처럼 정열적인 사람도 아니며, 유교적인 충군 애국 사상에서 완전히 벗어나지도 못한 사람이었습니다. 따라서 혁명적인 것과는 거리가 먼 사람이었지만, 멸망에 처한 조국을 구하기 위하여 싸우다가 비극적인 말로를 맞이한 인물임에는 틀림없습니다.

철저히 완고했던 유학자 최익현

비록 1894년 동학 농민 운동이 일본 침략군으로 인해 실패하였지만, 그후에도 그들의 포학하기 그지없는 태도에 민중의 분노는 거듭 불타올랐습니다. 1895년 8월 20일(양력 10월 8일) 일본 공사 등이 왕비인 명성황후를 시해하자 전국적으로 '멸왜토적滅倭討敵'의 소리가 고조되기에 이릅니다. 이에 각지에서 궐기한 애국지사들은 항일 의병 투쟁을 전개하며, 도처에서 일본군 수비대와 악질적인 친일 분자들을 공격합니다.

이 투쟁은 여러 형태로 표출되어 1910년 조선이 망한 후에도 지속되었는데 구국을 위한 투쟁에 생명을 바친 사람은 헤아릴 수 없으며, 죽음을 무릅쓰고 일본군 격멸을 위하여 떨쳐 일어난 애국자들은 1908년만 하더라도 7만여 명에 달하였습니다.

장렬한 항일 의병 투쟁 속에서 전형적인 투쟁 기록을 남기고 죽은 두 애국지사의 이야기를 여기에 소개하겠습니다.

최익현(崔益鉉 : 1833~1906년)은 경기도 포천抱川에서 태어났는데, 그는 신라 말기의 대문호 최치원의 자손이며 그의 집안은 고려 시대부터 문관을 배출한 명문이었습니다.

그는 여섯 살 때부터 한학을 배우기 시작하여, 열네 살 때 당시 대학자로 일컬어지던 이항로(李恒老 : 1792~1868년)의 가르침을 받았습니다. 이항로는 유명한 유학자였으나 관직에 오르지 않고, 많은 제자들에게 철저한 애국심을 심어준 것으로 알려진 인물입니다.

　수재로 소문이 자자하였던 최익현은 1855년 스물세 살 때 과거에 합격하여 조정의 관직을 역임하였지만, 서른네 살 때 어머니 상을 당해 관직을 떠납니다. 1868년 상을 마치고 다시 사헌부 지평(持平 : 정5품의 감찰관)에 임명되었는데, 당시 정권은 고종의 아버지인 대원군의 독재 아래 있었습니다. 대원군은 당시 정부의 혼란한 조직을 과감하게 뜯어고치는 내정 개혁에서 위력을 발휘하였습니다. 그러나 경복궁景福宮 중건 등의 재원을 대기 위하여 과도하게 무거운 세금을 매겨 원성이 자자하였습니다.

　최익현은 우국지사들의 선두에 서서 대원군의 정책 개선을 단호하게 요구하였습니다. 비록 '경복궁의 무리한 공사를 중지하여 일체의 악세惡稅를 폐지하고, 백성을 괴롭히는 일을 중지하며 경제를 바로 세울 것'을 요청한 그의 상소문은 즉각 문제시되어 그는 관직에서 추방되고 말았지만, 그의 용기 있는 발언은 세인의 격찬을 받았습니다. 조정의 고관들이 그를 달래기 위하여 관직을 주기도 하였습니다. 하지만 그는 취임을 거부하고 정책 비판에 앞장섰습니다. 그리고 그의 활발한 정책 비판으로 권력 앞에서 침묵을 지키고 있던 유림들이 떨쳐 일어나 대원군 비판 여론이 전국적으로 터져 나옵니다.

　1873년 그는 또다시 '대원군 하야, 정책 반대로 처벌된 사람들의 복권, 악세 폐지, 왕족의 정치 개입 반대' 등을 내걸고 맹렬한 공격을 전개합니다. 그런데 이런 대원군 비판 여론은 대원군을 몰아내고 권력을 탈취하려는 민씨 일파에게 이용되는 결과를 낳았습니다. 그리하여 대원군이 권좌에서 쫓겨난 반면, 그도 제주도로 유배됩니다. 그리고 중앙 정권은 왕이 친정한다는 명분 아래 민씨 일파의 수중에 떨어지고 맙니다.

　2년 뒤, 그는 유배에서 풀려나 한성으로 돌아왔습니다. 당시 한성은 일본 군함 운요오호가 강화도를 침략한 사건 때문에 침략자 일본을 배격하자는 목소리로 들끓고 있었습니다. 그러나 권력을 장악하고 있던 민씨 일파는 굴욕적인 외교를 전개하여 일본의 요구대로 수호 조약을 맺는 교섭을 진행하고 있었습니다.

　이런 상황을 알고 격분한 최익현은 1876년 1월 도끼를 들고 궁궐 앞에

꿇어 엎드려 일본을 배격하는 상소문을 제출합니다. 도끼를 가지고 간 것은 목숨을 건 제안이라는 강한 의지를 표명하기 위함이었습니다.

첫째, 이번 강화는 우리 측이 일본이 두려워 일시적으로 숨을 돌리려는 계책에서 나온 것이고, 또 일본은 앞으로 계속 탐욕을 나타낼 것인바 우리는 이를 충족시킬 수 없으므로 난망亂亡하게 될 것이다.

둘째, 저들의 물화는 사치품이고 우리 것은 생활 필수품이니 양쪽의 교역이 시작되면 몇 년 가지 못해 우리는 난망하게 될 것이다.

셋째, 저들과 강화를 하게 되면 사학(邪學 : 천주교)이 전국에 만연하게 됨에 난망하게 될 것이다.

넷째, 저들은 우리의 재산과 부녀자를 겁탈할 것이므로 난망하게 될 것이다.

다섯째, 저들은 돈과 색욕만을 알고 사람의 도리를 모르는 짐승들이니, 저들과 접촉하면 짐승처럼 되어 난망하게 될 것이다.

이러한 그의 제안을 민씨 일파가 받아들일 리 없었습니다. 그는 황해도의 외딴 섬 흑산도黑山島로 유배되었고, 치욕적인 수호 조약은 체결되고 맙니다. 4년의 유배 생활을 마치고 고향에 돌아온 그는 학문 연구와 청년 교육에 힘을 기울입니다.

만인소萬人疏   한편 민씨 일파는 계속 굴욕적인 외교를 추진하여 미국과 영국과도 수호 조약을 체결하려고 하였습니다. 이로 인해 유림들의 반대 운동이 전국적으로 일어나고, 1881년 2월에는 '위정척사衛正斥邪'로 명성을 떨친 '만인소萬人疏'가 제출되었는데,* 최익현은 여기서 지도적인 역할을 맡게 됩니다. 그를 비롯한 유학자들의 개국 반대론은 애국적인 정열에서 비롯된 것이었으나 역사의 흐름에는 역행하는 것이었습니다. 그래서 1882년에 구미 열강과 조약

* 위정척사는 외국의 문물을 배척하고 유교 전통을 지키는 일이다. 위정衛正이란 바른 것, 즉 성리학과 그 질서를 지키자는 것이고, 척사斥邪란 사악한 것, 즉 성리학 이외의 모든 종교와 사상을 배척하자는 것이다. 만인소는 조선시대 때 1만 여 유생儒生들이 정부 시책에 대해 집단적으로 연명하여 올린 소疏를 말한다.

이 체결되고 임오군란이라는 대변동이 있었음에도 불구하고, 그들의 운동은 구국에 아무런 도움이 되지 못하였습니다.

1884년 10월, 갑신정변이 일어나자 그는 크게 분노하여 궁궐로 급히 달려갔지만, 완전히 무시당한 채 커다란 실망감을 안고 향리로 돌아갈 수밖에 없었습니다. 또 1894년 온 백성의 피를 들끓게 한 동학 농민 운동이 일어나자 다시 궁궐로 달려갔지만, 일본군이 궁궐을 포위하고 있는 것을 보고는 그대로 향리로 돌아가야 하였습니다. 같은 해 새로운 혁신 정책을 내걸며 등장한 대원군 정권은 최익현의 애국적인 열정을 높이 사 신정권의 호조판서로 영입하려 하였지만, 그는 일본군이 후원자로 있는 정권에는 전혀 관심을 보이지 않았습니다.

최익현은 1895년 친일파의 거두인 박영효가 정권의 중심에 앉는 것에 분노하여 박영효 추방과 양복 착용 반대를 주장하는 의견서를 제출합니다. 전국의 유림들이 절대적으로 지지하는 그의 의견은 어느 정도 효과를 발휘하여, 박영효는 얼마 후 정권에서 추방되어 다시 일본으로 망명을 합니다.

그 후 1895년 일본 공사 등에 의한 명성황후 시해 사건이 일어나고, 잇달아 전국의 유림들을 격분케 한 '단발령'이 공포되자, 전국 각지에서 항일 의병 투쟁이 일어납니다. 그도 향리에서 단식 투쟁을 벌이면서 전국의 유림들에게 궐기를 호소합니다. 그러나 이 혼란 속에서 러시아 세력을 빌려 정권을 장악하려는 일파가 1896년 2월 왕을 러시아 공사관으로 옮기고 의병 운동을 가라앉혀 안정을 꾀하려 하였습니다. 그리하여 그들은 단발령 중지를 발표하고 최익현을 조정의 고관에 임명하여 의병 운동을 진압하려고 하였습니다. 최익현은 이 제의를 거절하였지만, 의병 운동은 정부의 회유책으로 일시 가라앉게 됩니다.

그는 여전히 국정을 비판하는 의견서를 제출하면서, 1900년에 향리의 집을 정리하고 충청도 정산定山으로 이사를 합니다. 그 뒤 경상도, 전라도의 각지를 순회하며 동지들과 함께 구국을 위한 방책을 논의합니다.

정세는 급변하여 일본은 1904년 2월 러시아와 전쟁을 일으키고, 조선 정부를 협박하여 '한일의정서韓日議定書'(1904년 2월 23일)를 성립시키기에 이릅니

한일의정서와 제1차 한일협약

다. 8월에는 '제1차 한일협약(韓日協約 : 일본이 고문정치顧問政治를 실시하기 위해 맺은 조약)'을 강요하여 정부 내에 일본인 관리를 참여시켰는데, 차츰 주권을 잃은 고종은 최익현의 처소로 남몰래 밀사를 보내 긴급 사태에 대해 자문을 구하게 됩니다. 이미 일흔두 살의 고령이었던 그는 덕수궁德壽宮에 있는 왕을 알현하여 일본에 의지하지 말고 외세를 몰아내 독립을 지키는 정책을 세우도록 권유합니다. 그러나 왕은 이미 그의 의견을 받아들일 힘이 없었습니다.

그는 한성에 머무르며 여론을 일으키기 위하여 동지들과 상의하며 상소문을 잇달아 제출합니다. 이러한 그의 활동에 불안을 느낀 일본 헌병대는 1905년 그를 체포하여 충청도의 집으로 추방하지만, 그는 몰래 한성으로 되돌아와 유림들과 연락을 취하였습니다.

최익현, 매국적인 을사조약에 반대하여 궐기하다

제2차 한일협약

1905년 11월 17일 일본의 특파대사 이토 히로부미(伊藤博文 : 1841~1909년)는 헌병들을 이끌고 왕궁에 들어가 왕을 협박하여 각료 회의를 열었습니다. 그리고 '제2차 한일협약'을 조인시켰는데, 그 내용은 다음과 같습니다.

지금부터 조선 정부의 외교 관계는 일체 일본 정부가 지도 감독한다. 일본 정부를 경유하지 않고서는 어떠한 조약도 협정도 체결할 수 없다.
조선 황제 아래 통감統監을 두고, 각 지방에는 통감이 직접 일본인 이사관理事官을 둔다. 조선의 모든 중앙 및 지방 행정은 일본인 통감, 이사관이 장악한다.

이에 따라 사실상 우리나라의 주권은 일본에 빼앗기게 되었습니다.

을사조약乙巳條約

이를 '을사조약(乙巳條約 : 공식 명칭은 한일협상조약이며, 제2차 한일협약, 을사늑약乙巳勒約이라고도 함)'이라 하는데 조약에 찬성한 다섯 명의 대신을 '을사오적乙巳五賊'이라 불렀고, 『황성신문皇城新聞』에서는 「시일야방성대곡是日也放聲大哭」이라는 제목으로 매국 조약의 내용을 폭로하며 국민들의 궐기를 호소하였습니다.

때마침 향리로 돌아가 있던 최익현은 이 매국 조약이 체결되었다는 소식을 듣고 급히 한성으로 달려가 '매국 조약의 파기, 오적의 처형'을 호소하며, 유림을 총동원하여 대대적인 반대 운동을 전개하려 하였습니다. 그러나 일본군의 방해로 아무런 성과도 올릴 수 없게 되자, 최후의 수단으로 의병을 일으켜 죽는 순간까지 일본 침략자와 싸울 결의를 굳힙니다.

그는 제자인 임병찬(林秉瓚 : 1851~1916년, 의병장)의 협력 아래, 1906년 6월 전라도 태인에서 봉기를 선포합니다. 그는 선조 최치원을 모신 이곳의 '무성서원武城書院'에서 의병 깃발을 내걸어 전국 유림들에게 궐기를 호소하고, 일본 정부에 대해서도 16개조의 죄상을 열거하며 일본군의 즉각 철수를 요구합니다. 동시에 국왕에게 상소문을 올려 다음과 같은 결의를 표명합니다.

> 나라가 존망의 위기에 처하여 많은 동지들과 함께 죽을 각오로 싸우기로 작정하고, 의로운 깃발을 높이 내걸고 도성으로 북상할 계획입니다.

그러나 이때 집결한 의병은 겨우 80여 명에 지나지 않았고, 무장도 빈약하였습니다. 그는 무장을 강화하기 위하여 정읍, 순창, 담양, 동복, 곡성의 통치 기관과 일본의 헌병대를 잇달아 습격하여 군세를 강화하고 순창에 병력을 집중시킵니다. 그러나 이곳에서 일본군과 관군에 포위되어 격전을 벌인 끝에 패하여, 동지 13명과 함께 한성으로 압송되어 일본군 사령부에 감금되고 맙니다.

일본은 유림들에게 절대적인 영향력을 가진 그를 이용하려고 온갖 수단을 다 써보았지만 그는 결코 회유책에 넘어가지 않았습니다. 일본은 그를 대마도 병영으로 옮기고, 단발에 응하면 석방하고 우대해주겠다며 회유하였습니다. 그러나 그는 적들의 요구를 일체 거절하고, "적이 주는 밥을 먹고 사느니 굶어 죽는 쪽이 낫다"라면서 단식을 시작합니다.

대마도의 일본군 수비대장은 크게 당황하여, "선생의 식사비는 조선 국왕이 보내오고 있습니다"라고 그를 달랬다고 합니다. 충군애국의 유학 사상에 집착하고 있던 그는 국왕이 내린 식사라는 말에 비로소 단식을 중단하였지만, 일흔네 살의 노령에 옥중 생활의 무리가 따라 12월 20일(음력 11월 5일) 마침내 대마도의 감옥에서 병사하고 맙니다.

최익현은 주자학 사상에 철저한 유학자로, 새로운 사상을 이해하지도 못하고 민중 편에 서서 싸울 줄도 몰랐던 완고하기 짝이 없는 사람이었던 만큼 오히려 보수 반동적인 권력자들에게 이용당하는 경향이 있었습니다. 그런 만큼 일본의 침략자들은 그를 높이 평가하여 최후까지 그를 이용할 계획을 포기하지 않았습니다. 그러나 강렬한 애국심의 소유자였던 그는 기울어가는 나라를 구하기 위하여 항상 선두에 서서 외세 배격을 부르짖었고, 노구를 이끌고 침략군에 맞서 떨쳐 일어났던 것입니다.

그는 죽기 직전에도 대마도의 옥중에서 왕에 대한 유언을 구술하였습니다. 그 글에서 그는 '의타심을 버리고 자립 정신을 가지고 나라를 지킬 것'을 거듭 호소하며, "일본은 가까운 장래에 반드시 패한다"고 예언하였습니다.

그의 유해가 부산항에 돌아왔을 때 전국의 유림을 비롯한 수십만 군중이 부두에 운집하여 '춘추대의 일월고충春秋大義日月高忠'이라는 조기를 걸고 통곡하였습니다. 이 말대로 평생을 애국의 대의로 일관한 그는 지금도 영예로운 충군애국 지사로 기려지고 있습니다.

호방하고 담대한 의병장 이강년

이강년(李康秊 : 1858~1908년)은 1858년 12월 경상북도 문경聞慶의 가난한 선비 집안에서 태어났습니다. 그는 위풍당당한 체격에 눈매가 예리하고 목소리는 우렁차며 담력이 뛰어났다고 합니다.

어린 시절부터 학문에 뜻을 두어 유명한 유학자 이항로의 애제자가 되었고, 학자로 명성을 떨치던 유인석(柳麟錫 : 1842~1915년, 학자이며 의병대장)의 가르침을 받아 이내 수재로 알려지게 됩니다. 스승 유인석은 학문이 뛰어날 뿐만 아니라 열렬한 애국자로 의병대장이 되어 구국 운동을 벌였고, 후에 중국 동북 지방(만주)에 건너가 조국의 독립을 위하여 싸운 사람이었습니다. 이러한 애국자의 지도를 받은 소년 이강년은 커다란 포부를 품고 상경하여, 1880년 무과 시험에 합격하여 무관으로 관직에 들어섭니다. 약관 스무 살 때입니다.

이강년이 스물두 살이던 1882년 임오군란이라는 군인 폭동이 일어나고, 1884년에 갑신정변이 일어납니다. 이강년은 보수색이 강한 주자학 계통의 학자에게 배웠다 해도 시류에 민감한 젊은 나이였으므로, 그 소용돌이 속에 휘말려들었을 것으로 생각됩니다. 하지만 그는 갑신정변의 지도자들이 일을 너무 서둔 나머지 일본에 이용당하다가 실패하고 궁궐이 일본군에게 점령되기도 하고 청나라군에 점령되기도 하며, 권력을 가진 양반들이 우왕좌왕하는 모습을 보고 비분강개한 나머지 향리로 돌아갑니다.

그는 독서와 농사로 세월을 보내다가 1894년 동학 농민 운동을 맞이합니다. 전라도 백산에 집결한 동학 농민군이 전국의 농민에게 궐기를 호소하자 곳곳에서 농민들이 들고일어나 동학군의 깃발을 내걸었으며, 그도 자진하여 그 깃발 아래 들어갔습니다. 유학자가 동학에 가담하는 것은 이단으로 취급되었지만, 부패한 권력자를 몰아내고 나라를 침략하는 외적을 배격하여 새로운 나라를 건설하자는 동학군의 호소에 그는 깊이 공명하였습니다.

문경 지방에서 일어선 농민들은 그를 즉시 지휘자로 맞이합니다. 이리하여 문경의 동학군 대장이 된 그는 농민군을 이끌고 문경을 비롯한 근처 여러 고을의 관청을 습격하여 탐관을 추방하며 눈부신 활약을 계속합니다. 그러나 동학 농민군의 주력이 공주 대공방전에서 패하자 전국 각지의 농민군은 일본군과 정부군의 연합 토벌대의 공격을 받아 뿔뿔이 흩어져버리고, 그가 이끄는 동학군도 싸움을 중지하고 해산할 수밖에 없었습니다.

청나라와 싸워 이겨 기세가 오른 일본 침략자는 1895년 명성황후 시해 사건을 저지르고, 이어서 단발령을 포고하여 전 국민을 격분시켜 일본 타도의 목소리는 날이 갈수록 높아져갔습니다. 이강년도 민중의 분노를 결집하여 다시 항일 구국의 군사를 일으킬 때라고 생각하고, 전에 친분이 있던 판서 출신의 심상훈沈相薰을 찾아 한성으로 올라가 함께 궐기하자고 호소합니다. 그러나 심상훈은 자신에게는 그러한 힘이 없다면서 사양하자, 비겁한 태도에 격분한 그는 심상훈을 엄히 꾸짖고 즉시 고향으로 돌아와 홀로 기병을 준비합니다.

그는 1896년 1월 11일 문경군 농암籠岩에서 의병 깃발을 올립니다. 그의 나이 서른여섯 살 때의 일로, 강원도 춘천에서 궐기한 이소응(李昭應 : 1852~1930년) 의병대장의 거병 시기와 거의 같았습니다. 이렇게 그는 항일 의병 투쟁의 선봉에 서게 됩니다.

이강년은 우선 일본군의 앞잡이가 되어 민중에게 못된 짓만을 해온 경상도 관찰사 김석중金奭中과 그의 부하를 도태道胎 시장에서 붙잡아, 장에 모인 군중 앞에서 그들의 매국적인 죄상을 폭로하고 목을 쳐 처형합니다. 그리고 "나라의 적을 없애기 위하여 총궐기하여 의병 부대에 참가하자"는 격정적인 연설을 합니다. 이에 감동한 젊은이 3백여 명이 즉시 의병 부대에 참가하여 그의 부대는 금세 강력한 세력을 갖게 됩니다. 그들 부대는 1월 15일 문경 마고성麻姑城에서 일본군과 최초의 격전을 치러 적에게 커다란 손실을 입혔으며, 안동安東에서 궐기한 의병대장 권의연權義淵을 찾아가 공동 작전을 협의합니다. 1월 19일에는 충청도 제천堤川에서 은사인 유인석이 궐기하였다는 소식을 듣고 부대를 이끌고 스승의 진영으로 급히 달려갑니다.

그는 이곳에서 스승의 부대에 합류하여 유인석의 지휘 아래 소백산맥小白山脈의 요로인 새재(조령鳥嶺) 일대에서 일본군의 진로를 차단하고, 충북과 경북에 주둔한 일본군의 진지를 급습하여 잇달아 빛나는 전과를 올립니다. 그러나 4월이 되어 일본군과 관군이 연합한 대부대의 포위 작전으로 고전을 치루고, 총대장 유인석은 의병군의 재강화를 위하여 국경인 압록강을 건너 중국의 요동 지방으로 건너가게 됩니다.

이강년도 부대를 이끌고 유인석의 뒤를 쫓아가려 하였지만, 강원도 영월寧越에서 앞길을 저지당하여 소백산맥으로 되돌아가 유격전을 전개합니다. 그러나 시간이 흐르면서 전사자와 이탈자가 속출하고 식량도 떨어져 7월에는 마침내 부대를 해산하게 됩니다. 그는 부대를 해산한 뒤에도 각지에서 활동을 전개하고 있는 의병 부대와 연락을 취하며 재기를 꾀하였지만, 1897년 5월 조정의 회유책으로 의병 부대를 해산합니다.

울분을 풀 길이 없던 이강년은 1898년 4월 요동에 있는 스승 유인석을 찾아 먼 길을 떠납니다. 유인석은 요동에서 의병 부대를 재편성하여 청나라의 원조를 얻어 국내로 진입할 계획을 가지고 있었습니다. 그러나 청나라는 원조는커녕 무기를 들고 훈련하는 것조차 금지하였고, 그는 연금이나 다름없는 상태로 번민의 나날을 보내고 있었습니다. 스승 유인석은 이강년에게 정세가 불리하니 은인자중하며 때가 오기를 기다릴 수밖에 없다고 타일렀습니다.

크게 낙담하여 7월에 귀국한 그는 향리인 문경에서는 살 수 없어서 적의 추격을 피하여 단양丹陽의 오지에 있는 금악동金岳洞에서 늙은 어머니를 모시고 가족과 함께 가난하게 살게 됩니다. 그는 이따금 깊은 산에 들어가 약초를 캐서 곡물로 바꾸어 그럭저럭 생계를 꾸리며, 유학 연구에 전념하여 이항로의 문집 편찬에 힘을 쏟기도 합니다.

의병장으로 싸우다 장렬하게 최후를 맞다

'을사조약'이 체결된 뒤, 1906년 벽두에 전국적으로 의병 운동이 다시 일어납니다. 대표적인 것은 1906년 3월 충청도 정산에서 궐기한 민종식(閔宗植 : 1860~1917년), 4월 경상도 영해에서 일어선 농민 신돌석(申乭石 : 1878~1908년), 전라도 태인에서 깃발을 올린 최익현 등이었습니다.

이강년은 단양군 일대 여기저기를 뛰어다니며 동지들을 규합하여 1907년 3월 영춘에서 대망의 재기의 깃발을 올립니다. 그러나 그와 행동을 함께한 사람은 겨우 여섯 명에 지나지 않았고, 게다가 첫 전투에서 그는 칼을 뽑아들고 단신으로 적진에 깊숙이 쳐들어가기도 하였지만 아군은 뿔뿔이 흩어지는 등 고난의 출발이었습니다. 바로 뒤 그는 적의 복병을 만나 얼굴을 잘리는 중상도 입게 됩니다. 그러나 용맹 과감한 그의 활약상이 널리 소문이 나서 그의 진영으로 속속 의병이 모여들어 이윽고 1천여 명이 넘게 됩니다. 그 무렵 고종은 그의 용맹함을 전해 듣고 그에게 밀서를 보내 격려하기도 하였습니다.

그해 8월, 그는 원주에서 활약하는 민긍호(閔肯鎬 : 1865?~1908년) 부대와

순흥 전투 연합하여 충주의 일본군을 공격할 작전을 세우게 됩니다. 그러나 계획이 진
척되지 않자 작전을 바꿔 문경으로 진격하여 적을 무찌르고, 예천, 영주, 봉
화, 안동, 순흥, 영월, 영춘 등 경상도와 강원도, 충청도 각지에 걸쳐 잇달아
일본군에게 커다란 타격을 주어 일본군을 두려움에 떨게 만듭니다. 그는 다
른 의병 부대와 교묘한 공동 작전을 꾸몄는데, 특히 신돌석 부대와 연합하여
적을 대파한 순흥 전투는 유명합니다.

각지에서 일본군을 격파하며 크게 기세를 올린 의병 부대는 1907년 12
월에 전국적인 연합 부대를 편성하여 한성으로 진격할 계획을 세웁니다. 의
병 부대는 일본의 통감부를 단숨에 격파하고 보호 조약을 파기할 계획이었
습니다. 의병 부대의 일부는 동대문 밖 30리(12킬로미터) 지점까지 진격하였지
만, 의병 부대의 동향을 미리 파악하고 있던 일본군이 기선을 제압하여 맹공
을 퍼부었습니다. 의병 부대와 일본군의 장비는 하늘과 땅 차이가 났습니다.
일본의 화력에 당해내지 못한 의병 부대는 후퇴할 수밖에 없었습니다.

게다가 이 중대한 전투 중에 의병 연합군의 총대장인 이인영(李麟榮 :
1868?~1909년)이 부친상을 당하였다는 이유로 전선을 벗어나 고향에 돌아갑
니다. 여기에 유림 출신 의병장의 한계가 있었습니다. 총대장의 이러한 행동
에 전의를 상실한 의병 부대는 각기 분산하여 근거지로 철수합니다.

양양襄陽, 인제麟蹄 전
투 강원도로 후퇴한 이강년은 부대를 재편성하여 그의 특기인 유격 전법을
전개하여 각지의 일본군에게 커다란 타격을 입힙니다. 특히 양양襄陽, 인제麟
蹄 전투는 의병 운동사를 장식하는 멋진 활약으로, 일본군의 기록에도 전투
상황에 관한 기록이 남아 있습니다. 이강년 부대는 이처럼 용맹하였지만, 이
를 뒤쫓는 일본군의 토벌전도 잔학하기 그지없었습니다. 의병이 지나간 마
을은 가차 없이 불질러버리고 마을 사람들을 무참히 학살하여 의병 부대는
보급이 끊겨서 무기는 물론이고 식량조차 구할 수 없는 상황이었습니다.

1908년 6월 28일 평창군 주동柱洞에서 일본군과 마주친 그의 부대는 장
렬한 전투 끝에 커다란 타격을 입고 충청도 청풍 방면으로 후퇴합니다. 대군
을 동원한 일본군의 추격은 거듭되어, 7월 2일 청풍 포연리浦烟里에서 70여
명의 부대를 이끌고 행군하는 이강년을 발견하고 일제히 사격을 가하였습니

다. 불의의 습격을 당한 이강년 부대는 즉시 반격 태세를 갖추고 포위 상태에서 두 시간에 걸쳐 격전을 벌였지만 불리한 지형 탓으로 7명의 전사자가 나오고, 이강년 자신도 오른발 복사뼈에 적탄을 맞아 몸을 움직일 수 없었습니다.

이대로는 모두 전사할 수밖에 없다고 판단한 그는 부하들을 안전한 서북쪽 산기슭으로 피난시키고, 부하들이 완전히 모습을 감출 때까지 적에게 총을 쏘다가 힘겹게 포복하여 근처의 덤불 속으로 몸을 숨겼습니다. 총성이 멎자 전원 전사한 것으로 판단한 일본군은 의병 부대가 있던 장소로 내려와 사체와 그들이 가지고 있던 무기를 찾았습니다. 하지만 그 수가 의외로 적은 것을 보고 수상하게 여겨 철저한 수색을 벌였고, 일본 병사가 핏자국을 더듬다가 덤불 속에 숨어 있던 이강년을 발견합니다.

그는 수색하는 일본 병사를 향하여 마지막 힘을 다해 칼을 뽑아들고 돌진하였습니다. 하지만 피를 많이 흘린 탓에 손이 마비되어 마침내 붙잡히는 몸이 되었습니다. 사로잡힌 사람이 맹장 이강년이라는 것을 안 일본군 토벌대장은 미친 듯이 기뻐하며 개가를 올렸습니다. 하지만 이강년은 조금도 동요하지 않고 토벌대장을 꾸짖고, 멀리서 지켜보고 있는 마을 사람들에게 뒷수습을 부탁합니다.

"나는 붙잡힌 몸이어서 어찌할 수 없으니, 이 일곱 명의 전사자를 정중하게 묻어주시오."

그는 일단 제천의 일본군 수비대로 연행되었다가 다시 충주의 수비대로 옮겨집니다. 7월 8일에는 다시 한성의 일본 헌병 사령부로 압송되었는데, 그가 지나가는 연도에는 많은 군중이 나와 그에게 음식을 권하며 눈물을 흘렸다고 합니다.

그는 거듭되는 일본 헌병대의 신문에 전혀 답변하지 않았습니다. 오히려 일본의 죄상을 열거하며 일본이 침략한 진의를 밝히라고 꾸짖었습니다. 일본 헌병대장은 기가 차다는 표정으로 비웃듯이 물었습니다.

"그래도 다시 의병 활동을 일으킬 작정인가?"

그러자 그는 당장 일본 헌병대장을 매섭게 쏘아보며 대꾸하였습니다.

"내가 격문을 띄우면 수만의 의병이 모일 것이다."

이 의기 찬 대답에 그들은 그만 안색이 파래졌다고 합니다.

일본 헌병대는 이강년을 도저히 감당하지 못하자, 7월 19일 평리원(平理院 : 대한 제국 당시의 최고 법원에 해당)으로 그를 옮깁니다. 이강년은 헌병대장에게 이렇게 말합니다.

"내게 물을 말이 있다면 이토 히로부미한테 데려가 달라. 나는 그의 죄상을 폭로하고 죽고 싶을 뿐이다."

그는 평리원의 재판관도 꾸짖었습니다.

"네놈들은 왜놈 같은 꼬락서니를 하고 있지만 조선말을 씨부리고 있는 것을 보니 진짜 왜놈은 아닌 모양이구나. 그렇다면 왜놈에게 혼을 팔아먹은 토종 왜놈이란 말이냐?"

그리고는 다음과 같이 말하고는 일체 입을 열지 않았습니다.

"너희들이 조선 사람이라면 우리가 왜 의병을 일으켜야 하였는지를 잘 알 것이다. 너희 매국노들이 나를 심판할 자격이 있다냐? 너희들과 입을 놀리는 것도 부끄러운 일이다."

그리고 그들이 내민 종이에 "먼저 오적과 칠적들을 참살하고, 왜적들을 토벌하여 고난에 처한 우리 백성을 구하려 하였지만 불행히도 붙잡히는 몸이 되었다"라고 썼습니다.

"오적, 칠적이란 누굴 말하는가?"

재판관이 묻자 이강년은 벼락같은 목소리로 호통을 쳤습니다.

"이 개돼지만도 못한 놈! 너희가 오적, 칠적을 모를 리 있느냐!"

9월 23일 그는 교수형 선고를 받고, 1908년 10월 13일 오전 10시에 형이 집행됩니다. 그는 죽기 직전에 일본인 중이 염불을 외려 하자 엄히 꾸짖어 중지시키고, 일본인 간수가 술을 권하자 이마저 거절합니다.

"내 술을 좋아한다만 왜놈 술을 마실 생각은 없다. 어서 나를 죽여라! 내 죽는 것은 두렵지 않지만 우리 이천만 백성이 장차 나처럼 죽어갈 것이 슬플 뿐이다."

이 말을 남기고는 교수대의 이슬로 사라집니다.

그가 아들인 승재承宰와 사촌에게 남긴 유서에 이렇게 쓰여 있습니다.

나랏일로 죽는 것은 내가 바라던 바지만, 뜻을 이루지 못하고 죽었으니 절대 장례식을 치르지 말고 수의囚衣를 입은 그대로 아무데나 묻어라.

그는 1896년 의병의 깃발을 올린 이래, 한때 중단한 시기가 있었지만 죽는 순간까지 늘 항일 의병 투쟁의 최선두에 서서 싸워온 인물입니다. 그가 다시 일어나 평창 전투까지 1년 3개월 동안 일본군을 상대로 한 전투 횟수는 전후 30회에 이르며, 그동안 2백 명에 가까운 일본 병사를 죽이는 전과를 올렸습니다. 그래서 그는 일본군이 가장 두려워한 의병대장 가운데 하나였습니다. 그의 굽힐 줄 모르는 애국적 행동과 장렬한 최후는 조선 말기의 구국 운동사를 장식하는 위대한 별 가운데 하나였습니다.

이준, 청운의 뜻을 품다

최후가 너무나도 극적이고, 게다가 멸망해가는 조국의 운명과 관련된 비극적인 최후였던 까닭에 열사 이준(李儁 : 1859~1907년)의 이름은 우리 민족의 가슴속에 깊이 새겨져 있습니다.

이준은 함경도 북청의 선비 이병관李秉瓘의 아들로 태어났지만, 세 살 때 양친을 잃고 할아버지와 삼촌 밑에서 자랐습니다. 그는 어릴 때부터 정의감이 강하여, 일곱 살 때 서당 훈장이 당시 권력을 장악하고 내정 개혁을 단행하기 시작한 대원군을 비난하는 말을 듣고 "정치를 바로잡는 것이 어째서 안 된다는 겁니까?"라고 훈장에게 반문하였다는 일화가 남아 있습니다. 아마 그를 가르친 할아버지와 삼촌이 당시로서는 진보적인 사고방식을 가지고 있었는지도 모릅니다.

천재 기질을 보였던 그는 열두 살에 북청읍에서 열린 향시(鄕試 : 지방에서 열리는 과거의 초급 시험)에 응시하여 훌륭한 답안을 작성하였지만, 너무 어리다는 이유로 떨어지고 맙니다. 이 말을 듣고 분개한 그는 사람이 많이 통행하는 남문루南門樓에 올라가 군중을 모아놓고 시험관의 처사를 비난합니다.

"나이가 어리다 하여 합격시키지 말란 법이 있습니까!"

그리고는 자신이 답안지에 쓴 시를 낭랑하게 읊습니다.

이에 감동한 사람들은 이 소년을 칭송하였는데, 그때 북청의 유력자인 주만복朱万福이라는 사람이 이 소년에게 반하여 장녀의 사위로 맞아들입니다. 하지만 기골이 장대한 이 소년은 유력자의 집에 적응하지 못한 듯, 열일곱 살 때 처가를 뛰쳐나와 한성으로 올라갑니다.

아무리 청운의 꿈에 불타고 있었다 해도 나이 어린 시골 소년이 한성에 도착하자마자 명사들과 알고 지내게 된 것은, 재력 있는 장인 주만복의 소개 때문인지도 모릅니다. 하지만 그의 초혼이 왜 실패하였는지는 기록이 전혀 없으므로 저간의 사정은 분명하지 않습니다.

어쨌든 그는 당시 형조판서인 김병시(金炳始 : 1832~1898년)의 비호를 받게 되었고, 그의 재기를 사랑한 김판서는 그를 비서처럼 어디든 데리고 다녔습니다. 덕분에 그는 대원군과 만난 적도 있으며, 유명한 유학자인 최익현과도 알게 됩니다.

그가 상경한 해에 일본 군함이 강화도를 공격하였고, 이듬해에는 일본의 압력에 굴복하여 굴욕적인 대일 수호 조약이 체결됩니다. 그리고 일본의 강요로 부산이 개항되고, 1879년에는 원산이 개항되고, 이어서 인천이 개항됩니다. 이로 인해 많은 애국지사들의 항일 운동은 전국적으로 확대되어 갑니다.

청년기에 접어든 그도 매국적인 개항론에 반대하며 분주히 뛰어다녔지만, 시세의 흐름은 도도하여 1880년에 인천 개항이 결정됩니다. 1882년에는 항일 군인 폭동(임오군란)이 일어났지만, 결과적으로는 일본에게 다시없는 침략의 구실을 제공한 꼴이 됩니다. 그리고 1884년에는 개화파가 '갑신정변'을 일으켰지만 그것도 삼일천하로 끝나고, 김옥균을 비롯한 주요 지도자는 일본으로 망명하고 맙니다.

뜨거운 가슴으로 조국의 미래를 바라보고 있던 그는 절망감에 빠졌을지도 모릅니다. 부패한 보수 권력파가 개혁 운동이 실패할 때마다 스스로 제국주의 침략자의 먹이가 되려는 듯한 정책을 거듭할 뿐이었기 때문입니다.

그는 처음부터 다시 출발하기로 작정하고 스물아홉 살에 고향 북청으로 돌아가 과거 초급 시험을 치러 합격하지만, 즉시 벼슬자리가 있는 건 아니었습니다. 그러나 끊임없이 사회 변화와 발전을 생각하던 그는 향리의 청년들을 교육하는 일에 의의를 느끼고 이듬해 스스로 경학원經學院이라는 서당을 세우고 유사(有司 : 사무 책임자)가 되어 교육을 시작합니다. 서원 교육이라면 옛날부터 유학이 중심이었지만, 그는 새로운 교육을 시도하여 자주 독립 정신을 심는 데 온 힘을 쏟습니다.

김병시는 이렇게 교육 사업에 몰두하는 그에게 이일정李一貞이라는 여성을 소개하여 재혼시켰는데, 그녀는 다시없는 현처로 모든 방면에서 남편의 힘이 되어 주었습니다.

그는 이듬해인 1894년에 비로소 함흥의 순릉 참봉純陵參奉에 임명됩니다. 그런데 이 해는 매우 다사다난하였습니다. 1월에는 전라도 고부에서 동학 농민군이 봉기하고, 3월에는 김옥균이 상해에서 암살되어 그 사체가 한성 교외에서 능지처참되는 비참한 사건이 있었으며, 6월에는 청·일 양국의 전쟁이 벌어졌고, 7월에는 갑오경장으로 개혁 정책을 단행하는 신내각이 발족하였습니다.

일본군은 파죽지세로 청나라군을 연파하고 조선의 완전 지배를 기도하였습니다. 그러자 동학 농민군이 나라를 지키기 위하여 떨쳐 일어나 진군하기 시작하였습니다. 애국의 정열에 사로잡힌 그가 이렇게 소란스러운 정세 속에서 한가로이 왕릉 묘지기 따위에 붙들려 있을 수는 없었습니다. 그는 다시 뜻을 세우고 관직을 버리고는 동지들이 활동하는 한성으로 급히 올라갑니다.

그러나 멋대로 임무를 내던진 그에게 책임 있는 일이 주어질 리 없었습니다. 다만 그는 쓸모 있는 심부름꾼으로 뛰어다닌 듯합니다. 그러다가 1895년 개화파 정부가 설립한 법관 양성소에 일개 학생으로 입학하였고, 반년 동안의 속성 교육을 받고 이듬해 졸업하여 한성 재판소의 검사보에 임명됩니다. 그는 그때서야 자기 역량을 마음껏 발휘할 수 있는 지위에 오를 수 있었습니다.

그는 우선 조정 관리들의 부정 행위를 잇달아 적발하여 가차 없이 규탄하였습니다. 그러나 그의 격한 행동에 불안을 느낀 고관들은 공연히 말썽을 일으킨다는 구실로 임관한 지 한 달밖에 안 된 그를 면직시켜 버립니다.

투쟁의 길로 들어서다

정부 고관들의 이러한 처사에 화가 난 이준이 야인이 되어 권력의 부정과 투쟁하는 길을 택한 것은 지극히 당연한 일이었습니다.

독립신문과 독립협회   예전에 김옥균의 동지이며 미국의 망명지에서 돌아온 서재필은 『독립신문獨立新聞』(1896년)을 발간하여 민중 계몽에 나섰는데, 그 영향 아래 동지들이 결집하여 '독립협회'를 결성할 때 그는 솔선하여 운동의 선두에 섰습니다. 그리고 독립협회 평의장으로서 부패한 정부의 태도에 공격의 화살을 겨눕니다.

그런데 전년도 8월에 일본 공사들에 의한 명성황후 시해 사건이 일어나고, 일제의 강요로 11월에 단발령이 공포되면서 전국적으로 항일 운동이 끓어오르고 있었습니다. 그리고 1896년에는 각지에서 의병 운동이 일어나고, 친로파로 급변한 보수파는 국왕 고종을 러시아 공사관에 옮기는 소동을 일으킵니다. 김홍집을 비롯한 개화파 정부 요인이 친일파로 지목되어 암살되었고, 계몽 운동을 추진하던 독립협회의 중심 인물들도 개화파의 한 패거리라는 이유로 공격 대상으로 지목됩니다.

이준은 항일 운동의 최선봉에 서왔지만 항상 부패한 보수파를 공격해온 탓에 보수파에게는 가장 증오하는 적 가운데 한 명이었습니다. 그러던 중 이준은 공격의 화살을 겨누던 법무대신 장박張博과 함께 일본으로 망명하는 얄궂은 운명에 빠집니다. 그러나 일본으로 망명한 그는 결코 시간을 헛되이 보내지 않았습니다. 그는 즉시 와세다 대학早稻田大學에 입학하여 법학을 전공합니다. 마흔 살이지만 겸허하게 배우고자 하는 기백은 소년 시절과 조금도 다름이 없었습니다.

유학 중에 때마침 우에노上野 공원을 산책하던 그는 청나라를 꺾은 것을 기뻐하며 춤추는 일본 군중을 목격하게 됩니다. 그는 이 광경이 마치 조선을 정복하기 위한 전야제처럼 비쳐져 등골이 오싹해지는 것을 느낍니다.

1898년 그는 와세다 대학 법과를 졸업하고 귀국합니다. 그때는 독립협회도 다시 활발하게 활동하고 있었으므로 그는 다시 운동의 선두에 서게 됩니다. 같은 해 8월에 정부는 일본의 지원 아래 『제국신문帝國新聞』을 발간하였는데, 독립협회는 『황성신문皇城新聞』(1898년, 광무 2)을 발행하여 이에 대항하고, 10월에는 한성의 중심지인 종로 광장에 각 사회 단체를 망라하여 '관민공동회官民共同會'라는 대중 집회를 개최합니다. 이를 '만민공동회萬民共同會'라고도 부르는데, 그 집회에서 6개조의 개혁안을 의결하여 국왕에게 제출합니다.

그 개혁안에는 "외국에 의존하지 말고 관·민의 힘을 합칠 것, 함부로 국가의 이권을 외국에 양도하지 말고 국가의 예산과 결산은 모두 국민에게 알릴 것, 중대한 범죄는 모두 공판에 부치고 재판을 공정히 할 것" 등을 요구하는 내용이었습니다.

그러나 보수파에 포위되어 있는 왕은 이를 실행할 힘이 없었고, 정권을 장악한 보수파 무리들은 "독립협회는 공화 정치를 지향하며 국정을 전복할 음모를 꾸미고 있다"고 왕에게 밀고하여 독립협회의 총무장인 이준, 부회장 이상재(李商在 : 1850~1927년)를 비롯한 17명의 동지들을 투옥합니다.

한편 정부는 '황국협회皇國協會'라는 어용 단체를 결성하여 전국의 보부상 수천 명을 매수하여 독립협회를 습격하게 합니다. 이에 분노한 한성 시민들은 만민공동회의 6개조의 즉각적인 시행과 독립협회 간부의 석방을 요구하며 격렬하게 정부를 규탄합니다. 이에 당황한 정부는 독립협회의 해산을 조건으로 투옥된 사람들을 석방하고, 결국 독립협회는 정부의 무력으로 해산되고 맙니다. 그 후 그들은 지하에서 활동을 전개하게 됩니다.

그 무렵 이준은 민영환(閔泳煥 : 1861~1905년)과 친교를 맺게 됩니다. 그보다 세 살 어린 민영환은 명문 태생으로서 일찍이 출세 가도를 걷고 있었습니다. 그는 외교관이 되어 1895년부터 러시아를 비롯하여 영국, 독일, 프랑스, 이탈리아, 오스트리아 등의 특명전권공사特命全權公使가 되기도 하였습니다. 그리고 1898년부터 조정의 대신직을 역임하였습니다.

그는 민영환과 국제 정세를 이야기하고, 러시아와 일본의 전쟁 위기가

개혁당改革黨

닥친 현실에서 조국의 자주 독립을 지키기 위해서는 내정 개혁을 단행하여 국권을 강화하고, 어떠한 외세도 간섭하지 못하도록 국민의 결속을 굳게 하고, 엄정 중립을 유지하여 나간다는 데 의견을 같이합니다. 그리고 1902년 가장 애국적이고 선견지명이 있는 동지들과 '개혁당改革黨'이라는 비밀 조직을 만들고, 적당한 때를 보아 부패한 내각을 타도하고 강력한 혁신 정부를 세울 계획을 세웁니다. 그런데 연락 책임자인 이상재가 검거되어 투옥되자, 이 계획은 수포로 돌아가고 맙니다. 그렇지만 그들은 지하 활동을 계속 벌였습니다.

1904년 2월 일본은 러시아와 전쟁을 일으키고 조선에 한일의정서를 강요하여 내정과 외교를 간섭하였으며, 6월에는 충청·황해·평안 3도 연안의 어업권을 빼앗습니다. 그리고 조선의 산림과 하천 지역을 '황무지 개간'이라는 명목으로 50년에 걸쳐 대여한다는 말도 안 되는 요구를 강요합니다.

조선의 모든 애국지사들이 이 요구에 반대하는 운동을 전개하였고, 『황성신문』과 『한성순보漢城旬報』(1883년, 고종 20년에 창간된 우리나라 최초의 근대 신문)는 이 사건을 연일 보도하여 여론을 일으켰습니다. 그리고 한성의 중심가에서 군중 대회를 열고 '보안회保安會'라는 조직을 만들어 "황무지 대여는 매국 행위다!", "대여안에 찬성한 두 대신(민병석閔丙奭과 이하영李夏榮)을 추방하자!"라고 부르짖었습니다. 일본 헌병은 이 운동의 지도자들을 체포하여 탄압하려 하였지만, 이준은 일제가 부당한 요구를 철회할 때까지 격렬한 투쟁을 계속하였습니다.

일진회一進會, 공진회共進會

결국 이 운동은 성공을 거뒀지만, 일제는 친일 분자들을 매수하여 같은 해 8월에 '일진회一進會'라는 꼭두각시 단체를 만들어 매국적인 행동에 나섭니다. 이준은 일진회의 활동을 무너뜨리기 위하여 같은 해 12월 스스로 회장이 되어 '공진회共進會'라는 애국 단체를 결성합니다. 그리고 종로에서 규탄 대회를 열고 일진회의 본거지를 습격하여 간부들과 그들을 옹호하는 정부 대신들의 매국 행위를 엄중히 공격합니다. 이에 정부가 공진회의 해산을 명령하자 공진회는 거세게 저항하였고, 정부는 이준을 소요 사건의 주모자라는 죄목으로 체포하여 황주黃州의 철도鐵島라는 외딴 섬에 유배시켜 버립니다.

그는 당시 시종무관장侍從武官長 민영환 등의 주선으로 반년 만에 석방
됩니다. 한성에 돌아온 그는 즉시(1905년 5월) 동지들과 '헌정연구회憲政研究
會'를 결성하고 다시 일진회를 공격하기 시작합니다.

하지만 수많은 우국지사들이 결사적으로 투쟁한 보람도 없이 일제의 특
파대사 이토 히로부미는 11월 17일 대군을 이끌고 왕궁을 포위합니다. 그리
고 국왕을 비롯한 대신들을 협박하여 5개조로 구성된 제2차 한일협약(을사조
약)을 체결하여, 조선의 외교권과 경찰권을 빼앗고 일제 통감의 지배를 받도
록 강요합니다.

이 굴욕적인 매국 조약의 체결이 알려지자, 『황성신문』의 주필 장지연
(張志淵 : 1864~1921년)은 「시일야방성대곡是日也放聲大哭」(1905년 11월 20일자)이라
는 제목으로 사실상의 망국 조약의 내용을 폭로하고, 매국노들을 숙청할 것
과 침략자 일제를 배격하자는 울분에 찬 기사를 발표하여 전 국민의 궐기를
호소합니다. 이에 분노한 애국지사들이 전국적으로 의병을 조직하여 독립을
위하여 싸웠다는 것은 이미 앞서 말하였지만, 비분강개한 나머지 자결한 사
람들도 속출하였습니다.

그 중에서도 민영환, 조병세(趙秉世 : 1827~1905년), 홍만식(洪萬植 : 1842~
1905년) 등의 애국지사들의 순절殉節은 이준에게 커다란 충격을 주었습니다.
특히 민영환은 이준과 매우 친한 사이로 구국 투쟁을 위하여 동지적인 맹세
를 한 적도 있으며, 그가 섬에 유배되었을 때 민영환이 손을 써서 구해주기
도 하였습니다.

민영환은 대신을 역임하고 1905년에는 외부대신으로 있었는데, 일제와
타협하는 친일파의 정책을 격렬하게 반대하다가 조약 체결 직전에 내각에서
쫓겨난 상태였습니다. 조약 체결 소식을 듣고 경악한 민영환은 전 대신 조병
세를 상소 책임자로 내세우고 조정의 양심적인 관리를 망라하여, 조약 체결
책임자인 다섯 대신(을사오적乙巳五賊이라고 한다. 외부대신 박제순朴齊純, 내부대신 이
지용李址鎔, 군부대신 이근택李根澤, 학부대신 이완용李完用, 농상공부대신 권중현權重顯)을
즉각 처형하고 조약을 파기하도록 국왕에게 상소를 올립니다. 그러나 일본
헌병이 곧바로 책임자인 조병세를 투옥하고 상소하는 관리들을 무력으로 해

산시켜 버립니다. 민영환은 두 번 세 번 거듭 상소를 올렸지만 믿었던 국왕으로부터 퇴거 명령을 받을 뿐이었습니다. 그는 11월 30일 "정치적 책임이 있는 자로서 국가의 독립을 보전하지 못한 죄를 국민 전체에 사죄한다"는 유서를 남기고 자결합니다.

조병세는 1827년생으로, 1859년에 문과에 합격하고 조정의 관직을 역임하였으며, 1889년에는 중추원 의장, 의정부 의장이라는 최고 지위에 올랐습니다. 그러나 구식 정치가였던 그는 1894년에 갑오개혁이 실시되자 중앙 정계를 떠나 시골에 틀어박혀 있었지만, 을사조약 소식을 듣고 격앙하여 일흔 아홉의 노구를 이끌고 상경하여 민영환 등과 함께 궁궐로 들어가 오적의 처형과 조약 파기를 호소한 것입니다. 그는 일제 헌병에 붙잡혀 투옥되었다가 바로 석방되었지만, 이미 조약을 파기할 길이 없음을 알고 각국 공사 앞으로 일제의 무도함을 고발하는 편지를 써 보낸 뒤, 전에 근무하던 표훈원表勳院에서 음독자살합니다.

1842년생인 홍만식은 1884년 김옥균 등과 갑신정변을 일으켰다가 실패하여 무참히 학살당한 홍종식洪宗植의 형입니다. 이 때문에 유능한 지방관으로 업적을 쌓았음에도 불구하고 역적의 피붙이라는 이유로 투옥됩니다. 1년 만에 석방되었지만 다시 관직에 들어설 수 없어서 시골에 칩거하고 있다가, 을사조약이 체결되었다는 소식을 듣고 통분한 나머지 독약을 들이켜 자살한 것입니다.

조병세

홍만식

사선을 넘어 주권을 회복하기 위해 최선을 다하다

이러한 애국지사들의 순절에 자극받아 헌정연구회의 동지들도 잇달아 자결을 결의합니다. 그러나 이준은 이들을 적극 만류합니다.

"죽는 것보다 살아서 조국을 구하는 길을 찾아야 하지 않겠소!"

이처럼 그는 동지들을 격려하고, 국민을 계몽하는 교육 사업이 최상의 방법이라고 생각하였습니다. 그래서 1906년 동지들과 함께 '국민교육회國民敎育會'를 조직하고, 스스로 한성 운니동에 보광학교普光學校를 설립합니다.

보광학교普光學校 외

이어서 '한북흥학회漢北興學會'를 설립하여 청년 학생들을 지도하였고, 그에게 영향을 받아 전국 각지에서 여러 학회가 조직됩니다.

또한 그는 국가 주권의 회복을 위하여 일본에 진 국채를 갚자고 호소하며 동지들과 함께 '국채보상운동國債報償運動'을 전개합니다. 그 무렵 일본에 진 국채는 1,300만 엔에 달하여, 당시 국가 재정으로는 반환이 불가능하였습니다. 이들은 "담배를 끊어 그 돈으로 국채를 갚자"는 슬로건 아래 전국적으로 금연 운동을 일으킵니다.

국채보상운동國債報償運動

정부는 그가 항상 정부 비판의 선두에 서자 그의 입을 막기 위하여 1906년 6월 평리원平理院 검사에 임명하고, 얼마 후 특별 법원의 검사로 임명합니다. 그때 왕의 친척인 조趙아무개와 홍洪아무개라는 사람이 산림 소유권을 두고 다투는 송사가 일어납니다. 수석 검사를 비롯한 평리원의 간부들은 조아무개가 왕의 친척이라는 이유로 무조건 조의 말을 받아들였지만, 이준은 사실을 엄정히 조사하여 조아무개에게 패소 판결을 내립니다. 이것은 세인의 주목을 끈 사건이었던 만큼 그의 공정한 태도는 사람의 칭송을 받습니다.

때마침 그해 12월에 황태자의 혼례가 있어, 이준은 이 혼례를 축하하는 사면령의 초안을 만들게 됩니다. 그는 을사오적을 암살하려다가 체포되어 복역 중인 김인식金寅植 등 애국지사들도 사면 대상자에 포함시킵니다. 그러나 당시 법무대신인 친일파 이하영李夏榮은 평리원 재판장인 이윤용李允用 등과 결탁하여 이준이 건의한 애국적인 정치범의 사면을 삭제하는 대신, 파렴치한 죄를 범하고 복역 중인 권력자들의 심복들을 석방합니다.

그는 이 부정한 처사를 바로잡을 것을 강력히 요청하였지만 들어주지 않자, 이하영과 이윤영을 차례로 찾아가 격렬히 항의하다가 1907년 2월 19일 이하영의 지시에 따라 평리원에 구속됩니다. 그가 구속되자 뜻을 같이 하던 동지들은 법무대신과 평리원의 부당한 행위를 규탄하고, 각 단체가 연대하여 항의 집회를 엽니다. 여론이 비등하자 이하영은 이준을 보석으로 석방하였지만, 3월 2일 비공개 재판에서 태형笞刑 1백 대를 선고합니다. 이는 그를 관직에서 추방하기 위한 계략이었습니다.

그는 3월 13일 왕의 특명으로 다시 평리원 검사로 복직되었으나, 그를 눈엣가시로 여기는 이하영은 출근하기 시작한 이준을 관의 기율을 어지럽히는 자라는 이유로 바로 면직시켜 버립니다.

돌아오지 않는 밀사 : 이준, 이상설, 이위종

만국평화회의 을사조약 이후 많은 애국자들이 국권 회복을 위하여 다양한 운동을 벌였는데, 이준은 그 중심에 서서 활동하였습니다. 때마침 1907년 6월 네덜란드의 수도에서 '만국평화회의(萬國平和會議, the International Peace Conference)'가 개최되었고, 그는 이 회의에 일말의 기대를 걸고 있었습니다. 바로 일제의 범죄적인 침략 행위를 폭로하여 국제적인 협력을 얻음으로써 국권을 회복하자는 것이었습니다.

애국지사들이 이 회의의 개최를 고종에게 알리자, 고종은 비상한 관심을 보이며 밀사密使 파견을 결의합니다. 궁궐 안은 일제의 감시망으로 둘러쳐져 있었지만 비밀 공작은 순조롭게 진행되어 이준, 이상설(李相卨 : 1870~1917년), 이위종(李瑋鍾 : 1887?~1917년?) 등 세 사람을 밀사로 뽑습니다. 기록이 명확하지 않아 여러 가지 설이 전해지고 있지만, 이 비밀 공작이나 밀사의 인선은 이준이 거의 단독으로 진행한 것으로 짐작됩니다.

이상설 이상설은 1870년생으로 1904년에 문과에 합격하고, 1905년에 의정부 참찬에 임명되었습니다. 고급 시험인 문과에 합격하였지만 뒤늦은 나이인 서른다섯 살에 합격한 만큼, 이듬해에 국왕을 보좌하는 의정부의 정2품 지위인 참찬이 된 것은 매우 이례적인 인사였습니다. 그는 그만큼 국왕과 가까운 위치에 있었던 사람이었습니다. 그는 이준보다 열한 살이나 연하였고, 정치적인 활동이나 경력도 훨씬 후배 격이었습니다.

이상설은 임관되고 얼마 되지 않아 을사조약이 체결되는 국난을 겪습니다. 그는 길거리로 나와 눈물을 흘리며 오적 타도와 조약 파기를 호소하는 연설을 하고 자결을 시도하였지만 실패하였습니다. 얼마 후 관직에서 쫓겨나 집안에 틀어박혀 있다가, 1906년 만주 북간도의 용정(龍井 : 지금의 지린성 옌벤延邊에 위치한 룽징龍井)을 거쳐 소련 블라디보스토크Vladivostok로 망명한 상태였습니다.

이위종은 기록이 분명치 않아 출생 연도도 알려지지 않았지만, 마지막
주駐러시아 공사 이범진李範晉의 아들로 어학에 뛰어나 아버지 밑에서 참사
관參事官을 지냈습니다. 1907년에는 아직 어린 나이에 러시아에 머물러 있었
습니다.

밀사로 선발된 세 사람이 모두 이씨였던 것이 우연한 일인지 또는 왕의
뜻이었는지는 알 수 없지만, 이상설이 밀사의 책임자가 된 것은 그가 정2품
의 고관 지위에 오른 경력이 있었기 때문이며 사실상의 책임자는 이준이었
습니다.

이리하여 이준은 1907년 4월 20일 고종에게 세 사람의 신임장을 받아
22일 한성을 출발하여 러시아인의 힘을 빌려 블라디보스토크로 가게 됩니
다. 이상설과 합류한 것은 블라디보스토크에서였던 것으로 추측되며, 시베
리아Siberia 철도로 당시 러시아의 수도 페테르스부르크Petersburg로 가서 러
시아 황제에게 왕의 친서를 전달한 듯합니다.

이준 일행이 6월 25일 네덜란드의 헤이그Hague에 도착하였을 때, 만국
평화회의는 하루 전에 이미 개최되었습니다. 그들은 우선 각국 대표 앞으로
을사조약의 부당성을 폭로하는 문서를 보내고 회의에 참가시켜 줄 것을 요
구하였는데, 그 문서에는 다음과 같은 3개조가 쓰여 있었습니다.

1. 일본인은 황제(고종 황제)의 동의 없이 행동을 취하였다.
2. 일본은 그들의 목적을 달성하기 위하여 우리 정부에 무력을 사용하였다.
3. 일본인은 우리나라가 만든 법규와 관습을 무시하는 행동을 취하였다.

그리고 대표 일행은 평화회의의 의장인 러시아 대표 넬리도프Alexandr
Ivanovitch Nelidov 백작을 방문하여 우리나라에 초청장이 발행되지 않은 이유
를 질문하고, 회의에 참가하여 발언할 기회를 달라고 요청하였습니다.

조선 사절단이 나타난 것을 알고 경악한 주네덜란드 일본 공사는 본국
정부와 한성의 이토 통감에게 즉시 조선 대표가 회의에 참가할 수 없도록 해

달라는 긴급 공문을 보냅니다. 일본의 공작으로 의장인 넬리도프는 조선을 동정하면서도 그 책임을 초청국인 네덜란드에 전가합니다. 이로 인해 네덜란드는 을사조약을 내세워 우리 대표의 회의 참가와 발언 요청을 거부합니다.

우리 대표 일행은 사력을 다하여 교섭을 계속하고, 각국 대표를 방문하여 회의 참가를 거듭 요청하였지만 모두 거절당합니다. 그러자 대표들은 전략을 바꿔 언론 동원에 나서서 네덜란드의 각 신문에 일제의 침략 행위를 폭로하는 기사를 싣는 데 성공합니다. 그리고 평화회의를 취재하기 위하여 모여든 각국의 신문 기자들을 모아놓고 '만국기자협회' 주최로 '조선을 위한 호소'라는 연설회를 개최합니다.

이 자리에서 영어, 불어, 러시아어에 모두 능통한 이위종이 열변을 토하며 각국 기자들을 감동시켰고, 조선 대표의 활약상에 대한 기사가 전 세계에 보도됩니다.

이렇게 여론을 환기시켜 마침내 회의를 방청할 기회를 부여받은 이준은 결사적으로 회의에 참가한 각국 대표들에게 일제의 죄상을 폭로하고, 조선의 주권 회복에 협력하여 줄 것을 호소합니다. 하지만 주최 측의 냉대를 받으며 강제 퇴거를 명령받자, 비분강개한 나머지 회의장에서 할복자살을 하고 맙니다.

이 충격적인 사실이 폭로될까 두려워한 일본은 우리 대표의 활동과 사실이 보도되는 것을 봉쇄하기 위하여 각국의 외교관과 신문 기자들에게 막대한 돈을 뿌립니다. 결국 이준의 자살 사건은 은폐되었고, 네덜란드 신문에는 그가 죽은 다음 날 이런 기사가 실렸을 뿐입니다.

조선에 대한 일본의 잔인한 탄압에 저항하기 위하여 평화회의에 참가하려던 조선 대표 이상설, 이위종 양씨와 함께 온 차석 대표 이준 씨가 어젯밤 세상을 떠났다. 며칠째 병환 중이었던 그는 바겐 슈트라트Wagen Straat에 있는 모某 호텔에서 사망했다.

그러나 조사에 따르면 그 거리에는 신문에 나온 호텔은 존재하지 않으며, 그가 병을 치료받은 흔적은 어디에도 없었습니다. 그는 임종하는 순간까지 조국에 대한 사명을 완수하지 못한 애통함을 호소하며, 줄곧 조국의 운명을 염려하였습니다. 그가 할복한 자리에서 즉사하였는지 아니면 병원으로 옮기는 도중에 죽었는지는 분명하지 않습니다. 하지만 평생을 조국의 독립을 위하여 바친 애국자에게 걸맞은 죽음인 점은 틀림없습니다.

이렇게 그는 마흔아홉 살의 나이로 조국에 목숨을 바칩니다. 그의 유해는 네덜란드 정부의 도움으로 이상설, 이위종이 눈물을 흘리며 지켜보는 가운데 헤이그의 묘지에 매장됩니다.

그가 죽자 상심한 이상설, 이위종은 방랑의 시간을 보내다가 미국으로 건너갑니다. 여기에서 이위종은 소식이 끊기고, 이상설은 다시 시베리아로 돌아갑니다. 그리고 다시 블라디보스토크에 살면서 1910년 일본과의 합병 조약을 규탄하는 성명서를 세계 각국에 발송하는 등 여전히 독립 운동을 계속합니다. 그러나 1917년 러시아 혁명이 일어나던 해에 마흔여덟 살로 이국 땅에서 생을 마감하고 맙니다.

그들이 네덜란드에서 한창 활동 중일 때, 이토 통감은 고종의 책임을 추궁하여 마침내 왕의 지위에서 끌어내리고 그의 아들을 왕위에 앉힙니다. 그리고 매국적인 내각은 이토의 협박으로 궐석 재판闕席裁判을 치러 이준 등 세 애국자에게 사형을 선고합니다. 세 사람의 대표는 각자 죽은 장소는 달랐지만 끝내 모두 돌아오지 못한 밀사가 되었습니다.

한편 1893년 이준과 결혼한 이일정李一貞 여사는 남편이 정치 운동과 사회 운동 등 애국 활동에 몰두하여 가정을 제대로 돌보지 못하자, 혼자 힘으로 생계를 꾸려나갔습니다. 그는 늘 아내를 '빈처貧妻'라 일컬었습니다. 말 그대로 그녀는 가난 속에서도 항상 남편을 뒷바라지하고, 남편의 동지들을 위해서도 정성을 다하였습니다. 그가 동지들에게 절대적인 신망을 얻은 것은 부인의 내조의 공이 매우 컸습니다.

부인은 생계를 위하여 한성 뒷골목에 '안현부인상점安峴婦人商店'이라는 가게를 열었는데, 아마 이 가게는 우리나라 최초의 부인 상점이었던 듯합니다. 어느 정도의 규모이며 어떠한 물건을 팔았는지는 분명하지 않지만, 매우 독창적이고 용기 있는 여성이었음에는 틀림없습니다. 실로 열사烈士에 걸맞은 열녀烈女였다고 할 수 있습니다.

선천적으로 타고난 기품의 소유자 안중근

우리나라를 침략한 일본 제국주의자 중에서 가장 악랄한 수단으로 우리를 식민지로 만든 원흉은 바로 이토 히로부미입니다. 이토를 하얼빈哈爾濱 역에서 거꾸러뜨려 불멸의 애국지사로 추앙받고 있는 안중근(安重根 : 1879~1910년)은 고종 16년 9월 2일(음력) 황해도 해주海州의 광석동廣石洞에서 태어났습니다.

그의 할아버지 안인수安仁壽는 관직에 올라 진해 현감鎭海縣監을 지낸 바 있고, 그의 아버지 안태훈安泰勳은 과거 초급 시험을 치러 진사라는 호칭을 갖고 있었지만 관직에는 오르지 못하였습니다.

그가 두 살 때 그의 일가는 아버지의 고향인 신천군信川郡 두라면斗羅面으로 이사하였습니다. 그의 집안은 상당한 대지주로, 커다란 저택 안에 서당이 있었습니다. 그는 여기에서 마을 아이들과 함께 한학을 공부하였는데, 그는 뛰어난 재능을 보여 신동이라 불렸습니다. 일곱 살 무렵부터 승마와 궁술을 배우기 시작하였고, 열두 살 때 화승총으로 백발백중의 신기를 선보여 마을 사람들은 그를 대장이라 불렀다고 합니다. 아버지는 장남인 그를 무예의 달인으로 키웠고, 이 재능은 훗날 예기치 않은 곳에서 효과를 발휘하게 됩니다.

1894년 전라도에서 봉기한 동학 농민군은 삽시간에 전국 각지에 커다란 영향을 주었습니다. 황해도 각지에서도 가난한 농민들이 봉기하여 관청을 습격하고 악덕 관리를 추방하였으며, 많은 소작료를 거두어 사치스럽게 살고 있는 대지주를 습격하여 창고의 곡식을 도로 빼앗아갔습니다. 대지주인 그의 아버지는 재산을 지키기 위하여 수백 명의 젊은이를 고용하여 무장 훈련을 시키고, 봉기한 동학 농민군 진압에 나섰습니다. 평소 개화 사상을 주창하며 애국적인 언사를 하였던 그의 아버지는 갑부였던 만큼 관청에 적극 협력하여 혁명적인 동학 농민군을 진압하는 데 나선 것이었습니다. 당시 열여섯 살이었던 안중근은 주위의 부추김을 받고 진압군의 선두에 서서 많은 공을 세웠다고 합니다.

그러나 진정한 애국 혁명군인 동학 농민군의 주력이 공주 대공방전에서 일본군에 패하고, 우리 주권이 청나라와의 전쟁에서 승리한 일본 침략자의 강압으로 넘어가는 광경을 목격한 소년 안중근은 마음이 전혀 편치 못하였습니다. 그가 혁명적인 동학 농민군을 진압한 자신의 행동에 의문을 갖게 된 것은 어쩌면 너무도 당연한 일이었습니다.

그 무렵 민씨 일파의 줏대 없는 개방 정책으로 프랑스인과 미국인들이 기독교를 포교하며 평안도, 황해도 일대를 휩쓸고 있었습니다. 1895년 지주인 그의 일족은 빠짐없이 천주교 신자가 되었는데, 열일곱 살인 안중근도 인생 문제에 관한 번뇌를 프랑스인 선교사에게 호소하다가 마침내 열렬한 신자가 됩니다.

어느 날 안중근은 아버지가 청나라 상인에게 모욕을 당한 것에 격분하여, 그 상인을 뒤쫓아가 산속에서 엽총으로 쏴 죽인 사건을 일으켜 한때 몸을 피한 적도 있었습니다. 이처럼 격한 성격을 가지고 있었던 만큼 그는 가족과의 관계도 원활하지 못하여 말썽을 자주 일으켰다고 합니다. 결국 신앙을 갖고 나서 얌전해진 그는 그해 아버지의 주선에 따라 역시 신자 집안의 규수와 결혼하여 2남 1녀를 얻습니다.

향학열이 강한 그는 프랑스인 선교사 홍석구(洪錫九 : 요셉)에게 프랑스어와 서양 과학을 배우기 시작하였고, 우리나라의 역사를 본격적으로 공부하는 한편 세계사 책도 구해서 읽었습니다. 그 무렵 한성에서는 『황성신문』, 『제국신문』 등이 잇달아 발행되었고, 그는 이 글들을 읽고 애국적인 논설에 크게 감동합니다.

이처럼 그는 수년 동안 아무 불편 없이 유복한 환경에서 평범한 생활을 보내고 있었습니다.

주권을 회복하기 위하여 항일 투쟁에 나서다

1904년 일본이 러시아와 전쟁을 벌이고, 우리나라 내정에 공공연하게 간섭하기 시작하였습니다. 안중근은 이러한 정세 속에서 허송세월하는 자신이 너무도 견디기 힘들었습니다. 그래서 그는 우선 애국 운동을 일으키려면 먼저 돈을 벌어야겠다고 혼자서 결심하고 진남포(鎭南浦 : 평안남도의 항구 도시)로 가 석탄상을 시작합니다. 스물여섯 살 때의 일입니다.

그런데 다음해인 1905년, 러시아를 물리친 일본 침략자의 우두머리 이토가 우리나라의 주권을 무력으로 빼앗고 '을사조약'을 체결합니다. 전국의 애국지사들이 비분강개하여 구국을 위한 투쟁에 떨쳐 일어섰다는 소식을 들은 안중근은 편안하게 장사 따위나 하고 있을 수 없다는 격정에 사로잡혀 모든 것을 팽개치고 항일 투쟁에 나서게 됩니다.

그런데 예기치 않게 아버지의 부음이 들려옵니다. 둘도 없는 효자인 그는 즉시 향리로 돌아가 복상합니다. 그리고 장남인 그는 아버지가 남긴 가산의 관리를 책임지게 되어, 한 해 동안 향리의 집에 틀어박혀 있을 수밖에 없었습니다. 하지만 이듬해인 1906년 미국에서 귀국한 안창호(安昌浩 : 1878~1938년)를 비롯한 진보적 청년들이 눈부시게 활약한다는 소식을 들은 안중근은 안절부절못하는 심경에 사로잡힙니다.

1878년 평안도 강서江西에서 태어난 안창호는 1902년 미국 유학을 떠났다가 1906년에 귀국하였습니다. 그는 귀국하자마자 청년들을 결속하여 '신민회新民會'라는 항일 비밀 조직을 만들고, 『대한매일신보大韓每日新報』라는 기관지를 발행하여 독립 운동을 전개하였습니다. 또 동지들과 함께 새로운 교육 사업을 일으켜, 평양에 대성학교大成學校, 평안도 정주定州에 오산학교五山學校 등을 세워 뜻있는 청년들을 열광시켰습니다.

국가의 주권을 회복하기 위해 세 가지 목표를 세우다.

안창호 일행이 평양에서 연설회를 연다는 소문을 들은 안중근은 크게 반가워하며 평양으로 향합니다. 그는 자기와 비슷한 나이에 벌써 세계 정세에 통달한 안창호의 열변을 듣고 완전히 심취하여 즉시 안창호와의 면담을 신청합니다. 그리고 조국의 운명에 관한 이야기를 주고받은 안중근은 국가의 주권을 회복하기 위하여 세 가지 목표를 세우기로 합니다. 첫째는 육영

사업이고, 둘째는 산업 진흥이며, 셋째는 항일 투쟁이었습니다.

　그는 이 목표를 실현하기 위하여 우선 친구들과 경영하던 석탄 상점을 처분하고 그 돈으로 진남포에 삼흥학교三興學校를 세웠으며, 곧 이어 남포의 돈의학교敦義學校를 인수합니다. 그는 이 학교에 안창호 등을 초빙하여 성대한 강연회를 열어 젊은 학생들을 떨쳐 일어나게 합니다. 돌아오지 못한 밀사로 유명한 이준도 이 학교에서 강연을 한 적이 있습니다.

　그러나 일제의 침략 행위는 점차 노골적으로 드러나 이듬해인 1907년에 '헤이그 만국 평화회의 밀사 사건'을 구실로 고종을 퇴위시키고, '한일신협약韓日新協約'*을 강요하여 조선의 군대를 해산시키고 우리나라의 주권을 모조리 빼앗아갑니다. 해산당한 조선 군대 2개 대대가 일제에 저항하여 격전을 벌이고 장렬하게 최후를 맞았다는 소식을 들은 안중근은 통분한 나머지 밤새 통곡하였다고 합니다.

한일신협약韓日新協約

　일본군을 조국에서 몰아내기 위해서는 직접적인 투쟁을 전개하여야 한다고 생각한 그는 러시아의 연해주沿海州로 향합니다. 그는 블라디보스토크를 비롯하여 동포가 거주하는 연해주 각 지역을 돌아다니고, 다시 중국 동북 지방(만주)의 간도 일대를 찾아다니며 동포 청년들의 궐기를 호소합니다.

　"우리는 어떠한 어려움도 견디며 조국을 위하여 모든 것을 바쳐야만 합니다. 특히 침략의 원흉 이토 히로부미의 식민 정책을 무너뜨리기 위하여 젊은이들은 모두 일어나 함께 총을 들고 싸웁시다. 또한 소년들은 열심히 공부하여 훌륭한 애국자가 되길 바랍니다."

　이러한 그의 외침은 많은 청년들에게 커다란 감동을 불러일으키게 됩니다.

---

* 대한제국의 주권을 빼앗기 위할 목적으로 체결된 제3차 한일협약을 말한다. '정미7조약丁未七條約'이라고도 한다.

안중근, 정의로운 군대의 선두에 서다

1908년, 안중근은 일본군과 싸우기 위하여 동지들과 함께 독립군 부대를 결성합니다. 그는 부대에서 '조선의군참모중장朝鮮義軍參謀中將', '특파독립대장特派獨立大將', '노령지구군사령露領地區軍司領'이라는 직책을 띠고 있었습니다. 그는 6월에 독립군 3백여 명을 이끌고 두만강을 건너 함경도 경흥慶興의 일본 수비대를 습격합니다. 그리고 다시 회령會寧의 일본군을 습격하여 일본군 50여 명을 살상하는 전과를 올립니다.

그러나 회령 부근에서 5천여 명의 일본군 대부대를 만나 13일간 30여 차례의 전투를 벌이게 됩니다. 첫 전투에서 수백 명의 적에게 커다란 손실을 입히는 전과를 거둘 수 있었지만, 일본군 밀정들의 정보망에 걸려 퇴로를 차단당하고 포위당한 채 악전고투를 거듭합니다. 결국 독립군은 총알이 다 떨어질 때까지 싸우다가 장렬한 최후를 맞이합니다.

안중근은 살아남은 몇몇 동지들과 함께 열 겹 스무 겹의 포위망을 뚫고 가까스로 근거지로 살아 돌아옵니다. 독립군은 병력의 태반을 잃어 살아 돌아온 동지들도 의기소침해 있었습니다. 그러나 안중근은 전혀 동요하지 않고 두세 명 또는 단신으로 적의 군사 시설을 폭파하거나, 적의 요인을 저격하는 '유격전'을 택하기로 결심합니다. 그는 연해주 각지를 돌아다니며 동지들에게 궐기를 호소하고 군자금을 모으는 운동을 계속합니다.

단지회의 맹약 　이와 같은 운동을 벌이고 있던 1909년 3월, 블라디보스토크 근교의 '노보키예프스크Nowo Kiewsk(지금의 크라스키노Kraskino) 가리可里'에 위치한 그의 집에 열두 명의 동지가 모여듭니다. 그들은 조국이 독립하는 날까지 생사를 함께하며 싸울 것을 맹세하고, 각자 약지를 잘라 혈서를 씁니다. 이는 '단지회斷指會의 맹약'으로 널리 알려져 있으며, 그는 이때 태극기에 '독립 자유獨立自由'라는 혈서를 써서 남깁니다.

그들은 일본 침략자의 두목 이토 히로부미를 비롯하여, 이완용(李完用 : 1858~1926년) 등과 같은 매국노들을 처단하기로 굳게 맹세합니다. 그리고 국내에 잠입하여 작전을 수행하기 위한 준비 작업을 진행합니다. 그해 10월, 그는 블라디보스토크에 있는 동지들의 밀보를 받고 급히 근거지로 돌아옵니다. 블라디보스토크에서 『대동공보大東公報』라는 민족 신문을 발행하던 동지들이 이토 히로부미의 동향을 파악하고 그것을 신문에 발표한 것입니다.

　사실상 조선 지배를 완성한 이토 히로부미는 '조선 통감'을 후임에게 넘겨주고 일단 일본으로 귀국하였습니다. 그리고 다시 만주를 시찰하기 위하여 하얼빈으로 가서 그곳에서 러시아 재무장관 코코프체프Vladimir Nikolaevich Kokovtsov와 회견하고, 돌아오는 길에 블라디보스토크를 거쳐 귀국할 예정이라는 것이었습니다. 이는 만주 침략을 도모하기 위한 예비 행동이었습니다.

　안중근과 동지들은 서로 손을 잡고 다시없는 기회가 주어진 것에 감사하였습니다. 평소 저격할 기회를 노리던 적의 거두가 비교적 행동하기도 쉬운 만주에 일부러 찾아올 줄은 몰랐습니다. 그는 동지 우덕순(禹德淳 : 1880~?년), 조도선(曺道先 : 1879~?년), 유동하(劉東夏 : 1892~1918년)와 함께 이토를 저격할 구체적인 작전을 짜기 시작합니다.

　그들은 10월 15일 기차로 블라디보스토크를 출발하여 사람들의 눈을 피해 10월 22일 하얼빈에 도착합니다. 그리고 만전을 기하기 위하여 우덕순, 조도선 두 사람을 하얼빈역 앞의 정거장인 관성자(寬城子 : 일설에는 채가구蔡家溝라고도 함)에 대기시키고, 안중근은 단신으로 하얼빈역에서 대기하기로 합니다.

드디어 하얼빈역에서 이토 히로부미를 처단하다

　1909년 10월 26일, 하얼빈역의 연도에는 일찍부터 이토 히로부미를 환영하는 화려한 행사가 펼쳐졌고, 이토 일행이 지나가는 동청 철도東淸鐵道의 각 역과 철도에는 삼엄한 경계망이 쳐져 있었습니다. 하얼빈역의 연도에는 수천의 러시아군과 의장대가 정렬하고, 외국의 사절단과 일본의 거류민들이 눈부시게 화려한 복장으로 열을 지어 서 있었습니다.

　오전 9시 10분 이토를 태운 특별 열차가 하얼빈역의 플랫폼에 미끄러져 들어오자, 축포가 메아리치며 장중한 군악대의 연주가 시작되었습니다. 득의만면한 이토의 뒤에 러시아 주청공사駐淸公使를 비롯하여 청나라의 고급 관리들이 줄지어 있고, 이토 바로 옆에는 일본 총영사 가와카미 도시히코川上俊彦, 만주 철도 이사理事 다나카 세이지로田中淸次郞, 비서관 모리 타이지로森泰二郞가 따르고 있었습니다.

만면에 웃음을 띤 이토는 러시아군 의장대를 통과하여 각국 영사관 직원들이 도열해 있는 앞자리에 가서 의례적인 인사를 한 뒤 방향을 바꾸어 장교단이 서 있는 쪽으로 향하려는 순간, 러시아 장교단 뒤에 숨어 있던 중국옷 차림의 한 청년이 사람들의 울타리를 밀어 헤치며 전광석화처럼 뛰어나와 권총을 뽑아들고 이토의 가슴을 거누어 총알을 발사합니다. 연발된 세 발의 총알은 잇달아 이토의 몸에 명중하여, 백발의 이토는 그 자리에 꼬꾸라지고 맙니다.

이 중국옷 차림의 청년이 바로 애국지사 안중근이었습니다.

그는 이어서 이토 곁에 있던 가와카미, 다나카, 모리에게 한 발씩 쏘아 육연발 권총을 모두 쏜 뒤(자서전에는 이토에게 네 발을 쏘고, 이토인지 확실히 몰라 옆에 있던 일본인들에게 세 발을 쏘았으며, 총은 검은색의 굽은 칠연발 단총으로 기록), 쓰러지는 일본인들을 내려다보면서 품에서 '독립 자유'라는 혈서가 적힌 태극기를 꺼내 흔들며 '조선 독립 만세!'(자서전에는 '대한 만세'라고 외친 것으로 기록)를 소리 높여 외쳤습니다.

이토를 환영하는 분위기에 휩싸여 있던 역 앞은 순식간에 벌어진 이 사태에 이내 대혼란에 빠집니다. 안중근은 그곳을 경비하고 있던 러시아 병사들에게 포박되었지만, 그는 매우 침착한 태도로 총알을 다 발사한 권총을 러시아 병사에게 건네주고 만족하는 웃음을 지었습니다. 쓰러진 이토 히로부미는 출혈 과다로 25분 뒤에 숨을 거두고, 안중근은 일단 러시아 헌병대에 구금되었다가 이틀 뒤인 28일에 일본 헌병대에 인도됩니다.

일본 제국주의의 우두머리이고, 추밀원樞密院 의장이자 공작公爵인 이토 히로부미가 조선의 애국 청년 안중근에게 하얼빈역에서 사살되었다는 뉴스는 금세 전파를 타고 전 세계에 타전됩니다. 이는 분명 세계를 경악케 한 대사건이었습니다. 이 소식을 들은 우리 민족은 국내외를 막론하고 이 애국적인 쾌거에 환호성을 질렀습니다.

당시 상해에 망명해 있던 김택영(金澤榮 : 1850~1927년, 대학자이자 시인)은 환희의 감정을 다음과 같은 즉흥시로 표현하였습니다. 이는 또한 우리 민족 전체의 마음을 대변한 시이기도 합니다.

평안도 장사 두 눈을 부릅뜨고
나라 원수 죽였다네 염소 새끼 죽이듯이
안 죽고 살았다가 이 기쁜 소식 들을 줄이야
덩실덩실 춤노래 한바탕, 국화조차 우쭐거리네

해삼위라 큰 매 하나 하늘 쓸고 돌더니만
하얼빈역 머리에 벼락불 떨어졌네
육대주 영웅 호걸 몇 분이나 되시는지
모두들 가을 바람에 수젓가락 떨구었으리

예로부터 안 망한 나라 어디 있던가
하찮은 아이놈이 큰 나라도 엎지르네
무너지는 하늘을 떠받드는 인물 보소
망하는 때이건만 도리어 빛이 나네*

平安壯士目雙張　快殺邦讐似殺羊 평안장사목쌍장　쾌살방수사살양
未死得聞消息好　狂歌亂舞菊花傍 미사득문소식호　광가난무국화방

海蔘港裏鶻摩空　哈爾賓頭霹火紅 해삼항리골마공　합이빈두벽화홍
多少六洲豪健客　一時匙箸落秋風 다소육주호건객　일시시저락추풍

---

* 안중근은 본래 황해도 출신이나, 공판에서는 주소와 출생지를 평양이라고 진술하였습니다. 이는 자신의 신원 조회를 지연시켜 동지들과 가족을 보호하려고 한 허위 진술인 듯합니다. 어쨌든 김택영도 그를 평안도 출신으로 들었거나 오인한 것 같습니다(자서전에 수록된 공판기 참조).

從古何嘗國不亡 纖兒一例壞金湯 종고하상국부망 섬아일예괴금탕

但令得此撑天手 却是亡時國有光 단령득차탱천수 각시망시국유광

　이 소식은 전 세계의 양식 있는 사람들을 감동시켰습니다. 중국과 조선
사람들은 입을 모아 "지금도 조선에는 진정한 인물이 살고 있었구나. 참으로
다행이로다"라고 칭송하였으며, 러시아, 중국, 미국 각지에서는 안중근의
구명 운동과 함께 모금 운동이 일어났습니다.

　그러나 이토가 살해되어 크게 당황한 일제는 미친 듯이 날뛰며 전국 각
지의 애국지사들을 이 사건의 관계자라 하여 총검거하는 폭거를 자행하였습
니다.

재판정에서 : 조국의 독립, 이 한 가지뿐이다!

　결국 안중근의 동지인 우덕순, 조도선, 유동하도 체포되어 여순의 일제
감옥에 투옥되고, 관동도독부關東都督府 지방 법원에서 재판을 받게 됩니다.
일제는 이 공판이 알려져 세계 여론이 끓어오를까 두려워, 예심도 거치지 않
고 일사천리로 공판을 진행하였습니다. 그는 재판정에서 심문에 답변하는
대신, 우리 민족의 분노를 당당히 진술하였습니다.

　조선의 독립을 회복하고 동양의 평화를 지키기 위해서는 먼저 민족의 최대
의 적이요 만고의 역적인 이토를 없애야만 한다는 확신을 품었다. ……조국을
위해 목숨을 버릴 각오로 의병을 모아 일본군과 싸웠으나, 이번 의거는 의병
참모중장 자격으로 독립 전쟁의 일환으로 적장 이토를 살해한 것이지 결코 개
인 자격으로 행한 행위가 아니다. 적과 싸우다가 포로가 된 나를 형사 피고인
으로 취급하는 것은 천만부당한 행위이다.

　……내가 독립 전쟁을 일으킨 원인은 전부 일본의 기만 정책 때문이다. 보
라! 러일전쟁 시에도 일본은 전쟁 목적의 선언에서 조선의 독립을 보장하고
동양의 평화를 유지하기 위한 것이라고 말했다. 그래서 조선 사람은 이를 믿

고 일본군에 협력하여 일본의 승전을 축하한 것이다. 그런데 우리나라에 대사
大使로 파견된 이토는 돈을 가지고 국적 일진회의 두목들을 매수하여 일본의
보호를 받아야 한다는 매국 선언을 발표시키고, 병력을 가지고 우리 왕실과
정부를 위협해 우리 주권을 짓밟는 5조약을 강제로 맺었다. ……그래서 우리
민족은 일제히 항일을 외치며 궐기하고, 의병은 전국 각지에서 일본군과 싸우
며 죽어갔다.

　……고종의 폐위, 사법·외교권의 박탈, 7조약의 강제 승인 등 이토의 죄상
은 헤아릴 수 없음에도 불구하고, 이토는 교활한 수단으로 조선 인민이 일본
의 보호 정책을 기꺼이 받아들이고 있는 듯이 허위 선전을 했다. ……그러므
로 나는 먼저 이토를 죽여 조국의 독립을 회복하기 위해, 3년 전 본국을 떠나
블라디보스토크로 향했다.

　……만일 이토가 만주에 도착하는 시기가 지연되었다면 우리 독립군은 군
함을 마련하여 대마도 부근에서 이토가 타고 있는 배를 요격할 계획이었다.
그러나 이토의 만주 방문이 예상 밖으로 빨랐으므로 부득이 몇몇 동지와 결행
하기로 한 것이다. ……나는 다시 언명한다.

　내가 하얼빈에서 이토를 살해한 것은 이토가 조선의 독립과 자유를 빼앗았
기 때문이다. 그러므로 이것은 독립 전쟁의 일부분이다. 또한 우리가 일본 법
정에서 일본의 재판을 받는 것은 전쟁에 패배하여 포로가 된 탓이다. 조국의
의병들이 항상 일본군과 싸우는 것도 역시 독립 전쟁의 일부분이다.

　나는 4천 년의 역사를 가진 우리 조국을 위해, 또한 2천만의 우리 동포를 위
해 동양의 대국의 평화를 어지럽히는 간악한 적을 살해한 것이므로, 나의 목
적은 이처럼 정의로운 것이다. 나는 국민 된 의무를 수행하기 위해 몸 바쳐 일
을 끝냈을 뿐이다. 이미 죽음을 각오하고 결행한 일이므로 후회할 일은 없다.
나의 염원은 다만 조국의 독립, 이 한 가지뿐이다!

　안중근의 연설을 듣고 있던 재판관이 "질문에 대한 답변만을 하도록 주
의시켜라"고 하자, 그는 큰소리로 재판관을 꾸짖었습니다.

　"나는 이토의 악랄한 정책을 어떤 방법으로든 세계에 폭로하여야 한다

는 신념을 가지고 있으므로, 그 목적을 달성하기 위하여 설명하고 있을 뿐이다."

그리고는 다시 이토의 15개에 이르는 죄상을 진술합니다. 그러자 재판관은 당황하여 재판을 비공개로 하기로 하고 만장한 방청객들을 퇴장시킵니다.

그 15조는 다음과 같습니다.

1. 1895년 일본 병정을 시켜 황후 폐하를 시해한 일
2. 1905년 병력을 동원하여 대한제국의 황제 폐하를 위협해 5조약을 맺은 일
3. 1907년 또다시 병력으로 위협하여 7조약을 맺은 일
4. 황제를 폐위시킨 일
5. 군대를 해산한 일
6. 양민을 다수 학살한 일
7. 이권을 모조리 강탈한 일
8. 학교의 교과서를 불태운 일
9. 백성에게 신문을 못 보게 한 일
10. 은행권을 강제로 발행하여 전국 재정을 고갈시킨 일
11. 국채 1,300만 원을 강제로 한국에 부담시킨 일
12. 동양 평화를 교란한 일
13. 보호의 이름을 빌려 조선에 불리한 시정을 한 일
14. 1867년 6월 일본 황제의 부친을 죽인 일
15. 조선 국민이 분개하는데도 한국은 태평하다고 일본 황제와 세계 각국을 속인 일

공판 말미에 재판관이 "계획이 성공하면 자살할 예정이었나?"라고 묻자 안중근은 안색을 고치며 답변하였습니다.

"죽을 작정은 아니었다. 그것은 조선의 독립과 동양의 평화를 위하여 이토를 죽였던 것이므로 내가 죽는 것은 성급하다고 생각하였다. 가능한 한 살아남아서 정정당당하게 소신을 말하고 우리나라의 실정을 만국에 알리려고

마음먹었다. 이렇게 죽으면 다시 천 사람 만 사람의 안중근과 우덕순이 나타날 것으로 확신하기 때문이다."

그의 변호인인 미즈노 기치다로水野吉太郎는 그를 변론하면서 이렇게 진술하였습니다.

"그의 범죄 동기는 비록 오해에서 나왔다고 할지라도, 이토를 죽이지 않으면 한국은 독립할 수 없다는 조국에 대한 적성赤誠에서 나온 것은 의심할 여지가 없다."

또한 검사는 논고에서 그에 대해 이렇게 말하였습니다.

"안중근은 이 사건의 주모자로 조선인 가운데서도 특이한 성격을 가진 인물이다. 상당한 재산이 있어서 중류 이상의 생활을 하며, 지방의 명족이며 천주교 신자로서 성격은 매우 강직하며 의지가 강하고, 정치 사상이 철저한 인물이다."

1910년 2월 14일의 판결에서 그는 사형을 선고받았고, 우덕순은 징역 3년, 조도선, 유동하는 각기 징역 1년 6개월의 형을 받았습니다.

재판관이 "판결에 불복하면 5일 이내에 항소하라"고 하자 그는 태연히 답변하였습니다.

"나는 이렇게 될 것을 일찍부터 알고 있었다. 나는 진정코 미련이 없으니 항소는 포기한다."

그리고는 또한 재판관을 조소하듯이 물었습니다.

"이보다 더 심한 형벌은 없는가?"

그러면서 대담하게 웃음을 지었다고 합니다.

여순의 일본 감옥에서는 그에게 특별히 한국어를 잘하는 일본인 한 사람을 붙여서 시중을 들게 할 만큼 이 사건에 신경을 쓴 듯합니다.

안중근은 감옥에서 언제나 독서에 몰두하여, '一日不讀書 口中生荊棘(일일불독서 구중생형극 : 하루라도 책을 읽지 않으면 입 안에 가시가 돋는다)'라는 좌우명을 써 붙여놓았습니다. 그는 사형 판결을 받고 나서 옥중에서 「동양 평화론東洋平和論」을 집필하기 시작하였는데, 겨우 서론을 마쳤을 때 형 집행 예정일이 되었습니다. 그러자 감옥에서는 그 논문이 탈고될 수 있도록 형 집행을 15

일간 연기해주었습니다. 그러나 논문은 애초에 장문인지라 다 쓰지 못하였습니다. 그래서 안중근은 논문의 주된 요지를 다음과 같은 시로 요약합니다.

　　동양의 대세를 생각하매 그 전도는 아득코 어둡거니
　　뜻 있는 사나이 편한 잠을 어이 자리
　　평화로운 시국 못 이룸이 이리도 슬픈지고
　　침략 정책 고치지 않음은 참으로 가엾도다

　　東洋大勢思杳玄 동양대세사묘현
　　有志男兒豈安眠 유지남아기안면
　　和局未成猶慷慨 화국미성유강개
　　政略不改眞可憐 정략부개진가련

그는 또 형이 집행되기 전에 동포에게 다음과 같은 유서를 남깁니다.

　동포에게 고함
　내가 한국 독립을 회복하고 동양 평화를 유지하기 위해 3년 동안을 해외에서 풍찬노숙하다가 마침내 목적을 달성하지 못하고 이곳에서 죽노니, 우리 이천만 형제자매는 각각 스스로 분발하여 학문을 힘쓰고 실업을 진흥하며, 나의 끼친 뜻을 이어 자유 독립을 회복하면 죽는 자 유한이 없겠노라.

그리고 그는 마지막으로 면회를 온 정근定根, 공근恭根 두 동생에게 다음과 같은 말을 남깁니다.

　내가 죽은 뒤에 나의 뼈를 하얼빈 공원 곁에 묻어두었다가, 우리 국권이 회복되거든 고국으로 반장返葬해다고. 나는 천국에 가서도 또한 마땅히 우리나라의 회복을 위해 힘쓸 것이다.
　너희들은 돌아가서 동포들에게 각각 모두 나라의 책임을 지고 국민 된 의

무를 다하여, 마음을 같이하고 힘을 합하여 공로를 세우고 업을 이루도록 일러다고.

대한 독립의 소리가 천국에 들려오면, 나는 마땅히 춤추며 만세를 부를 것이다.

그리고 3월 26일 오전 10시, 애국지사 안중근은 향년 서른둘의 젊은 나이로 여순 감옥에서 형장의 이슬로 사라집니다.

일제는 그를 칭송하는 한국 국민의 목소리가 날로 높아지는 것을 두려워하여, 그를 하찮은 테러리스트에 지나지 않는다고 선전하였습니다. 그리고 유해를 유족에게 넘겨주지 않고 여순의 공동묘지에 매장하였습니다. 그러나 오히려 여순 감옥의 일본인 간수들은 그의 고결한 인격을 존경하였으며, 재판소 직원들과 취조관들도 앞 다투어 그에게 글씨를 써달라고 간청하였으며, 그는 이들에게 2백 장 남짓의 글씨를 써주었다고 합니다.

이렇게 죽어간 안중근의 애국 정열은 그 후 청소년들에게 많은 영향을 주어서, 일제 식민지 아래서도 "안중근 의사의 뜻을 이어 궐기하자!"는 슬로건은 모든 애국적인 청소년들의 한결같은 표어가 되었습니다.

20. 산포수 출신의 용맹한 의병대장 홍범도

가난한 농민의 아들로 태어나

일제의 침략에 대항하여 싸운 수많은 의병 중에서도 홍범도(洪範圖 : 1868
~1943년)라는 이름은 역사에 대대로 빛나고 있습니다. 그러나 그는 가난한
농민의 아들이어서 출생과 성장에 관한 기록이 분명하지 않고, 다만 전설적
인 일화가 많이 전해지고 있을 뿐입니다.

그는 1868년 평안도 자성慈城에서 태어났다고 하는데 일설에는 평양 교
외의 외성리外城里에서 태어났다고도 하며, 평안도 양덕陽德에서 태어났다고
도 합니다. 어쨌든 가난한 집에서 태어나 일찍이 부모를 여의고 부잣집에서
하인 노릇을 하여야 하였습니다. 스무 살이 된 1887년, 그는 평양 진위대(鎭衛
隊 : 지방의 각 진에 둔 최초의 근대식 군대)의 병졸로 뽑혔지만 혹독한 차별과 굴욕
을 견디다 못하여 탈영을 하고 맙니다.

원래 친척이 없던 그는 사람 눈을 피하여 함경도 산속의 허천강虛川江 강
변에 있는 금광에서 광부로 일합니다. 광부로 몇 년을 일한 뒤 1891년에는
처가가 있는 삼수三水로 이사하여 농사를 지었고, 2년 뒤 그는 다시 생활 터
전을 찾아 풍산군豊山郡으로 이사하여 농사를 짓는 한편 사냥을 하며 생계를
꾸려나갑니다.

그는 6척(180센티미터)이 넘는 건장한 체구에 넓적한 얼굴은 수염으로 덮
여 있어 남들에게 두려움을 주는 위엄 있는 풍모였다고 합니다. 하지만 행동
거지가 매우 공손하고 동료들에게 친절히 대하는 사람이었고, 한번 작정한
일은 반드시 이루며 부정한 일은 절대 허용하지 않는 강직한 성품의 소유자
이기도 하였습니다.

그 무렵 산포수山砲手라 일컫던 사냥꾼들은 화승총火繩銃을 가지고 사냥
을 하였는데, 홍범도는 날래고 솜씨 좋은 사냥꾼으로 총을 다루는 기술과 탄
환 제조에도 정통하였습니다. 그래서 동료들에게 총 수리법과 탄환 제조법,
사냥법 등을 친절하게 가르쳐주며 항상 동료들의 생활을 도와주었습니다.

그러자 그는 금세 동료들에게 떠밀려 포연(捕捐 : 사냥감을 관청에 바치는 일) 부대
장으로 뽑혔고, 얼마 후 다시 포연 대장으로 추천됩니다. 그 자리는 관리와
결탁하여 이권을 챙길 수 있어서 모두들 노리는 자리였지만, 그는 관리에게
빌붙지 않고 항상 사냥꾼의 이익을 위하여 공정하게 일처리를 해서 동료 산
포수들로부터 절대적인 지지와 존경을 받습니다.

그런데 그가 포연 대장이 된 직후인 1905년 11월, 일제는 우리나라를 반
半식민지로 만드는 '보호조약'을 강요하여 외교권을 빼앗고 내정에 간섭하
기 시작합니다. 그리하여 전국에서 애국자들이 항일 의병 운동을 일으켰는
데, 이 격렬한 시류는 홍범도가 있는 산골인 풍산 일대에도 커다란 영향을
미쳤습니다. 관리 중에서도 관직을 팽개치고 항일 운동에 참가하는 애국자
가 있는가 하면, 일제의 앞잡이가 되어 매국적인 행동을 자행하는 자도 있었
습니다.

유달리 정의감이 강하고 애국심에 불타는 홍범도가 동료 포수들과 함께
조국을 수호하기 위한 투쟁의 선봉에 선 것은 자연스러운 일이었습니다. 게
다가 일제는 민중의 무장력을 강제로 해제시키려고 1907년 9월 7일 '총포
및 화약류 취급령'을 공포하여 포수들이 소지한 화승총을 모두 압류하려고
하였습니다. 사냥으로 근근이 생계를 꾸리고 있는 포수들에게 화승총을 내
놓으라는 것은 곧 "굶어 죽어라"는 말과 다를 게 없었습니다. 포수들은 맹렬
하게 반대하였지만, 일제는 병력을 동원하여 가차 없이 탄압하기 시작하였
습니다.

"앉아서 죽기를 기다리느니 일어서서 일제를 거꾸러뜨리고 조국의 독
립을 지키세."

포수들은 이렇게 결의하고 삼수三水, 갑산甲山을 중심으로 일제히 들고
일어나 의병 부대를 조직합니다. 바로 그 선두에 선 것이 홍범도였습니다.

그와 함께 궐기한 산포수의 대표자들은 차도선車道善, 태양욱(太陽郁 :
1870~1908년), 송상봉宋相鳳, 허근許瑾 등입니다. 이 의병 부대는 대부분 삼수,
갑산, 황수원黃水院, 풍산 등지에서 이름을 떨치던 명포수로, 한결같이 백
발백중의 명사수였습니다. 따라서 이 산포수 부대는 일제가 가장 두려워한

강력하기 이를 데 없는 의병 부대가 됩니다.

빛나는 유격 작전을 펼치다

궐기한 홍범도 등의 산포수 부대는 1907년 11월 22일, 북청에서 풍산으로 향하는 교통의 요로 후치령厚峙嶺에서 일본군과 첫 전투를 벌이게 됩니다. 산포수들의 총기를 회수하기 위하여 파견된 일본군은 그들의 공격을 받고 전멸합니다. 그리고 다음날인 23일, 산포수 부대는 일본군 북청 수비대 소속 일개 부대의 호위를 받으며 갑산에서 혜산惠山으로 향하는 우편 마차를 중도에서 습격하여 커다란 전과를 올립니다.

예기치 못한 패전에 당황한 일본군 북청 수비대는 11월 24일 미야베(宮部 : 일본군 대위) 중대를 보내 산포수 부대를 공격합니다. 그러나 적의 우수한 화력과 정면 충돌하는 것이 불리하다고 판단한 홍범도 부대는 일단 퇴각하는 척하며, 요소요소에 부대를 매복시켜 두었다가 기습 공격을 감행하는 전술로 도처에서 일본군에 커다란 손실을 입힙니다. 그리고 12월 15일 갑산과 북청 중간에서 일본군 군수 물자 수송 부대를 습격하여, 적의 호위병을 전멸시키고 막대한 군수 물자를 빼앗아 일본군에게 막대한 피해를 입힌 전투는 특히 유명합니다.

거듭되는 실패에 격노한 일본군은 함흥 수비대에서 기병 부대를 충원받아 대부대를 편성하고, 홍범도 부대 토벌에 나서 교통의 요로인 중평장仲坪場으로 향합니다. 하지만 홍범도는 일본군 대부대를 교묘하게 삼수의 산성으로 유인하였고, 차도선 부대가 합류한 4백 명의 산포수 부대는 삼수성에서 일본군 부대와 치열한 전투를 벌이게 됩니다. 산포수 부대가 천연 요새라 할 수 있는 유리한 지세를 이용하여 총격을 가하자, 일본군의 피해는 계속 늘어만 갔고 탄환까지 떨어져 야밤을 틈타 혜산으로 꽁무니를 빼고 맙니다.

이 패전으로 위신을 잃은 일본군은 동북수비관구東北守備管區 사령관 마루이丸井소장의 지휘 아래 다시 대병력을 동원하여 삼수 공격에 나섭니다. 하지만 적들의 동향을 일찌감치 간파한 홍범도 부대는 주력 부대를 이끌고 비밀리에 삼수를 떠나고, 소부대를 시켜 요충지인 중평장을 지키는 척하고 있었습니다.

1월 9일 단숨에 중평장을 돌파한 일본군 대부대는 삼수성을 포위하고 맹공격을 가하였지만, 그때 삼수성 안에는 이미 개미 한 마리 없었습니다. 일본군은 막대한 포탄을 소모한 뒤에야 홍범도 부대의 작전에 말려든 것을 알고 분통을 터뜨립니다. 그 순간 홍범도가 이끄는 의병 부대가 갑자기 출몰하여 탄환이 거의 떨어진 일본군 갑산 수비대를 급습합니다. 일본군 수비대는 허를 찔리고도 완강하게 저항하였지만, 아홉 시간에 걸친 격전 끝에 전멸하고 겨우 12명만이 간신히 살아서 도망칩니다. 홍범도 부대는 일본군 병영은 물론이고 우편국을 비롯한 일본군의 군사 시설을 철저하게 파괴하고서야 유유히 이리사二里社 방면으로 자취를 감추었습니다.

갑산 수비대가 전멸하였다는 소식에 놀란 일본군의 토벌대장 미키三木 소좌는 일부 병력을 삼수에 주둔시키고, 11월 11일 주력 부대를 이끌고 갑산에 도착합니다. 그리고 부대를 총동원하여 추적하였지만 끝내 의병 부대를 찾아낼 수 없었습니다. 추적에 지친 토벌대는 19일 빈손으로 갑산으로 철수할 수밖에 없었습니다.

이처럼 홍범도 부대의 신출귀몰한 유격 작전으로 일본군 토벌대는 도처에서 큰 피해를 입게 됩니다. 그러자 일본군도 전술을 바꿔 의병 부대와 민중이 접촉하는 것을 차단하는 포위 작전을 강화하는 한편, 의병들에 대한 귀순 공작을 대대적으로 펼칩니다.

사냥이 생업인 산포수들의 가정은 일본군 토벌대에 포위되어 굶주리고 있었습니다. 일본군은 관리와 앞잡이를 내세워 산포수 의병 가족에게 돈과 식량을 주면서 산포수가 의병 부대를 이탈하여 귀순하면 생명을 보장하고 생활 안정도 보장하겠다는 감언이설을 늘어놓고, 의병들이 집으로 돌아오도록 연락하라고 권유하며 다녔습니다. 굶주림에 신음하던 의병 가족들 가운데 동요가 일어나고, 식구의 연락을 받은 의병 가운데서도 탈락자가 생겨나기 시작하였습니다. 일제 침략자를 격멸할 때까지 목숨 걸고 끝까지 싸우기로 맹세한 산포수 의병 부대였지만, 가족을 아사 상태에 몰아넣은 일제의 비열한 회유책에 결속력이 급속도로 무너졌던 것입니다.

　영하 30도를 넘는 극한 속에서 식량도 없이 산속을 배회하는 의병들의 고통도 한계에 달하였습니다. 이때 홍범도의 둘도 없는 동지였던 차도선이 1908년 3월 17일 마침내 적의 공작에 넘어가 신의를 저버리고 부하들과 함께 산을 내려가자 의병 부대는 커다란 타격을 입습니다. 게다가 용장 태양욱이 적의 미끼에 걸려 체포되었는데, 적은 태양욱도 귀순하였다고 대대적으로 선전하며 남은 의병들에게 항복할 것을 강요합니다. 하지만 태양욱은 어떠한 회유와 고문에도 굴하지 않고 조국에 충성을 바치다가 끝내 일본군에게 처형됩니다.

　차도선의 배신에 분노한 산포수 부대는 태양욱이 장렬하게 죽어갔다는 소식을 듣고 다시금 일제 침략자에 대한 분노를 불태웁니다. 그리고 다시 용기를 내어 일본군을 무찌르는 투쟁에 나섭니다.

　홍범도는 더 많은 산포수들을 끌어 모아 의병 부대를 재편성하고, 삼수·갑산·풍산 등의 산간 지대뿐만 아니라 이원利原·단천端川 등 해안 지대에까지 활동 범위를 넓혀나갑니다. 이에 악랄하기 그지없던 일본군 토벌대는 의병 부대와 조금이라도 관계가 있는 마을은 닥치는 대로 불을 지르고 남녀노소를 불문하고 모두 살해하는 만행을 저지릅니다. 그러나 홍범도 부대는 점점 기세를 올려 함경도 일대에는 그의 의병 부대가 출몰하지 않은 날이 없었습니다.

　애가 닳은 일본군은 토벌 작전을 강화하는 한편 홍범도 귀순 공작을 필사적으로 추진하게 됩니다. 그리고 같은 해 5월 조선인 순사대장巡査隊長 임재덕林在德, 경시警視 김원홍金元興 이하 11명의 조선인 순사들로 홍범도 귀순 공작대를 만들고, 그들을 2개 부대로 나누어 홍범도 부대의 근거지에 잠입시킵니다. 하지만 경계를 강화하고 있던 홍범도는 그들을 생포하여 부대원들 앞에서 매국노들의 죄상을 열거하고 그 자리에서 처형해 버립니다. 이로 인해 의병 부대의 사기는 한층 더 높아집니다.

　그 뒤에도 홍범도 부대는 용맹 과감하게 활약하였으나, 1909년이 되면서 일제의 압박이 갈수록 강화되어 일본군 수비대의 그물망이 계속 좁혀

왔습니다. 그리하여 국내에서 계속 항일 의병 활동을 벌이는 것이 불가능해
지는 지경에 이릅니다.

조선독립군사령 홍범도, 평생을 독립군에 바치다

홍범도는 조국에서 의병 활동이 어려워지자, 1910년 초 몇몇 부하들만
이끌고 국경을 넘어 동포들이 이주하고 있는 간도 지방으로 옮겨갑니다. 그
리고 그는 그해 3월부터 장백현長白縣 왕개둔王開屯에서 농지를 개간하며 조
국으로 진공할 부대를 육성하는 데 힘을 쏟습니다.

1911년 3월에는 그의 부하 박영신朴永信이 이렇게 단련된 젊은 애국 청
년들을 이끌고 얼어붙은 두만강을 건너 함경북도 경원 수비대를 습격하여
커다란 전과를 올리기도 합니다. 그러나 일본군의 경계가 삼엄해짐에 따라
기습 작전을 감행하기도 어려워집니다. 게다가 우선은 독립을 위한 기본 조
직을 만드는 데 주안점을 두어야 하였습니다.

홍범도 산포수 부대는 사냥 생활로 단련된 만큼 지리에 익숙한 산야를
빠르게 이동할 수 있고, 겨냥한 목표물을 단 한 발에 맞힐 수 있는 백전용사
들의 집합체였기 때문에 신출귀몰한 전투가 가능하였습니다. 또한 가난하고
고통스러운 생활 속에서도 서로 돕는 강한 동료 의식이 어떠한 곤경에서도
견디며 단결할 수 있게 만들어주었습니다. 그러나 간도에 있는 이주민들은
애국심은 강하였지만 출신이 각양각색이고 군사 훈련을 받은 사람이 적었으
며, 무기를 갖지 못한 사람들뿐이었습니다.

독립군을 기르려면 먼저 기초적인 교육부터 시작하여야 하였고 또한 생
존을 위해서 모든 사람이 육체 노동에 종사하여야 하였습니다. 그러나 생산량
이 적어서 겨우 굶주림만 면하는 정도였으므로 학교를 만들고 무기와 도구를
구입할 재정이 있을 턱이 없었습니다. 그러니 무엇이든 맨손으로 시작하여야
만 하였습니다.

사실 일찍이 이곳으로 망명한 애국지사들은 여러 독립 운동 단체를 만
들어놓기는 하였지만 아직 전투를 벌일 만큼 성장하지는 못하였습니다. 홍

범도 대장이 몇몇 부하들을 이끌고 이 땅으로 건너온 것은 이들을 떨쳐 일어서게 하는 원동력이 되기는 하였지만, 무에서 유를 창출할 수는 없었습니다. 게다가 홍범도는 가난한 집안에서 태어나 전혀 교육을 받지 못하여 겨우 한글을 읽을 수 있는 정도여서 각계각층의 사람들을 교육하거나 지도할 만한 지식을 갖고 있지 않았습니다. 그는 다만 자신이 가진 기술과 능력만으로 사람들을 돌봐주고 애국 운동에 대중을 동원할 수 있는 정도였습니다. 겸허한 그는 국외로 이주한 후로는 그늘에서 성실하게 일할 뿐이었습니다.

그러나 1919년 3·1 독립 운동이 일어나자 간도를 비롯한 만주 각지에서도 애국지사들의 대표자 회의가 열리고 독립 만세 시위가 잇달았으며, 혈기 왕성한 독립군들은 빈번히 일본 헌병대를 습격하였습니다. 이와 같은 독립 의식이 단숨에 불타올라 군사 훈련이 활발해지고 애국 청년들은 일본인 기관을 잇달아 공격하였습니다.

상황이 이렇게 되자 홍범도의 지도력이 발휘되어, 1919년 8월 그는 국민회國民會라는 단체에 소속된 '조선독립군사령朝鮮獨立軍司令'으로 추천됩니다. 그리고 2백 명의 부대를 이끌고 국경을 건너 혜산과 갑산의 일본군 수비대를 습격하여 많은 전리품을 노획하는 전과를 올립니다. 그해 가을에는 다시 부대를 거느리고 압록강을 건너 자성慈城, 강계江界, 만포진滿浦鎭에 있는 일본 수비대를 공격하여 커다란 전과를 올립니다. 특히 자성 전투는 사흘간 혈전을 벌여 일본군 70명을 살해하였지만, 독립군 측의 피해도 컸습니다. 홍범도는 복수를 맹세하고 다시 대대적인 진공 작전을 준비합니다.

봉오동 전투 1920년 6월 홍범도 부대가 두만강을 건너 진공하려 하자, 일본군은 제19사단에서 일부 병력을 선발하여 남양南陽 수비대를 조직하고 간도로 침공합니다. 그리하여 홍범도 부대와 만주의 봉오동鳳梧洞에서 일대 접전을 벌이게 되는데, 이 전투에서 독립군은 일본군 120명을 사살하고 많은 부상자를 내는 대승리를 거둡니다.

거듭되는 패배와 만주에서 항일 독립 운동이 고양되는 데 안달이 난 일제는 같은 해 10월 중국 당국에 조선 독립군을 공동으로 토벌할 것을 제의하고, 북부에 주둔하던 일본군 병력을 총동원하여 만주의 조선 독립군 토벌에 나섭니다. 10월 2일에 한 동포가 혼춘(琿春 : 훈춘, 지린성 옌볜조선족자치주延邊朝鮮族自治州에 위치)의 일본 영사관에 불을 지른 사건도 그 구실이 되었습니다.

청산리 대첩

중국 당국이 일본군의 이러한 침략 행위에 동의하지 않았음에도 불구하고, 일본군은 부대를 셋으로 편성하여 10월 14일 일제히 행동을 개시하여 두만강, 압록강 건너편 일대의 독립군 근거지를 공격합니다. 특히 아즈마 마사히코東正彦 소장少將이 이끄는 일본군 대부대는 홍범도 부대가 만주 두도구頭道溝의 서쪽 24킬로미터 되는 청산리靑山里에 있다는 정보를 듣고 단숨에 포위 작전을 전개합니다. 이때 청산리에는 독립군 연합 부대가 이동하다가 잠시 주둔하고 있었는데, 제1연대장 홍범도, 제2연대장 김좌진(金佐鎭 : 1889~1930년), 제3연대장 최진동(崔振東 : ?~1945년) 등의 부대였습니다.

10월 20일 삼면에서 포위망을 좁히던 수천 명의 일본군과 홍범도, 김좌진이 이끄는 6백 명의 독립군 사이에 치열한 전투가 벌어지게 됩니다. 독립군은 천연의 지형을 교묘히 이용하여 일본군에게 모습을 드러내지 않은 채 일본군 집결지에 맹렬한 사격을 퍼부었고, 이 전투로 일본군은 전력에 치명상을 입습니다.

일본군의 발표를 보더라도 이 전투에서 전사한 일본군은 600내지 800명(중국 측 발표는 1,300명)인 데 반해, 독립군의 전사자 수는 60명, 부상자 90명에 지나지 않았습니다. 이것이 역사상 이름 높은 '청산리 대첩靑山里大捷'(1920년)입니다. 결국 일본군의 대대적인 토벌전은 독립군의 주력을 잡기는커녕 치욕스러운 패전 기록만 남겼습니다.

그러자 일본군은 이에 대한 보복으로, 만주의 독립군 근거지를 남김없이 불질러버리고, 죄 없는 여자와 아이들을 닥치는 대로 학살하였습니다. 그리하여 만주에 근거지를 둘 수 없게 된 독립군은 소련의 연해주로 근거지를 옮기게 됩니다.

고려 혁명군 의용대

연해주로 건너간 홍범도 등은 소련 적군(赤軍, Krasnaya armiya)의 협력을 얻어 '고려 혁명군 의용대高麗革命軍義勇隊'를 조직합니다. 그리고 소련 혁명에 협력하면서 조국 독립을 위하여 일본군과 싸울 준비를 합니다. 그러나 소련과 일본은 소련에 진주한 일본군을 철수시키는 대신 소련 내의 조선 독립군을 해체시킨다는 협약을 맺고, 그 협약에 따라 1921년 6월 소련은 조선 의용군의 해산을 명합니다.

자유시사변 일방적인 배신 행위에 분노한 독립군 일부는 소련의 설득을 거부하고, 6월 28일 무장 해제에 반대하며 소련과 충돌하는 비극적인 사건을 일으킵니다. '자유시사변自由市事變'으로 불리는 이 사건으로 독립군 전사자 270여 명, 행방불명 250여 명의 엄청난 희생을 치릅니다. 독립군 중 일부는 소련의 설득으로 소련 내에 머물고 일부는 다시 만주로 근거지를 옮깁니다. 이때 홍범도는 함께 싸워온 많은 동지들이 만주로 옮겨가자, 동지들과 작별하고 소련에 머무르면서 조국 독립을 위하여 투쟁하는 길을 택합니다. 평생 애국심으로 일관한 홍범도는 줄곧 가난한 자의 편에 선 사람이었습니다. 그래서 소련이 말하는 사회주의에 기대를 하였던 것인지도 모르겠습니다.

그 뒤 홍범도가 소련에서 어떤 활동을 하였는지는 분명하지 않습니다. 하지만 분명한 것은 계속 조국의 독립을 위하여 투쟁할 후배 양성에 심혈을 기울이다가, 1943년 소련 땅에서 일흔여섯의 고령으로 생을 마감하였다는 것입니다.

그가 삼수, 갑산 등지에서 한창 의병 활동을 벌이던 무렵 북부 지방에서는 그의 부대를 기리는 다음과 같은 노래가 민중들 사이에서 유행하였다고 합니다.

홍대장 가는 길에는 일월이 명랑한데
왜적 군대 가는 길에는 눈과 비가 내린다
에헹야 에헹야 에헹야 에헹야
왜적 군대가 막 쓰러진다

오연발(일본군의 총) 탄환에는 군물이 돌고
화승대(의병의 총) 구심에는 내글이 돈다
에헹야 에헹야 에헹야 에헹야
왜적 군대가 막 쓰러진다

원손택(사람 이름) 중대장님은

고갯싸움에서 이기셨다네
에헹야 에헹야 에헹야 에헹야
왜적 군대가 막 쓰러진다

홍범도 대장님은 동산리東山里에서
왜적의 순사 열한 놈을 죽이셨다네
에헹야 에헹야 에헹야 에헹야
왜적 군대가 막 쓰러진다

도상리道上里 김도감金都監님은
군량도감軍糧都監에 뽑히셨다네
에헹야 에헹야 에헹야 에헹야
왜적 군대가 막 쓰러진다

왜적이 게다짝을 물에 버리고
동래 부산 넘어가는 날은 언제나 될까
에헹야 에헹야 에헹야 에헹야
왜적 군대가 막 쓰러진다

이 노래로도 알 수 있듯이, 홍범도는 평생을 조국과 민중을 위하여 싸운 불멸의 영웅적 의병 대장이었습니다.

일찍이 일제 식민지 아래서 민중이 고통 받고 있을 때, 전국 방방곡곡의 어른들은 아이들에게 용맹한 홍범도 산포수 부대장의 영웅적인 투쟁 이야기를 들려주었고, 애국지사들은 후배 청년들에게 홍범도 부대의 청산리 대첩을 이야기하면서 민족 독립을 위하여 싸울 수 있는 용기를 길러주었습니다. 아마 앞으로도 홍범도 의병대장을 기리는 이야기는 우리 민족의 역사와 함께 영원히 전해질 것입니다. 실로 그는 민중에게 가장 사랑받는 영웅적인 의병 대장 중 한 사람이었습니다.

21. 근대 국어학 연구를 꽃피운 주시경

가난 속에서 학문에 몰두하다

근대 국어 연구의 아버지로 일컫는 주시경(周時經 : 1876~1914년)은 고종 13년, 황해도 봉산군 쌍산면雙山面 무릉골에서 태어났습니다.

그의 아버지 주면석周冕錫은 과거 시험에 거듭 실패하면서도 여전히 꿈을 버리지 못한 선비로, 가계는 돌보지 않고 한서에만 매달렸습니다. 그래서 그가 두 누이와 형 밑으로 태어날 무렵에는 가난으로 허덕이고 있었습니다. 아버지는 서른두 살, 어머니는 스물아홉 살로 아직 한창나이였지만, 생활고에 찌든 어머니는 건강을 크게 상하여 젖도 제대로 나오지 않았다고 합니다. 갓난아기에게 미음을 쑤어 먹일 쌀도 넉넉지 않아 아기는 영양실조에 걸려 기절하기도 하였습니다. 그렇지만 주시경은 매우 영리한 아이로 성장합니다. 여섯 살 무렵 다음과 같은 일화가 전해집니다.

어느 날 마을 어린이들이 밭에 쌓인 수수깡을 가지고 집짓기 놀이를 하고 있었다. 상호(相鎬 : 그의 아명)는 빈틈없이 훌륭하게 집을 지었다. 그때 밭일을 하고 돌아오던 밭주인이 수수깡이 어지러이 널려 있는 것을 보고 야단을 쳤다.

"누가 이런 못된 짓을 했느냐?"

수수깡은 생활 필수품이고 중요한 땔감이었기 때문에, 장난을 친 아이들은 호되게 꾸지람을 들을까봐 아무도 얼굴을 들지 못했다. 그런데 상호가 앞으로 나서서 말했다.

"제가 이렇게 집짓기 놀이를 했어요. 다른 애들은 옆에서 구경만 했고요."

밭주인은 상호의 얼굴을 바라보다가 입을 다물고 있는 다른 아이들을 잠시 둘러보았다. 그리고 상호가 만든 집을 보고 칭찬했다.

"너는 정말로 똑똑한 아이로구나. 네가 지은 집은 참 잘되었다. 이다음에 너는 필시 큰 인물이 될 거다!"

그 뒤 마을 아이들은 상호가 하는 말을 잘 따르게 되었다.

그 무렵부터 주시경은 마을 서당에 다니며 한문 공부를 시작하였습니다.

어느 날 주시경은 여덟 살 무렵 아이들과 서당에서 돌아오다가 남쪽에 솟아 있는 높은 산봉우리를 바라보면서 말했습니다.

"얘들아, 하늘이 저 산봉우리에 걸쳐 있으니 봉우리 위에 올라가면 하늘을 만져볼 수 있을 거야."

그래서 모두 함께 산에 오르기로 하였는데, 산중턱에 오르니 개나리꽃이 만발하여 있어 아이들은 저마다 꽃 꺾기에 정신이 팔려 산에 오르는 걸 포기하였습니다. 하지만 소년 주시경은 혼자 가파른 산을 올라가 마침내 꼭대기에 다다랐습니다. 그러나 하늘은 아득히 높기만 할 뿐 도저히 사람의 손에 닿지 않는 곳에 있었습니다.

이처럼 그는 어려서부터 탐구심이 강하였습니다. 그는 수기에서 자신의 어린 시절에 대하여 다음과 같이 썼습니다.

흉작이 든 이듬해 먹을 것이 떨어져 누이와 함께 들에 나가 달래를 캤다. 바구니를 가득 채우지는 못했으나 어머니께서 걱정하며 기다리실 것 같아 나만 먼저 돌아왔다. 도중에 냇가에서 달래를 씻는데 길을 지나던 두 선비가 달래를 조금만 나눠달라고 했다. 시장기를 참지 못한 안색이기에 달래를 바구니째 건네주었더니 두 사람은 단숨에 절반을 먹어버렸다.

"네가 먹으려고 캐온 것을 모두 먹을 수는 없지."

그러면서 두 사람은 나머지를 돌려주었다.

집에 돌아와 어머니께 달래를 건네주면서 그 일을 말씀드렸더니 어머니는 한숨을 쉬시며 말씀하셨다.

"네게 달래를 달랄 정도라면 아마 매우 굶주린 모양이구나. 어서 이것을 가지고 가서 다 드시라고 하여라."

어머니 말씀대로 다시 길에 뛰어나가 찾아보았지만 아까 지나가던 선비들 모습은 보이지 않았다. 어쩔 수 없이 집으로 돌아오니 어머니께서 말씀하셨다.

"네가 나간 후 낯선 젊은이 둘이 이웃집에 와서 음식을 구걸하더구나. 이웃집도 식사를 마친 뒤라 남아 있는 누룽지를 주었더니 두 사람은 맛있게 먹고 길을 떠났단다. 이제 나도 마음이 놓이니 남은 달래를 먹자꾸나."

당시의 가난한 생활상과 모자의 고운 심성이 잘 드러나는 글입니다.

열세 살 때 그는 둘째아버지 주면진周冕鎭의 양자가 되어 한성으로 옮겨 살게 됩니다. 큰아버지는 한성 처가의 도움으로 해산물 가게를 차렸는데, 자식들을 모두 병으로 잃자 둘째 아들이던 주시경을 양자로 삼은 것입니다.

소년 주시경은 한성에서 살면 공부를 마음대로 할 수 있다는 부모의 권유에 따르기로 결정하였지만, 누나 둘에 형 하나, 그리고 남동생 둘에 여동생 하나의 대가족 속에서 가난하지만 오순도순 행복하게 살아온 만큼 집을 떠나는 것이 슬퍼 목 놓아 울었다고 합니다.

한성에 온 주시경은 상인의 자녀들이 다니는 서당에 다니게 되었습니다. 그러나 그곳은 분위기가 소란스럽고 훈장도 열의가 전혀 없었습니다. 그러자 스스로 평판이 높은 서당을 수소문하여 학식이 있는 이회종李會鍾에게 가르침을 청합니다. 열다섯 살 때의 일입니다. 하지만 머지않아 스승이 죽자 스승의 부인이 계속 그를 가르쳤습니다. 부인이 훈장이 된다는 것은 당시로서는 매우 진기한 일이었지만, 그는 이 서당을 2년간 다녔습니다. 그 무렵의 심경을 그는 이렇게 적고 있습니다.

내가 배우려는 것은 결국 한문으로 씌어진 문장의 의미와 교훈이 아닌가? 서당에서 스승이 한문의 의미를 해석할 때는 반드시 우리말로 되새기지 않는가? 우리말은 결국 우리 생각을 전달하기 위한 것이 아닌가? 한문 또한 하나의 말에 지나지 않는 것이 아닌가? 그렇다면 어려운 한문을 쓰지 말고 누구나 잘 아는 우리말로 가르치면 쉽게 배울 수 있지 않을까? 그런데도 한문을 배우지 않으면 교훈을 알 수 없다는 것은 이상한 일이 아닌가? 만일 그 교훈을 우리말로 기록한다면 얼마나 편리하고 쉽게 배울 수 있을까? 내가 십 년 동안 공부하여 얻은 지식을 만약 우리말로 배웠다면 대략 3, 4년이면 충분하지 않았을까?

아니, 그보다 더 일찍 배울 수 있었을지도 모른다.

이런 생각이 들자 나는 서당 공부가 얼마나 무의미한 것인가를 절실히 깨닫게 되었다.

우리나라에는 우리말이 있고, 그 말을 적을 수 있는 훈민정음이 있지 않은가? 그런데도 옛 선비들은 한문만을 문자와 학문이라 여기고 훈민정음을 돌아보지 않았으니, 이는 결코 옳지 못한 일이다. 한문은 중국의 말을 기록한 것에 지나지 않는다. 우리말이 중국말에 미치지 못할 리 없고, 훈민정음이 한자에 뒤질 것이 없다. 아니, 훈민정음은 한자에 뒤지지 않는 정도가 아니다. 그토록 어렵게 배우는 한자에 비해 훈민정음은 얼마나 알기 쉬우며, 아름다운 문자인가! 그렇다! 아무도 돌아보지 않은 훈민정음을 내가 빛내야 하지 않겠는가! 내가 바르게 펼쳐야 하지 않겠는가!

아직 소년티를 벗지 못한 열일곱 나이에 우리 민족 문화의 위대한 창조물인 훈민정음을 올바로 이해하고, 민족의 자주성에 기초한 독창적인 사고를 확고히 한 것은 그의 소질이 범상치 않음을 보여주고 있는 것입니다. 동시에 우리 국어학사에 일대 전환을 가져올 징조를 알리는 사건이기도 하였습니다.

이렇게 결심한 주시경은 한문 공부를 그만두고 새로운 학문을 찾아 나섭니다. 그리하여 당시 선진적인 학자로 일컬어진 박세양朴世陽, 정인덕鄭寅德 두 스승 밑에서 산수, 지리, 영어 등 신학문을 배우게 됩니다. 그가 열여덟 살 때 쓴 일기에는 다음과 같은 구절이 있습니다.

7월 7일부터 옥계(玉溪 : 박세양의 호), 회천(晦泉 : 정인덕의 호) 선생 밑에서 수업을 시작한 뒤, 각 문명의 부강국이 모두 자국의 문자를 가지고 있다는 사실을 알고, 우리나라의 말과 글을 연구하여 국어 문법을 만들기 시작했다.

참으로 장대한 기백이 엿보이는 글이 아닐 수 없습니다.

고학으로 신학문을 배우다

1894년 초 전라도 고부에서 일어난 동학 농민 운동은 전국의 농민을 떨쳐 일어나게 만들었습니다. 주시경의 고향인 황해도 각지에서도 농민들이 궐기하고 격렬하게 싸운다는 소식이 한성으로 잇달아 전해졌습니다. 시세에 민감하고 혈기 왕성한 열아홉 살의 그도 가만히 있을 수 없어 고향으로 돌아갑니다. 그러나 두메산골인 그의 고향은 시류와 무관한 듯 조용하기만 하였습니다. 시골집에서 한성의 격렬한 상황을 전해 들으니 오히려 더 애가 탔습니다. 그래서 그는 다시 한성으로 돌아오게 됩니다. 그러나 그 무렵에는 이미 일본군이 청나라군을 공격하여 대회전이 시작되고 있었습니다.

이런 소란한 분위기에서 김홍집을 중심으로 신정부가 만들어지고 갑오경장이라는 개혁 정책이 선포됩니다. 그리하여 민족의 자주성을 주창하면서 독립 국가로서 개국 기년을 사용하고, 관제를 개혁하고 신분 차별을 타파하며, 사민평등을 주장하여 노예를 해방하고, 과부의 재혼이 허락되며, 과거 제도가 폐지되는 등 단숨에 새로운 나라가 태어날 듯한 환상을 심어주고 있었습니다. 그러나 이는 곧 일제의 혹심한 간섭으로 무너졌고, 동학 농민군도 일본군에 무너지고 나라는 다시 어두운 구름에 휩싸이고 맙니다.

민족적이고 참신한 것을 바라 마지않던 주시경은 한성에 돌아온 직후인 8월, 작은아버지와 가족들의 맹렬한 반대를 무릅쓰고 머리카락을 자르고 신학문을 가르치는 배재학당(培材學堂 : 배재대학교의 전신)에 입학합니다. 아직까지 봉건적인 분위기에서 벗어나지 못한 사회 풍조 속에서 가족의 반대를 뿌리치고 머리카락을 자른다는 것은 용기 있고 진보적인 행동이었을 뿐만 아니라, 가문과 의절까지 하여야 하는 사건이었습니다.

주시경은 우선 스스로 먹고살기 위하여 배재학당이 경영하는 인쇄소에 잡역으로 일하며 틈틈이 학교 수업을 받았고, 밤늦게까지 열심히 공부하였습니다. 특히 그는 영어 공부를 통해 배운 알파벳 발음과 철자법, 문법 구조 등의 이론을 훈민정음에 응용하여, 우리말의 풍부한 단어와 변화에 걸맞은 문법을 만들고자 하였습니다. 그리고 외국어와의 비교 연구를 통하여 우리말의 풍부한 발음과 아름다움, 풍부한 어휘, 우리말의 복잡한 구조, 합리적이고 유연한 변화를 깊이 연구할 수 있었습니다. 그는 연구를 진행하면서 환희를 맛보았습니다. 쉴 새 없이 연구에 정신을 집중하였기 때문에 길을 걸을 때도 연구 주제가 머리를 떠나지 않아 사람들과 부딪치기도 하고 전봇대에 머리를 부딪치기도 하였습니다.

그가 어렵게 고학 생활을 계속하던 1895년 8월, 일제는 궁궐에 난입하여 왕비를 학살하는 포학한 행위를 저질러 전 국민을 격분시킵니다. 때마침 미국에 망명해 있던 서재필이 친미파들의 주선으로 귀국하여 한성에서 성대한 연설회를 개최할 때, 그도 연설회장으로 달려갑니다. 넓은 국제적 시야를 보여주는 서재필의 열변은 군중을 감동시켰고, 새로운 세계의 지식을 연구하는 데 열의를 불태우고 있던 스무 살의 주시경은 금세 서재필의 열렬한 신봉자가 됩니다.

독립협회와 독립신문

서재필은 그 후 한때 배재학당에서 교편을 잡은 일이 있었는데 청년 주시경은 서재필의 깊은 사랑을 받습니다. 서재필이 1896년 선진적인 청년들을 모아 '독립협회'라는 정치 단체를 만들고, 같은 해 8월 15일 『독립신문』을 발간하였을 때 그는 서재필의 신임을 받아 이 신문의 회계 겸 교정 담당을 맡습니다. 순 한글로 발간된 독립신문의 교정을 완벽히 처리할 수 있는 사람은 당시 주시경 말고는 적임자가 없었기 때문입니다. 그는 교정뿐만 아니라 기사 정리, 기사 작성에서도 중요한 역할을 해냈습니다.

협성회와 협성회보

그리고 그는 그해 민주적인 입헌 정치를 주장하는 학생들을 결집하여 '협성회協成會'라는 조직을 만듭니다. 이 조직은 우리 역사상 최초의 학생 단체라고 할 수 있습니다. 이 모임의 발기인인 그는 '사적司籍'이라는 직책을 맡았는데, 이는 학생 조직의 책임자를 가리키는 것으로 짐작됩니다. 곧 협성회에서는 『협성회보協成會報』라는 주간 신문을 발행하였습니다. 이것도 순한글 신문으로 『독립신문』과 함께 당시 민중 계몽의 대표적인 역할을 담당하게 됩니다.

1898년 4월, 당시 정부는 서재필이 협성회를 부추겨 정부를 공격하였다는 구실로 정치 고문직을 그만두게 하고 국외 퇴거를 명합니다. 주시경은 동지들과 함께 서재필의 해임에 반대하는 항의를 벌였지만 소용이 없었습니다. 서재필은 출국할 때 동지들에게 독립협회와 『독립신문』의 뒷일을 부탁하면서, 특히 주시경에게는 여러 가지 중요한 일을 부탁하였습니다. 이해 9월 그는 배재학당의 만국지지과萬國地志科를 졸업하고 바로 그 학당의 보통과普通科에 입학하였으며, 다시 학우들을 모아 '동문동식회同文同式會'를 조직하여 개혁 운동의 선두에 서게 됩니다.

독립협회 주최 아래 같은 해 10월 종로에서 수만 군중이 운집한 '만민공동회'가 열려, "외국인에 따르지 말 것, 외국인과의 이권 계약을 대신이 단독으로 처리하지 말 것, 국가 재정의 수지를 공정히 하고 예산을 국민에게 공개할 것, 언론·집회의 자유를 보장하고 중대한 범죄를 공판에 부칠 것" 등 6개조 개혁안을 결의하고 정부에 실행을 요구하였습니다. 그들은 정부가 개혁을 약속하고도 실행에 옮기지 않자 독립협회는 군중을 모아 날마다 항의 시위를 벌였습니다. 정부는 이에 놀라 11월에 독립협회의 해산을 명령하고는 간부 17명을 검거 투옥합니다.

주시경은 이에 분노하여 동지들과 대대적인 항의 집회를 열었지만, 정부는 반동 어용 단체인 '황국협회皇國協會'를 사주하여, 수천 명의 불량배 집단인 보부상 부대를 동원하여 항의 집회를 폭력으로 짓밟아 버립니다.

그는 『독립신문』이 폐쇄되고 신변의 위험을 느끼자 부득이 시골의 친척 집에 몸을 숨기고 잠시 농부가 되어 들일을 하며 시간을 보내기도 합니다. 그리고 석 달 뒤 사태가 진정되자 한성으로 돌아와 학업에 전념하였고, 이러한 시련 속에서도 한결같이 연구 활동에 몰두하여 1900년 스물다섯 살에 배재학당 보통과를 졸업할 수 있었습니다.

주시경은 또한 다방면에 걸쳐 연구 의욕을 불태우기도 하였습니다. 그래서 인천의 이운학교利運學校에서 잠시 항해술을 배우는 한편 한성의 흥화학교興化學校에서 측량술을 배우고, 또 이화학당梨花學堂에서 영국인 의사에게 영어와 의학을 배우며 그 영국인에게 한국어를 가르치기도 하였습니다. 그리고 외국어 학교에서 일본어와 중국어 강의를 듣고 기계학, 종교학도 독학으로 공부합니다. 그러나 그의 연구의 중심 과제는 항상 국어학이었습니다.

'주보따리' '주보퉁이' 주시경, 늘 민중과 함께하다

주시경은 학문 연구와 민중 계몽 운동을 따로 생각하지 않았습니다. 그의 20대 청춘 시절은 그러한 신념으로 일관되었으며, 그에게 학문을 위한 학문 따위는 상상할 수도 없었습니다.

"한문의 마술에 철저한 포로가 되어 있는 민중을 일깨워 지식 흡수를 향한 진정한 문호를 열어주지 않으면 안 된다. 이를 위해 국어를 정리하고, 국어 교육에 온 힘을 기울여야 한다."

이것이 그의 철저한 신념이었습니다.

그의 폭넓은 연구와 한결같은 계몽 운동, 그리고 식을 줄 모르는 교육열은 시간이 흐름에 따라 민중의 지지를 받게 되었고, 그의 명성은 서서히 높아져 갔습니다. 한학에 집착하는 양반들은 그를 업신여겼지만 근대적인 학문을 깨친 학자들은 그의 학문적 가치를 인식하기 시작하였고, 민중들은 그에게 절대적인 존경심을 품게 됩니다. 한성의 각지에서 '국어 강습회'가 열리고, 근대적인 학문을 가르치는 학교에서는 잇달아 국어를 강의하기 시작하였습니다. 이러한 강습회와 학교들은 앞 다투어 그에게 강의를 요청하였고, 그는 요청이 있는 곳이면 어디든 초인적인 정열로 쉴 틈도 없이 뛰어다니며 강의를 계속하였습니다.

주시경은 대중과 함께 연구하고 대중과 함께 싸우는 생활을 몸소 실천하였습니다. 그가 서른 살 전후에 강의한 기관을 열거해 보면 그가 얼마나 뜨거운 신념을 불태우는 교육가였는지 알 수 있습니다.

그는 당시 청년 학원, 공옥학교功玉學校, 서우西友, 이화梨花 , 명신明新, 홍화興化, 기호畿湖, 숙명淑明, 진명進明, 휘문徽文, 보성普成, 중앙中央, 융희隆熙, 사범 강습소師範講習所, 배재培材, 서북西北, 협성協成, 경신儆新, 영창永彰, 외국인 연구소 등 무려 20개소에서 강의를 하였습니다. 그 중에서도 보성학교에 설치된 일요 강습소는 매우 유명했습니다. 일요 강습소에는 학교에 다니며 그의 강의를 들을 수 없는 청년 대중이 모여들었고, 그는 강의에 필요한 교재를 자비로 등사하여 커다란 보따리에 싸들고 다니면서 학생들에게 나누어주고 강의를 하였습니다.

연구에 열중한 그는 궁핍한 살림에서도 어렵게 돈을 변통하여 많은 책을 샀습니다. 그리고 커다란 책 보따리를 들고 돌아다니는 일이 많아서, 그에게는 '주보따리' '주보퉁이'라는 별명이 붙을 정도였습니다. 그는 국어뿐만 아니라 지리, 역사, 수학도 가르쳤으며, 박학다식한 선생으로 학생들의 존경을 받았습니다. 이후 우리나라의 국어학자는 대부분 그의 문하에서 나왔다고 해도 과언이 아닙니다.

그러나 당시 학교는 대부분 경영이 어려워 보수가 매우 적고, 그것도 몇 달치씩 밀리기 일쑤였습니다. 그래서 주시경은 일 년 내내 궁핍해 언제나 무명옷에 짚신을 신고 밥을 굶는 일도 많았습니다. 그는 한성 변두리 상동尙洞의 조그만 초가집에서 살았는데, 낮에도 햇빛이 잘 들지 않아 등잔불을 밝히지 않으면 방안에서는 책을 읽을 수조차 없었다고 합니다. 하지만 그는 한 번도 결강하거나 지각하지 않았으며, 시간이 없을 때면 교무실에 들르지 않고 바로 교실로 직행하였습니다.

유명한 국어학자 이병기(李秉岐 : 1891∼1968년)는 스승 주시경의 당시의 모습을 다음과 같이 전하고 있습니다.

주선생이 강의하는 교실은 언제나 지나다닐 수도 없을 만큼 학생들이 꽉 들어찼다. 교실에서는 한눈을 팔거나 하품을 하거나 잡담을 하는 짓은 애초에 있을 수 없었다. 단지 들리는 것은 선생의 부드러운 음성과 여기저기서 들리는 연필 소리뿐이었다.

조금 갸름한 듯 넓은 이마를 가진 선생의 얼굴에는 언제나 엄숙하면서도 온화하고 부드러운 모습이 감돌고 있었다. 선생의 웃는 모습은 거의 보지 못했지만, 화를 내시는 모습도 본 적이 없다. 그리고 선생의 눈에는 열정이 넘쳤으며, 커다란 체구와 품위 있는 풍채는 저절로 모든 이에게 존경하고 복종하는 마음을 불러일으켰다.

선생의 말씀은 달변은 아니지만 눌변도 아니었다. 언제 어떠한 문제를 말씀하시더라도 듣는 사람들에게 지루함을 주지 않고, 언제나 당당한 진실감을 느끼게 했다. 그리고 선생의 말씀에는 선생의 성격과 행동이 잘 나타나 있었다. 참으로 선생은 인격으로 보더라도 당시 제일인자였다는 것은 의심할 여지가 없다.

이처럼 존경받는 온화하고 훌륭한 선생이었던 주시경은 한편으로 국어 문제를 정책에 반영시키라고 정부에 끊임없이 요구하였습니다. 당시 학계의 대표자 격이었던 경성의학교장京城醫學校長 지석영(池錫永 : 1855~1935년)이 '신정국문新訂國文' 6개조를 정부에 상신上申하여 1905년에 시행이 공포되었지만, 일반에 수용되기 어려운 난점도 있었습니다.

서른 살의 청년 학도인 주시경은 당당히 정부의 학부學部 내에 국문 연구소를 개설할 것을 건의하고 국어를 시대에 맞게끔 개혁할 것을 호소하였습니다. 그리고 2년 뒤인 1907년 7월, 그의 제안이 수용되어 학부 내에 국문 연구소가 설치되었습니다. 위원으로는 당시 학부국장을 비롯하여 대표적인 학자들이 선출되었는데, 그 중에서도 젊은 주시경은 돋보이는 존재였습니다. 그러나 당시는 이미 을사조약이 체결되었기 때문에 위원 중에는 일본인도 한 명 끼여 있었습니다.

위원들은 1907년 9월부터 1909년 12월에 이르기까지 23회에 걸쳐 회의를 거듭하고 국어학사와 훈민정음의 역사, 한글 문자의 철자와 발음, 문법 등에 관한 연구 성과를 정리하여 보고서를 작성합니다. 그러나 일제의 악랄한 식민지 공작에 따른 정국 불안과 학부대신의 교체 등으로 성과를 발표하지도 못한 채 연구소가 해산되고 맙니다.

이런 상황에서 주시경은 1908년 7월『국어문전음학國語文典音學』을 발간합니다. 이 책은 국문 연구소의 중심 연구 과제를 정리한 것으로 연구소의 일도 실제로 그가 중심이었음을 보여주고 있습니다. 그러나 이 책은 한글과 한문을 섞은 낡은 문체여서 대중에게는 매우 어려웠습니다. 그래서 그는 1909년에 자기 주장대로 순 한글 문장으로 된『국어문법』을 발간합니다. 이 책은 우리나라의 근대적인 문법서를 대표하는 저작입니다.

『국어문전음학』와 『국어문법』

자주 독립 정신을 지키기 위하여 대종교 신자가 되다

주시경은 항상 독립 정신을 불태우던 애국자이기도 하였는데, 그의 열렬한 애국심을 전해주는 몇 가지의 일화가 있습니다.

1906년 12월 의병 운동의 지도자 최익현이 일제에 체포되어 대마도의 감옥에서 옥사하였습니다. 이 소식을 들은 한성의 젊은 학도 70여 명이 교외의 절에 모여 은밀히 노애국자의 죽음을 애도하는 추도 집회를 개최하였습니다. 주시경은 그 집회에 참가하고 돌아오다가 우연히 한 목사와 동행하며 대화를 나누었는데, 두 사람은 무력 침략보다 정신적인 침략이 더 심각하다고 지적하였습니다. 주시경은 서양의 근대적인 학문을 흡수하기 위하여 기독교 신자들과 어울렸으며, 그들이 권유하는 대로 교회에 다니며 신자가 되었습니다. 그러나 이때 그는 목사와 격렬한 논쟁을 벌였습니다.

"나는 이미 정신적 침략을 받았소. 자주 독립 정신이 왜곡되는 것을 알면서도 그냥 기독교를 믿으려 한다면 그것은 이미 사람이 아니오."

그는 이렇게 단언하고, 기독교와 절연하고 민족적 종교로의 개종을 선언합니다. 그리고 우리나라의 고유 종교인 '대종교大倧敎'의 열렬한 신자가 됩니다.

1907년 12월 당시 통감인 이토 히로부미가 조선 왕조의 마지막 황태자인 영친왕 은(垠 : 1892~1970년)을 일본에 인질로 연행할 때, 수행원으로 따라가는 사람에게는 장차 출세를 보장하겠다는 고시告示가 내걸리자 많은 사람들이 응모를 하였습니다. 그때 주시경의 아우 시강時綱도 수행원에 응모하려고 하자, 그는 아우를 심하게 꾸짖으며 말렸습니다.

"불의에 편승하여 영달을 꾀하려 하는 것은 이 나라 국민으로서 있을 수 없는 행위다."

1910년 8월 조국이 독립을 잃고 일제의 식민지가 되자, 많은 애국지사들은 설령 나라는 무너져도 산천이 남고 우리 민족이 존재하는 이상 반드시 독립을 되찾겠다는 신념으로 헌신적인 투쟁을 계속하였습니다.

주시경도 동포들에게 자주 독립 정신을 심어주는 일이 무엇보다 중요하다고 생각하고, 동지들과 함께 우선 우리 민족의 전통적인 대표적 문헌을 발간하여 널리 보급하는 운동에 나섭니다. 한편 그는 『국어사전』을 편찬하기 시작합니다(이 사업은 그가 사망함에 따라 중단됨). 그리고 우리나라를 찾아온 중국 학자에게 베트남 역사를 다룬 『안남망국사安南亡國史』라는 책을 받아 읽고, 그 책이 우리나라의 망국의 운명과 매우 유사하다는 것에 놀랍니다. 그리고 이 책을 널리 보급하면 민족의 자주 독립 정신을 분발시키는 데 큰 도움이 될 것이라 확신하며 즉시 이 책을 한글로 번역하여 박문서관博文書館에서 출판합니다. 일제는 즉시 이 책을 발매 금지하였지만, 책은 은밀히 판매되어 마침내 독립 운동가의 필독서처럼 됩니다.

『국어사전』과 『안남망국사』

　　일제의 혹독한 민족 문화 말살 정책으로 이제 국어학 연구 성과를 출판하는 일도 어렵게 되었습니다. 주시경은 1914년 자필 원고를 석판 인쇄하여 『말소리』라는 문법서를 발간하지만, 그의 민족적인 활동은 사사건건 일제의 탄압을 받습니다. 그러자 그는 마침내 활동의 장을 국외로 옮겨 연해주와 중국 동북 지방의 독립 운동가들과 행동을 같이할 결의를 굳힙니다. 하지만 고향의 식구들에게 남몰래 이별을 고하고 망명을 준비하던 중 돌연 병상에 누워, 1914년 7월 27일 서른아홉의 젊은 나이로 삶을 마감합니다.

『말소리』

　　그는 평생을 매우 가난하게 산 사람이었습니다. 그의 생활이 너무나 비참하여 일제의 어용 학자들은, "잠자코 일본에 따르면 밥 걱정은 안 해도 될 텐데" 하면서 그를 비웃었다고 합니다. 그러나 그는 불굴의 강인한 애국심을 갖고 있었습니다. 그런 주시경에게 감동한 어느 유지가 그에게 집을 한 채 마련해주어 여기저기 비가 새는 초가집살이를 면하게 해주었습니다. 그러자 주시경은 좋은 집이 생겼다는 것보다 자신이 힘들게 모은 귀중한 문헌을 안심하고 보관할 수 있는 곳이 생겼다는 것을 더 기뻐하였습니다.

　　또 그는 민족에 대한 애정을 학문으로 승화시켜, 동포들에게 애국 정신을 불어넣고자 노력한 인물이었습니다. 그의 투쟁은 악전고투의 연속이었지만, 그는 완고한 수구파의 포위망 속에서 조소와 중상과 박해를 받으면서도 국어 연구의 필요성을 호소하고 그 일에 앞장섰습니다. 그의 활동 성과가 겨우 우리 민중의 마음을 널리 사로잡기 시작하였을 때 일제의 침략으로 가혹하기 그지없는 탄압을 받았지만, 주시경은 일제의 탄압 정책에 저항하면서 계몽 운동에 삶을 바친 것입니다.

주시경이 이뤄낸 국어 연구의 과학적 성과는 가히 불멸의 금자탑으로 평가되고 있는데, 후세의 학자는 그의 공적을 다음과 같이 요약하고 있습니다.

1. 과학 이론의 측면에서는

첫째, 국어의 음운론에서 독창적인 이론적 토대를 쌓은 일.

둘째, 국어 문법 체계 연구에서 주체성 있는 새로운 길을 연 일.

셋째, 철자법 연구에서 훈민정음의 초성·종성 등 철칙을 적용하여, 오늘날의 형태와 원칙을 확립한 일.

2. 문화·계몽 사상의 측면에서는

첫째, 한자 사용을 폐지하고, 일반 용어뿐만 아니라, 학술 용어에서도 고유한 우리말을 사용하여 쉽고 주체성이 있는 국어 배양의 필요성을 제창하고 모범을 보인 일.

둘째, 종래의 음절식 문자를 없애고, 문자를 풀어 가로쓰기를 주장하고 직접 모범을 보인 일.

주시경은 교육자로서 십 몇 년 동안 실로 많은 제자를 양성하였는데, 제자들에게 그만큼 경모敬慕 받는 교육자는 아마도 드물 것입니다. 그의 제자들은 모두 일제 식민지 시대를 겪은 사람들이었습니다. 그들은 스승의 삶을 인생의 거울로 삼아 스승의 정신을 욕되게 하지 않으려고 힘썼고, 일제 통치 아래 벌이는 민족 독립 운동에서 중요한 기둥 역할을 수행하였습니다.

22. 고대 한국사를 바로잡은 역사학자 신채호

신채호의 성장 과정과 초기 활동

우리나라 역사서의 오류를 바로잡고, 민족 자주의 애국적 정열로 고대
사의 진실을 파헤친 위대한 역사학자 신채호(申采浩 : 1880~1936년)는 파란만
장한 생애를 보냈습니다.

그는 충청도 청주의 산동山東에서 신광식申光植이란 사람의 아들로 태어
났다고 하는데, 일설에는 청원군淸原郡 문의文義에서 태어났다고도 하며, 또
충청도 대덕군大德郡 산내면山內面에서 태어났다는 설도 있습니다. 출생지가
이와 같이 다르게 전해지는 것은 그의 집안이 생계를 위해 이곳저곳을 전전
하였기 때문이라고 생각됩니다.

일곱 살 때 아버지를 여읜 그는 할아버지에게 엄하게 한문 교육을 받았
습니다. 그는 어릴 때부터 남에게 지지 않으려는 성격을 보였으며, 열세 살
때에는 사서삼경四書三經에 통달하여 천재라고 불렸습니다. 그리고 열여덟
살 때 천재성이 인정을 받아 한 유력자의 추천으로 성균관에서 공부하기 위
해 한성으로 상경합니다.

그 무렵 한성에서는 독립협회가 설립되고 만민공동회가 개최되는 등 새
로운 계몽 운동이 활발해져, 신채호 역시 청춘의 혈기를 불태우며 애국 운동
에 가담하게 됩니다. 1901년 스물두 살이 된 그는 잠시 향리 근처에 설립된
문동학원文東學院의 강사가 되어 애국 계몽 운동의 전선에 섭니다. 그리고 이
듬해에는 성균관의 학우들과 함께 격렬한 항일 성명서를 발표하고 매국적인
대신들을 규탄하는 운동을 전개합니다.

당시 정부는 능력이 탁월한 신채호를 회유하기 위하여 그를 성균관 박 『황성신문』
사에 임명하였습니다. 하지만 그는 출세 길을 뿌리치고 당시 애국적인 인재
가 모여 있던 『황성신문』에 논설위원으로 들어가 활동을 시작합니다. 그때
『황성신문』에는 장지연, 남궁억(南宮檍 : 1863~1939년), 박은식(朴殷植 : 1859~
1925년) 등 이름이 쟁쟁한 투사들이 있었습니다. 그는 대선배들과 어울리며

당당한 애국적 논설을 발표합니다.

그러나 그해 10월 일제의 특파 대사 이토 히로부미가 '제2차 한일협약'을 강요하여 우리나라의 외교권을 빼앗고, 정치·경제·군사를 멋대로 좌우하는 보호 조약을 체결합니다. 이 사실에 격분한 『황성신문』의 주필 장지연은 「시일야방성대곡」이라는 제목으로 일제의 횡포함과 이 조약에 날인한 대신들의 매국적인 행동을 적나라하게 폭로하고, 전 국민의 궐기를 호소하는 논설을 발표합니다.

사전 검열도 받지 않고 평소의 몇 배나 되는 부수를 인쇄하여 전국에 배포된 이 신문은 거센 민족의 분노를 불러일으킵니다. 이에 격분한 나머지 자살하는 사람이 속출하고 각지에서 항일 의병군의 깃발이 올랐으며, 항일 시위가 연일 성난 파도와 같은 기세로 개최되었습니다. 이 논설로 장지연은 체포되고 『황성신문』은 발간이 정지됩니다.

『대한매일신보大韓每日新報』

모든 언론 기관이 일제의 탄압으로 신문을 발행하지 못할 때, 영국 자본으로 설립되었다는 명목 때문에 『대한매일신보大韓每日新報』만은 일제도 감히 손을 쓰지 못하였습니다. 따라서 우수한 언론인들은 대개 이 신문을 근거지로 활동을 계속하였습니다. 1906년, 신채호는 스물일곱 살의 젊은 나이로 이 신문의 주필로 초빙됩니다.

「독사신론讀史新論」 외

그는 여기에서 박은식을 비롯한 애국적인 언론인들과 함께 일본 제국주의를 규탄하는 논설을 계속 발표합니다. 그리고 애국 정신을 고취하려면 올바른 역사를 가르칠 필요가 있다는 점을 통감하고, 신문에 「독사신론讀史新論」(1908년 8월 27일부터 12월 13일까지 연재)이라는 논문을 발표하여 우리나라의 역사를 올바르게 읽을 것을 주장합니다. 이 논문은 많은 독자들로부터 절찬을 받아 우리나라의 역사를 소설처럼 읽을 수 있는 「대동 4천년사大東四千年史」를 연재하게 되었고, 이어서 그는 조국의 빛나는 무장들의 전기, 즉 「을지문덕전乙支文德傳」, 「동국거걸최도통전東國巨傑崔都統傳」, 「이순신전李舜臣傳」 등을 연재하여 독자들의 애국심을 고양시킵니다.

그는 또한 세계적인 영웅들을 소개하는 한편, 사대주의 사상에 집착하는 유학자들의 오류를 비판하고 올바른 민족 의식을 가질 것을 호소합니다.

이렇게 활약하던 그는 마침 미국에서 귀국한 안창호를 비롯한 동지들과 신민회新民會 함께 1907년 12월에 항일 구국 운동을 위한 비밀 결사인 '신민회新民會'를 만들고 정치, 경제, 교육, 문화 등 각 방면에 걸친 진흥 운동을 전개합니다.

신민회는 평양에 대성학교大成學校, 정주에 오산학교五山學校 등을 설립하여 애국 투사를 양성하는 한편 새로운 서점을 만들어 문화 계몽 운동을 전개하고, 평양에 자기磁器 회사 등을 세워 산업 진흥을 위해서도 힘을 다합니다. 또한 친일 정부가 거액의 차관을 들여오는 것에 반대하여, 사실상의 항일 운동인 국채보상운동國債報償運動도 전개합니다. 이 운동은 애국 언론인들에 의해 여론이 조성되었으며, 신채호는 이 운동의 중심적인 역할을 수행합니다. 그러나 일제는 이 운동의 간부 여러 명을 '모금 횡령'이라는 누명을 씌워 투옥하여, 운동은 궤멸 상태에 이르고 맙니다.

그는 신민회 활동의 일환으로 순 한글 잡지인 『가정잡지家庭雜誌』(1907년 『가정잡지家庭雜誌』 7월에 창간해 1908년 8월 통권 7호를 끝으로 폐간됨)를 편집 발행하기도 하였습니다. 하지만 운동이 제대로 추진되지 않아 고민에 빠진 그때, 동지인 이승훈李昇薰이 자신이 경영하고 있는 오산학교에 들어오라고 강력히 그를 권유합니다. 신채호는 그의 권유에 따라 오산학교에서 국사와 서양사를 가르치게 되었는데, 자아 의식의 회복을 역설하는 그의 강의는 젊은 청년 학도들에게 깊은 감명을 주었습니다.

신채호는 이처럼 교사로 일하면서도 청년 학도들을 실천 운동에 참가시 청년학우회靑年學友會 키려면 학생들의 조직이 필요하다는 것을 통감하고, 1909년에 동지들과 함께 청년학우회靑年學友會 결성을 계획하고 그 취지서를 쓰기도 합니다. 하지만 우리나라를 완전한 식민지로 만들려는 일제의 탄압이 점점 악랄해져 모든 운동의 싹이 꺾이고 맙니다.

망명지에서 다양한 분야의 활동을 하다

1910년 4월 신민회의 일부 동지들은 조국에서 합법적인 애국 운동을 전혀 전개할 수 없게 되자, 국외로 나가 광범위한 독립 운동을 전개하는 편이 낫다는 데 의견을 모읍니다. 그래서 동지들은 개별적으로 국외로 탈출하여 중국 청도(靑島, 칭다오)에 모이자고 약속합니다.

신채호는 일제의 감시를 피하기 위하여 행선지를 알리지 않고 며칠씩 집을 비우는 행동을 반복한 뒤, 어느 날 홀연히 자취를 감추고는 압록강을 건너 중국으로 향합니다. 그리하여 8월에 청도에서 동지들과 만날 수 있었습니다. 그리고 그 직후인 8월 29일, 조국이 일제에 강제 합병되었다는 슬픈 소식이 전해집니다. 동지들은 비분의 눈물을 흘리면서 조국 독립을 위한 대책을 논의하기 시작합니다.

안창호는 우선 해외 동포의 산업을 진흥시키고 교육을 보급하여 때가 오면 커다란 힘이 결집될 수 있도록 준비 공작을 벌이자는 점진적인 방책을 주장합니다. 이에 대해 군인으로 유명한 이동휘(李東輝 : 1873~1935년) 등은 무력에 의한 직접 투쟁을 강력하게 주장합니다.

"나라가 망한 이때 산업이니 교육이니 하는 만사태평한 짓을 할 시간이 없소. 둘이 모이면 둘이서 결사적으로 싸우고, 셋이 모이면 셋이서 결사적으로 싸울 각오로 투쟁하여야 하오."

이렇게 의견이 달라 며칠씩이나 격론이 되풀이되었고, 일부 동지들이 조정을 하려고 노력하였지만 결국 청도 회의는 결렬되고 맙니다. 이리하여 해외에서 단일 독립 전선을 결성한다는 꿈은 깨지고 직접 투쟁을 부르짖는 급진파는 다시 조국으로 돌아갑니다.

『해조신문海潮新聞』

그는 점진파인 안창호 등과 함께 연해주의 블라디보스토크로 향합니다. 그 주변에는 대략 십여만의 동포가 거주하고 있었는데, 그는 이곳에서 동포들을 상대로 『해조신문海潮新聞』을 발행하여 조국 독립을 위하여 투쟁하자는 사상을 고양시키는 한편 문화 계몽을 위하여 힘을 다합니다. 그러던 중 신채호는 블라디보스토크를 왕래하는 동포들에게 중국 동북 지방에서 고구려와 발해의 유적을 보았다는 이야기를 자주 듣게 됩니다.

신채호는 사대주의자들이 왜곡해 놓은 조국의 역사를 바로잡고자 열망하였습니다. 이를 위하여 민족의 발생지인 북방 대륙과 강대한 민족 역량을 발휘한 고구려의 유적을 자기 눈으로 확인하고 싶었습니다. 이 열망은 나날이 강해져, 그는 블라디보스토크에 머물며 독립 운동을 계속하자는 동지들의 권유를 뿌리치고 바라 마지않던 유적 탐방에 나서게 됩니다. 그는 고조선 발상지의 흔적을 빠짐없이 찾아다녔습니다. 옛 전쟁터나 폐허로 변한 고성의 자취를 찾아다니며, 가는 곳마다 지도와 자료에 대조하여 보며 산하의 이름을 묻고 그곳의 풍습을 확인하여 고대사와 비교 검토하였습니다. 그리고 깨진 금석 조각을 찾아내고 매몰되어 있던 성의 흔적을 발견하고는 환호성을 질렀습니다.

결국 그는 집안현(輯安縣 : 지린성 지안현輯安縣)에서 환도성(丸都城 : 평양으로 천도하기 전 고구려의 도성)의 흔적을 발견합니다. 흩어진 능과 묘는 일일이 셀 수도 없을 정도였고, 커다란 능으로 짐작되는 것이 수백 기나 되었으며, 묘는 1만 기에 달할 것으로 추정되었습니다.

신채호는 마을 사람들로부터 대나무잎 무늬가 있는 금척(金尺 : 쇠자)을 얻기도 하였습니다(『조선상고사朝鮮上古史』 총론에는 얻은 것이 아니고, 마을 사람이 주운 것을 돈이 없어 사지 못한 것으로 서술되어 있음). 그러나 일본인이 매입한 광개토왕비의 탁본 가격을 물어보고는 너무나 비싸 잠자코 물러날 수밖에 없었습니다. 그는 수백 기의 능 가운데 남아 있는 팔층 석탑 사면방형四面方形의 광개토왕릉 및 오른쪽에 있는 제천단祭天壇을 사진 대신 붓으로 옮겨 그리고, 능의 높이와 넓이를 보폭으로 확인하는 데 만족하여야 하였습니다. 그는 『조선상고사』에서 그때의 감상을 다음과 같이 쓰고 있습니다.

『조선상고사』

……왕릉 상층에 올라가 석주石柱가 섰던 자취와 복와覆瓦의 남은 파편과 드문드문 서 있는 송백松柏을 보고, 『후한서後漢書』에 "고구려는 ……금은 재화를 모두 함께 묻었으며, 돌을 쌓아 분봉을 하고 또한 소나무와 잣나무를 심었다金銀財幣 盡於厚葬 積石爲封 亦種松柏"는 간단한 문구가 비로소 해석되었다. "수백 원이 있으면 묘 한 기를 파볼 것이요, 수천 원 혹 수만 원이면 능 한 개를 파볼 것이라. 그리하면 수천 년 전 고구려 생활의 살아 있는 사진을 보리라" 하는 꿈만 꾸었다.

아! 이와 같은 천장비사天藏秘史의 보고를 만나서 나의 소득이 무엇이었던

가. 인재와 물력이 없으면, 재료가 있어도 나의 소유가 아님을 알 것이다. 그러
나 하루 동안 외부에 대한 조악하고 거친 관찰뿐이었지만, 고구려의 종교·예
술·경제력 등의 여하가 눈앞에 살아나 "그곳에서 한 번 본 집안현이 김부식
의 고구려사를 만 번 읽는 것보다 낫다"는 단안을 내렸다.

그는 조국의 옛 유적을 더듬으며 이처럼 비통한 생각을 되풀이하였습
니다.

상해임시정부를 떠나 무정부주의 운동의 지도자가 되다

만주 일대를 답사한 신채호는 다시 발길을 옮겨 고조선 세력이 미친 곳
으로 보이는 산해관山海關을 거쳐 북경으로 향합니다. 그는 이곳에 잠시 머무
르며 사료 발굴 작업을 계속한 듯합니다. 그때 신규식(申圭植 : 1880~1922년)이
상해로 오라고 권유하며 여비를 보냅니다.

신규식은 일찍이 중국에 망명하여, 손문(孫文, 쑨원 : 1866~1925년)이 무창
武昌에서 혁명 봉기를 일으켰을 때 혁명군에 가담한 인물이었습니다. 그 덕
분에 손문의 협력 아래 동제사同濟社라는 조직을 만들고, 각지의 조선 독립
운동가들과 연락을 취하면서 한국과 중국 양국의 혁명을 함께 추진합니다.
그의 노력으로 상해에 많은 독립 운동 지사들이 모여 있었습니다.

박달학원과 『조선사朝
鮮史』와 『꿈하늘』

신채호가 신규식의 초대로 상해에 간 날짜는 명확하지 않습니다. 상해
에 도착한 그는 박은식, 김규식, 여운형(呂運亨 : 1886~1947년) 등을 만나 중국
인 동지들과 함께 동제사 운동에 적극적으로 참가합니다. 상해의 외국 조계
租界에 근거지를 마련한 그들은 한국인 청년 조직을 만들어 독립 운동의 지
도자를 양성하는 작업에 착수합니다. 그리하여 1백여 명의 동포 청년을 모
아 박달학원博達學院이라는 학교를 세웁니다. 그는 이 학교의 지도 교사로 있
으면서 역사 교육에 헌신합니다. 1915년 그가 서른여섯 살 때의 일입니다.
그는 여기에서 『조선사朝鮮史』라는 교재를 저술하고, 다음해에는 『꿈하늘』
이라는 작품을 쓰기도 합니다.

제1차 세계대전이 일어나면서 국내외에서 독립 운동이 활발히 진행되었습니다. 그리고 1919년 3월 마침내 거국적인 3·1 독립 운동이 일어납니다.

상해는 독립 운동의 지도 본부가 되었고, 4월에는 임시 정부가 만들어졌습니다. 신채호도 여기에서 중심적인 역할을 맡아 의정원議政院 전원위원장全院委員長에 뽑힙니다. 그때 임시 정부의 대통령으로 추대된 이승만李承晚이 미국 대통령에게 "조선을 위임 통치해달라"는 청원을 제출하였다는 소식을 듣고, 그는 이를 '외세에 매달려 자주성을 망치는 민족 반역적인 행위'로 격렬하게 규탄하고 이승만의 대통령 추천을 취소하라고 요구합니다. 임시 정부

그는 또 임시 정부가 발행한 기관지 『독립신문』의 주필로도 활약합니다. 이 신문은 조국에 대량으로 수송되어 비밀리에 전국 각지에 배포되었고, 조국의 독립을 위하여 궐기한 민중에게 희망과 용기를 주었습니다.

그러나 상해 임시 정부 안에서는 추악한 파벌 투쟁이 일어나고 맙니다. 조국의 독립을 위하여 매진한다는 기본적인 정신을 망각하고, 임시 정부에서 지배권을 장악하려고 서로 반대파를 공격하는 비열한 행위가 되풀이됩니다. 신채호는 민족 통일 전선의 확대와 화합을 극력 주장하였지만 극심해져만 가는 내부의 분열에 깊이 절망합니다. 그래서 위험을 무릅쓰고 조국에 잠입하여 민중과 더불어 독립 시위운동을 전개하는 데서 삶의 보람을 찾으려하였습니다. 그러나 동료들은 신변을 염려하여 신채호에게 결혼을 하고 북경으로 망명할 것을 권유합니다. 그는 열여섯 살 때 할아버지의 권유로 향리에서 결혼한 적이 있었지만 함께 생활한 적은 거의 없었고, 오랜 망명 생활로 쭉 독신으로 지내왔습니다.

마흔한 살이 된 그는 동지들의 권유에 따라 함께 조선의 독립을 위하여 싸우는 동지를 새로운 아내로 맞이하고 북경으로 향합니다. 그는 북경에서 동지들과 함께 한문 잡지 『천고天鼓』를 발행하고 중국에 널리 배포하여 커다란 반향을 불러일으킵니다. 한편 북경의 주요 신문인 『중화일보中華日報』에 계속 논설을 발표하여 일제의 지배와 싸우는 조선 민족의 모습을 강력한 필치로 호소하여 독자들의 큰 호응을 얻습니다. 『천고天鼓』

신채호는 마흔두 살이 되던 해 비로소 사내아이를 얻고 생활도 조금은

안정되었습니다. 그러나 개성이 강한 탓이었을까, 세속적인 행복에 만족하지 못하고 마흔세 살에 절에 들어가 승려가 됩니다. 그럼에도 불구하고 그의 고대사 연구는 중단하지 않고 계속됩니다. 연구 논문의 일부가 경성(京城 : 한성)에 보내져서 『동아일보東亞日報』에 연재되기도 하였습니다.

1927년, 마흔여덟 살이 된 그는 다시 북경의 동지들과 함께 잡지 『탈환奪還』,『동방東方』을 연속해서 발행합니다.『동방』은 무정부주의자들의 기관지로 그는 언제부터인지는 모르지만 무정부주의 운동에 공명하게 됩니다. 그는 권력 투쟁을 증오한 나머지 권력에 무관심하지 않으면 독립 운동에서 통일 전선은 결성될 수 없다고 여겼습니다. 또 북경에서 함께 활약한 사람들은 상해 임시 정부를 둘러싸고 벌어진 대립이 공산주의자와 민족주의자의 투쟁에서 비롯된 것이라고도 생각하였습니다. 그래서 그 무렵 북경에서 세력을 키우기 시작한 무정부주의 운동에 적극적으로 가담하게 되었으며, 신채호도 이들과 함께 행동합니다.

1928년, 그는 무정부주의자들이 북경에서 개최한 '동방연맹대회東方聯盟大會'에 참가하여 대회 선언문을 작성합니다. 그러나 일제가 식민지 지배를 위하여 한국의 역사를 크게 왜곡하는 범죄적인 행위를 저지르고 있음을 철저하게 폭로하고, 민족의 빛나는 역사와 높은 문화 전통을 소리 높여 찬양하며, 민족 독립 운동의 지주로 활약하는 신채호에게 일제가 깊은 적대감을 품지 않을 리 없었습니다.

일제는 늘 신채호의 행방을 주시하다가, 마침 그가 무정부주의 운동의 지도자가 되었다는 것을 구실로 그를 체포하여 다롄(大連, 대련)의 감옥에 투옥합니다. 그리고 있지도 않은 죄목을 날조하며 공판을 서둘러, 1930년 5월 대련의 법정에서 10년의 실형을 선고하고 여순旅順의 감옥으로 이감합니다.

옥중 투쟁과 죽음, 여순 감옥에서 옥사하다

신채호가 대련 감옥에 투옥된 이듬해인 1929년 둘째 아들이 태어납니다. 그 무렵 경성에서 『조선일보朝鮮日報』의 이사를 맡고 있던 안재홍(安在鴻 :

1891~1965년)은 상해에 있는 동안 그의 깊은 학식에 경의를 표하고, 그가 쓴 원고가 없어질까 염려하여 원고를 보내달라고 간청합니다.

이에 그의 아내와 친구들은 옥중에 있는 그를 대신하여 원고들을 경성으로 보내줍니다. 그리고 그가 여순 감옥에 옮겨진 직후인 1930년 6월, 그의 최초의 저작집 『조선사연구초朝鮮史研究草』가 조선도서주식회사朝鮮圖書株式會社에서 출간됩니다. 이듬해인 1931년에는 『조선사』, 『조선상고문화사朝鮮上古文化史』가 잇달아 『조선일보』에 연재됩니다. 이 저작물들은 제판이 완료되어 인쇄만 하면 되는 상황이었지만 일제의 탄압으로 단행본으로 출간되지는 못하였습니다.

『조선사연구초朝鮮史研究草』 외

일제는 신채호를 대련 감옥에 가두고 재판을 진행하면서 죄상을 날조하기 위하여 잔악하기 그지없는 고문을 가하였습니다. 하지만 신채호는 끝까지 굴복하지 않았으며 항상 의연한 태도를 잃지 않았다고 합니다. 그는 여순 감옥에서 몸이 많이 쇠약해졌지만 결코 독서를 중단하지 않았고 항상 저작을 구상하였습니다. 그러나 건강을 회복하지 못하고 시간이 갈수록 몸이 더 쇠약해져 5년 뒤에는 소생할 가망이 없었습니다.

일제는 그가 옥사하면 민족적인 분노가 일어날까 염려하여 그를 가석방시키는 게 낫다고 판단하고, 신변 인도자가 나타나면 그를 석방하겠다고 통고합니다. 그의 동지들은 백방으로 손을 써서 향리에 있는 그의 먼 친척인 부호를 설득하여 신변 인도자가 되어줄 것을 부탁합니다. 그러나 이 소식을 접한 신채호는 일제 침략자에게 빌붙어 재산을 모은 자한테 신세를 지느니 차라리 옥사하는 게 낫다며 완강하게 거부합니다.

결국 그는 옥중에서 죽음을 예견하고 가까운 동지에게 '유서'와 다름없는 편지를 써 보냅니다. 그 가운데 "꼭 써서 남겨야 할 원고를 머릿속에 넣어둔 채 죽는 것이 유감천만이네"라고 적고 있습니다. 이리하여 그는 1936년 2월 21일 옥중에서 삶을 마감하게 됩니다. 향년 쉰일곱이었습니다.

꼭 써서 남겨야 할 원고를 머릿속에 넣어둔 채 죽는 것이 유감천만이네

민족사관을 정립하여 우리에게 찬란히 빛나는 역사관을 물려주다

소년 시절 신동 소리를 듣던 신채호는 고려 말기의 비극적인 충신 정몽주鄭夢周의 이야기를 읽고 감동하여 정몽주의 유언처럼 되어 있는 「일편단심가丹心歌」를 따서 자기 호를 '일편단심'으로 정하였는데, 너무 길다고 생각하고 '단생丹生' 또는 '단재丹齋'로 바꾸었다고 합니다. 그는 또 일생 동안 수많은 저서를 지었지만 마음에 들지 않는 글은 스스로 찢어버렸고, 유랑 생활과 상해, 북경을 전전하는 동안 사라진 것도 많습니다.

현재 남아 있는 것은 초기의 『황성신문』과 『대한매일신보』에 게재된 글과 1925년 『동아일보』에 연재된 것, 그리고 저작집으로는 1930년에 출판된 『조선사연구초』와 해방 후에 겨우 출판된 『조산상고사』, 『조선상고문화사』 등이 있습니다.

그는 우리나라에 전해지는 대부분의 고전 역사서가 사대주의적인 유학자들에 의해 중국사의 변두리 역사처럼 씌어졌다는 것을 예리하게 지적하였습니다. 그리고 일제에 의한 한국사의 왜곡이 점차 심해져서 마침내 한국이 고대부터 중국의 지배 아래에 있었던 것처럼 서술하거나, 한사군漢四郡이 한반도에 있었다고 서술한 것을 통렬히 비판하였습니다. 더구나 '임나일본부설任那日本府說'을 날조한 일제 어용 학자들의 범죄적 행위를 결코 용서하지 않았습니다.

『조선사』

그의 사학 인식의 출발점은 항상 민족 자주적인 '아(我 : 나)'에 있었습니다. 그는 동북 아시아에 자리 잡은 한국 민족을 '아'로 인식하고, 『조선사』 서술의 기점으로 삼았습니다. 그는 이를 다음과 같이 서술하고 있습니다.

1. 아我의 성장 발달의 상태를 제1요건으로 하고, 그리하여

① 최초 문명의 기원이 어디서 된 것,

② 역대 강역의 신축이 어떠하였던 것,

③ 각 시대 사상의 변천이 어떻게 되어온 것,

④ 민족적 의식이 어느 때에 가장 왕성하고, 어느 때에 가장 쇠퇴한 것,

⑤ 여진女眞·선비鮮卑·몽골蒙古·흉노匈奴 등이 본디 아我의 동족으로, 어

느 때에 분리되며 분리된 뒤의 영향이 어떠한 것,

⑥ 아我의 현대의 지위와 홍복興復 문제의 성부成否가 어떠할 것인가의 등을 분서分敍하며,

2. 아我와의 상대자인 사린각족四隣各族의 관계를 서술의 제2의 요건으로 하고, 그리하여

① 아我에서 분리한 흉노·선비·몽골이며, 아我의 문화의 강보에서 자라온 일본이, 아我의 거실巨室이 되던 것이 아니 되어 있는 사실이며,

② 인도印度는 간접으로, 지나(支那 : 중국)는 직접으로 아我가 그 문화를 수입하였는데, 어찌하여 그 수입의 분량을 따라 민족의 활기가 여위어 강토의 범위가 줄어졌나,

③ 오늘 이후는 서구의 문화와 북구의 사상이 세계사의 중심이 된 바, 아我 조선은 그 문화 사상의 노예가 되어 소멸하고 말 것인가? 또는 그를 저작咀嚼하며 소화하여 신문화를 건설할 것인가? 등을 분서分敍하여 위의 1, 2 양자로 본사本史의 기초를 삼고,

3. 언어·문자 등 아我의 사상을 표시하는 연장의 그 이둔利鈍은 어떠하며, 그 변화는 어떻게 되었으며,

4. 종교가 오늘 이후에는 거의 가치 없는 폐물이 되었지만, 고대에는 확실히 일민족一民族의 존망성쇠存亡盛衰의 관건이었으나, 아我의 신앙에 관한 추세가 어떠하였으며,

5. 학술·기예 등 아我의 천재를 발휘한 부분이 어떠하였으며,

6. 의식주衣食住의 정황과 농상공의 발달, 전토의 분배, 화폐의 제도, 기타 경제 조직 등이 어떠하였으며,

7. 인민의 이동과 번식과, 또 강토의 신축을 따라 인구의 가감이 어떻게 된 것이며,

8. 정치 제도의 변천이며,

9. 북벌 진취의 사상이 시대를 따라 진퇴된 것이며,

10. 귀천 빈부 각 계급의 압제壓制하며 대항한 사실과 그 성쇠소장盛衰消長의 대세며,

11. 지방 자치제가 태고부터 발생하여, 근세와 와서는 형식만 남기고 정신이 소망消亡한 인과因果며,

12. 자래自來 외력外力의 침입에서 받은 거대한 손실과, 그 반면에 끼친 다소의 이익과,

13. 흉노·여진 등 일차 아我와 분리한 뒤에 다시 합하지 못한 의문이며,

14. 종고從古 문화상 아我의 창작이 불소不少하나, 매양 고립적 단편적이 되고, 계속적이 되고 계속적이 되지 못한 괴인怪因 등을 힘써 참고하며 논열論列하여, 위의 3, 4 이하 각종 문제로 본사本史의 요목을 삼아, 일반 독사자讀史者로 하여금 거의 조선 면목面目의 만분의 일이라도 알게 될까 하노라.

즉 그는 약육강식의 논리로 우리나라에 침략한 것을 정당화하려는 일본 제국주의 어용 학자들의 사관을 폭로하는 한편, 식민지가 된 한국의 현실 속에서 어떻게 하면 우리 민족의 불굴의 정신을 올바로 인식시킬 수 있을까, 그리고 어떻게 하면 민족 독립을 위하여 투쟁할 용기를 줄 수 있을까라는 점에 주안점을 두었습니다. 또 그는 과거의 사대주의 사가들이 반역자로 치부하며 말살하려고 한 인물들을 중시하고, 그들의 혁명 정신을 높이 평가하였습니다.

예컨대 신채호는 16세기에 혁명을 일으키려다 실패하여 자살한 정여립(鄭汝立 : 1546~1589년)을 기리는 글에서 이렇게 서술하고 있습니다.*

"정여립은 '충신은 두 임금을 섬기지 않으며, 열녀는 두 지아비를 섬기지 않았다'라고 한 유가儒家의 윤리관을 일필一筆로 말살하고, '인민에 해가 되는 임금은 죽일 수도 있고, 행실이 나쁜 지아비는 떠날 수도 있다'고 하였

---

* 조선시대의 인물 중에서 가장 첨예한 논쟁의 중심에 서 있는 한 사람이다. 그는 여러 의문을 남긴 채 사망했으며, 그로 인해 발생한 기축옥사(己丑獄事 : 1589년, 선조 22년)도 지금까지 조작과 진실의 양론이 팽팽히 맞서고 있다. 그는 "천하는 공물公物이니 일정한 주인이 있을 수 없다"라고 하면서 불사이군不事二君의 충성관이나 절대 군주를 부정했으며, 주자 성리학에 얽매이지 않고 다양한 학문을 섭렵하고 실천하고자 했던 혁신적인 사상가였다.

다."

　그는 또한 중국사에 기록된 우리 고대사의 잘못된 해석을 바로잡았습니다. 고조선의 전성 시대를 '기원전 10세기 무렵부터 약 5, 6백 년간'으로 보고, "백이伯夷·숙제叔齊는 고죽국孤竹國의 조선족이며, 주周나라를 유람하고 무왕武王에게 비전론非戰論을 주장하였다"고 서술하면서, "기원전 5, 6세기 무렵 불리지弗離支라는 사람이 한국의 군사를 이끌고 오늘날의 직례直隷, 산서山西, 산동山東 등 중국의 북부 지역을 정복하여 나라를 건설하고 자기 이름을 따서 불리지국弗離支國이라는 국호를 붙였다"고도 서술하고 있습니다.

　신채호가 연구 발표한 우리나라의 고대사는 세인들을 깜짝 놀라게 하였습니다. 당시 일제의 어용 학자들은 황당무계한 소리라고 배격하고 비과학적인 주관론일 뿐이라고 비난하였지만, 그의 주장은 한국과 중국의 고전을 정확히 대비하고 풍부한 사료를 과학적으로 예증한 것으로 사실적인 면에서도 신뢰할 만하였습니다.

　신채호의 주요 저서는 해방 후가 되어서야 겨우 출판되어 새삼 우리 역사학자들의 연구 대상이 되었습니다. 해방 후에 새로 발견된 유적과 금석문을 토대로 한 역사학자들의 연구에 의하여 신채호의 주장이 매우 정확하며, 그가 얼마나 올바른 역사관과 함께 선견지명을 지니고 있었는지 실증되었습니다.

　신채호는 평생 일제의 침략 지배에 투쟁하다가 마침내 일제의 박해를 받아 비참하게 삶을 마감하였습니다. 그러나 신채호의 업적은 여전히 우리 역사학 발전에 등대와 같은 역할을 하고 있습니다.

조선은 기원전 천 년대부터 전해진 오랜 우리나라의 명칭이었습니다. 한韓도 또한 기원전부터 전해진 우리 종족을 가리키는 말이었습니다. 우리 민족은 자국의 역사를 말할 때 반만년 또는 5천 년의 오랜 전통을 가지고 있는 나라라고 말하여 왔습니다.

기원전 고조선 시대로부터 시작하여 2천년 전의 삼국 시대를 거쳐, 7세기부터는 통일신라, 그 후 발해의 2국 시대(남북국 시대)가 이어지고, 10세기의 고려 시대가 되어 비로소 민족 통일 국가가 형성되었습니다.

1393년 국호를 다시 조선으로 바꾼 뒤 우리나라의 문화는 급속히 고양되어 동아시아의 빛나는 나라로 번영하였습니다. 그러나 사회 제도의 모순과 지배 계급의 부패 타락으로 인하여 1910년 일본 제국주의의 식민지로 전락하는 불운을 맞이하고 말았습니다.

그러나 우리의 애국지사들은 독립을 되찾기 위한 투쟁을 결코 멈추려고 하지 않았습니다. 그리하여 1945년 8월 제2차 세계대전의 종결과 함께 우리 민족은 조국이 독립하여 학대와 가난 속에서 살아온 모든 겨레가 행복하게 살게 될 훌륭한 나라가 만들어질 것을 확신하며 의심하지 않았습니다.

그런데 예기치 않게 미·소의 대립에 의하여 국토가 38도선으로 분단이 되고, 우리나라는 이 양대 세력의 희생양이 되었습니다. 그래서 남은 '대한민국', 북은 '조선민주주의인민공화국'이라는 두 개의 정권이 만들어져 민족 분열의 비극을 짊어지게 되었습니다. 그로부터 이미 반 백년이라는 세월이 흘렀지만 아직도 민족 통일의 비원은 달성되지 않은 채로 있습니다.

그렇지만 조국의 통일을 위한 민족 전체의 노력은 중단 없이 계속되어 왔고, 설령 국제 정세가 어떻게 변화하여도 우리나라의 통일을 실현한다는 것은 먼 장래의 일이 아니라 지금 바로 눈앞에 닥쳐와 있는 상황이 되었습니다.

멀리 조국을 떠나 있다고는 하여도 언제나 조국의 통일을 염원하여 왔던 필자는 이 『조선명인전(한국사 인물산책)』을 완성한 뒤, 이 책이 하루라도 빨리 세상에 나와 조국 통일을 위하여 힘쓰고 있는 우리 동포들의 마음의 양식의 하나가 되기를 바라는 마음을 갖고 있었습니다. 그 소원이 생각대로 진행되지 못하고 지연되고 있던 차에 뜻밖에도 아카시쇼텐明石書店 이시이石井昭男 사장의 배려로 이 책이 출판되게 되었습니다. 필자에게는 이 이상 감격스러운 일이 없었습니다.

방대한 양이어서 네 권분이 될 것으로 생각하였는데, 애독자들을 위해서는 한 권으로 모으는 쪽이 나을 것이라는 이시이 사장의 호의에 따라 이 같은 맵시 있는 훌륭한 책이 나올 수 있게 되었습니다. 아마 이만큼 많은 우리나라의 선조들의 이야기가 한꺼번에 소개된다는 것은 일본에서는 최초의 일이 아닌가 하고 생각됩니다.

이 책이 한국의 역사를 안다는 면에서, 또한 우리 민족의 본질을 궁구한다는 면에서 중요한 자료의 일부가 될 것으로 믿고 있습니다. 그런 만큼 일본 사람들에게도 널리 읽혀질 것을 절실히 바라고 있습니다.

지금 우리 민족은 남과 북을 막론하고 한국이라든가 조선이라든가 하는 장애를 넘어 하나의 조국, 하나의 민족이라는 신념으로 오로지 통일을 위하여 노력해오고 있습니다. 그와 같은 우리 민족의 애국적인 전통, 불굴의 신념이 이 이야기의 구석구석에 차고 넘쳐 있을 것입니다. 그런 만큼 모든 우리 동포의 가정에 이 책이 갖추어지기를 힘써 바라 마지않습니다.

끝으로 이 책의 출판을 위하여 마음을 써주신 많은 분들에게 심심한 사의를 표함과 동시에 아카시쇼텐의 모든 분의 협조에 거듭 감사의 말을 올립니다.

이은직

　한국의 역사에 대해서, 그것도 과거 선조들의 삶에 대해서 우리나라 저자가 아닌 외국에서 지은 책을 국내에 번역 소개한다는 것은 얼핏 생각하면 낯설고 어설퍼 보일 수도 있습니다. 비록 그 지은이가 전혀 핏줄을 달리하는 외국인이 아니고 같은 동포라 하더라도 어쩐지 어색해 보이는 첫인상 자체는 쉽게 지우기 힘들 것입니다.

　그럼에도 불구하고 굳이 이 책을 번역 소개하여야겠다고 생각하게 된 것은 다음의 두 가지 이유 때문입니다. 그리고 그 두 가지는 이제껏 우리나라에서 출간되었던 다른 유사한 책들이 따라잡을 수 없는 이 책만의 특징이자 장점인 것입니다.

　첫번째 이유는 이 책이 씌어진 동기에 있습니다. 즉 이 책은 반평생을 일본에서 지내온 필자가 일본에서 나고 자란 재일동포 젊은이들에게 조국에 대한 애국심을 불어넣어주기 위하여 쓴 것입니다. 따라서 막연히 지난 역사와 인물들의 삶을 피상적으로 보여주는 것이 아니라 뜨거운 사랑과 열정으로 그들의 모습을 생생하게 되살려내고 있는 것입니다.

　두번째 이유는 바로 그렇기 때문에 이 책은 그간 국내에서 출간된 다른 유사한 인물사에 비해서 무엇보다도 '재미'와 '유익함'이라는 쉽게 잡기 힘든 두 마리 토끼를 동시에 잡고 있다는 점입니다. 이는 생각해보면 쉽게 이해가 가는 것이, 이국에서 나고 자란 동포 젊은이들에게 생면부지의 선조들에 대한 이야기가 그리 친숙하게 다가올 리가 없기 때문입니다. 따라서 당연히 우선 '재미'있지 않으면 읽히지도 않기 때문에, 마치 구수한 옛날이야기를 듣는 것처럼 술술 읽히도록 씌어져 있는 것입니다. 이 점에는 소설가로서의 작가의 재능도 크게 기여한 것으로 보이는데, 이런 점에서 감히 말하건대 향후 10년 이내로 한국 인물사를 다룬 이만한 저작은 쉽게 나오기 힘들지 않을까 싶습니다.

저자 이은직 선생은 문학을 통하여 일본에서 나고 자란 재일동포들에게 민족적 긍지를 불어넣어주는 데 일생을 바친 분입니다. 이 책의 원저인 『조선명인전(朝鮮名人傳)』도 그 일환으로 저술된 것입니다.

이 책에는 49개 항목에서 92명의 역사적 인물을 다루고 있고, 그 밖에도 수많은 인물들이 등장합니다. 그 가운데에는 학자, 예술가 및 민중들의 삶을 위하여 평생을 바친 선각자들이 중심이 되고 있으며, 필자는 이들 개인의 업적에 대한 영웅적 묘사보다는 인간 생활적 측면에서 그려내려 하였습니다. 이러한 작업은 민족사의 다양한 성격을 그려낸 것으로, 곧 우리 민족의 자랑스러운 긍지를 이국에 살고 있는 동포들에게 불어넣어주려 한 것이었습니다.

필자는 대학 재학 시절 소설 『물결』로 문단에 데뷔한 문인입니다. 이러한 바탕이 각 인물의 문학과 예술의 이해에 대해서도 묘사할 수 있는 저력이 되었다고 생각합니다. 종래의 인물사는 역사적 사실에만 의존하거나, 또는 반대로 지나치게 야사에 의존함으로써 딱딱하거나 신뢰하기 어려운 면이 적지 않았습니다. 그러나 필자는 문학적 기법을 사용하면서도 역사적 전거에 입각함으로써 이러한 문제를 해결해낼 수 있었습니다. 그는 이 책을 쓰기에 앞서 이미 『조선명장전(朝鮮名將傳)』을 펴낸 바 있는데, 인물을 취급하는 그의 서술이 역사적 사실에 근거하여 묘사될 수 있었던 데는 이러한 경험이 작용한 듯합니다.

그러나 그가 인용한 인물의 관품이나 기구 등에 대해서는 약간의 오류가 있었습니다. 따라서 필자가 구사한 문헌 전거는 역자가 입수할 수 있는 한 모든 자료를 찾아서 재확인하였습니다. 또한 문헌 구사와 역사적 사실에 대한 몇 가지 사소한 문제에 대해서도 역자의 지식을 활용하여 보완 수정하였습다. 그래서 필자가 일문으로 번역한 시가 등의 내용은 가능한 한 한문 원본 또는 한글 원본에 입각하여 번역하였습니다.

　이 글은 그가 6여 년이나 걸려서 집필한 것인데, 그러한 이면에는 일본에 동화되어 가는 재일동포 3~4세대 청소년들에 대한 애정과 그들에게 민족의 자긍심을 회복시켜주어야 한다는 일념이 있었던 것입니다. 끝으로 이 책은 기존의 어떠한 한국의 인물사를 능가하고도 남는 문학성과 민족성을 담고 있음을 밝혀두고 싶습니다.

안암동에서 정홍준

찾아보기